纸张断代

及印刷文件检验技术概论

主 编 梁鲁宁
副主编 韩星周 廉 哲

知识产权出版社
全国百佳图书出版单位
—北京—

图书在版编目（CIP）数据

纸张断代及印刷文件检验技术概论 / 梁鲁宁主编.—北京：知识产权出版社，2020.3
ISBN 978-7-5130-6777-5

Ⅰ.①纸… Ⅱ.①梁… Ⅲ.①印刷品—文件检验 Ⅳ.①D918.92

中国版本图书馆CIP数据核字（2020）第024968号

责任编辑：张　冰　　**责任校对：**谷　洋
封面设计：博华创意·张冀　　**责任印制：**刘译文

纸张断代及印刷文件检验技术概论

主　编　梁鲁宁
副主编　韩星周　廉　哲

出版发行：知识产权出版社有限责任公司	**网　　址：**http：//www.ipph.cn
社　　址：北京市海淀区气象路50号院	**邮　　编：**100081
责编电话：010-82000860转8024	**责编邮箱：**740666854@qq.com
发行电话：010-82000860转8101/8024	**发行传真：**010-82000893/82005070/82000270
印　　刷：三河市国英印务有限公司	**经　　销：**各大网上书店、新华书店及相关专业书店
开　　本：787mm×1092mm　1/16	**印　　张：**30
版　　次：2020年3月第1版	**印　　次：**2020年3月第1次印刷
字　　数：550千字	**定　　价：**98.00元

ISBN 978-7-5130-6777-5

本书编委会

前 言

Preface

造纸术与印刷术占据了我国古代科学技术四大发明的半壁江山，它们与指南针、火药一起为世界古代文化的交流、发展与繁荣做出了重要贡献。纸的发明结束了古代简牍繁复的历史；印刷术的发明则大大地促进了文化的传播。马克思曾经说过，印刷术变成了科学复兴的手段，为精神文明的发展提供了条件。

历史发展到现代文明社会，造纸技术与印刷技术在取得辉煌成就的同时也给我们提出了更大的挑战。

纸张断代是书画艺术品鉴定以及法庭科学文件形成时间鉴定的重要组成部分，也是困扰了法化学家半个多世纪的一大难题。印刷品溯源技术则是文件检验技术的一个重要环节，在我们的日常工作中发挥了重要作用。

本书是法庭科学工作者在文检领域的一次合作，综合法化学检验与形态学检验，共同聚焦纸张断代和印刷品溯源技术。全书分上下两篇。上篇关于纸张断代技术的内容基于两个科研项目的研究成果：其一是公安部公安理论及软科学研究计划——法庭科学领域纸张断代理论与应用研究；其二是“十三五”国家重点研发计划——文件材料及文件形成时间鉴定技术研究。下篇关于印刷品溯源的内容则是基于我们日常工作编写的方法规程和方法标准。

本书共十九章，由梁鲁宁任主编，韩星周、廉哲任副主编。各章撰稿人如下（按篇、章先后顺序排列）：

廉　哲：第一章、第三章、第八章、第十章（部分）

李志豪：第二章、第七章

秦　达：第四章（部分）、第十七章（部分）

韩星周：第四章（部分）、第十一章（部分）、第十二章（部分）、第十九章

张建洲：第五章、第六章

梁鲁宁：第九章、第十章（部分）

韩元利：第十一章（部分）

于　健：第十二章（部分）

林雷祥：第十三章（部分）

齐凤亮：第十三章（部分）

杨爱东：第十四章（部分）

石高军：第十四章（部分）

邹积鑫：第十五章

尹宝华：第十六章

田丽丽：第十七章（部分）

王蔚昕：第十八章

本书编写过程中参考或引用了一些同行或同业者的著作和论文，在此向原作者致敬，是你们的研究成果丰富了我们的视野，使本书或许能成为行业内比较全面的且对同行有价值的参考书。让我们一起为行业的发展努力。

本书的出版得到“十三五”国家重点研发计划——文件材料及文件形成时间鉴定技术研究项目（2016YFC0800705）资金的资助。

由于编者水平有限、参考资料繁多，书中不当之处在所难免，恳请读者指正，以便再次印刷或再版时更正。

本书编委会

2019 年 9 月 16 日

目 录

Contents

上篇　纸张及检验技术

Contents

下篇　印刷及检验技术

上篇

纸张及检验技术

第一章

纸张概论

第一章
纸张概论

第一节
纸张的定义

无论在工作中还是在生活中，纸张都是一种常见的物品，可以说，人人都对纸张非常熟悉。但是，纸张的具体定义是什么？什么材料是纸，什么材料不是？这些问题好像又很难准确回答。我们先来看一下词典里的解释。2009年版《辞海》中定义纸是“用于书写、印刷、绘画、包装、生活等方面的片状纤维制品。为中国古代四大发明之一。一般以植物纤维的水悬浮液在网上过滤、交织、压榨、烘干而成”。1963年版《美国百科全书》中定义纸为“从水悬浮液中捞在帘上形成由植物纤维交结成毡的薄片”。1966年版《韦氏大词典》中定义纸是“由破布、木浆及其他材料制成的薄片，用于书写、印刷、糊墙和包装之物”。潘吉星的著作《中国造纸史》中总结道：“传统上所谓的纸，指植物纤维原料经机械、化学作用制成纯度较大的分散纤维，与水配成浆液，使浆液流经多孔模具帘滤去水，纤维在帘的表面形成湿的薄层，干燥后形成具有一定强度的由纤维素靠氢键缔合而交结成的片状物，用作书写、印刷和包装等用途的材料。”[1]这些对纸的定义有很多相同点，总结起来，狭义上的纸应该有以下特征。

（1）纸一般是用植物纤维制作的。从古至今，世界上绝大部分造纸材料来源于植物。粗略地看，造纸植物纤维原料可分为以下几类：

1）木材纤维：针叶木，如云杉、马尾松、落叶松、红松等；阔叶木，如白杨、青杨、桦木、枫木、榉木、桉木等。

2）草类纤维：如稻草、麦草、芦苇、甘蔗渣、高粱秆、玉米秆等。

3）竹类纤维：如慈竹、毛竹等。

4）韧皮纤维：如大麻、亚麻、黄麻、桑皮、棉秆皮、构树皮等。

5）叶纤维：如龙须草、剑麻、菠萝叶等。

6）种毛纤维：如棉花、棉短绒等。

当然，除植物纤维原料外，有时在生产某些特种纸时，也配用一些非植物纤维，如动物纤维，羊毛、蚕丝；矿物纤维，石棉、玻璃纤维；合成纤维，尼龙、聚丙烯腈、聚酯等。这些非植物纤维在造纸中用途特殊，用量较少，而占主体地位的还是植物纤维。

（2）植物纤维需要加工成为细小纤维。需要注意的是，这种加工过程对植物纤维进行了较为彻底的分离，植物纤维的分散程度非常高，加工后形成的纸浆可以近似看作一种植物纤维的悬浊液。为了形成这种均匀分散的纸浆，需要使用物理或者化学方法，如机械捶打、切割、研磨，或者使用化学试剂浸泡、蒸煮等。可以说，这一环节是造纸的核心环节。

（3）通过除去水分的过程，植物纤维重新交叠，借助化学键连接成薄片。这一过程中，纤维从分散状态转化为交织状态。交织在一起的纤维的取向可以认为是无规律的，也正因为如此，植物的纤维在重新交叠之后，丧失了很多植物本身的特征，而呈现出新的薄片状形态，也就是纸张的形态。

历史上用作书写和印刷的载体很多。这些载体中哪些是纸，哪些不是，学界历来有很多争论。我们可以对照以上特点进行一些判断，这一讨论和判断的过程也有助于读者加深对纸张的理解。

商周时期出现了甲骨文，甲骨文因写在龟甲和兽骨上而得名。毫无疑问，甲骨文的书写材料不是纸。

春秋战国时期，人们使用竹简、竹（木）牍书写，简牍由竹子或木头切削加工制得，这一加工过程不涉及对植物纤维的分散加工，显然也不是纸。

秦汉时期出现了丝绢。人们很快发现，简牍笨重，不便于传运和阅读，而丝绢质地柔软、书写方便，可随意折叠卷曲，易于保管，便于阅读，是一种更好的书写材料。所以这一时期的官方文书便开始使用丝绢代替木竹，有了缣帛文书。有历史学家认为，古代的纸与丝绢类似，甚至有学者称造纸最初用的材料就是丝。然而，丝绢的纤维虽经过了分散加工，但其是通过编织成形的，原理上同造纸存在明显区别。

国外历史上，羊皮纸是一种重要的书写载体，羊皮纸一般使用羊皮制作，少数情况下还使用牛皮和其他野兽皮。选取小绵羊或山羊的皮，首先去除毛和脂肪，然后进行鞣制，鞣制后呈现白色透明状，柔韧纤薄，可以进行两面书写。从外观上看，羊皮纸和纸具有很多相同之处，但是其制作过程是完全不同的。事实上，造纸技术传入后，羊皮纸就逐渐被造价低廉的纸取代了。

植物材料的载体也很常见。“贝叶经”是有名的印度佛教典籍，贝叶作为书写载体在古印度被广泛使用。有历史学家据此认为，印度是造纸术的起源地。那“贝叶经”是如何制作的呢？文献中[2]介绍：

贝叶经的制作过程主要是要经过采摘贝叶、煮贝叶、洗贝叶、烘干、制匣、穿线、书写等几道复杂的工序。贝叶经本做工精细，规格统一，在经书的四周涂抹一圈金粉，能够给人一种古朴、大方的美感。

……取材的贝叶是生长于西双版纳的贝多罗树叶。在每年的3—4月，雨季来临前，制作贝叶经的师傅们都会去采集书写用的贝多罗树叶，再把精心挑选的树叶进行整理，裁剪成书写所需要的长度和宽度，然后把裁剪好的贝叶扎好成一束束地放进锅里煮，煮后取出再进行晒干，为使叶子整齐平整，每一片树叶都必须夹好。最后，在每片叶子上用铁笔刻写、摸墨和涂擦。

由此可见，贝叶虽然经过了精心加工，但并没有纤维的分散和交叠过程，其制作思路更类似于竹简，显然也不是纸。

古埃及人使用莎草纸进行书写，部分中外学者认为这种材料是真正的纸。文献[3]中介绍了莎草纸的制作方法：

纸莎草纸的传统制法是首先剥去纸莎草的绿色外皮，留下髓部，并割成薄片，放入水中浸泡几天，捞出后用木槌敲打，压去水分，重复多次，把薄片两端切齐，一条条横向并排铺开，然后在上面纵向排开，并用石块压紧，挤出糖质黏液，使草片相互黏结起来。晾干以后，用象牙或者贝壳磨平草片的表面，就成了纸莎草纸。经过这些工序制造出来的纸张表面呈水平纤维状，而反面则呈垂直纤维状，纸莎草纸通常被制成长不超过48厘米、宽不超过43厘米的纸张，几张纸为一打，被沿纤维水平走向的方向卷起来，以备不时之需。

可以看到，莎草纸是将莎草茎秆切成薄片，经捶打压制而成的植物组织薄片，其纤维没有微观尺度上的分散和再交结的过程，本质上仍然是植物的完整组织，所以，莎草纸不是纸。

第二节
造纸术的起源

世界公认造纸术是中国人民的发明，中国是纸的发源地。考古出土的古纸实物年代可以追溯到西汉时期。1933 年，考古学家黄文弼在新疆罗布淖尔汉代烽遂亭遗址发掘出一片白色麻纸，同时出土了黄龙元年（前 49 年）的木简，故而判定该麻纸为西汉时期制造 [4]。

1942 年，劳幹和石璋如在甘肃发掘出查科尔帖纸（见图 1-1）。1957 年，陕西灞桥出土灞桥纸。随后的几十年里，考古工作者先后发掘出金关纸（出土时间 1973 年）、中颜纸（出土时间 1978 年）、马圈湾纸（出土时间 1979 年）、放马滩纸（出土时间 1986 年）、悬泉纸（出土时间 1990—1992 年）等，经过考证，这些纸的制作年代几乎覆盖了两汉时期。一般认为，甘肃天水放马滩出土的放马滩纸（见图 1-2）是目前世界上发现的制作年代最早的纸，其制作时间很可能为西汉文景（前 179—前 141 年）时期。

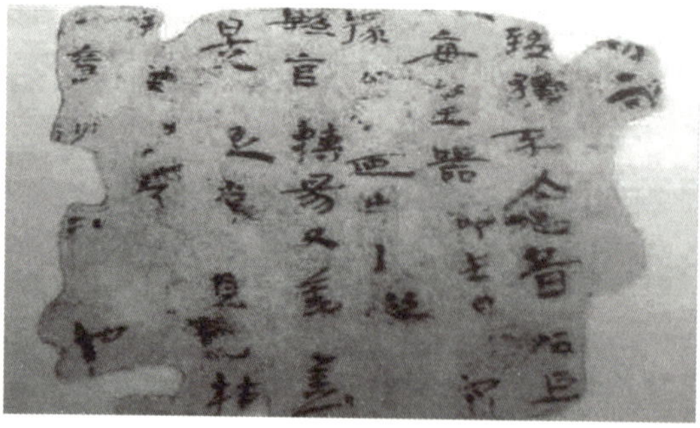

▲图 1-1　查科尔帖纸

▲图 1-2　放马滩纸

文献中有对放马滩纸显微观察的记录[5]：

从外观看，放马滩纸长5.6厘米、宽2.6厘米。已断裂为大小不一的两块，纸的外表为黄色，较为粗糙，部分纤维为较粗的麻束。迎光下观察，纸张厚薄不均，纤维按异向交织，没有明显的方向性，并相当紧密，分布不均匀，这排除了其为纺织品的可能性。显微观察发现边缘处有明显的纤维交合，可见纤维有一定的分丝帚化，但帚化率不高。其纤维应为麻类植物纤维，这证实了潘吉星的结论。由于纸面上有涂层的干扰，暂还无法测量纤维的长度。从边缘部分可见，部分纤维显得较为硬和直，这也是有人怀疑其为纺织品的重要原因。

从以上记录可以发现，放马滩纸符合所有纸张的特征，考古学家做出其为我国已发现的最早的纸的论断是严谨、科学的。

东汉中期，蔡伦（公元63—121年，见图1-3）对造纸术进行了重要革新。他的研究不仅显著提高了麻纸的质量，降低了造纸成本，还开发了楮皮纸的制作技术，拓宽了造纸纤维的来源，开后世皮纸制作技术之先河。蔡伦作为朝廷官员，为纸张在全国范围的推广也做出了巨大贡献。

▲图1-3　蔡伦像

《后汉书·蔡伦传》记载：

蔡伦，字敬仲，桂阳人也。以永平末始给事宫掖。建初中，为小黄门。及和帝即位，转中常侍，豫参帷幄。

伦有才学，尽心敦慎，数犯严颜，匡弼得失。每至休沐，辄闭门绝宾，暴体田野。后加位尚方令。永元九年（公元97年），监作秘剑及诸器械，莫不精工坚密，为后世法。自古书契多编以竹简，其用缣帛者谓之为纸，缣贵而简重，并不便于人。伦乃造意，用树肤、麻头及敝布、鱼网以为纸。元兴元年（105年）奏上之，帝善其能，自是莫不从用焉，故天下咸称“蔡侯纸”。

《东观汉记·卷十八》记载了相同的内容：

黄门蔡伦，字敬仲，典作上方，造意用树皮及敝布、鱼网作纸，奏上，帝善其能，自是莫不用，天下咸称蔡侯纸也……伦典上方，作纸，用故麻造者谓之麻纸，用木皮名榖纸，用故鱼网名网纸。

多部古籍中记载蔡伦为造纸术的发明者，近现代也曾有很多学者持相同观点。当然，现当代考古成果已经证明，我国最迟到西汉年间已经出现了麻纸，也就是说，劳动人民早在西汉初年就已经发明了造纸术。这一论断是符合历史规律的。纸张的出现是科技文化发展的必然产物，造纸术不可能是任何个人的灵光一闪，它的出现和发展必然要经历一个相当长的历史过程，是群众智慧的伟大结晶。虽然蔡伦不是造纸术的发明者，史书中也有对他卷入宫廷政治斗争的负面评价，但蔡伦对造纸的贡献是他人不可比拟的，他是造纸术的继承者和发展者，是造纸术历史上承前启后的伟大人物，是当之无愧的中华民族造纸术的代表。

第三节 手工纸与机制纸

一、手工纸

手工纸是指以手工方式抄造而成的纸。我国的传统手工纸原料主要有麻类、树皮、竹子、麦稻草、叶纤维（如龙须草）等。

（一）麻纸

麻类是使用历史最长、最广泛的一类造纸原料，西北地区多用大麻，南方地区多用苎麻、亚麻、青麻、黄麻等，麻类的纤维长，成纸后抗拉强度相对较高。西北地区如新疆、甘肃等多产麻纸，陕西凤翔利用废弃麻物加工造纸，并将其命名为凤翔书画纸。

我国西北地区多次出土两汉时期的麻纸。值得注意的是，这些麻纸的出土不仅仅因为西北地区多产麻纸，还因为西北地区基本属于干旱和半干旱地区，气候干燥少雨，地下水位低，墓葬中的纸较少受水浸湿，也就不容易腐烂，因此可以完整地保存较长时间。

除了出土的麻纸外，还有传世的麻纸文物流传下来。北京故宫博物院收藏了西晋陆机（261—303 年）的《平复帖》（见图 1-4）。《平复帖》是陆机写给友人的一封书信，草隶书九行八十六字，笔意婉转，风格质朴。其笔触之刚劲古朴、潇洒逸脱，对后世书法有很大的影响。为何认定这一文物是西晋陆机的真迹呢？根据尾纸董其昌、溥伟、傅增湘、赵椿年等人题跋，可得知《平复帖》历代递藏情况。该帖在唐末被时人殷浩所收藏，从其手中流出后，到王溥家，在王家保存了三代之后，被李玮买去。宋代入宣和内府。明朝万历年间归韩世能、韩逢禧父子，再归张丑。

清初递经葛君常、王济、冯铨、梁清标、安岐等人之手归入乾隆内府，再赐给皇十子成亲王永瑆。光绪年间为恭亲王奕䜣所有，并由其孙溥伟、溥儒继承。1937 年，溥儒丧母，欲出让《平复帖》以筹集丧葬费用。最终由著名收藏家张伯驹以巨金购得，后历经艰险，经其悉心保管，才免于流失海外。1956 年，张氏夫妇将《平复帖》无偿捐献给国家。[6] 明代书画收藏家张丑在《清河书画舫》中评价道："《平复帖》最奇古，与索幼安《出师颂》齐。惜剥蚀太甚，不入俗子眼。然笔法圆浑，正如太羹玄酒，断非中古人所能下手。"当代书法家启功评价："十年遍校流沙简，《平复》无惭署墨皇。"对纸张历史尤为重要的是，《平复帖》使用牙色麻纸进行书写，被认为是最早的传世麻纸。

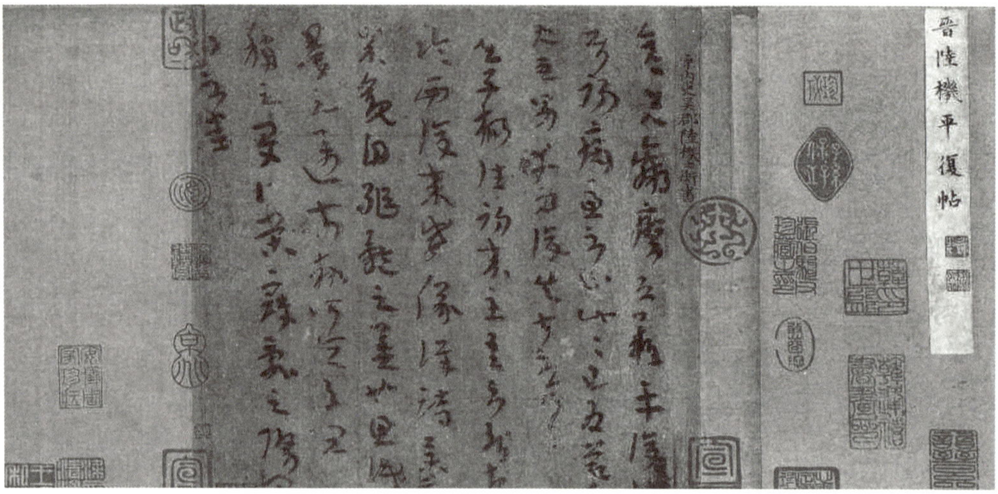

▲图 1-4　陆机《平复帖》

（二）皮纸

▲图 1-5　宣纸制作

树皮也是非常重要的一类原料，有楮皮（构皮）、桑皮、青檀皮等，皖南地区的青檀树特别适合造纸，古时辖宣州府生产手工纸，该纸因此被命名为宣纸（见图 1-5）。当地造纸业从宋朝就开始出现，历经几个朝代，成为举世闻名的文化用纸的生产地。有研究发现，树皮细胞壁在自然风干状态下会发生一定程度的收缩，成纸会形成明显皱纹，用来作画浓淡多变，层次丰满。浙江龙游地区产三桠树，河北迁安地区产桑树，也曾生产大量优质皮纸。[6]

东晋穆帝永和九年（353 年）三月三日，五十一岁的王羲之与谢安、孙绰等四十一人在山阴之兰亭饮酒赋诗，兴乐而书，完成旷世之作《兰亭序》。手稿共二十八行，三百二十四字，“遒媚飘逸，纵横变化，气韵完美，雄秀之气，出于天然”。当时，王羲之已醉，下笔如有神助，醒后自己也感惊异，“他日更书数十本，比原稿终莫能及”。唐初，《兰亭序》真迹为太宗所得，尊为“天下第一行书”，命虞世南、欧阳询、褚遂良等钩摹数本，以冯承素为首的弘文馆拓书人也奉命将原迹摹成了副本。相传，唐太宗把摹本分赐亲贵近臣，真迹则被他终日贴身保管，后作为殉葬品埋入昭陵。流传至今的冯承素摹本（见图 1-6）存于故宫博物院，上面钤有“神龙”（唐中宗年号）小印，因而被认定为唐代摹本，又被称为神龙本兰亭。

《世说新语》中说：“王羲之书《兰亭序》，用蚕茧纸，鼠须笔，遒媚劲健，绝代更无。”书画鉴定大家徐邦达先生在《古书画伪讹考辨》中评点道：“（冯承素摹本）……从另一方面看则还有一定的接近‘茧纸’原帖的地方……本帖点画种种特点，我以为可能大都是保留原帖中的原样而仿摹下来，不能是凭空胡造的，所以它有一定的‘存真’的优点，高于传世各种其他摹刻本。”那蚕茧纸是怎样的一种纸呢？有人认为历史上确有这种纸，顾名思义，是用动物纤维蚕丝做成的。也有人指出，所谓蚕茧纸，原本就是以楮皮为原料制成的，因楮皮纸外观洁白如丝，会被人误以为由桑蚕丝所制，所以神龙本选用楮皮纸理所当然。事实如何，除非《兰亭序》真迹重现于世，否则我们将永远无法确定。但是，可以确定的是，神龙本兰亭摹写选用了楮皮纸，朝廷文化阶层对楮皮纸的欣赏程度可见一斑。这也足以说明，唐朝楮皮纸的制作水平已经非常高了。

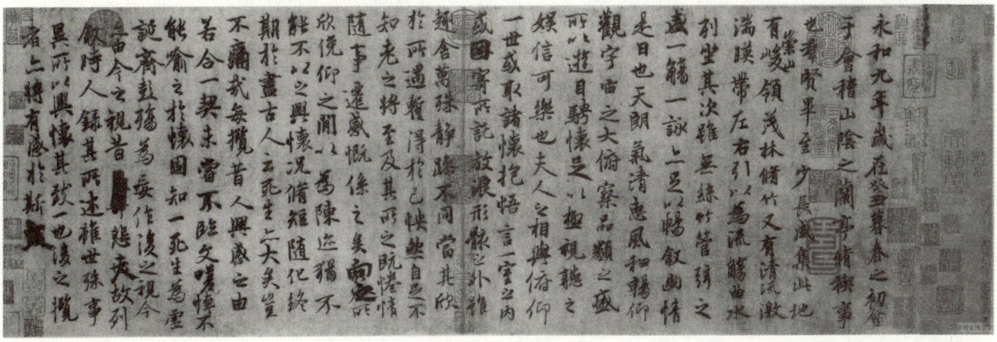

▲图 1-6　王羲之《兰亭序》，唐冯承素摹本

（三）竹纸

手工竹纸常用嫩竹制浆，如毛竹、慈竹、水竹等。四川夹江地区竹林茂盛，水源丰沛，竹农世代以造竹纸为业。浙江、闽南地区也是传统的竹纸产地。竹纸不仅可以用来书写，还可以用于印刷。

故宫博物院收藏了宋代书画家米芾的《珊瑚帖》（见图 1-7），此帖是米芾与人谈论收藏情况的一封书信。用笔纵逸迅疾，随心所欲而不逾矩，充分表现了他放达的个性与深湛的功力。信中言及珊瑚笔架即随手插图一幅，可谓神来之笔，这幅作品也是米芾唯一的传世画迹。该帖使用了宋代竹纸。据称，同为故宫博物院珍藏的唐代李白《上阳台帖》（见图 1-8）也使用了竹纸。

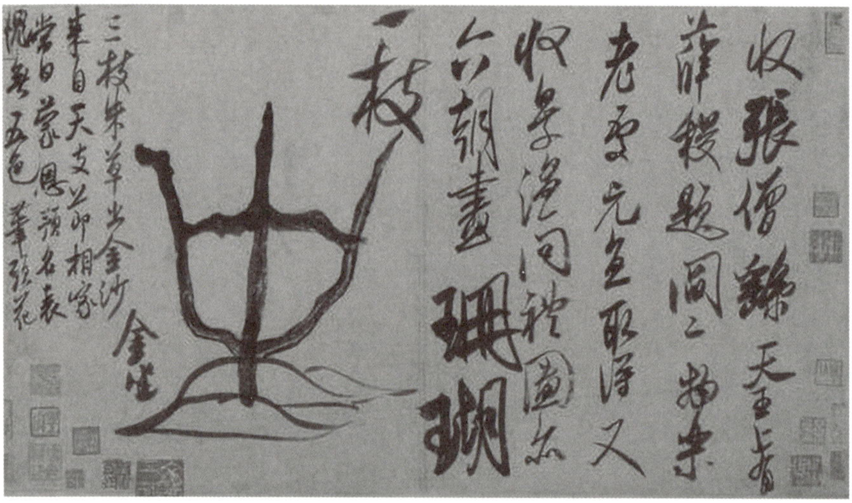

▲图 1-7　米芾《珊瑚帖》

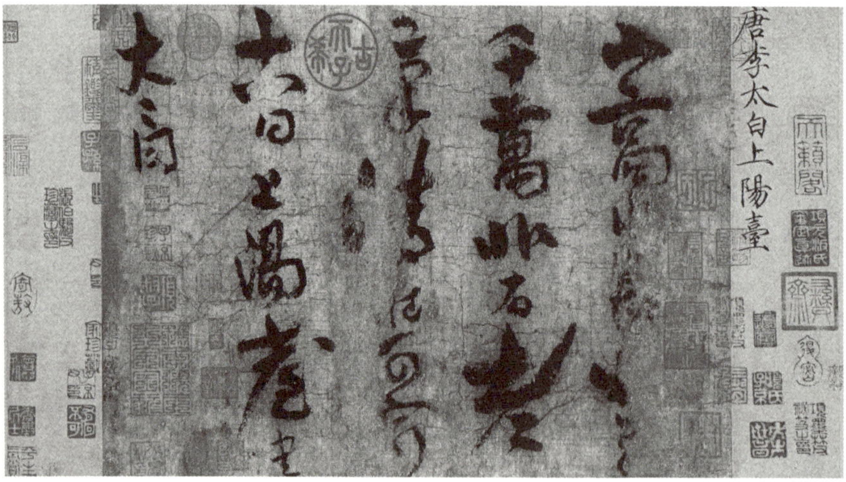

▲图 1-8　李白《上阳台帖》

（四）其他手工纸

四川洪雅产雅纸、广西都安产都安纸，均以龙须草为主要造纸原料。西藏地区产狼毒纸，是用狼毒草的根茎制作的。

明代已经开始使用废纸造纸。明代宋应星著《天工开物》记载："……废纸洗去朱墨污秽，浸烂入槽再造，全省从前浸煮之力，依然成纸，耗亦不多。南方竹贱之国，不以为然。北方即寸条片角在地，随手拾取再造，名曰还魂纸。"

手工纸在书画、艺术品、民俗等领域有独特优势，是传统文化传承的必要载体。借助现代技术工艺，手工纸制造技术也在发展，未来还将在文化领域占据一席之地。

二、机制纸

18 世纪末至 19 世纪初，欧洲发明造纸机（见图 1-9），近代造纸技术出现。经工业革命，造纸机开始在全世界广泛应用（见图 1-10）。我国于清朝末年开始从西方引进技术和设备生产机制纸。机制纸和手工纸的制作原理和制作方法是一脉相承的，机制纸比手工纸成本低、质量好、生产规模大，已经成为社会生产生活的主流用纸。

▲图 1-9　近代造纸机，法国人发明

▲图 1-10　现代造纸系统

2015 年，世界纸浆生产量和消费量接近 1.8 亿吨，纸和纸板的生产和消费量均超过了 4 亿吨[7]。在产品结构方面，新闻纸张占 5.9%，印刷书写用纸占 24.9%，瓦楞材料占 38.7%，其他纸板占 14.1%。从某种程度上说，机制纸的制造和消费水平已经是衡量一个国家经济发展和文明程度的重要标志。全球工业分析机构对外发布的《纸浆和造纸化学品：全球战略业务报告》认为，预计到 2020 年，全球制浆造纸化学品市场规模将达到 300 亿欧元。

中华人民共和国成立以来，我国机制纸工业得到了长足的发展。1949 年，我国机制纸浆的产量仅有 3.5 万吨，机制纸生产量仅有 10.8 万吨，相对应地，手工纸生产量有 12 万吨。到 2016 年，机制纸浆的产量已超过 7900 万吨，机制纸生产量超过 10800 万吨，出口超过 700 万吨。从科技和装备看，据不完全统计，至 2015 年，我国共投产年产 20 万吨的纸机 112 条，2000—2016 年发布造纸专利超过 16000 件，仅 2016 年一年就发布专利超过 2000 件。

第四节 现代造纸工艺

一、制浆

制浆是造纸的第一道工序，是利用化学或机械方法，使植物纤维原料（如木材、竹子、秸秆等）解离变成纸浆的生产过程。纤维的离散可以使用不同的方法，根据工艺的区别，制浆方法可以分为化学法、半化学法、化学机械法和机械法等，相应地，生产出的纸浆分别称为化学浆、半化学浆、化学机械浆和机械浆。[8]

（一）化学法

1. 碱法制浆

植物纤维中存在木素，制浆时可使用碱性物质在加热作用下脱除木素从而分散纤维细胞。制浆时，不同的植物纤维材料使用的化学药品不同，可分为烧碱法、硫酸盐法、多硫化钠法等。

2. 亚硫酸盐法制浆

木素的脱除也可以使用亚硫酸盐药液蒸煮，这种方法即亚硫酸盐法。在一定蒸煮温度下，木素与亚硫酸盐发生磺化反应，使木素亲水性增加，更易溶解。这种方法制得的纸浆多适用于制造新闻纸、薄页纸、防油纸等。

（二）机械法

顾名思义，机械法是单纯利用机械磨解作用将原材料分散为纸浆的方法，这种方法几乎不溶出木素，显然得浆率高，同时由于其不使用化学药品，对环境的污染也很少，根据其使用设备的不同，可分为磨石磨木浆、磨盘机械浆等。

（三）化学机械法和半化学法

为兼顾生产成本、得浆率、纸浆质量等，可以将化学处理和机械处理结合起来，一般是在机械加工工序前，先使用化学药品对植物材料进行处理，使纤维的解离更加容易。化学机械法的处理程度最为温和，半化学法的处理程度相对更强。[9]

二、打浆

经过净化和筛选以后的纸浆还需要继续加工才能用于造纸。利用物理方法处理悬浮于水中的纸浆纤维，使其适应生产要求和产品质量要求的过程称为打浆。

打浆方式分为四种：长纤维游离状打浆、短纤维游离状打浆、长纤维黏状打浆、短纤维黏状打浆。所谓游离状打浆，是以降低纤维长度为主的打浆方式；黏状打浆是以纤维吸水润张、细纤维化为主；长纤维打浆是指尽可能地保留纸浆中纤维的长度；短纤维是指尽量对纤维进行切断。长纤维游离状打浆造纸尺寸稳定性好，变形性小，适用于生产牛皮包装纸、电缆纸、工业滤纸等；长纤维黏状打浆造纸强度大、吸收性小，适用于生产字典纸、电话纸、描图纸等；短纤维游离状打浆造纸较松软，吸收性强，适用于生产滤纸、吸墨纸等；短纤维黏状打浆成纸均匀度好，强度大，适用于生产卷烟纸、证券纸等。[10]

三、纸浆流送与纸页成形

打浆完成后，纸浆需要以一定的浓度定量提供至抄造设备，这一过程中，为除去纸浆中的杂质（如草屑、沙粒等），一般要对纸浆进行筛选和净化；为避免纸张中含气泡使成纸质量下降，一般要对纸浆进行脱气；为实现水的循环利用，一般还要设置造纸用水的封闭循环模块，这一系列处理过程被称为供浆。

纸页成形是指纸浆在成形网上滤水、留着并形成良好的湿纸幅。纸页成形是传统造纸和现代造纸均有的一道重要工序，我国传统造纸一般使用竹帘捞纸，现代造纸则使用金属网或化纤网抄造，两者在基本原理上并无区别。一般来说，纸页成形需要用水作介质，这是因为造纸纤维在水中形成悬浮液，水是天然载体和运输工具，水被滤掉后，纤维可以缓慢均匀沉降，形成纸页。

现代造纸的纸页成形是在纸机上完成的，纸机一般可分为长网纸机、圆网纸机、夹网纸机等。长网纸机早在 19 世纪初就已发明，曾是造纸的主流机型，可抄造绝大多数品种的纸张，20 世纪 70 年代后，逐步发展成加装顶网的顶网成形器，抄造性能大大提升。圆网纸机也是传统机型，适应性广，可以抄造多种纸品，具有结构简单、占地面积小、动力消耗低等特点，但由于其结构原理所限，存在车速低、生产规模小、产品质量受限等问题。夹网纸机是 20 世纪 60 年代末研发的一种新型成形设备，由于其具有运行效率高、成形质量好、结构紧凑和占地面积小等优点，得到了广泛应用。

四、纸页压榨与干燥

压榨与干燥是造纸工艺的两个重要过程，湿纸幅经过这两个过程进一步脱除水分，完成纸页的最终成形，同时在上述过程中，纸页完成了植物纤维间的氢键结合，实现了自身结构的“固化”，并获得了所需的物理强度和结构性。

压榨的作用包括以下几点：

（1）在网部脱水的基础上，借助机械压力尽可能多地脱除湿纸幅的水分，以便在随后的干燥工段减少蒸汽消耗。

（2）增加纸幅中纤维的结合力，提高纸页的紧度和强度。

（3）消除纸幅上的网痕，提高纸面的平滑度并减少纸页的两面性。

纸机干燥部的在主要作用是：

（1）脱除湿纸幅中残留的水分。

（2）进一步完成纸页的纤维结合并提高其强度。

（3）增加纸页的平滑度。

此外，某些纸种还可以进行表面施胶。

五、纸页的表面处理

干燥后，一些纸种还需要进一步的表面处理以满足更高的表面性能要求。

纸页表面施胶是指湿纸幅经干燥部脱除水分至定值后，在纸页表面均匀地涂覆适当胶料的工艺过程。纸面施胶的方法分机内施胶和机外施胶两种。机内施胶一般在纸机的干燥部进行，由于该方法所需设备简单、操作方便，因此得到了广泛应用。机外施胶是对卸下的纸卷在纸机外专门的施胶装置上进行施胶。由于机外施胶设备较贵、操作复杂，因此多用于某些施胶量较大或者需要浸渍的特种纸。[10]

纸页表面施胶的主要作用如下：

（1）改善纸页的表面性能。胶料或者涂料涂覆在纸页表面，可以填平纤维之间的空隙，使纸张更为平滑。

（2）改善纸页的空隙结构和吸收性能。在纸页表面涂覆一层胶料或涂料可以封闭纸面的空隙，同时可以通过选用适当的胶料或涂料进一步提高纸页表面的憎水性或憎油性等憎液性能。

（3）改善纸页的适印性能。在纸面涂覆一层胶料或涂料可以提高纸页的表面强度，减少纸页印刷时的掉粉掉毛现象，并使纸和纸板具有良好的耐久性和耐磨性能，提高纸张的光泽度等指标，综合改善纸页的印刷适性。此外，表面施胶还可以提高纸页的物理强度，如提高纸页的耐折度、耐破度和抗张强度等。

纸张压光可以进一步改善纸页成形的不均一性，提高纸页的平滑度和光泽度，降低纸张液体吸收度。

六、纸页的卷取和完成

（一）纸页的卷取

生产的纸张需要卷曲以便于加工和储存。常用的卷纸机有轴式和辊式两种。轴式卷纸机是老式的卷纸设备，在卷成卷筒的过程中，卷筒直径不断增加，但其圆周速度却需固定不变，因此，必须使卷筒的回转速度随着纸卷的直径加大而逐渐减小，否则无法保证卷筒松紧一致，轴式卷纸机仅限用于低速纸机。目前，除卷烟纸、电容器纸等薄页纸纸机外，轴式卷纸机已很少见。辊式卷纸机又称表面卷纸机，是目前广泛使用的一种卷纸设备。这种卷纸机适合各种速度的纸机，卷成的纸卷比较紧实，纸幅受到的张力也较小，在生产中不容易产生断头。辊式卷纸机由放在一对支杆上的卷纸轴和卷纸缸组成。

（二）纸页的完成

纸页的完成操作包括复卷、切纸、选纸、数纸、打包和储存等过程，纸产品有平板和筒之分，因而完成整理的具体内容也有所不同。机械压光的纸，不用空气调理，平板纸物需复卷，但需经过切纸、选纸和数纸。[10]

以上为现代纸张生产的大致工序。一些高级纸张还需要后续的加工工艺，在此不再赘述。

参考文献

[1] 潘吉星 . 中国造纸史 [M]. 上海：上海人民出版社，2009.

[2] 刘峥 . 傣族贝叶经的制作工艺及其传承与保护 [J]. 现代交际，2013（8）：72.

[3] 孙宝国，郭丹彤 . 论纸莎草纸的兴衰及其历史影响 [J]. 史学集刊，2005（3）：107-110.

[4] 黄文弼 . 中国早期考古调查报告（第二辑）. 罗布淖尔考古记 [M]. 北京：线装书局，2009.

[5] 李晓岑 . 甘肃天水放马滩西汉墓出土纸的再研究 [J]. 考古，2016（10）：110-114.

[6] 刘仁庆 . 中国古纸谱 [M]. 北京：知识产权出版社，2013.

[7] 中国造纸学会．2017 中国造纸年鉴 [M]．北京：中国轻工业出版社，2017.

[8] 詹怀宇，刘秋娟，靳福明 . 制浆技术 [M]. 北京：中国轻工业出版社，2012.

[9] 陈向斌 . 制浆技术 [M].3 版 . 北京：中国轻工业出版社，2014.

[10] 何北海，等 . 造纸原理与工程 [M]. 北京：中国轻工业出版社，2015.

第二章

纸张纤维及制浆造纸工艺

第二章 纸张纤维及制浆造纸工艺

第一节 纸张的纤维原料

造纸工业作为国民经济重要的支柱产业，同时作为与国民经济息息相关的现代工业体系，其产品主要为纸和纸板。本章主要论述对象为印刷文件的主要载体，即纸的纤维组成及其工艺，不涉及纸板的制造工艺及其结构、性质等。除部分特种纸外，纸张的原料主要为植物纤维。特种纸的原料来源众多，包括矿物纤维（二氧化硅、氧化铝、石棉、碳纤维等）、蛋白质纤维（羊毛纤维、骆驼毛纤维等）、人造纤维（醋酸纤维、铜氨纤维等）等，在此不再赘述。植物纤维是所有高等植物最主要的组成要素，主要由纤维素构成，还包含半纤维素、果胶及木质素等。植物纤维作为纸张的主要纤维原料，来源包括木材原料、非木材原料及回用的废纸。[1]

一、木材原料

木材原料是造纸工业中使用最为广泛的原料，欧洲、美国、加拿大等发达国家和地区的造纸工业几乎全部用木材作为纤维原料，其中，针叶或阔叶木材占总用量的 95% 以上。受全球森林资源不断减少和野生森林木材短缺的影响，各国均在寻求可持续的木材资源供应办法。我国正在实施林浆纸一体化工程建设，大力发展木浆，使用的木材原料主要包括针叶材纤维原料及阔叶材纤维原料。[2]

针叶材纤维较长，通过处理后纤维间结合面积较大，结合强度较高，从而使抄造的纸张强度较高，即具有较强的耐撕裂度和耐折度，与阔叶材较多杂细胞和细小纤维相比，针叶材纤维碎片较少，具有较好的滤水性能[3]，适宜生产优质纸浆，抄造高级纸张。常见的针叶材原料有落叶松、芒刺松、火炬松等南方木材与云杉、枞木、松木、铁杉等北方木材，如图 2-1 和图 2-2 所示。南方木材生长迅速，材质均匀，含水量高；北方木材生长缓慢，含水量低。在造纸实际生产中，针叶木浆的主要作用是增加纸张强度，但是过高的针叶木浆配比一方面会增加成本，另一方面会影响纸的匀度。此外，打浆能耗增加，纸张的不透明度低、平滑度低、松厚度差、尺寸稳定性差、两面性增加、容易翘曲变形[4]。通常在生产中，克重为 $70g/m^2$ 的静电复印纸推荐针叶木浆配比为 10% ～ 15%，克重为 $80g/m^2$ 的静电复印纸推荐针叶木浆配比为 5% ～ 10%；克重为 $70g/m^2$ 的印刷用纸推荐针叶木浆配比为 20%，随着克重增加，需要适当减少针叶木浆的用量。

（a）落叶松　（b）芒刺松　（c）火炬松

▲图 2-1　常见南方木材原料

（a）云杉　（b）枫木　（c）松木　（d）铁杉

▲图 2-2　常见北方木材原料

阔叶材纤维较短，与长纤维原料配抄可为纸张提供较好的流动性，细小纤维赋予纸页较优的表面特性，如平滑度等，相对针叶材而言木素较少，制浆过程中化学药剂消耗较少且蒸煮周期较短。阔叶木最明显的优点是生产速度快、分布广，是制造机械浆的好原料。常见的阔叶材纤维原料有杨木、桦木、桉木、香柏木、金合欢、栎木、山毛榉、枫木等，如图 2-3 所示。生产中应避免使用混合阔叶木浆，因为热带的混合阔叶木浆混有一定比例的针叶木，质量参差不齐。在我国北方，可以选择杨木作为造纸纤维，杨木生长较快，白度高，浆得率高，易于打浆，成纸匀度高。同时，可以与桦木、栎木等木浆混合使用以提高其强度。而在我国南方，桉木是一种较好的选择，因为我国南部的亚热带季风气候适于桉木的生长，并且用桉木作原料生产的纸张质量稳定，方便大量生产，同时可以与高强度阔叶木浆混合制造铜版纸等高级纸张。用 100% 杨木或桉木制成的碱性过氧化氢机械浆（APMP）现也被广泛应用在印刷纸、复印纸和书写纸生产中。

（a）杨木　（b）桦木　（c）桉木　（d）香柏木

（e）金合欢　（f）栎木　（g）山毛榉　（h）枫木

▲图 2-3　常见阔叶木材原料

二、非木材原料

非木材原料，即除了木材之外的其他植物纤维造纸原料，包括草类纤维原料、韧皮纤维原料和种毛纤维原料等。[5] 常见的用于造纸的草类原料有麦草、稻草、蔗渣、竹子、芦苇、麻等（见图 2-4）。

作为世界上最早从事造纸活动的国家，我国从古代就有使用非木材纤维进行造纸的传统，但各个时期所使用的纤维种类不同（见图 2-5），总的来说，两汉时期，也就是造纸初期，使用占比最高的非木材纤维是麻类，占比达到 80% 以上，其

（a）麦草　（b）稻草　（c）甘蔗

（d）竹子　（e）芦苇　（f）麻

▲图 2-4　常见非木材原料

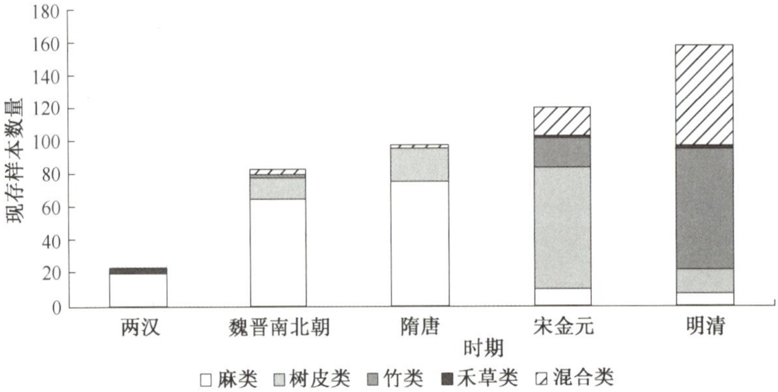

▲图 2-5　不同时期我国使用非木材原料的种类

他种类纤维的使用均较为稀少。到魏晋南北朝时期，树皮类纤维纸的比例增加到了15%～20%，且已经出现了竹纸，但是占比最大的依然是麻类纸张。到宋金元时期，对麻类纤维的利用率下降，树皮类纤维超过麻类纤维成为使用频率最高的造纸原料，占比达到60%以上，其次是竹类纤维，大约占这一时期造纸原料的15%。到明清时期，竹类纤维的纸张占比达到40%，占据首位，此时树皮类纸张出现频率降低，只有15%。需要注意的是，在明清之前，禾草类纤维（包括芦苇、稻草等）出现频率极低，这可能是因为一方面禾草类纤维制作的纸外观及性能较差，当时人们很少采用；另一方面制得的纸张难以长期保存。[6]

非木材纤维曾经是中国造纸的主要原料，至近现代依然如此。直到 1980 年，中国非木材纤维比重仍占总量的 60.2%；2009 年中国造纸业耗用非木材纤维纸浆 1175 万吨，占总量的 15%。自 1980 年至今，非木材纤维纸浆的比重下降了 45%。由于麦草等非木材纤维制浆污染程度相对较高，我国政府大力淘汰非木材纤维制浆生产能力。但非木材纤维具有成本低廉的优势，因而在一些经济不发达的地区，以草类纤维原料等非木材原料作为造纸原料的情况长期存在着。因此政府鼓励相关造纸企业整合，以建设规模化的生产线。[7]

在非木材原料中，竹子是一种不错的选择，中国竹资源丰富，有 48 属 500 余种，主要分布在福建、湖南、江西、浙江、安徽、广东、湖北、江苏、四川等地区，全国自然竹林面积约 500 多万公顷，年产各类中径竹材 450 多万吨。竹浆在中国纸业中有良好前景。竹纤维属中长纤维原料，长宽比大，纤维素含量较高，在 40%～50%，灰分含量较低，其性能介于阔叶木浆和针叶木浆之间，可以在一定程度上代替阔叶木浆，减少针叶木浆用量，造纸性能优良。全国蓄积量 15123 万吨，被誉为“第二森林”。因此，利用竹材制浆可很好地缓解原料紧张的现状。我国 15 个主产区毛竹纤维平均长度均在 2mm 以上。其中，广东仁化地区、福建武夷山地区、湖南桃江地区、江苏宜兴地区的毛竹质量上佳，可作为优良造纸纤维原料。[8] 不过，竹浆纤维虽然较长，但不能代替针叶木浆使用，因为竹浆的纤维强度近似于桦木浆或阔叶木浆，且匀度较差，可以替代阔叶木浆使用，用量达到 10%，适用于那些匀度要求不太高但要求高松厚度的印刷用纸，如绘画纸、漫画（卡通）纸等。

韧皮纤维主要有亚麻、黄麻、洋麻、檀树皮、桑皮、棉秆皮等，种毛纤维如棉花、棉短绒、棉破布。这些纤维多属于长纤维，非木材长纤维原料具有洁白、柔韧性能好、纤维细长、强度大等优点，从而使抄造纸张成纸强度较好，是优质的造纸原料。一些特殊浆种适于生产钞票纸、证券纸、卷烟纸、高级薄页纸以及强韧包装纸等强度要求高、寿命长的高级纸张。

三、废纸原料

废纸类纤维原料目前已经是我国造纸工业的主力军。中国造纸行业内纯木浆纸品已经少之又少，大部分采用废纸浆作为生产原料。[9] 图 2-6 所示为打包好准备运往造纸厂的废纸。充分利用废纸资源是我国造纸工业原料结构调整的重要措施之一，它不仅可以节约大量的植物纤维原料、动力能耗，降低成本，还可保护环境，减轻对生态的破坏。废纸回用于造纸，既解决了造纸原料不足的问题，还可降低能源消耗，减轻环境污染，降低生产成本，是贯彻可持续发展战略、推动循环经济的有力之举。优质废纸也称为二次纤维，回收二次纤维作为造纸原料，可大大减少木材使用量，并有利于环保。[10-13]

▲图 2-6　打包好的废纸

第二节
纸张纤维原料前处理

木材及非木材原料在采集之后、制浆之前，必须经过备料工序。主要包括堆放储存、切断破碎、除尘筛选等基本过程。主要目的是尽可能地去除木材原料的树皮及树节，草类原料的穗、鞘、髓、谷粒及尘土、沙石等杂质，并按照规格要求筛选出合格的料片，直接送往下一工段或储存备用。木材及非木材原料通过一段时间的堆料储存，会风化、发酵，水分因逐渐与环境平衡而降低以至均匀。同时还可降低树脂等有害成分的含量，稳定原料质量。蔗渣等含糖原料在储存后还可大幅降低含糖量，同时出于对持续性生产的考虑，对于大型造纸厂来说，储存 3 ～ 6 个月的造纸原料是十分必要的。木材原料与非木材原料的备料工序区别较大，在此分别列出[14]。

一、木材原料的备料

木材原料的备料工序包括采运、储存、去皮、锯木、除节劈木、削片、筛选和质量控制、输送和再储存工序。木材原料备料流程如图 2-7 所示。

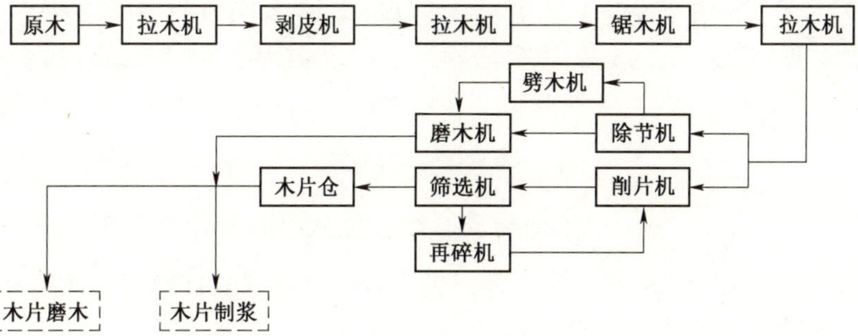

▲图 2-7　木材原料备料流程

（1）采运工序。木材原料在林区被采伐之后，一般要先去掉树尖与树枝等，并锯成一定的长度（如 6m 长的原木），然后运到储木场储存。储木场应遵循占地面积大、运输方便、防火、防雷、排水通畅、通风及照明良好的设计原则来建造。

（2）储存工序。木材原料的储存一般分为两种方式，即水上储存和地面储存。我国南方因气候温暖、潮湿，木材容易腐烂变质，同时，南方的江河湖泊等地面水资源丰富，可以采用水上储存的方式来解决这一问题。水上储木可以充分利用水的浮力，省去繁重的搬运操作，提高劳动生产率；同时，水上储木会使木材水分均匀，可防止菌类和虫类滋生繁衍及原木蓝变和腐烂。因此，生产的纸浆不但筛渣少，而且产量高，纸浆的质量还很好。一般可结合地形，利用河湾、湖泊、人工湖作为水上储木场。向工厂运输原木时，可以采用水路、铁路和公路等运输方式。水上储木场需在出河地点建立水上作业场，木排先在作业场分类，然后由出河机出河。出河场应选在航道旁有足够宽度、长度和深度的河段，最好不受主导风向的影响。但是，水上储木也存在着原木树脂难以降解、原木沉底易沾染泥沙以及木材的溶出物污染水体等缺点。地面储存主要特点在于木材原料的堆垛，即如何使用最小空间存放最多的原木。堆垛方法一般分为层叠法、平列法和散堆法三种（见图 2-8）。层叠法是将原木纵横交错上堆成垛，适用于长原木，无论由哪个方向吹来的风，均有利于原木干燥。但堆积密度（指单位体积中原木的实积数）低，所需场地较大，成本较高。平列法是将原木顺堆成垛，适用于长原木或短原木，堆积密度高。散堆法又称山堆法，是将原料自然堆放成垛，适用于木片、板皮以及短原木，省时省力，但堆积密度小，通风条件差。

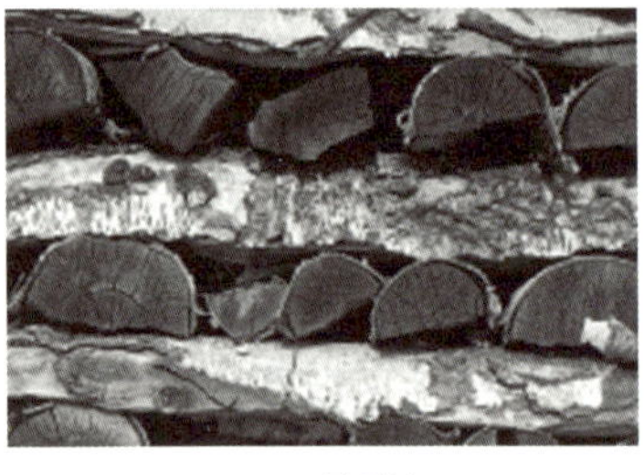

（a）层叠法

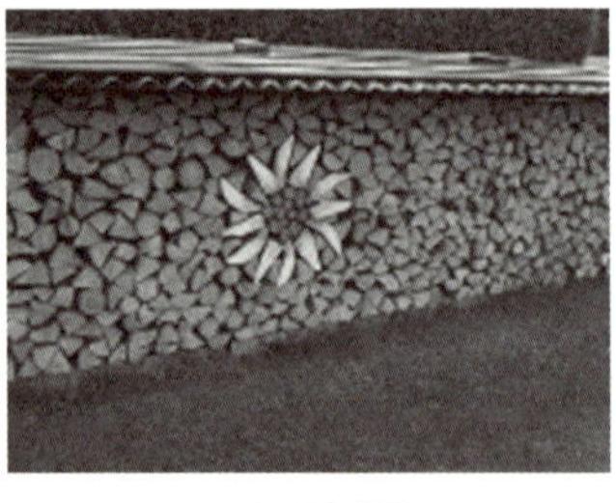

（b）平列法

（c）散堆法

▲图 2-8　堆垛方法

（3）去皮工序。由于一般的树皮纤维含量低，而灰分和杂质含量高，所以要先将其除去。树皮有内皮和外皮之分，是否去内皮要视浆种而定。去皮方式主要包括人工去皮、机械去皮、水力去皮、化学去皮等。人工去皮的工具是去皮刀，人工剔出树皮。一般每人每天可处理约 $3m^3$ 的原木。机械去皮的方法主要包括刀式去皮、摩擦去皮、挤压去皮，一般主要采用前两种方法。刀式去皮是利用快速旋转的刀辊上的切削刀切削和刮铲掉原木上的树皮。摩擦去皮是使用圆筒剥皮机，利用原木之间、原木与筒壁的摩擦、碰撞使树皮剥离。水力去皮是利用水力喷射式剥皮机剥皮，直接以高压水射向原木以脱除树皮，这种方法在使用大直径原木的西北太平洋地区很流行。化学去皮是在树木砍伐之前，在距地面 1.2m 左右的树干上，剥掉一圈树皮，并涂上 20%～40%的砷酸钠溶液。这样处理后，树会在 1～2 周内死去，秋后易于剥皮。其中，利用最广的方法还是机械去皮。

（4）锯木工序。锯木工序通常是用锯木机将许多在长度和直径方面不符合后续磨木机或削片机等设备要求的大径原木锯开，或将过长的原木锯断。

（5）除节劈木工序。除节工序是使用专用的类似钻床的除节机来除节，防止含有大量树脂和尘埃的原木树节损伤磨石表面，损坏削片机的刀刃，降低磨木机的生产能力、增加电耗；同时防止磨木浆中的尘埃增加，影响浆的质量。劈木是使用劈木机将大径的原木劈开，以适应削片机和磨木机的装料，同时也是为了去除原木中的木节、腐木等。

（6）削片工序。削片工序则是将原料制成木片，以生产化学木浆、化学机械木浆和木片机械浆。一般木片的规格：长 15～25mm，厚 3～5mm，宽度虽然不限，但也不能过宽（不要超过 20mm）。一般可使用圆盘削片机或鼓式削片机，前者一般使用较多。

（7）筛选和质量控制工序。一般来说，送往制浆的木片合格率要求大于 90%，而来自削片机的木片合格率一般约为 75%、85%，必须通过筛选将过大或过小的料片分离，并将过大的木片再碎或再削片，以满足制浆的要求，因此需要用到筛选和质量控制工序。一般使用圆筛、平筛和盘式筛进行筛选，盘式筛使用较多。筛选出来的粗大木片、长木条需要进行再碎处理，再碎的设备一般为小型的圆盘式削片机。

（8）运输和再储存工序。成片后，木片的输送一般有三种方式：带式运输、斗式提升和风送。带式运输机结构简单，动力消耗少，生产能力大，输送距离长，噪声小，使用较为普遍。斗式提升机一般用于垂直运送木片。风送是用风机通过风管输送木片。为了满足连续生产的需要，筛选后的木片要储存。常见的设备为木片仓，包括设置在蒸煮锅上方的锅顶木片仓和地面木片仓两种形式。

二、非木材原料的备料

非木材原料的备料流程各有差异，在此主要介绍在我国使用较广的稻麦草、芦苇、芒秆、竹类、蔗渣等原料的备料。

稻麦草原料的备料可分为干法备料、全湿法备料及干湿结合法备料。干法备料的基本流程主要由喂料、切料、筛选和除尘几部分组成。首先是喂料与切料，一般使用刀辊切草机，原理是先用喂料带将送来的原料压紧并送入飞刀与底刀之间，然后使之被切成草片送出。筛选和除尘是为了将草片中夹带的草末、草叶、尘土和谷粒等杂质除去。我国沿用较久的是辊式除尘机，运转时草片从进料口进入、转鼓上的羊角一边松散草片，一边拨动草片在筛网上向前运动，最后从出料口排出，谷粒、草末、尘土等穿过筛网落到下面的坑中。全湿法备料是目前较为先进的草类原料的备料方法。其主要设备是具有球形壳体的水力碎解机。整捆的麦草由运输带直接送入碎解机中，在底刀和强大的涡流作用下，草捆被打散、撕裂和切断，碎草片穿过筛孔由草料泵抽出。不能通过筛孔的重杂质由排渣机连续排出。草料泵将草片送至螺旋脱水机，从低端进入的草片悬浮液在被螺旋向上推动的过程中穿过筛板而留下，从高端被推出的草片不仅被清洗除杂，而且被脱水，再经压榨机压榨成饼状草块。干湿结合法备料流程如图 2-9 所示，与连续蒸煮配套使用后，具有蒸煮得浆率高、纸浆强度大等优点，是草类碱法备料的发展趋势。

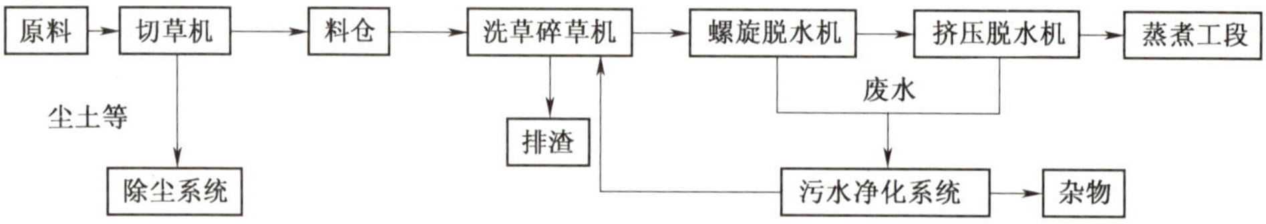

▲图 2-9　稻麦草干湿结合法备料流程

芦苇、芒秆的备料有干法备料流程和干湿结合法两种。国外有采用干湿法结合的流程，即将原料干法切片后，送水力碎草机或先经圆筛筛选再送水力碎草机碎解和洗涤。我国芦苇、芒秆原料较多采用干法备料流程（见图 2-10）。首先是卸料，卸料台由两组链条输送带组成，平板小车上的整车苇捆由吊车一次吊起，放到第一组链式运输带上，再根据喂料情况由第二组运输带运到胶带运输机上。胶带运输机上的苇捆先被圆锯剪断腰箍，然后经由电磁除铁器除去金属类杂物，再进入切苇机的上下喂料链之间，被压紧并送入切苇机。最后将苇片送入旋风分离器中，除去细小的尘埃；再经圆筛除去质量、颗粒较大的杂质；然后用风选机除去苇膜、苇穗、苇末等相对密度小的杂质，完成备料。

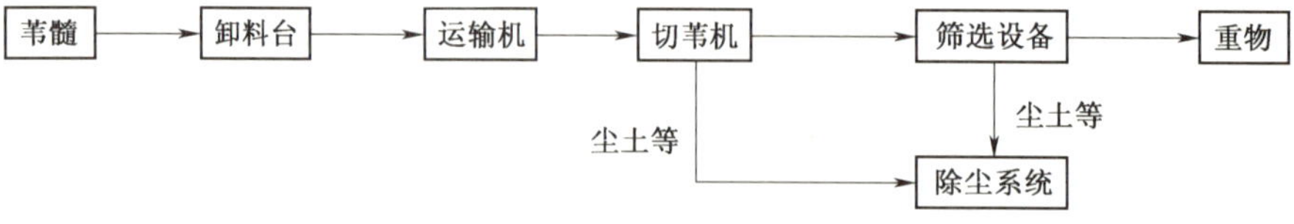

▲图 2-10　芦苇、芒秆干法备料流程

竹子原料的备料有削片备料和撕丝除髓备料两种方式。削片备料比较简单，一般只有削片和筛选两道工序，条件好的还增加了洗涤和脱水两道工序。削片后竹片的规格为 6.5 ～ 45mm，合格率要求在 90% 以上。国产的筛选设备一般为双层圆筒式竹片筛。有些厂没有筛选工序，原竹削片后直接蒸煮。撕丝除髓备料已被许多国家应用。其关键设备是撕竹机，设计原理类似矿山用锤式粉碎机。撕丝除髓备料流程如图 2-11 所示。可使竹子在不损伤纤维的情况下沿轴线方向裂开，竹浆均匀，浆渣少，质量高。

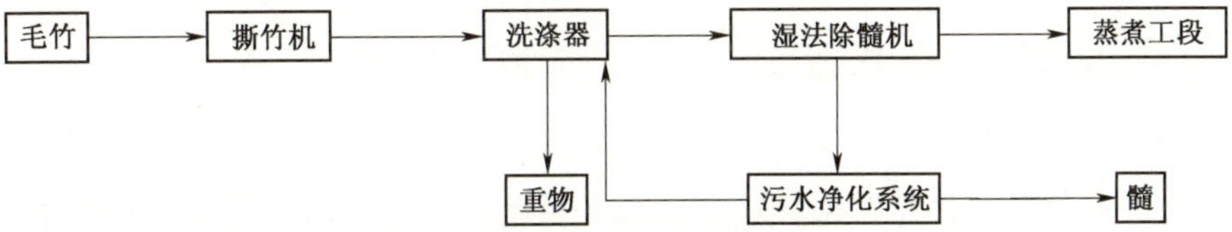

▲图 2-11　撕丝除髓备料流程

蔗渣中除含有纤维细胞外，还有 30% 左右的由松软、粗而短的薄壁细胞组成的蔗髓及 5% 左右的非纤维表皮细胞，所以蔗渣备料的关键工序是除髓。除髓的方法有半湿法、干法和湿法。半湿法除髓是指糖厂压榨后蔗渣含水量在 50% 左右时进行的除髓，一般在糖厂进行。除髓率可达 25%，大大减少了储存面积和运输费用。干法除髓是指蔗渣干法储存，自然干燥后进行的除髓，一般在糖厂进行。除髓率可达 25%，这样可以大大减少储存面积和运输费用。湿法除髓是指蔗渣浓度在 5%时的除髓，流程如图 2-12 所示。蔗渣在除髓过程中受到的机械损伤小，蔗渣和尘埃能彻底分离，可获得优质、干净的蔗渣纤维；除渣率高，且水分均匀，对蒸煮药液吸收均匀，纸浆质量稳定。但是这种方法耗水量大，需增加脱水设备来提高蔗渣纤维的干度。半湿法和干法除髓均需用到除髓机，一般是立式除髓机，蔗渣在刚进入除髓机时是无定向的，在高速旋转的转子所产生的离心力和重力的共同作用下，纤维束呈直立定向排列，并沿螺旋线前进，同时还使纤维束本身自转，相互揉搓，直至松散开来，髓通过筛孔排出。直立排列的纤维不能通过筛孔，在鼓内向下运动并排出。湿法除髓所用设备一般为水力碎浆机，在水力碎浆机中，蔗渣在转动叶轮和固定叶片的摩擦作用下松散开来，蔗髓穿过水力碎浆机底部的筛板，不断随水流出。除髓后的蔗渣脱水、压榨后，送蒸煮使用。用水力碎浆机先将蔗髓和纤维预分离，除沙、脱水后再用立式除髓机除髓的效果更好。

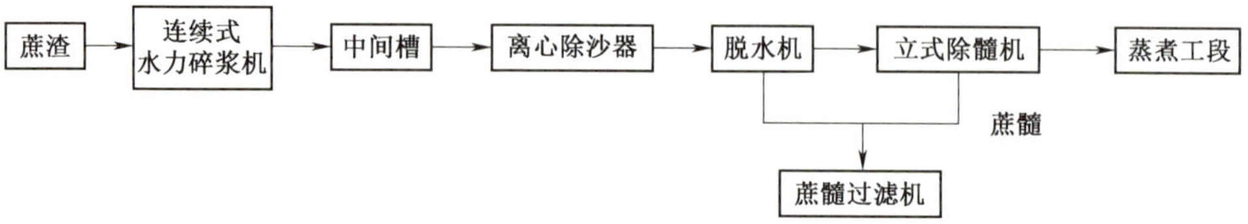

▲图 2-12　蔗渣湿法除髓流程

在成片后，草类纤维的输送一般采用两种方式：风送和带式运输。常用的草类运输设备是带式运输机，与木片不同的是，输送草片时其倾斜角度要更小些，一般在 18° 以下，所以比木片输送所占面积更大。草类料片一般储存于草片仓，常用的有往复松散式机械料仓以及活底料仓。往复松散式机械料仓与三组板弹簧相连接。在变速电机和偏心轮的作用下，板弹簧上下蹿动，带动仓底底板上下运动，既能减少“搭桥”现象，又使草片沿倾斜面仓底向卸料口方向移动。活底料仓的主要特点是在仓底配有链板装置，链板不断移动，向前运送草片。由于仓内草片常处于运动中，故可连续、均匀、准确地送料，常与连续蒸煮器配套使用。蔗渣储存的特点和草片类似，但由于蔗渣含有糖分，发黏，因此容易黏着。使用的通常是蔗渣活底料仓。它的底部设有多条移动的链条，链条上焊有多块纵向钢板，用来纵向拖动蔗渣，钢板上又交叉焊有角钢，用来横向拖动蔗渣，同时还设有搅拌辊，来防止纤维产生黏着。

第三节 制浆工艺

制浆，就是利用化学或机械方法，或两者结合，使植物纤维原料离解，变成本色纸浆或漂白纸浆的生产过程。造纸必先制浆，制浆方法可以分为化学法和高得率法。常用的化学制浆法包括各种碱法和亚硫酸盐法。此外，还有溶剂法制浆，目前尚处于试验阶段。[17，18] 高得率法制浆按照机械处理程度的不同可分为机械法、化学机械法和半化学法。总的来分，化学法、半化学法、化学机械法和机械法生产的纸浆分别称为化学浆、半化学浆、化学机械浆和机械浆，后三者统称为高得率浆。国内外木浆的生产仍以硫酸盐法为主，但是近年来也出现了碱性亚硫酸钠加蒽醌的方法与硫酸盐法在生产漂白浆方面产生竞争的局面。制浆过程应通过“减量化、再利用、再循环”，实现制浆清洁生产，促进制浆造纸工业可持续发展。[15，16]

一、化学法制浆工艺

化学法制浆是指利用化学药剂在特定的条件下处理植物纤维原料，使其中的绝大部分木素溶出，纤维彼此分离成纸浆的生产过程。用化学药剂处理植物纤维原料的过程常称为蒸煮，所用化学药剂称为蒸煮剂。[19，20] 化学法制浆的要求是尽可能多地脱除植物纤维原料中使纤维黏合在一起的胞间层木素。要使纤维细胞分离或易于分离，就必须使纤维细胞壁中的木素含量适当降低，同时要求纤维素溶出最少，半纤维素有适当的保留（根据纸浆质量要求而定）。化学法制浆朝着高效脱木素、高脱木素选择性、低能耗、少污染的方向发展。硫酸盐法蒸煮技术有了很大改进，出现了多种深度脱木素技术。

（一）碱法制浆

碱法制浆，也称为碱法蒸煮，是用碱性化学药剂的水溶液在一定的温度下处理植物纤维原料，将原料中的绝大部分木素溶出，使原料中的纤维彼此分离成纸浆。[21]碱法制浆生产流程如图 2-13 所示。根据所用蒸煮剂的不同，碱法制浆可分为烧碱法、硫酸盐法、多硫化钠法、预水解硫酸盐法、氧碱法、石灰法、纯碱法等，其中最常用的是硫酸盐法和烧碱法。碱法蒸煮对原料的适用范围比较广，硫酸盐法几乎适用于各种纤维原料，如针叶木、阔叶木、竹子、草类等，还可用于质量较差的废材、枝丫材、木材加工下脚料、锯末及树脂含量很高的木材。

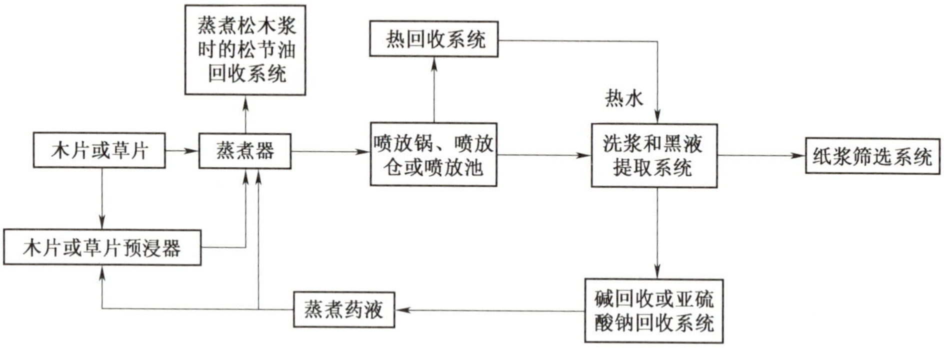

▲图 2-13　碱法制浆生产流程

烧碱法适用于棉、麻、草类等非木材纤维原料，也有用于蒸煮阔叶木的，很少用于蒸煮针叶木。其过程为植物纤维原料经过备料后，合格的料片送到蒸煮器中。对于木材原料，木片先经蒸汽汽蒸，将木片中的空气驱除，以利于蒸煮药液浸透。然后将蒸煮液送入蒸煮器内。蒸煮液由白液、黑液和水按照设定的浓度配制而成。然后通过间接加热或直接通蒸汽加热的方式加热至 150℃以上并保温，使原料中的木素脱出，纤维彼此脱除，蒸煮到达终点时，蒸煮器内的物料直接喷放或者泵送到喷放锅内。烧碱法蒸煮液的组成主要是氢氧化钠，此外，还存在碳酸钠。硫酸盐法蒸煮液的组成主要是氢氧化钠和硫化钠；此外，尚有来自碱回收系统的硫酸钠、碳酸钠、亚硫酸钠、硫代硫酸钠，甚至还可能有少量多硫化钠。

碱法蒸煮的基本操作过程或程序包括装料、送液、升温、小放汽、在最高温度或压力下的保温、大放汽和放料等步骤。在间歇式蒸煮过程中，这些操作是按顺序周期性进行的，每个周期完成一球次或锅次的蒸煮。使用不同的蒸煮液或不同的蒸煮设备，蒸煮操作过程会有些具体的差异。[22]

（二）亚硫酸盐法制浆

用亚硫酸盐药液蒸煮植物纤维原料，使原料中的大部分木素溶出，原料中的纤维彼此分离成纸浆的过程称为亚硫酸盐法制浆。亚硫酸盐法制浆包括酸性亚硫酸氢盐法、中性亚硫酸氢盐法、微酸性亚硫酸氢盐法、中性亚硫酸盐法和碱性亚硫酸盐法。其中，酸性亚硫酸氢盐法和中性亚硫酸氢盐法为常用亚硫酸盐制浆方法。其生产流程如图 2-14 所示。

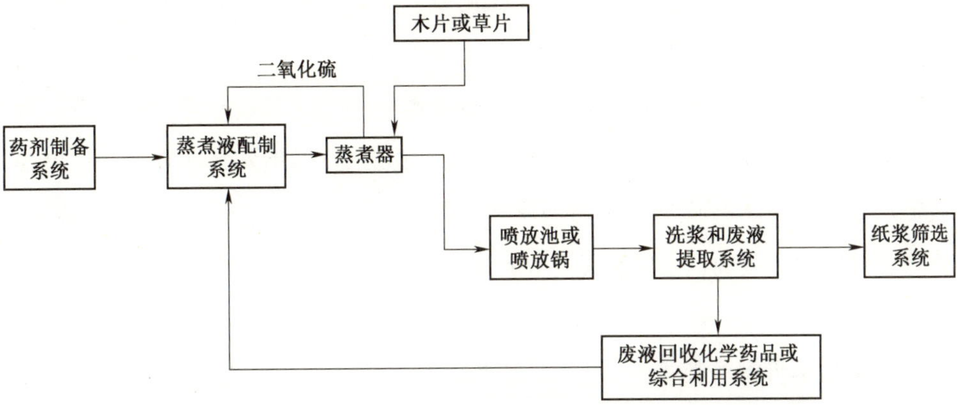

▲图 2-14　亚硫酸法制浆生产流程

亚硫酸盐蒸煮液中含有二氧化硫和相应的盐基（钙离子、镁离子、钠离子、铵离子等）。采用不同的亚硫酸盐法蒸煮，其蒸煮药液的组成是不同的。其间歇蒸煮过程为装锅、送液、第一段通汽和保温、第二段通汽和液体回收、在最高温度下的保温、放汽放锅过程。

（三）其他化学法制浆

其他化学法制浆技术还有预水解硫酸盐法蒸煮技术，预水解硫酸盐法（或碱法）主要是用来生产高纯度的精制浆，作为人造纤维浆和其他纤维素衍生物用浆，预水解硫酸盐法蒸煮包括预水解和硫酸盐蒸煮两个环节，即首先对原料进行预水解，再用硫酸盐法蒸煮。

氧碱漂白已经广泛应用于工业生产中，而国内外已对氧碱法蒸煮技术进行了大量研究，但只在极少数草浆厂采用。氧碱法蒸煮的主要优点是对环境污染小，消除了硫酸盐法蒸煮产生的废气污染，无甲硫醇、甲硫醚等。

溶剂法制浆是以有机溶剂作为蒸煮剂，在一定的温度和压力下处理植物纤维原料，使其中的木素溶出，纤维分离成纸浆，在此不再赘述。

二、高得率制浆工艺

高得率制浆是在制浆过程中涉及机械处理过程的一类制浆方法。显然，该类制浆方法就纸浆得率来讲要高于相应的化学浆，故统称为高得率制浆。高得率制浆按照机械处理的程度不同，主要分为机械法制浆、化学机械法制浆和半化学法制浆三大类。[23]

（一）机械法制浆

机械法制浆（Mechanical Pulping）是通过机械作用将原料制浆的方法，其产品统称为机械浆。该方法利用摩擦撕裂及热软化作用，将原料磨解撕裂分离。机械浆主要用于生产新闻纸，也可用于配抄文化用纸及某些纸板的芯层。机械法制浆几乎不溶出原料中的木素，故制浆得率很高，一般在95%以上。机械法制浆主要有磨石磨木法、盘磨机械法和热磨机械法等。磨石磨木浆法（标有GW者）是所有浆种中得率最高、生产成本最低、环境污染最小的制浆方法，虽然其存在强度和白度稳定性较低的情况，但具有优良的不透明度和吸墨性，因而仍在新闻纸、印刷纸的生产中占有一席之地。目前，热磨机械法使用较为广泛，由木片洗涤、木片预热、磨浆、成浆精磨等部分组成。

（二）化学机械法制浆

化学机械法制浆（Chemimechanical Pulping）是采用化学预处理和机械磨解处理的制浆方法。先用药剂进行轻度预处理（浸渍或蒸煮），除去木片中部分半纤维素，木素较少溶出或基本未溶出，但软化了胞间层。再经盘磨机处理，磨解软化后的木片（或草片），使纤维分离成纸浆，这种纸浆简称化机浆。化学机械法制浆与机械法制浆的不同之处在于它有化学软化预处理阶段，与化学法制浆的不同之处在于它的化学处理过程比较温和，如浸渍或蒸煮时间短、温度较低、药品用量少等，需经磨解方能成浆。

化学预处理和机械磨浆是化学机械法制浆的两个最基本的工艺过程。化学预处理有常压预浸、加压预浸、加温加压预蒸煮等多种方式，并可采用烧碱、亚硫酸钠、碳酸钠、亚硫酸铵和绿液等各种不同的化学药剂。磨浆也可采用常压或加压磨，以及单段磨或双段磨等不同方式。使用不同的化学预处理方法以及不同的磨浆方式，可以组成多种不同的工艺流程。

目前，高得率制浆占主导地位的仍然是化学热磨机械浆（CTMP），新上高得率浆生产线以化学热磨机械浆（CTMP）居多；其次是碱性过氧化氢机械浆（APMP）或温和预处理和盘磨化学处理的碱性过氧化氢机械浆（简称P-RCAPMP）。[24, 25]因此，目前国际上又将这三种浆统称为高得率浆（HYP）。其中，CTMP生产工艺为木片经筛选和洗涤后，用常压蒸汽预处理，然后湿热的木片进入冷的碱性亚硫酸钠浸渍段，此后木片经蒸汽加热停留1小时左右。随后在压力预热器中加热几分钟直至温度达到120℃以上，接下来是两段压力磨浆，随后浆料经过消潜、筛选、除尘，进入浓缩和漂白段，筛选出来的渣浆经过浓缩之后进入渣浆磨。APMP和P-RCAPMP

由于磨浆能耗低，纤维柔韧性较差，结合强度稍低，表面性能较低。APMP 与 P-RCAPMP 相比，后者具有较高的白度，不透明度和光散射系数。P-RCAPMP 制浆的生产流程如图 2-15 所示。

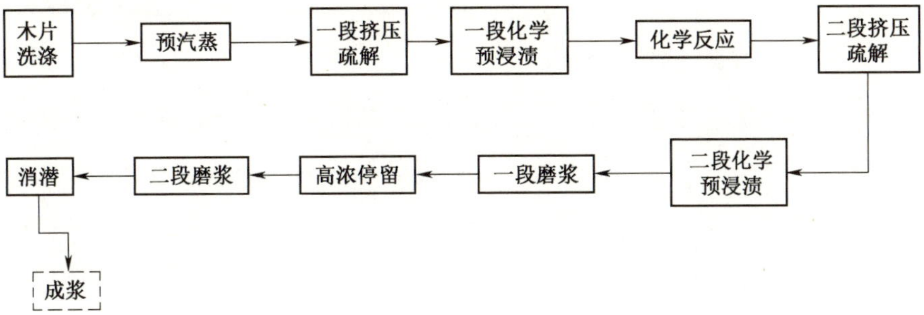

▲图 2-15　P-RCAPMP 制浆生产流程

（三）半化学法制浆

半化学法制浆（Semichemical Pulping）和化学机械法制浆一样，均属两段制浆法，即制浆时既用化学方法，也用机械方法。它包括化学预处理和机械后处理两个阶段，由于化学处理比化学制浆法温和，所以纸浆得率较高。根据木浆的生产实践中化学处理程度的不同，半化学浆得率可以达到 65%～84%，纸浆得率远远超过普通化学浆。其化学处理程度较化学机械浆激烈，但较化学浆温和，原料经化学处理后，尚未达到纤维分离点，仍需靠机械方法进一步离解，但其粗渣较软，离解成纤维所需动力较少。

高得率制浆正朝着高得率、高强度、高白度、低能耗、低污染的方向发展，在保证高得率和纸浆质量的前提下，采用改进的工艺技术尽量降低各种机械浆和化学机械浆的能耗，减少对环境的污染。

三、废纸制浆工艺

废纸是重要的可再生资源，废纸的回收利用是解决造纸工业面临的原料短缺和污染严重等问题的有效途径。[26] 例如，每生产 1t 废新闻纸浆较生产 1t 磨木浆可节约木材 $2m^3$，生产 1t 高白度废纸脱墨浆较生产 1t 漂白化学浆可节约木材 $5m^3$。废纸一可节约原料，增加产量；二可减少污染，保护环境；三可节省能源，降低能耗；四可节省投资，降低成本。[27-29]

废纸制浆的第一步是碎解，疏解是碎解的继续，这两个步骤统称为离解，使废纸最终完全离解成纤维。废纸碎解的设备主要有水力碎浆机和圆筒式碎浆机，可使原先交织成纸页的纤维最大限度地离解成单根纤维而又最大限度地保持纤维的原有形态和强度。碎解操作能使重、大的杂质与纤维分离。在处理需要脱墨的废纸时，通过加入一定量的脱墨化学品并通汽加热，使纤维与油墨分离。如果采用水力碎浆机使废纸达到完全碎解，则会消耗相当高的动力，且碎解度提高很慢。资料证明，当碎解率达到75%时，不宜继续采用水力碎浆机碎解，否则将严重损伤纤维、纤维强度。此时应采用疏解机等疏解设备来完成后期的碎解任务，这对提高碎解效果，保证废纸纤维的强度，降低动力消耗都有好处。因此，可以说疏解是碎解的继续，其目的是使纤维全部离解而不损伤纤维、降低纤维强度。废纸经水力碎浆机碎解，疏解机分离成纤维之后，在废纸浆中仍含有较多的杂质，去除废纸浆中杂质的过程称为净化。净化过程包括除渣、筛选两个工序，分别由除渣器、筛浆机完成。处理废纸的工艺过程，就是有针对性地分离这些杂质，并尽量减少处理过程中的纤维损失。现代废纸浆净化工艺有效地将筛选和除渣结合，采用孔型筛和缝型筛结合以及高浓工艺与低浓工艺结合的方法。废纸浆的筛选分为粗筛选和精筛选。粗筛选在碎浆和高浓除渣后进行，主要用来除去一些较大的杂质。精筛选所用压力筛为细缝筛，用以去除非常细小的杂质，此外，还有用于废纸浆分级的压力筛，将废纸浆分选为长纤维组分和短纤维组分。除渣器的基本原理是靠离心力将杂质与纤维分离。废纸浆的除渣利用杂质与纸浆相对密度的不同将废纸浆中的重杂质（金属、石、沙、玻璃碎等）或轻杂质（泡沫、塑料、树脂等）除去。用于废纸浆除渣的设备有高浓除渣器、正向除渣器、逆向除渣器、通流式除渣器和轻、重杂质除渣器。

为了便于浆料的储存和满足流程后面工段的工艺要求，筛选后浆料须经脱水浓缩。其设备及工艺要求和化学浆浓缩设备及工艺要求基本一致。废纸浆浓缩设备的选择可根据工艺流程对浆料浓度的要求以及废纸品种来决定。从工艺角度来分，脱水浓缩设备有低浓、中浓和高浓三种。根据废纸浆的特殊性，废纸制浆过程要求有各种出浆浓度的设备；兼有洗涤作用的浓缩设备要有较大的浓缩比以节省动力；有些洗涤浓缩设备还兼有筛除微小非纤维固形物的作用；滤网冲洗要容易。

有些废纸除含有轻、重杂质外，还含有沥青、树脂、热熔胶、压敏胶、胶黏剂、油脂等物质，在废纸回用过程中会产生胶黏物障碍。除去沥青或其他热熔物的方法与去除轻、重杂质的方法完全不同。一般是通过把沥青或其他热熔物分散成肉眼看不见的微粒并均匀地分布在纸浆中，使其在最后的成品中不容易被发现。

为了破坏印刷油墨对纤维的黏附，需要加入一些化学品，在适当的温度和机械作用下，将油墨从纤维上分离出来。在印刷过程中，印刷油墨黏附在纤维的表面，有些高质量的油墨还在纤维表面形成一层膜。脱墨的原理和印刷的原理相反，是根据油墨的特性，采用合理的方法来破坏油墨粒子对纤维的黏附力，即通过化学药品、机械外力和加热等，将印刷油墨粒子与纤维分离，并从纸浆中分离出去的工艺过程。脱墨的整个过程大致可分为以下三个步骤：①疏解分离纤维；②使油墨从纤维上脱离；③把脱离出来的油墨粒子从浆料中除去。油墨从纤维上分离后仍分散存留在废纸浆中，必须及时除去。常用的方法有洗涤法、浮选法以及两者相结合的方法。典型单回路洗涤法脱墨工艺流程如图 2-16 所示。此外，还有浓浆揉搓处理、油墨附聚处理、超声波脱墨、酶法脱墨、浮选柱脱墨等新型方法，在此不再赘述。

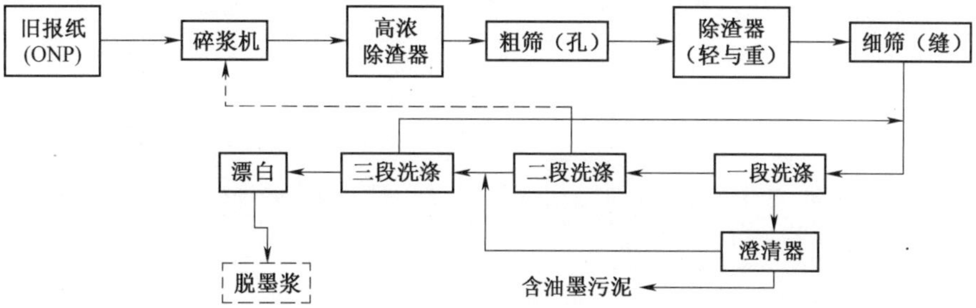

▲图 2-16　单回路洗涤法脱墨工艺流程

废纸制浆正朝着高效率、低能耗、低污染的方向发展。近十多年来，高效率、低能耗的废纸碎解技术、废纸浆筛选净化和热分散技术、废纸脱墨技术以及废纸浆在各种纸和纸板抄造中的应用技术都在不断改进和完善，生物技术在废纸制浆的应用方面也取得了显著的进展。[30-33]

四、洗涤净化工艺

作为制浆中的一个重要工艺，纸浆洗涤与废液提取、筛选与净化以及浓缩和储存是制浆后的几大重要环节。[34]

化学制浆的得率一般在 50%左右，另有 50%的物质溶解在蒸煮液中，需要进行分离。分离后的废液在碱法制浆中称为黑液，在酸法制浆中称为红液。其固形物中主要是木素、淀粉及聚糖的降解产物等有机物，其余为无机物。洗涤的目的是尽可能完全地将纤维从废液中分离出来，从而得到洁净的纸浆；废液提取的目的则是为废液回收利用做准备，以取得经济和环境效益。洗涤与废液提取的基本任务和要求是，在满足洗净度要求的前提下，尽可能用最少的水，提取出高浓、高温和较高提取率的废液。[35]

洗涤的原理是蒸煮后的浆料是由纸浆和废液组成的一种非均相悬浮液。废液的分布情况是：80%左右分布于纤维之间，15% ～ 20%存在于纤维细胞腔中，还有约 5%存在于细胞壁内。要将废液与纤维分离，通常要采用过滤、挤压、扩散或置换等方式来完成。纤维之间的大部分废液可通过过滤、挤压的方式较为容易地分离出来，但是纤维细胞腔尤其是细胞壁中的废液只能靠扩散洗涤的方法分离，由此可设计洗涤及废液提取流程。洗涤方式分为单段洗涤和多段洗涤。多段洗涤又可分为多段单向和多段逆流洗涤，四段逆流洗涤流程如图 2-17 所示。由于纸浆洗涤在达到洗净度要求的前提下，不仅要求废液提取率高，而且要求稀释因子小，废液浓度高。要解决这个矛盾显然需要采用多段逆流洗涤才可能在较小的稀释因子下，充分发挥扩散作用，取得较好的洗涤效果。用于造纸的粗浆往往含有大的纤维束、沙砾和金属颗粒等杂质，需要经过筛选与净化等处理过程予以清除。[36]

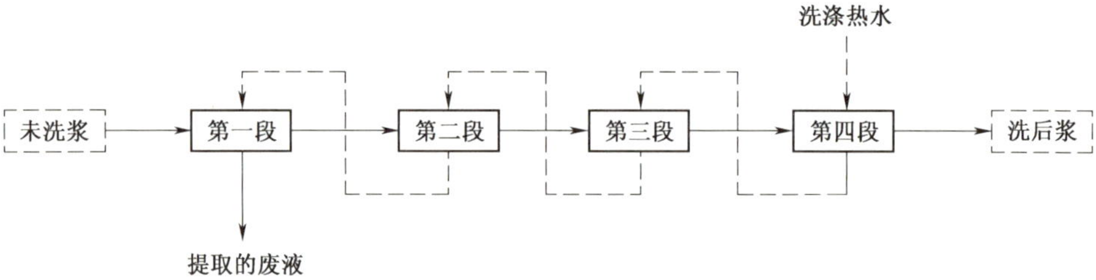

▲图 2-17　四段逆流洗涤流程示意

筛选是利用粗浆中杂质与纤维的几何尺寸大小和形状不同，利用带有孔或缝的筛板，在一定的压力下使细浆通过筛板，杂质被阻留在进浆侧，从而和纤维分离的过程。去除的杂质主要是化学浆中未蒸解的纤维束以及磨木浆中的粗布条、粗纤维束等。

净化是利用杂质和纤维的密度不同来分离的。去除的杂质主要是沙石、金属杂物、橡胶、塑料等。除去这些杂质的目的一是满足纸浆的质量要求，二是保护后续设备不因浆中含有杂质而被损坏。常用的筛选设备主要分为振动式筛浆机、离心式筛浆机和压力式筛浆机。如果杂质的外形尺寸接近或小于纤维，粗选和精选均不能去除这些杂质，就需通过净化来完成。

洗涤、筛选与净化的根本目的是除掉各种杂质，将蒸煮分离了的纸浆纤维洁净地提取出来。因此，先除掉哪种杂质，没有实质性的限定，即洗涤、筛选和净化的顺序只取决于所用设备的类型和操作上的方便。[37] 例如，在利用洗浆池洗浆，利用沉沙盘除去重杂质的年代，其流程是：洗涤—净化—筛选；筛选包括粗选和精选，在未蒸解组分较多和较粗大时，也可以把粗选放在净化之前。而在采用锥形除渣器作为净化设备时，为防止除渣器堵塞，把净化放在筛选之后，即洗涤—筛选—净化。在采用真空洗浆机组洗涤浆料时，为了防止粗大的未蒸解组分在剥浆辊处受挤压而伤及真空转鼓上的网面，同时防止高温黑液在真空下沸腾而破坏真空度，一般把粗选放在洗浆之前。而在采用压力洗浆机时，为了改善车间的操作环境并保持较高的黑液温度以减小过滤阻力和碱回收蒸发的负荷，则可将粗选放在洗涤之后。随着近年来封闭筛选工艺及设备的进步，筛选和洗浆也可同时进行。

因此，洗涤、筛选与净化工艺流程组合的原则应该是在满足产品质量的前提下，选择效率高、占地少、纤维损失小、动力消耗小、操作管理方便、建筑费用低、水耗低的设备，流程的设计应兼顾产品质量、生产规模和经济状况、碱回收等废液处理要求以及对渣浆处理的要求等诸方面综合考虑。[38] 图 2-18 和图 2-19 分别为硫酸盐木浆和机械木浆的洗涤、筛选、净化流程图。

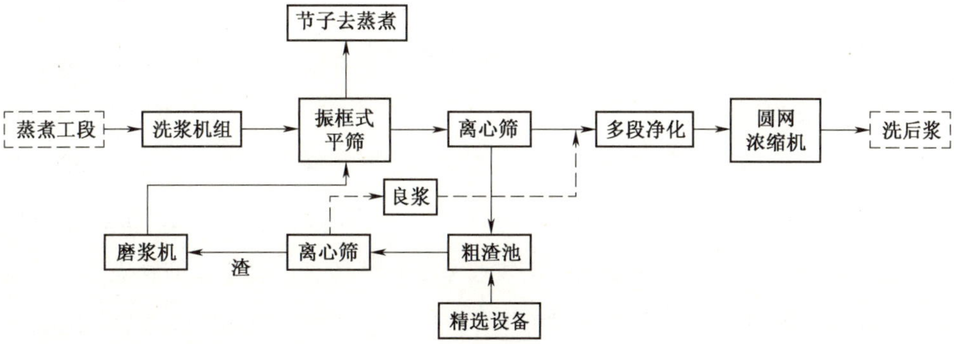

▲图 2-18　硫酸盐木浆的洗涤、筛选、净化流程

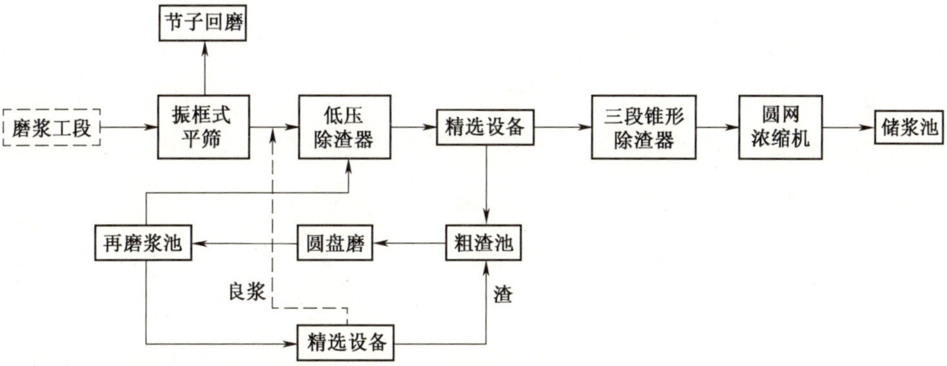

▲图 2-19　机械木浆的洗涤、筛选、净化流程

最后，筛选和净化后的浆料浓度一般较低，只有 0.5% 左右，通常都要经过浓缩再送往下一工序，从而提高了纸浆的洗净度，减少了漂白药品的消耗，一般使用圆网浓缩机、侧压浓缩机和鼓式真空浓缩机等设备。同时，可在间歇性生产和连续性生产之间设置储浆设备，如储浆池和储浆塔，均衡、调节生产的连续性，以满足连续性生产的需要。在设备发生故障及设备维修等局部停机时，起缓冲作用，以保

证前后工段的生产正常进行。流程中的储浆设备还能起到稳定浆料浓度、质量，减少波动的作用。

制浆过程中节能和热能回收以及制浆废弃物的资源化利用越来越受到重视。黑液碱回收技术在不断改进，随着蒸煮废液综合利用水平逐步提高，制浆过程固体废弃物的处理和利用技术也会不断取得进展。

五、漂白工艺

漂白是作用于纤维以提高其白度的化学过程。纸浆漂白在制浆造纸生产过程中占有重要的地位，与纸浆和成纸的质量、物料和能量消耗及对环境的影响有密切的关系。漂白的主要目的是提高纸浆的白度和白度稳定性，改善纸浆的物理化学性质，纯化纸浆，提高纸浆的洁净度。漂白是通过化学品的作用除去浆中的木素或者改变色素发色基团的结构来实现的。化学浆漂白过程中木素的去除可以看作蒸煮的继续，因为蒸煮过程中不可能达到满意的白度所要求的脱木素程度，否则纸浆的得率和强度会大大下降。亚硫酸盐浆在漂白时，除去树脂、脂肪酸、脂肪酸酯及其他抽提物。

纸浆漂白的方法可分为两大类。一类称为“溶出木素式漂白”，通过化学品的作用溶解纸浆中的木素，使其结构上的发色基团和其他有色物质被彻底破坏、溶出。此类溶出木素的漂白方法常用氧化性的漂白剂，如氯气、次氯酸盐、二氧化氯、过氧化物、氧气、臭氧等。另一类称为“保留木素式漂白”，在不脱除木素的条件下，改变或破坏纸浆中属于醌结构、酚类、金属螯合物、羰基或碳碳双键等结构的发色基团，减少其吸光性，增加纸浆的反射能力。这类漂白仅使发色基团脱色而不溶出木素，漂白浆得率的损失很小，通常采用氧化性漂白剂、过氧化氢和还原性漂白剂如连二亚硫酸盐、亚硫酸和硼氢化物等。[39] 在此主要介绍化学浆的含氯及不含氯漂白、高得率浆的漂白、废纸浆的漂白以及减轻返黄的机理。

含氯漂白剂包括氯、次氯酸盐和二氧化氯。由于氯和次氯酸盐来源丰富、价格便宜，漂白效率较高，漂白成本较低，一直是纸浆漂白的主要化学品。直到 20 世纪 80 年代，由于漂白废水中有害有毒的有机氯化物的发现，氯和次氯酸盐的使用才逐步受到限制，取而代之的是二氧化氯和氧、臭氧和过氧化氢等含氧漂白剂。早在 20 世纪 20 年代初，德国化学家 Schmidt 就发现二氧化氯（ClO_2）能溶解薄木片中的木素，但作为纸浆的漂白剂，还是 1946 年以后才正式在工厂中应用。二氧化氯的化学性质不同于元素氯，它有很强的氧化能力，是一种高效的漂白剂。二氧化氯漂白的特点是能够选择性地氧化木素和色素，但对纤维素没有或者很少有损伤，漂白后的纸浆的白度高、返黄少、强度好，但必须现场制备，生产成本高，对设备耐腐蚀性要求高。

几乎所有生产高白度硫酸盐浆的漂白方法均以氯化和碱抽提两段开始。但能生成大量的氯化有机物，其中很多是有毒且可生物积累的。已鉴别出氯化有机化合物有氯酚类、伞花烃、氯仿、氯化二噁英、呋喃、氯丙酮、氯乙醛和氯乙酸等。为了减少漂白废水中的可吸附有机卤含量，最有效的途径是减少或不用氯进行漂白。所以在20世纪80年代中后期，以深度脱木素为目的的改良硫酸盐法蒸煮、无元素氯（ECF）和全无氯（TCF）漂白的新方法便应运而生。二氧化氯是无元素氯漂白的基本漂剂。用二氧化氯代替元素氯漂白纸浆，氯化有机化合物的产生量要少得多。全无氯漂白是不用任何含氯漂剂，如用过氧化氢、过氧酸、臭氧等含氧化学药品进行漂白。[40]

由于环境保护要求越来越严，对高白度漂白化学浆要求也越来越高，特别是用于生产食品包装纸或纸板（如茶叶袋纸、咖啡过滤纸、卷烟纸）的漂白化学浆，要求不准含有有机氯化物。现在，氧碱漂白（目前更普遍的说法是氧脱木素）已经成为一种工业化的成熟漂白技术。未漂浆残余木素的1/3 ～ 1/2可以用氧在碱性条件下除去而不会引起纤维强度严重的损失，而且废液中不含氯。臭氧、过氧酸、半纤维素酶、木素酶也可用于漂白。与化学浆的漂白相比，高得率纸浆漂白具有不同的特点，主要是采用保留木素的漂白方法、适用于多种漂白工艺、对纸浆原料材种和材质有选择性、对金属离子的敏感性强、漂白废水污染少，还可使用过氧化氢、连二亚硫酸盐漂白。过氧化氢漂白机械浆和化学机械浆主要是靠过氧化氢离解生成的氢过氧阴离子使纸浆中的发色基团褪色，从而提高纸浆白度。连二亚硫酸盐的漂白作用，主要是利用它的还原性。漂白过程中，连二亚根离子离解成二氧化硫游离基离子，还原纸浆木素中的苯醌结构、松柏醛结构，使之变成无色的产物。[41，42]

废纸浆的漂白和其他纸浆的漂白有较大的差别。首先是引起废纸浆发色的原因较复杂，除纸浆中木素等引起的颜色外，还存在着各种外来因素，例如涂料、染料、油墨、添加剂及其他杂质的影响。另外，对已经漂白过的废纸浆重新进行漂白时，其化学反应的原理也可用于漂白化学浆和高得率浆的漂白剂，包括氧化性漂白剂和还原性漂白剂，都可用于废纸浆的漂白，使用较普遍的有过氧化氢和连二亚硫酸盐。近年来，由于含氧漂白技术的进步，氧和臭氧也用于本色废纸浆的漂白。

稳定白度防止返黄的方法主要有以下几种：

（1）提高未漂纸浆的质量。

（2）选用合适的漂白剂和漂白方法。

（3）采用合理的漂白工艺。

（4）掌握合理的浆板干燥和储存条件。

（5）抑制高得率浆的光诱导返黄。

纸浆漂白方面，随着环境保护要求的日益严格，传统的含氯漂白越来越受到限制，纸浆漂白正朝着无元素氯和全无氯漂白的方向发展，生物漂白技术也将逐步发展，以达到高白度、高白度稳定性、高漂白选择性、低能耗、低水耗、低污染的目的。

第四节
造纸工艺

纸的制造工艺可分为湿法造纸和干法造纸两种。

湿法造纸即为传统的造纸工艺，是由中国东汉时期的蔡伦开创的。湿法造纸以水作为介质对纸浆纤维进行分散、输送和上网成形，促进纤维间的结合形成纸页并赋予其强度。湿法造纸作为造纸工业的主导工艺，在近 2000 年的发展中可谓“历久不衰”。其间虽然经历了从手工抄纸到机器抄纸的转变，工艺技术和装备水平都取得了巨大的进步，但是湿法造纸的工艺精髓却得以保留传承并发扬光大。目前，机械化和连续化的造纸工艺已经成为湿法造纸的主流，但是手工造纸的一些特色仍然保留着独有的魅力和生命力。例如，中国传统的书画国宝——宣纸，仍然是以手工抄造的为精品。宣纸以青檀树皮为原料，经十多道传统工序抄造而成。其颜色洁白，质地坚韧，纹理细密，水晕墨章。同时，宣纸保存长久，有“纸寿千年”的美誉，至今仍然成为蜚声中外的文房国宝。

干法造纸是以机械梳理或空气气流对纤维进行分散成形的造纸方法。干法造纸是苏联列宁格勒制浆造纸研究院的科技工作者在卫国战争时期（20 世纪 30 年代中期）发明的一种新颖造纸方法。目前，在我国浙江省造纸研究所建有以化纤、棉纤为主要原料的干法生产线。干法造纸虽然初步满足了原料传输、纤维分散等工艺需要，但尚不能直接获得纸页的强度，纸页的成形还要靠喷胶等方式将原料纤维黏合制成产品。目前，该方法主要用于某些特种纸品的抄造，其产量仅占纸和纸板总产量的很小份额。

现代造纸工程，实现了化学、力学、机械、电子、材料、生物和环境等多学科的交叉融合，集成了现代科学和工程学的综合优势，共享了现代科学技术的丰硕成果，使传统的造纸工业实现了跨越式的发展。[43, 44] 本节将从打浆、供浆、流送成形、压榨干燥以及成纸后处理五个部分进行阐述。

一、打浆工艺

纸张纤维经过净化和筛选之后形成了纸浆，但还不宜直接用于造纸。利用物理方法处理悬浮于水中的纸浆纤维，使其具有适应纸机生产要求的特性，并使所生产纸张能达到预期的质量，这一操作过程称为打浆。未经打浆的浆料中含有很多纤维束，由于纤维既粗又长，表面光滑挺硬而富有弹性，纤维比表面积小又缺乏结合性能，若将未打浆的浆料直接用来抄纸，在网上难以获得均匀的分布，成纸疏松多孔，表面粗糙容易起毛，结合强度甚低，纸页性能差，不能满足使用的要求。经过打浆处理的纸料所生产的纸，组织紧密均匀，强度较大。打浆主要有两大任务：一是利用物理方法，对水中纤维悬浮液进行机械处理，使纤维受到剪切力而改变形态，使纸浆获得某些特征（如机械强度、物理性能等），以保证抄造出来的产品取得预期的质量要求；二是通过打浆，控制纸料在网上的滤水性能，以适应纸机生产的需要。

打浆使纤维受到剪切力，除揉搓、疏解浆料外，在打浆过程中纤维的变化可以认为是：纤维受打浆作用而使细胞壁产生位移和变形，然后是初生壁（p）层和次生壁（s）层被部分破除、纤维被切断，接着是纤维吸水润胀和细纤维化，另外还会产生纤维碎片，使纤维产生扭曲、卷曲、压缩和伸长等变形。实际上，这些作用和纤维的变化阶段不能截然分开，是交错进行的，打浆条件不同，各种作用和纤维的变化也不大相同。为了说明打浆的情况和要求，以及表示纸料的特性，根据纤维在打浆中受到不同的切断、润胀及细纤维化的作用情况，将打浆方式分为四种，即长纤维游离状打浆、短纤维游离状打浆、长纤维黏状打浆和短纤维黏状打浆。[45]

长纤维游离状打浆方式以疏解为主。要求尽可能将纸浆中的纤维分散成单根纤维，只需适当地加以切断，尽量保持纤维的长度，不要求过多的细纤维化。这种浆料的脱水性好，成纸的吸收性好，透气度大。因纤维长，成纸匀度好，裂断长及耐破度较大，纸张的尺寸稳定性好，变形性小。这种纸料多用于生产有较高机械强度的纸张，如牛皮包装纸、电缆纸、工业滤纸等。短纤维游离状打浆方式要求纤维高度细纤维化，具有良好的润胀水化，使纤维柔软可塑，有滑腻感，并尽可能地避免纤维切断，使纤维保持一定的长度。这种纸料因打浆度高，脱水困难，纤维长，上网时容易絮聚，影响成纸的匀度，需采用低浓上网。成纸的强度大，吸收性小，可用来生产高级薄型纸，如仿羊皮纸、字典纸、电话纸、防油纸、描图纸等。长纤维黏状打浆方式要求纤维有较多的切断，避免纸浆润胀和细纤维化。这种纸料脱水容易，成纸组织均匀，纸页较松软，强度不大，吸收性强。这种浆适于抄造吸收性强、组织匀度要求高的纸种，如滤纸、吸墨纸、钢纸原纸、浸渍绝缘纸等。短纤维黏状打浆方式要求纤维高度细纤维化，润胀水化，并进行适当的切断，使纤维柔软可塑，有滑腻感。这种纸料上网脱水困难，成纸匀度好，有较大的强度，适用于抄造卷烟纸、电容器纸和证券纸等。

根据浆料的浓度，打浆可分为低浓打浆、中浓打浆和高浓打浆。一般认为，浆料浓度在10%以下称为低浓打浆，浆料浓度在10%～20%称为中浓打浆，浆料浓度在20%～30%甚至更高称为高浓打浆。浆料浓度对打浆质量影响很大。一般来说，打黏状浆的打浆浓度为6%～8%，打游离状浆的打浆浓度为3%～5%。根据生产纸种的质量要求，应尽量提高打浆浓度。高浓打浆不仅能保留纤维长度，并能有效、充分、均匀地进行打浆，能赋予纸张优良的特性，如有较高的撕裂度、伸长率和耐破度等。另外，草类打浆分丝帚化困难，即草浆打浆不易实现外部细纤维化。用草类原料生产时，打浆的目的主要是使纤维疏解分散，产生适当的润胀和塑性变形，要求纤维表面稍稍起毛活化，使纸页有良好的匀度和足够的强度。

打浆设备可分为间歇式和连续式两大类，间歇式主要是槽式打浆机，连续式主要有锥形磨浆机、圆柱磨浆机、圆盘磨浆机，另外，还有高浓磨浆设备等。如图2-20所示为常见打浆设备。间歇式打浆方式已很少使用。现在，绝大部分纸厂已使用连续化的打浆设备。随着造纸生产规模的增大，纸机车速的提高，一台打浆设备已很难满足打浆的质量要求，往往需要多台设备进行串联打浆。现代打浆技术正朝着连续化、大型化、高浓化、多用化、高效率和集中自动控制的方向发展。此外，打浆辅助设备还有水力碎浆机和储浆池等，在此不再赘述。

（a）槽式打浆机

（b）双盘盘磨机

▲图2-20　常用打浆设备

二、供浆工艺及白水循环系统

（一）供浆工艺

纸料的组成和性质直接影响到纸机运行的好坏与成纸的物理化学特性。从造纸车间接受制浆车间送来的纸浆开始，至纸机网部形成湿纸幅为止，纸料都是以纤维悬浮液的状态存在。一般情况下，纸料是纤维、水、化学品、辅料和填料等物质组成的复杂的固、液、气三相共存的分散体系。固相的基本成分是纤维、细小纤维，其次是胶料、填料、颜料、非纤维添加物质等。液相的主要成分是水，水也是纸料悬浮液的介质。除水以外，还有溶解于水的各种化学品，如助留剂、助滤剂、明矾液、消泡剂、防腐剂、干强剂、湿强剂等。[46]

在纸料制备系统后至抄造前，对纸料进行的一系列处理过程称为供浆系统。供浆系统的设备和流程，因纸张的品种、纸料的种类、生产规模、设备等的不同而有所差异，但基本过程是相近的。供浆系统的作用主要有以下几方面：

（1）为造纸机流浆箱供应稳定的纤维量。

（2）除去纸料中的杂质和气体，使供应纸料中各种组成的配比达到稳定。

（3）使供应纸料的浓度温度、酸碱度等工艺条件达到稳定。

（4）根据实际需要可以调节供应纸机的纸料量。

供浆系统主要由纸料的调量和稀释、纸料的净化和筛选、纸料的脱气、消除压力脉冲和纸浆输送等部分组成。[47] 常用供浆设备如图 2-21 所示。

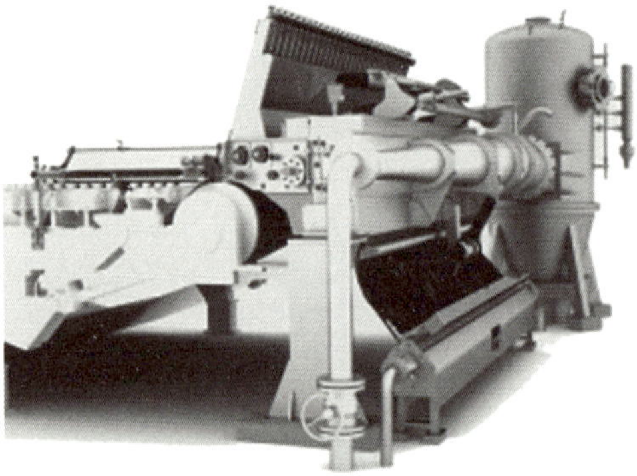

（a）水力流浆箱

（b）锥形除渣器

▲图 2-21　常用供浆设备

纸张调量的目的是根据纸机的车速和纸页的定量，提供连续不断的稳定供浆，故也称为调浆。稀释则是根据纸机抄造的要求将纸料稀释到足够小的浓度，使其能充分地分散成均匀的悬浮液，以便在抄纸过程中形成均匀的湿纸页。纸料稀释的程度取决于纸张的品种、定量和质量要求，纸料的性质，以及纸机的形式和结构特点等因素。一般情况下，调量和稀释是同时进行的，纸料稀释一般使用网部的浓白水以节约用水，并减少对环境的污染。调量与稀释最常用的方法为冲浆箱、冲浆池和泵内冲浆等几种。在冲浆箱法中，纸料及白水在箱中由溢流口稳定浆位，通过调节闸门的开启度来控制浆量及稀释白水量。经混合后进入缓冲池再泵送到净化筛选工序。冲浆池法则是使用阀门控制经调浆箱稳定后的纸料直接放入混合池中、稀释白水由来自网槽的相邻白水池底部流入。稀释后的纸料由泵从混合池送到净化筛选工序。上述这两种方法适用于中低速纸机。泵内冲浆法多用于车速较高的长网和夹网纸机，冲浆泵直接与网下浓白水池相连，调后纸料直接引入管口，纸料和白水在泵内混合后被送往净化设备。

一般将净化和筛选组合成一个系统，并且大都是把净化放在筛选之前，以延长筛板的寿命。筛选的目的在于除掉纸浆中相对密度小而体积大的杂质，如浆团、纤维束、草屑等。因此，筛选设备的原理是利用几何尺寸及形状的差异来选分。净化的目的在于除掉纸浆中相对密度大的杂质，如沙粒、金属屑、煤渣等。因此，净化设备的原理是利用密度差来选分杂质。筛选和净化的作用是除去纸料中残余的杂质，并制成均匀分散的纤维悬浮液。净化工艺主要有重力除渣和离心除渣两种，前者是指沉沙盘，而后者包括各种锥形除渣器和离心除渣机。在纸机前，使用的纸浆筛选设备有振动平筛、振动圆筛和压力筛等。振动平筛已基本被淘汰，主要使用的是压力筛和振动圆筛。

净化与筛选设备的排列与配合是否合理得当，关系到净化与筛选的效率，即净化与筛选质量、净化与筛选过程纤维流失及动力消耗问题。从净化与筛选原理是利用形状大小差异来进行分离的角度出发，净化后再筛选或筛选后再净化都可以。而在实际生产过程中往往是先净化后筛选，这主要是与净化和筛选设备的具体性能及对工艺的要求有关。如采用锥形除渣器与立式离心筛相配合进行纸料的净化与筛选时，把锥形除渣器放在前面，压力筛放在后面，纸料先经除渣器后再进入压力筛就比较合理。

随着造纸用水封闭循环程度日益提高，在纸机白水系统以至整个供浆系统中溶解物质和胶体物质的聚集量会有所增加，这些物质的聚集除了降低湿部化学剂的功能和效率外，还会阻碍系统中空气的去除，从而增加整个供浆系统的空气含量。这些空气能够较好地分散在纸料中，还能形成较稳定的泡沫，从而对抄纸过程和纸张质量都有着较大的影响，因此，促使纸料除气和消泡对造纸用水封闭循环程度高的系统来说，就更加重要。脱气方法主要分为化学脱气法和机械脱气法两大类。化学脱气法是把化学品（如各种除气消泡剂）加入纸料中，消泡剂分子先覆在气泡的液膜上，然后扩散到液膜中，降低液膜的表面张力和液膜厚度，破坏其稳定性，从而使其破裂释放出气体。因此，消泡剂是一种表面活性物质，这种表面活性物质能使气泡液膜的表面张力减小至气泡失去稳定性。机械脱气法主要是采用突然减压的方法使纸料中气泡的体积突然膨胀，泡沫的稳定性也会降低而发生破裂。含有空气的纸料通过锥形除渣器后喷射到接收器中，在喷射过程中有一部分纸料与容器的内壁碰撞，接收器内部的真空度应保持在使容器内纸浆沸点比泵料送纸浆沸点高的水平，以保证纸料在接收器内沸腾，达到充分除气的目的。为了保持接收器液面稳定，应有一定的溢流量，接收器内的浆位可用闸板控制，一般控制在接收器中心线附近。[48]

（二）白水循环系统

造纸厂白水的处理，不仅在节约纤维、填料等方面具有经济意义，而且在对废水的利用、防止污染及节约热能等方面也有重要意义。在纸机湿部，纸幅成形时脱除的水，以及真空箱和压榨进一步脱除的水，统称为白水。造纸白水的循环回用就是使用各种方法处理纸机白水，降低其悬浮固形物含量，代替清水再回用于制浆造纸过程，从而减少清水用量，降低废水排放量和固形物流失量。纸厂内最有效的方法，就是采用纸机白水循环系统来处理纸机白水。从网部脱除的部分白水，又回用于稀释进入流浆箱的浆料，这一过程称为“短循环”，短循环的作用就是增加通过流浆箱的干固形物流量，以使纸幅的干固形物流量等于从打浆工段送到纸机的干固形物流量。细小纤维和填料特别容易通过成形网进入白水中。为此，短循环的一个任务就是使在网上成形的纸幅中的这些细小粒子规格分布，能大致与打浆送到纸机的浆料相当。短循环的设计是，将富含纤维的部分白水送回短循环，而将纤维含量很低的部分白水溢流到长循环去。这在长网纸机上很容易做到，只要将最后一个真空箱排出的水送去长循环即可。夹网纸机上要将纤维含量很少的白水分出来则很不容易。即使只有很微小的变化，也会干扰生产过程，使纸页成品发生变化，甚至使纸机断纸。短循环中的浓度波动，一般可通过使浆料经过一个具有足够大容积的搅拌槽加以解决。[49]

在网上脱除的不用于稀释流浆箱浆料的另一部分白水，则引送去更前面的生产工序，这部分称为“长循环”。随着白水循环回用技术的进一步发展，以及处理纸机白水工艺的进一步完善，经处理后的纸机白水，不仅可以用于稀释纸浆、处理损纸，而且可以用作打浆用水、储浆池用水、辅料制备用水，还可以进一步代替清水用作喷水管水、密封水等，这样可以显著减少清水用量，使每吨纸水的排放量只有 $20m^3$

左右。长循环的目的是改善系统物料和量的利用。例如，长循环的白水可用于均衡浆料的浓度波动，或调节浆料制备系统的浓度。进入造纸系统的水主要有两个来源，一个是由制浆系统送来的液体浆，另一个是由造纸过程中使用新鲜水带进来的水量。生产 1t 纸在造纸系统中就有接近 30 ～ 70t 的剩余水，这些剩余水必须进行处理并尽可能回用，以节约用水，降低废水排放量，减少废水处理系统的负荷和对环境的污染。

将纸机排出的白水直接或经白水回收设备回收其中的固体物料后再返回纸机系统加以利用的方法，称为白水的封闭循环。常用白水循环设备如图 2-22 所示。其循环利用的基本原则是在不影响纸机操作和成纸质量的前提下，尽量对白水加以处理和利用，尤其是优先利用浓白水，以尽量减少物料流失和清水用量。如果过程中用水完全不排出，则可以称为白水的全封闭循环，即“零排放”。但随着造纸用水封闭循环程度的提高，进入造纸系统的清水量和排放的废水量在大幅减少。白水系统中溶解物和胶体物质的积累显著增加，系统中的盐类和金属离子的量也显著增加，从而对造纸生产及产品质量产生重大的影响。其中，包括化学助剂失效、留着率下降、纸张的表面抗张强度有所下降、强度性能显著降低、光散射系数增加和腐浆增加。

白水回收的方式有以下几种：过滤法是采用各种形式的过滤介质处理白水和废水的一类方法，如浓缩机、脱水机以及多圆盘过滤机等；气浮法则是利用造纸白水所含的固形物，根据其在水中上浮的难易程度，使用加压气浮机将其除去，如气浮白水回收机等；沉淀法是通过沉降的方法将水中的纤维和填料分离出来，达到回收纤维和填料并澄清白水的目的，如沉淀池、沉淀塔、沉降器等。

（a）多圆盘真空过滤机

（b）沉淀塔

▲图 2-22　常用白水循环设备

三、纸浆流送及纸页成形工艺

纸浆流送与纸页成形奠定了现代纸页抄造技术的基础。传统的手工造纸技术不需要纸浆流送，纸浆流送为机械化抄纸的实现提供了保证，现代化的纸页成形工艺吸取了中国古代竹帘抄纸的精髓，发明了纸机，使连续化造纸成为现实。[50]

纸浆流送是通过流送设备（流浆箱）将纸料以适当的方式送到成形器（纸机）的网部，而纸页成形则是使纸料在成形网上滤水、留着并形成良好的湿纸幅。纸浆流送与纸页成形是密不可分的，良好的纸浆流送是纸页成形的前提，而优质的纸页成形又是纸浆流送的体现。

纸页的成形方法可以分为湿法和干法两大类。传统和主流的纸页成形方法是湿法，其工艺过程是以水为介质，原因有三点：

（1）需要输送的造纸用的纸浆纤维只有稀释在水中形成悬浮液，才能易于泵送和储存。

（2）纸页成形的要求是纸浆必须良好地稀释和分散在水中，才能均匀分布上网，再通过滤水形成湿纸幅，从而完成纸页成形并得到良好的成形匀度。

（3）只有用水作为纸浆纤维的稀释介质，植物纤维间才能在成形过程中产生氢键结合，从而使纸页获得必要的物理强度。

因此，当新的造纸工艺未能在上述三个方面取得重大突破之前，主流的造纸生产是离不开水的。

纸料流送的作用是按照纸机车速和产品的质量要求，用流送设备将纸料流均匀、稳定地沿着纸机横幅全宽流送上网，为纸页以良好的质量成形提供必要的前提条件。纸料流送是由纸机流浆箱来完成的。流浆箱是纸机重要的部分之一，被称为“纸机的心脏”。其主要任务是：

（1）沿着纸机的横幅全宽均匀、稳定地分布纸料，保证压力均布、速度均流量均布、浓度均布以及纤维定向的可控性和均匀性，并将上网喷射纸料流以最适当的角度送到成形部最合适的位置。

（2）有效地分散纤维，防止絮聚。保障上网纸料流中的纤维、细小纤维和造纸化学品的分布均匀。

（3）按照工艺要求，提供和保持稳定的上网纸料流压头和浆网速关系，并且要利于控制和调节。

流浆箱主要由布浆装置、整流装置、上网装置组成。虽然流浆箱形式多样，种类繁多，但以上网纸料流的流送和控制方式来分可归纳为五大类：敞开式流浆箱、封闭式流浆箱、水力式流浆箱、多层成形流浆箱以及用于高浓纸料上网成形的高浓流浆箱。

纸页成形的目的是通过合理控制纸料在网上的留着和滤水工艺，使上网的纸料形成具有优良匀度和物理性能的湿纸幅。从造纸工艺的角度讲，纸页成形过程是一个纸料在网上留着和滤水的过程。因此，成形过程的任务和要求，就是围绕着实现成形目的而展开的。成形部（网部）是纸机的重要组成部分，其主要任务是使纸料尽量保留在网上，较多地脱除水分并形成全幅结构均匀的湿纸幅。纸料在纸机网部脱水的同时，纸料中的纤维和非纤维添加物质等逐步沉积在网上，因此要求纸料在网上应该均匀分散，使全幅纸页的定量、厚度、匀度等均匀一致，为形成一张质量良好的湿纸幅打下基础。湿纸幅经网部脱水后应具有一定的物理强度，以便将湿纸幅传递到压榨部。

纸机的分类通常是以其成形部的形式来命名的。一般可分为长网纸机、圆网纸机、夹网纸机等，如图 2-23 所示。

（a）夹网成形器

（b）顶网成形器

▲图 2-23　现代纸张成形器

长网纸机曾经是纸机的主流机型，包含胸辊、成形板、案辊、刮水板、湿真空箱、干真空箱、伏辊、封闭引纸装置和成形网等部件。在长网部纸页成形和脱水的过程中，纸料首先从流浆箱堰口流出，以一定的速度和角度喷射到长网的网面上，然后，纸料受到长网网下脱水元件的真空抽吸等产生的过滤作用，脱去大部分水分而使纤维和添加物沉积到网上，形成了湿纸幅。

圆网纸机是世界上三大纸机之一。在我国，圆网纸机曾经占主导地位。虽然近年来传统圆网纸机所占的比例大幅下降，但仍然在我国造纸工业的生产中发挥着一定的作用。圆网纸机可分为传统式圆网纸机和新型圆网纸机两大类，其主要特点在于其网部的区别。传统式圆网纸机的圆网部由网笼、网槽和伏辊三部分组成。纸料在圆网内外的水位差作用下过滤，使纤维在脱水过程中被附着在网面上形成湿纸幅。

新型圆网纸机种类很多，发展很快。这里仅对几种典型的新型圆网纸机的网部进行简单介绍。真空圆网的主要特征是在圆网内加设抽真空功能，增大脱水压差和纸浆对网面的附着力，有利于提高圆网纸机的车速。加压式圆网与真空圆网相反，加压式圆网是在网笼的外面形成一个密闭的压力室，以增大圆网笼内外的脱水压差及浆料在圆网面的附着力。超成形圆网成形器是指在保持圆网结构基本特点的同时，运用长网纸机的上浆原理和方式，去掉圆网槽而代之以喷浆上网的方式。

作为纸页成形器家族的主要成员，上网成形器和夹网成形器同属双网成形器。双网成形器的主要特征是：湿纸页的成形过程部分或全部在双网的夹持下完成。因此，上网成形器和夹网成形器的主要区别是：前者的纸料上网后先在长网段（预成形区）初步脱水，然后再进入双网区成形；而后者当纸料上网即夹在双网中脱水成形，整个过程均在双网内完成，而不需要预成形区。双网成形器的出现是为了解决普通长网纸机存在的纸页两面差严重、微观匀度较差和纸页结构分布不均一等问题。目前在世界范围内，双网成形器（特别是夹网成形器）已经成为造纸工业的主流成形装备，并在造纸生产中发挥着越来越重要的作用，常见夹网成形器如图 2-24 所示。夹网成形意味着纸幅在成形过程中可以进行两面脱水，相当于每一张网形成一层纸幅然后再复合在一起。与单网脱水相比，双面脱水可使脱水率增加 4 倍。这是由于每一层纸幅的定量和流体阻力仅仅是单面脱水时纸层的一半。

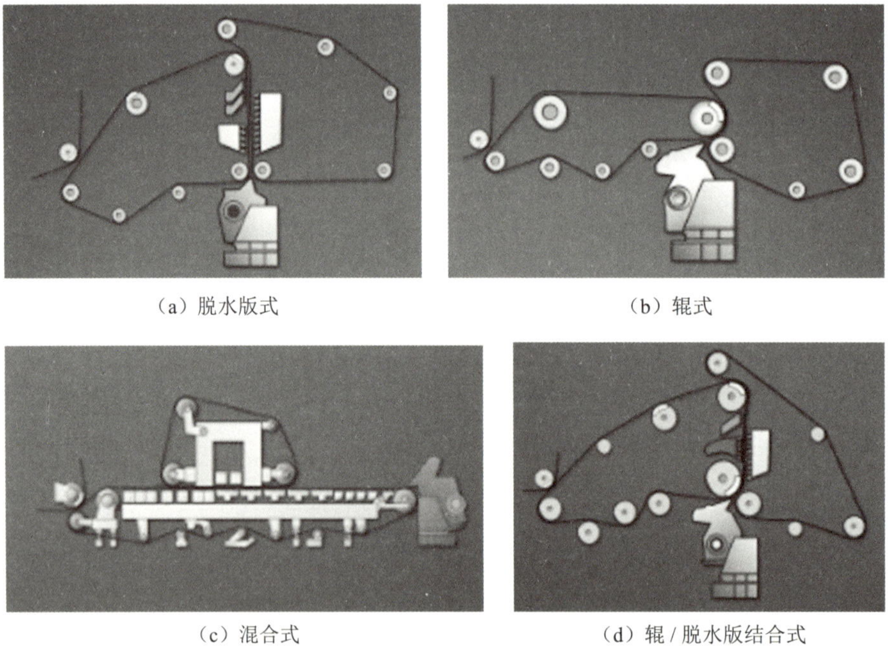

（a）脱水版式　（b）辊式

（c）混合式　（d）辊 / 脱水版结合式

▲图 2-24　常见夹网成形器

纸页成形过程的纸浆上网浓度一般在 0.1%～1.0%，当上网浓度大于 1.5%时，普通的流浆箱则难以正常操作。因此，一般将上网浓度大于 1.5%的成形操作称为高浓成形。目前，世界上高浓成形的实验浓度为 1.5%～5.0%，在 3.0% 左右可维持稳定的操作。高浓成形可节省大量的造纸用稀释水，并由于纸浆流量减少而节省了大量的输送能量。由于高浓成形技术的特点，目前还不能像低浓成形技术那样适用于所有纸种的抄造，其应用还被限制在一个有限的范围内。但是其在包装用纸和纸板抄造上所产生的独特的物理特性则充分地显现出来，并逐步被造纸工作者所接受。

纸机成形网是用于纸机网案上的、用金属丝或化学纤维编织而成的无端网状织物。成形网可以分为金属网（主要是铜网，也有少量为不锈钢网）和高分子聚合物网两大类。

四、压榨及干燥工艺

纸料悬浮液在纸机网部脱去部分水分，初步形成湿纸幅。通常含有 80% 左右的水分，强度不高，如果将其直接送到干燥部干燥，不仅消耗大量的蒸汽，而且由于强度差，容易在干燥部引起断头。这样直接干燥出来的纸页质地疏松，表面粗糙，强度较差，所以在实际工程中从网部形成的湿纸页需要经过压榨部的机械压榨，然后再送到干燥部干燥。压榨与干燥是造纸工艺的两个重要过程。湿纸幅经过这两个过程进一步脱除水分，完成纸页的最终成形。同时完成了纤维间的氢键结合，获得了所需的物理强度和结构性能。[51]

纸机压榨部的作用包括以下几点：

（1）在部分脱水的基础下借助机械压力尽可能多地脱除湿纸幅水分，以便在随后的干燥工段减少蒸汽消耗。

（2）增加纸幅中纤维的结合力，提高纸页的紧度和强度。

（3）消除纸幅上的网痕，提高纸面的平滑度并减少纸页的两面性。

（4）将来自网部的湿纸幅传递到纸机干燥部。

纸机压榨部一般由多组压榨辊配置而成，包括平辊压榨、网衬压榨、真空压榨、沟纹压榨、盲孔压榨和宽压区压榨等。压榨部的每道压榨一般由一组双压辊组成，根据双辊压榨的功用不同，压辊组合可分为正压榨、反压榨、光泽压榨、挤水压榨和引纸压榨等。湿纸幅进入各道压榨的方向与纸机运行方向相同的称为正压榨。正压榨是最简单的一种双压辊组合形式。低速纸机中常使用反压榨，以提高纸幅反面的平滑度。反压榨时，进入压区的湿纸幅运行方向与纸机运行方向相反。光泽压榨通常是纸机压榨部的最后一道压榨。光泽压榨的上压辊为肖氏辊，下压辊是一个表

▲图 2-25　靴式压榨部

面光滑的包铜辊。湿纸幅不用毛毯传递，直接进入光泽压榨。光泽压榨的作用主要是压光纸面、消除网印和毯印、提高纸的紧度和网面的平滑度。生产过程中引纸毛毯和压光毛毯很容易被细小纤维、填料和胶料等弄脏堵塞，所以必须安装一对压辊将毛毯挤压到一定干度，然后再去引纸或参与压榨脱水，即挤水压榨。引纸压榨用于真空引纸的中、高速纸机，主要作用是将湿纸幅从引纸毛毯转移到压榨毛毯，故又称为转移压榨。根据湿纸幅的脱水要求，纸机压榨部通常由二至三道压榨构成，组合包括直通式组合、反压榨组合、复合压榨和靴式压榨组合等，其中靴式压榨部如图 2-25 所示。

将湿纸幅从伏辊处成形网上揭下来并传递到压榨部有两种方式。一种是开式引纸，另一种是闭式引纸。其中，闭式引纸包括黏舐引纸和真空引纸。纸幅压榨脱水的效率与压区压力、压区宽度、水的黏度等因素有关，同时受到其他压榨设备和工艺的影响。纸幅经压榨脱水后，其干度范围在 40% ～ 50%。从纸页成形的角度看，尚未完全实现纤维间的氢键结合并获得稳定的结构和预定的强度。要实现这一目标，必须使成品纸达到 92%～ 95%的干度，因此需要借助于后续的干燥工序来完成。

纸机干燥部的主要作用如下：

（1）蒸发脱除湿纸幅中残留的水分。

（2）进一步完成纸页的纤维结合并提高其强度。

（3）增加纸页的平滑度。

此外，对某些纸种还可以进行表面施胶。对于长网纸机来说，干燥部的质量约为纸机总质量的 60% ～ 70%，设备费用和动力消耗均占整个纸机的一半以上，蒸汽消耗约占纸生产成本的 5%～ 15%。因此，纸机干燥部的合理设计、制造和操作与节省建设投资、提高产量和质量以及降低生产成本有着极为密切的关系，并对造纸工业的节能减排有着非常重要的意义。

在造纸过程中，最常见的干燥方法是采用烘缸组进行干燥，来自压榨部的湿纸幅，需要通过由一系列烘缸组成的干燥部。烘缸中的蒸汽热量通过铸铁外壳传递给纸幅，从而使纸幅加热干燥，干燥织物将纸幅紧紧地包覆在烘缸上，使纸幅更好地与烘缸表面接触，从而强化传热过程。烘缸组可进行双排多烘缸布置，也可以进行单排多烘缸布置，同时还有气垫干燥系统。

进入干燥部的湿纸幅中含有三种不同形式的水分，即游离水、毛细管水和结合水。干燥时，首先脱除的是纤维间的游离水，其次是纤维微孔中的毛细管水，最后是纤维壁中的部分结合水。干燥时，纸幅的弹性、塑性和机械强度均发生变化，并且产生变形，如收缩、伸长等。干燥初期纤维彼此间可以自由滑动，脱水时由于水的张力作用使纤维拉拢接近。纸幅的干度小于40%时，纤维结合不明显。干度达到临界数值，纸中纤维接近，开始产生氢键结合。当纸幅的干度达到55%时，随着纸张水分含量的减少，氢键数量迅速增加，纸幅的强度迅速增长。湿纸幅在烘缸上干燥时，纸被干毯或干网压在烘缸表面上，横向收缩受到阻碍。但纸幅的纵向受牵引力的作用，不仅无法自由收缩，反而受到拉伸。这种加在纸幅上的牵引力使纸幅的内部产生应力，增加了纸幅的刚性和作用力方向的抗张强度。

五、成纸后处理工艺

在造纸工艺中，干燥后的纸页的加工工序视生产的纸种不同而不同，一些纸种需要进一步的表面处理以满足更高的表面性能要求，然后再送入卷取和完成工序；一些纸种则可以直接进入卷取和完成工序，结束整个造纸过程并得到最终的纸页产品[51]，常用成纸后加工设备如图2-26所示。

（a）施胶机　（b）涂布机　（c）卷纸机

▲图2-26　成纸后加工设备

纸页的表面处理，一般可分为表面施胶和压光等工序。前者是用化学品涂覆的方法，后者则是采用机械力施压的方法，两者的操作方法虽然不同，但都是为了提高纸页的表面性能。

纸页表面施胶是指湿纸幅经干燥部脱除水分至定值后，在纸页表面均匀地涂覆适当胶料的工艺过程，是纸页表面处理的主要方法之一，其主要作用如下：

（1）改善纸页的表面性能。通过在纸页表面施涂一层胶料或涂料，可以填平纸页表面的空隙，大大改善纸页的平滑度等表面性能。

（2）改善纸页的空隙结构和吸收性能。在纸页表面涂覆一层胶料或涂料可以封闭纸面的空隙，同时可以通过选用适当的胶料或涂料进一步提高纸页表面的憎水性或憎油性等憎液性能。

（3）改善纸页的适印性能。在纸面涂覆一层胶料或涂料可以提高纸页的表面强度，减少纸页印刷时的掉粉掉毛现象。

施胶方式主要为辊式表面施胶，一对胶辊水平或垂直排列，施胶辊的两端有挡胶板以使两辊之间形成一个胶槽。生产时注入胶液，在挡胶板上开有溢流口以控制胶槽中胶液的液面高度，溢流的胶液过滤后重新使用。纸页经过辊间的胶槽使纸页表面与胶液接触进行施胶。

在纸机内对纸页进行涂布加工也是纸页表面处理的一种方式，按照涂布机是否与纸机联动，涂布方式可以分为机内涂布和机外涂布。机内涂布是在纸机的干燥部直接安装涂布机。抄纸同时涂布。

超级压光也是纸页的一种表面处理工艺，可通过使用超级压光机进行，进一步提高纸的平滑度和光泽度，同时增加纸幅的紧度和改善纸页的厚度均匀性。

纸机中的压光机一般设置在干燥部后和卷纸之间，是纸页在纸机整个抄造过程中受到压力最大的区域。与针对图层的压光不同，此环节的压光可以改善纸页成形的不均一性，提高纸页的平滑度和光泽度，提高纸页厚度的均一性。

纸页的卷取和完成是造纸过程的最后工序，前者在机内实施，结束机内的纸页抄造；后者在机外完成，得到最终的纸页产品。

卷纸机是纸机系统的最后一个设备。卷纸的质量直接影响产品质量。卷纸生产时要求卷筒松紧均匀，应避免两端松紧不一和卷芯起皱。常用的卷纸机有轴式和辊式两种。辊式卷纸机又称表面卷纸机，是目前广泛使用的一种卷纸设备，适合各种速度的纸机，且卷成的纸卷比较紧实，纸幅受到的张力也较小，在生产中不容易产生断头。辊式卷纸机由放在一对支杆上的卷纸轴和卷纸缸组成。在通过复卷、切纸、选纸、数纸、打包和储存等过程后完成纸张的加工过程。纸产品有平板和卷筒之分，因而完成整理的具体内容也有所不同。其中平板纸不需复卷。卷纸机卷成的卷筒两边不太整齐，而且纸幅太宽。对于卷筒纸产品，必须经纵切复卷成卷筒纸，以适应轮转印刷机和其他机械处理的需要。卷筒纸可由人工包装，也可使用机械包装。书写纸、印刷纸和纸板等有时要求切成平板纸。随着印刷工业中轮转印刷机的发展，平板印刷纸的需要量相对减少。

至此，从纸机上的纸页抄造到机外的成品生产已全部完成。对于大多数纸张，此时的产品就是最终产品；但是对于特殊要求的纸张，这时的产品还属于原纸，需要经过后续处理，该过程即属于加工纸范围，本节不再进一步阐述。

参考文献

[1]《制浆造纸手册》编写组 . 制浆造纸手册（第一分册）：纤维原料和化工原料 [M]. 北京：中国轻工业出版社，1987.

[2] 胡潇雨 . 国内造纸原料概述及其发展 [J]. 黑龙江造纸，2017，45（2）：20-21.

[3] 常永杰 . 我国造纸纤维原料的现状及发展对策 [J]. 湖北造纸，2013，(3)：40-42.

[4] 党涛，纪培红，黄创新 . 探析纤维原料对纸张匀度的影响 [J]. 纸和造纸，2016，35（10）：17-19.

[5] 陈庆，曾军堂，刘宏 . 非植物纤维造纸技术研究现状与发展 [J]. 印刷质量与标准化，2011，(7)：8-11.

[6] 李涛 . 古代造纸原料的历时性变化及其潜在意义 [J]. 中国造纸，2018，37（1）：33-41.

[7] 郭永新 . 中国造纸原料的现状和未来 [J]. 中华纸业，2010，31（19）：15-17.

[8] 陈铭，郭琳，郑笑，等 . 中国 15 个主产区毛竹纤维形态比较 [J]. 南京林业大学学报（自然科学版），2018，42（6）：7-12.

[9] 杜加一 . 废纸浆竹纤维成为造纸新宠 [J]. 中国林业产业，2016，(11)：20-21.

[10] 王斌 . 正视废纸造纸　中国造纸业才能行稳致远 [J]. 纸和造纸，2019，38（3）：45-46.

[11] 王岩 . 2017 年我国浆纸市场分析（Ⅰ）纸张市场 [J]. 造纸信息，2018，(9)：74-81.

[12] 李荔平 . 市场分析：造纸原料近期动态——也谈废纸 [J]. 造纸信息，2018，(10)：30-34.

[13] 王海刚，王毛丽 . 减少国内造纸原料对外依赖程度探讨 [J]. 湖南造纸，2014，(1)：10-12.

[14] Fuller W S. Chip pile storage—a review of practices to avoid deterioration and economic losses [J].Tappi Journal，1985，68（8）：48-52.

[15] 詹怀宇 . 制浆原理与工程 [M]. 3 版 . 北京：中国轻工业出版社，2011.

[16] 陈克复 . 制浆造纸机械与设备（上）[M]. 北京：中国轻工业出版社，2011.

[17] Pokki Juha Pekka，Laakso Ville V. Tikka Panu，Aittamaa Juhani. Specific Permeability of Wood to Water Part 1：Longitudinal Specific Permeability of Steamed，Impregnated，and Kraft-Cooked Wood [J].Industrial & Engineering Chemistry Research，2010，49（5）：2144-2154.

[18]《制浆造纸手册》编写组 . 制浆造纸手册（第五分册）：酸法制浆 [M]. 北京：中国轻工出版社，1988.

[19] Andrews E K，Chang H M，Eckert R. C. Extended delignification kraft pulping of softwoods—effect of treatments on chips and pulp with sulfide-containing liquors [J].Journal of Wood Chemistry & Technology，1985，5（4）：431-450.

[20] Dong Yuan Feng，Liu Wen Xia. Extended Delignification in Chemical Pulping [J].China Pulp & Paper，2009，28（8）：57-64.

[21]《制浆造纸手册》编写组 . 制浆造纸手册（第三分册）：碱法制浆 [M]. 北京：中国轻工业出版社，1988.

[22] Malkov Sergey，Tikka Panu，Gullichsen Johan. Towards complete impregnation of wood chips with aqueous solutions.Part 1：A retrospective and critical evaluation of the penetration [J].2003.

[23] Cameron J H. Mechanical Pulping[J]. Encyclopedia of Forest Sciences，2004：899-904.

[24] Cannell Eric，Cockram R. The future of BCTMP [J].Pulp and Paper，2000，74（5）：61.

[25] 孔凡功，陈嘉川，杨桂花，等 . 三倍体毛白杨单段预处理 P-RCAPMP 制浆的研究 [J]. 中国造纸学报，2003，18（1）：19-23.

[26] 梁实梅 . 制浆技术问答 [M]. 北京：中国轻工业出版社，2004.

[27] 安建华 . 废纸制浆与造纸 [M]. 北京：中国轻工业出版社，1990.

[28] 高玉杰 . 废纸再生实用技术 [M]. 北京：中国轻工业出版社，2003.

[29] 陈庆蔚 . 当代废纸制浆技术 [M]. 北京：中国轻工业出版社，2005.

[30] Loyley Derek R，Phillips Elizabeth J P，Reston，Lonergan Debra J. Enzymatic versus Nonenzymatic Mechanisms for Fe（I I）Reduction in Aquatic Sediments [J/OL].http：//xueshu.baidu.com/usercenter/paper/show?paperid=e5954aa2c40e0fda8fad93ba376d5c8c&site=xueshu_se&hitarticle=1.

[31] Pala H，Mota M，Gama F M. Enzymatic versus chemical deinking of non-impact ink printed paper [J].Journal of Biotechnology，2004，108（1）：79-89.

[32] Bajpai P，Bajpai P K，Kondo R . Enzymatic Deinking[M].Biotechnology for Environmental Protection in the Pulp and Paper Industry. Springer Berlin Heidelberg，1999.

[33] Long-Quan X U. Development and Research Trends of Enzymatic Deinking [J].China Pulp & Paper，2010，29（7）：62-68.

[34] 何北海 . 造纸工业清洁生产原理与技术 [M]. 北京：中国轻工业出版社，2007.

[35]《制浆造纸手册》编写组 . 制浆造纸手册（第七分册）：纸浆的洗、选、漂 [M]. 北京：中国轻工业出版社，1988.

[36] 胡志顺，范丰涛 . 常压扩散洗涤器的工艺过程和应用 [J]. 中华纸业，2005，26（8）：49-51.

[37] 丁忠柱 . 浆料的洗涤与筛选 [M]. 北京：中国轻工业出版社，1982.

[38] Tervola Pekka，Räsänen Erkki. A cake-washing model with an overall cation transfer in kraft pulp washing [J].Chemical Engineering Science，2005，60（24）：6899-6908.

[39] Spectrums Cns. Paper pulp delignification using laccase and natural mediators [J].Enzyme & Microbial Technology，2007，40（5）：1264-1271.

[40] Johansson Erik E，Lind Johan. Free Radical Mediated Cellulose Degradation during High Consistency Ozonation [J]. Journal of Wood Chemistry & Technology，2005，25（3）：171-186.

[41] Jafari Vahid，Sixta Herbert，Heiningen Adriaan Van. Kinetics of Oxygen Delignification of High-Kappa Pulp in a Continuous Flow-Through Reactor [J].Industrial & Engineering Chemistry Research，2014，53（20）：8385-8394.

[42] Fu Shiyu，Singh Jai M，Wang Shuangfei，Lucia Lucian A. Investigation of the Chemistry of Oxygen Delignification of Low Kappa Softwood Kraft Pulp using an Organic/Inorganic Chemical Selectivity System [J].Journal of Wood Chemistry & Technology，2005，25（3）：95-108.

[43] 何北海 . 造纸原理与工程 [M]. 北京：中国轻工业出版社，1994.

[44] 陈克复 . 制浆造纸机械与设备（下）[M]. 北京：中国轻工业出版社，2011.

[45] 韩颖，Kwei-Namlaw，Robertlanouetie，Hanying，Kwei-Namlaw，Robertlanouetie. 针叶木和阔叶木硫酸盐浆 PFI 打浆性能的研究 [J]. 中国造纸学报，2008，23（1）：61-63.

[46] 陈克复 . 中高浓制浆造纸技术的理论与实践 [M]. 北京：中国轻工业出版社，2007.

[47]（苏）巴拉诺夫，达布洛弗里斯基 . 造纸工艺学 [M]. 魏钟，方书雄，译 . 北京：轻工业出版社，1956.

[48] 花莉，王志杰，陆赵情 . 湿部化学品的发展状况 [J]. 造纸化学品，2003，15（1）：14-16.

[49] Zhong Hongwei. Mill System Closure and Trash Catching：Porous Fillers in Papermaking [J].World Pulp & Paper，2004，2（2）：14-18.

[50]（美）绍帕·B. A. 最新纸机抄造工艺 [M]. 曹邦威，译 . 北京：中国轻工业出版社，1999.

[51] 隆言泉 . 造纸原理与工程 [M]. 北京：中国轻工业出版社，2004.

第三章

纸张化学品

第三章 纸张化学品

第一节 制浆化学品

在造纸过程中，化学品的使用是必不可少的。除了一些传统基本化工原料，还需要多种专用化学品，这些化学品可以统称为造纸化学品。

我国人民早在1000多年前就已经懂得使用草木灰等碱性物质蒸煮植物纤维，这是化学法制浆的最初应用。化学法制浆，从碱性到酸性，包括许多不同的工艺。工业上应用的制浆工艺主要是使用无机药剂的水溶液在高温高压下进行制浆。占主导地位的化学法制浆工艺是碱性的硫酸盐法制浆工艺（及其变种），因为它可用于所有木质纤维素原料的制浆生产，所以应用范围广泛。硫酸盐法制浆过程中特别适于用针叶木生产高强度并具有弹性的纸浆纤维，它也适用于阔叶木，因为它能够有效地处理抽出物。其缺点是得率较低和浆难以漂白，但其化学药品的回收可以实现封闭循环，减少了对环境的污染。

一、主要蒸煮试剂

（一）碱性制浆

烧碱法中主要蒸煮试剂使用NaOH。

硫酸盐法中，主要蒸煮试剂是NaOH和Na_2S，此外，还含有Na_2CO_3和多硫化物（NaS_n、Na_2S_n）等。

碱法蒸煮脱木素的原理是在碱性基团的作用下木素大分子解离为小分子，从原料中溶解出来。因此，脱木素反应实际上就是木素大分子结构单元间各种连接键发生断裂的反应，同时，也关系到断裂了的木素分子不再缩合变成大分子的反应。烧碱法蒸煮的反应剂是 OH^-，而硫酸盐法蒸煮的主要反应剂除了 OH^- 外，还有 Na_2S 水解产生的 HS^-。烧碱法和硫酸盐法的共性是所有药品都具有碱性，通过化学反应，在木素大分子中引亲水性基团，使木素大分子降解，变成分子质量较小、结构比较简单、易溶于碱液的碱木和硫化木素。在硫酸盐蒸煮时，由于 HS^- 的电负性较 OH^- 强，其攻击木素的能力强，因此硫酸盐法较烧碱法蒸煮脱木素速率快。

（二）酸性亚硫酸盐制浆

酸性亚硫酸盐法中，主要加入亚硫酸氢盐（HSO_3^-）。

在一定蒸煮温度下，木素与亚硫酸盐蒸煮液发生磺化反应，在木素的结构单元上引入了磺酸基，使木素的亲水性增加，从而增大了木素的可溶性；高温作用下，部分木素水解为小分子，两方面作用使磺化木素溶解于蒸煮液中。

二、蒸煮助剂

蒸煮中除了主要反应试剂外，为保证纸浆质量、提高生产效率和降低生产成本，还加入一些辅助试剂，主要有蒽醌（AQ）及其衍生物、羟胺、硼氢化钠（$NaBH_4$）和连二亚硫酸钠（$Na_2S_2O_4$）、绿氧和一些渗透剂（如烷基硫酸盐、烷基磺酸盐、烷基苯磺酸盐）等。

（一）蒽醌类

蒽醌类化合物是一类十分重要的蒸煮助剂。蒸煮中，一方面需要尽可能脱除木素，另一方面还要防止纤维素、半纤维素等有效成分被脱除，这两个反应过程是对立的。蒽醌恰好可以同时实现这两个目标，蒽醌与碳水化合物的醛基反应，将其氧化为羧基，可以大大提高碳水化合物在碱液中的稳定性，同时自身被还原为蒽氢醌，蒽氢醌作为一种还原剂，又可以与木素发生反应，有效断裂木素中的 β- 芳基醚键，促进木素脱除，自身被氧化为蒽醌，从而实现了一个催化循环过程（见图 3-1）。

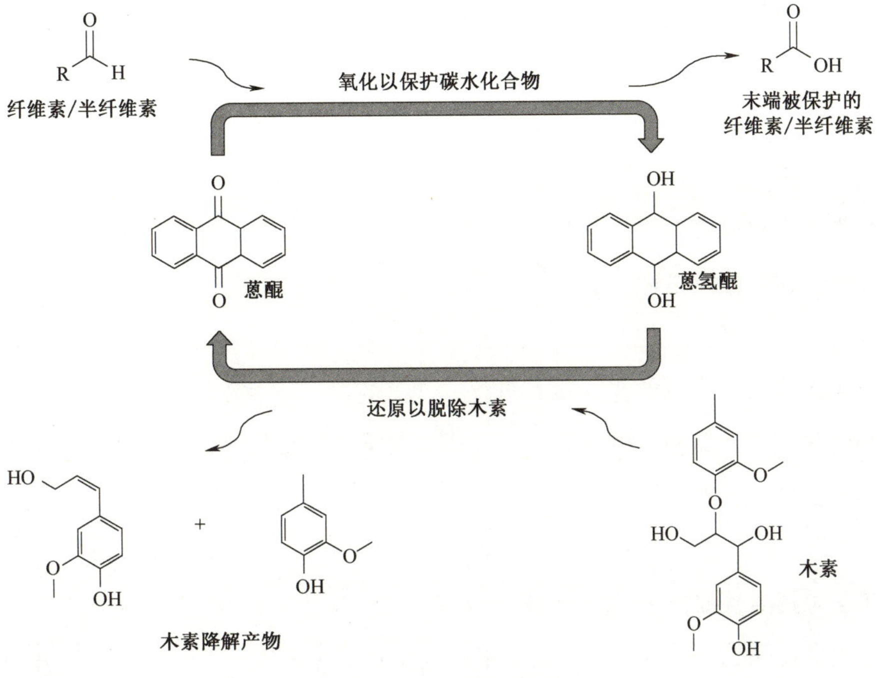

▲图 3-1　蒽醌的氧化还原循环

（二）羟胺

羟胺也可以起到氧化纤维素醛基的作用（见图 3-2）。此外，羟胺还可以与木素中的羰基作用，加速蒸煮过程。

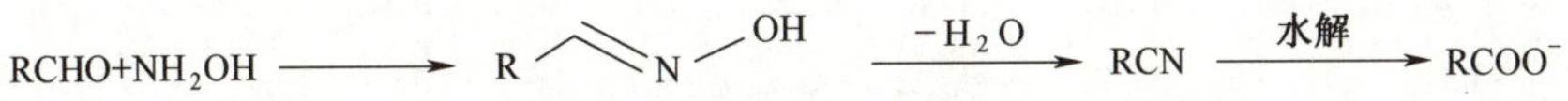

▲图 3-2　羟胺与纤维素的反应

（三）硼氢化钠和连二亚硫酸钠

硼氢化钠有较强的还原作用，可以将醛基还原为羟基，从而保护碳水化合物。添加了硼氢化钠的硫酸盐法蒸煮针叶材和阔叶材可以保留更多的聚葡萄糖甘露糖、聚木糖，因此纸浆得率会更高。硼氢化钠对纤维素的保护作用并不明显。连二亚硫酸钠也是强还原剂，可以起到对碳水化合物的保护作用。[1]

硼氢化钠和连二亚硫酸钠都能还原木素中的羰基，使纸浆发色基团减少，提高纸浆白度，所以它们都有较好的漂白作用，对机械木浆、废纸浆尤其适用。[2]

（四）绿氧

绿氧是一种合成高分子材料，20 世纪 90 年代由德国科学家 L.Hal 等人研制发明，是一种新型造纸添加剂。绿氧可以提供活性氧，作为一种氧化剂氧化纤维素的醛基，保护纤维素。同时，它的高分子结构可以附着到纤维素上，起到一定的保护作用。[3]

绿氧可以与金属离子发生螯合作用，使浆料颜色更浅。有报道称，用绿氧代替蒽醌，细浆得率、白度均有所提高，且纸张物理指标也有所改观。[4] 绿氧的溶解性比蒽醌好，价格也更低，具有一定的市场竞争力，特别在草浆领域得到了较广泛的应用。[5, 6]

三、漂白助剂

化学浆和机械浆一般都带有颜色，为了提高纸浆白度，需要加入漂白助剂。

（一）氧化性漂白剂

使用氧化性漂白剂使木素从纸浆中溶解出来，称为“溶出木素式漂白”，常用于化学浆的漂白，常见的漂白剂有氯气、次氯酸盐、二氧化氯、过氧化氢、氧气、臭氧和过氧酸等。其中，碱性条件下使用氧气漂白污染较小，是一种较好的漂白方法，已经被造纸行业广泛采用，而使用氯气或次氯酸盐毒性和污染较大，已经很少使用。

（二）还原性漂白剂

使用较温和的还原性漂白剂与木素发生反应，改变木素中的发色基团，称为“保留木素式漂白”，一般适用于木素含量高的机械浆等的漂白，常用试剂有连二硫酸钠、硼氢化钠等。

二氧化硫脲（$CH_4N_2SO_2$）是一种广泛应用于纤维工业漂白的试剂，近年来也开始应用于造纸行业。[7, 8] 二氧化硫脲与木素并不反应，但其在碱性条件下可以与很多染料发生反应从而起到漂白作用。因此，适用于废纸浆脱墨漂白，我国很多纸厂已经开始使用。由于漂白后产物为尿素和硫酸钠，基本没有污染，生产废水可用于灌溉。

四、其他制浆助剂

废纸浆加工需要使用脱墨剂。脱墨剂是由多种组分复配而成的，包括表面活性剂（如硬脂酸钠、烷基氨基酸、聚氧乙烯醚等）、氢氧化钠、硅酸钠、螯合剂（如 EDTA、DTPA 等）、过氧化氢、吸附剂（如高岭土、硅藻土等）和有机溶剂等。

纸浆中含有一些可溶于有机溶剂的树脂成分，对纸浆质量和机器都会带来不利影响，还会影响废水处理，带来环保问题，需要加入树脂控制剂，包括滑石粉、硫酸铝 [$Al_2(SO_4)_3$]、表面活性剂、螯合剂和助留剂（如聚丙烯酰胺、聚氧乙烯醚）等。

第二节
抄纸化学品

一、增干强剂

纸张在干燥状态下需要保持强度，如抗张强度和抗撕裂强度、抗弯曲强度等，为了提高强度，常在纸张抄造过程中加入增干强剂，常见的增干强剂有淀粉及其衍生物类、植物胶类和合成类等。

（一）淀粉衍生物类

淀粉（见图 3-3）衍生物是目前造纸工业应用最为广泛的增干强剂。天然淀粉也可用于造纸，我国人民很早就懂得在造纸过程中添加淀粉以提高纸张的强度和平滑度。

天然淀粉的留着率较低，不适用于现代化造纸，现代造纸业中经常对其进行加工，制成各种衍生物，以得到更好的功效。例如，使用化学改性方法制成阳离子化淀粉、羟烷基化淀粉、羧甲基化淀粉、磷酸盐化淀粉等。

（二）合成类

聚丙烯酰胺（PAM，见图 3-4）是采用非常广泛的增干强剂和助留剂。它是由丙烯酰胺单体聚合成的线性高分子。分子量 10 万～ 100 万的 PAM 用作增干强剂。PAM 是水溶性聚合物，主要含有酰胺基，可以与纤维素分子的羟基形成氢键，从而提高纤维间的分子间作用力。一些研究表明，这些氢键比普通的纤维素 - 纤维素氢键强得多，当 PAM 树脂存在于纸页中纤维与纤维的接触点时，会形成很强的纤维 -PAM- 纤维的结合，从而增加纸的干强度。

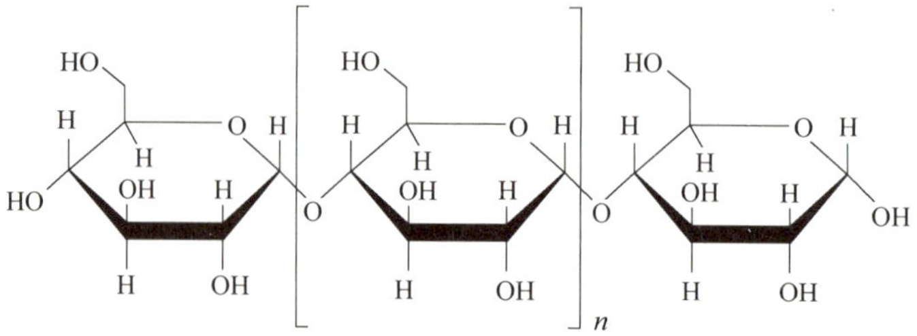

（a）**直链淀粉**

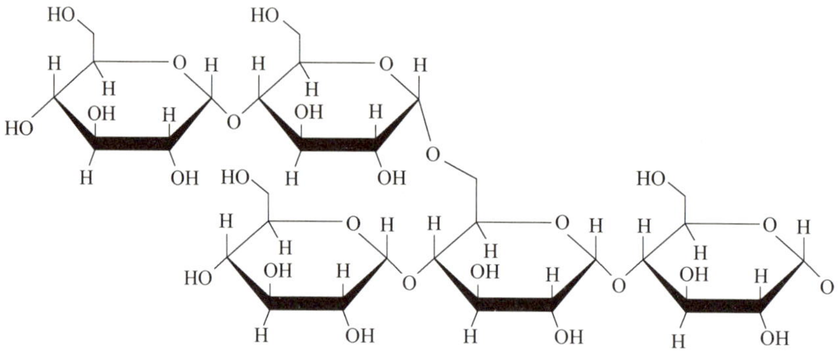

（b）**支链淀粉**

▲图 3-3　淀粉的分子结构

向 PAM 中引入亲水基团，可以增强 PAM 与纤维的吸附作用。例如，使用丙烯酸单体和丙烯酰胺单体共聚，可引入羧基，或直接在碱性条件下部分水解 PAM，可将其酰胺基转化为羧酸盐。当前，共聚直接引入阳离子型的基团的 PAM 是主流产品，可用于共聚的阳离子单体有甲基丙烯酰氧乙基三甲基氯化铵（DMC，见图 3-5）、二烯丙基二甲基氯化铵（DADMAC）和乙烯基苄基三甲基氯化铵（VBTAC）等[1]。研究发现，使用 PAM 类的增干强剂代替两性淀粉可以显著降低生产成本，提高纸张质量。[9，10]

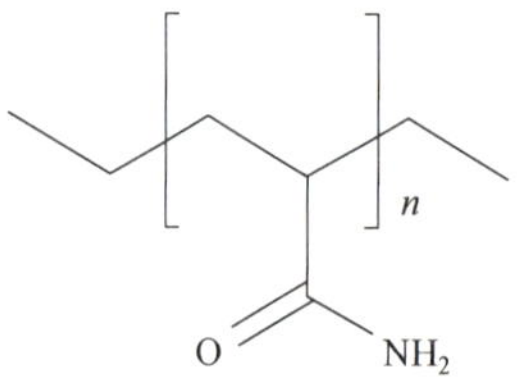

▲图 3-4　聚丙烯酰胺

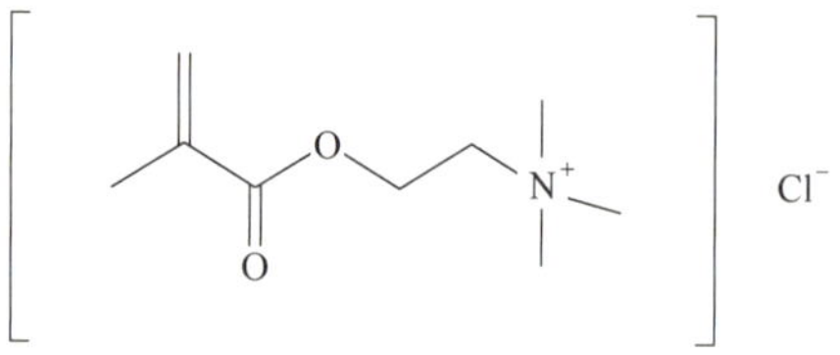

▲图 3-5　甲基丙烯酰氧乙基三甲基氯化铵（DMC）

（三）植物胶类

水溶性的植物胶如洋槐豆胶和瓜尔胶都可以被用作增干强剂。它们都具有糖的结构，可以与纸张纤维形成氢键，同淀粉较为相似。同等情况下，植物胶的用量比淀粉更低，但是其成本较高且产量受限，近年来应用较少。

二、增湿强剂

纸的强度与纤维间形成的氢键密切相关。氢键结合力属于相当弱的原子间力，对水非常敏感，容易被水破坏，如果把水加到干纸中将导致纤维之间氢键结合力迅速变弱，同时使纸的强度和完整性急剧下降，纸的强度可减少至干纸原有强度的10% 以下。为了提高纸张被浸湿后的强度，常需要添加增湿强剂。

（一）甲醛树脂

脲甲醛树脂（见图 3-6）是最先使用的一种增湿强剂，但是它的溶解性较低。为了提高其溶解性，聚合时常加入亚硫酸氢钠或氨基己酸，得到水溶性阴离子树脂，再配合硫酸铝使用；如引入氨基基团，得到阳离子树脂，可以直接留着到纤维上，使用范围更为广泛。

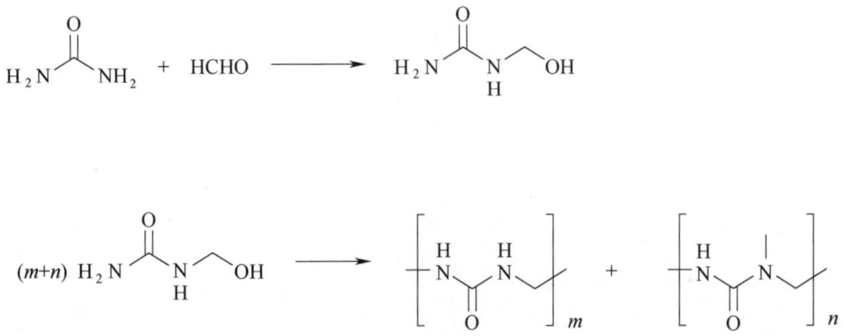

▲图 3-6　脲甲醛树脂的合成

三聚氰胺甲醛树脂（见图 3-7）由脲甲醛树脂发展而来，可被制成阳离子树脂用于增加纸张湿强度。三聚氰胺甲醛树脂一般比脲甲醛树脂的价格高，但是它具有以下优点：当纸暴露于某些化学品时，能够保持湿强度；对 pH 的依赖性较小；熟化较快，因此新生产的纸具有较高的湿强度；在相同的用量下，三聚氰胺甲醛树脂比脲甲醛树脂的应用效果好，例如皱纹手巾，为了获得相同的湿强度，三聚氰胺甲醛树脂的用量比脲甲醛树脂的用量少。[1]

（二）聚酰胺表氯醇树脂

碱性条件下抄纸时甲醛树脂几乎没有作用，因此人们开发了聚酰胺表氯醇树脂（PAE，见图 3-8），可以在不同酸碱度的环境下使用，这类树脂毒性小，且不影响纸张白度，已经成为当今应用最为广泛的增湿强剂。

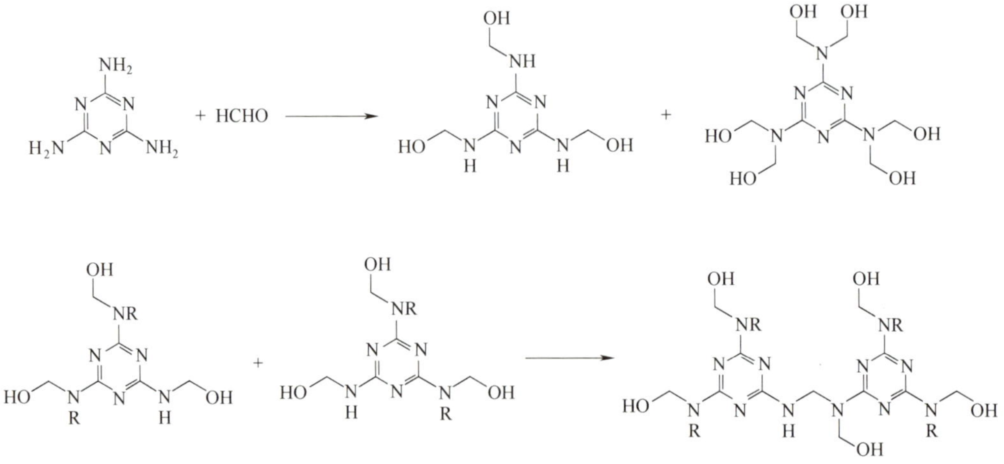

▲图 3-7　三聚氰胺甲醛树脂的合成

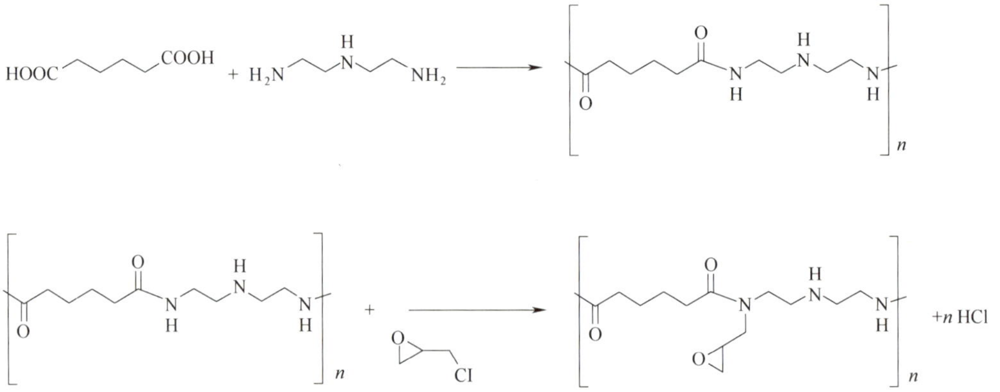

▲图 3-8　聚酰胺表氯醇树脂的合成

三、施胶剂

多数种类的纸和纸板需要抗液体润湿和渗透，适当引入化学添加剂可以达到此种目的。在造纸湿部加入化学品使其保留在纤维上，这种方法称为“内部施胶”，它是与表面施胶（在抄纸干部将施胶剂涂布于纸页的表面）相对照而言的。内部施胶是最常用的施胶方法。当今最常用的三种内部施胶剂是松香系统、烷基烯酮二聚体（AKD）系统和烯基琥珀酸衍生物（ASA）系统。从 1807 年到 20 世纪 80 年代，大多数纸厂一直采用松香加明矾的基本方法进行内部施胶。近年来，使用 AKD 或 ASA 等合成原料的纤维素反应系统已经占据越来越重要的位置。[1]

（一）松香

松香是自然界中广泛存在的一种天然树脂，主要从松树的分泌物中提炼而来。松香中树脂酸是主要成分，约占其总量的 90% 以上。松香树脂酸是一类分子式为

$C_{19}H_{29}COOH$ 的同分异构体的总称，可分为共轭双键型（枞酸型）树脂酸、非共轭双键型（海松酸型）树脂酸和去氢（脱氢）、氢化树脂酸（见图 3-9）。松香按原料来源不同，可分为：①脂松香，从松树上采集松脂加工制得；②木松香，从富含树脂的木材浸提制得；③浮油松香，针叶树材硫酸盐法制浆所得木浆浮油（塔罗油）经分馏而得。自 20 世纪 80 年代以来，全世界松香年产量在 110 万吨左右，其中脂松香占 60% ～ 65%，木松香占 12% ～ 15%，浮油松香占 23% ～ 27%。生产松香的有中国、美国、俄罗斯、葡萄牙、墨西哥、印度、瑞典、西班牙、芬兰、波兰、希腊、德国和法国等约 30 个国家。中国盛产脂松香，20 世纪 80 年代初松香年产量达 40 万吨，成为世界上产脂松香最多、出口量最大的国家，木松香及浮油松香也有一定发展。而美国以生产浮油松香为主，木松香次之，脂松香很少。

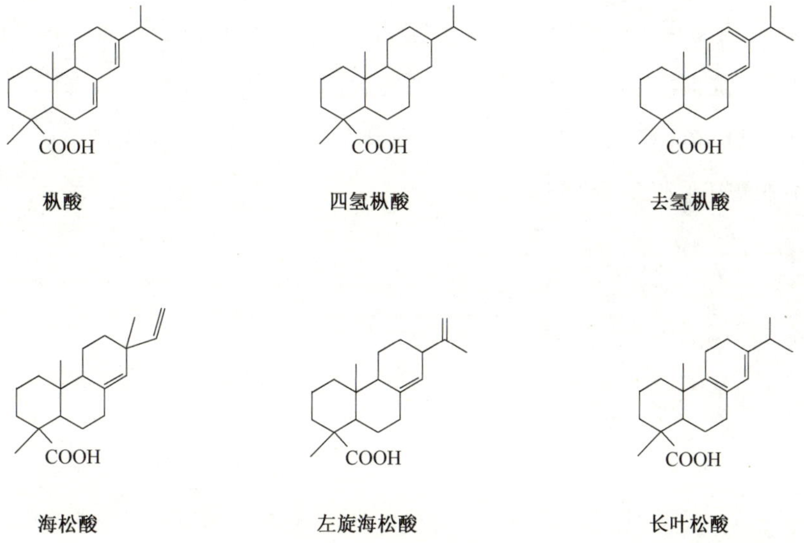

▲图 3-9　几种松香酸的分子结构

为了提高施胶效率，将具备共轭双键结构的松香与马来酸酐或者富马酸反应，生成三羧酸加合物，称为强化松香，引入的羧基提高了松香的电负性，对胶料的沉淀和溶结更为有利。

松香胶是阴离子性的，因此对纤维素没有直接亲和能力，必须借助阳离子定着在纤维上，这种阳离子一般是铝离子，所以明矾（硫酸铝）等含铝试剂也是一种非常重要的造纸助剂，施胶过程是松香、明矾和纤维素的共同作用。由于明矾水解后呈酸性，所以通常松香是在酸性条件中施胶的，而中性或碱性施胶是现代造纸的趋势，所以人们又开发了松香中性施胶技术，使用铝酸钠或者聚合氯化铝代替明矾，可以提高反应系统的 pH。

（二）烷基烯酮二聚体

烷基烯酮二聚体（alkyl ketene dimer，AKD）最早是由美国 Hercules 公司发明的，于 1957 年首次用于生产纸张。由于乳液稳定性差，阳离子淀粉和助留剂等化学品尚未发明，胶料留着率低，因而未能广泛应用。1972 年，Hercules 公司在欧洲推出阳离子 AKD 型中性胶（商品名 Hercon）。[11] 此后，中性胶质量不断改进，尤其是 1984 年，研究人员发现，在中性胶乳液中加入一种抑制水解速率的改性剂，可显著提高乳液稳定性，缩短胶料熟化时间；使成纸在较短时间内获得应有的施胶度。中性施胶应用技术在生产实践过程中不断完善，目前已得出一套较成熟的工艺，伴随中性施胶应用领域逐步扩大和普及，中性抄造的效益逐步得到体现，加快了造纸工业由酸性向中、碱性抄造的发展趋势。

AKD 通常是用工业用脂肪酸来合成的，经过酰化后制成酰氯，这种酰氯在碱的作用下可以脱除 HCl，从而形成烷基烯酮单体，两分子单体加成形成二聚体（见图 3-10）。脱 HCl 和加成是连续反应，一般在含有叔胺的有机溶剂中进行，有人认为体系中的胺还可以起到催化剂作用。

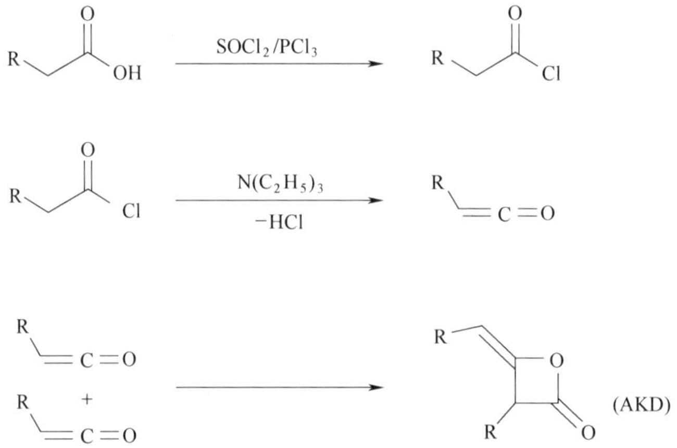

▲图 3-10　AKD 的合成路线

人们对 AKD 的施胶机理进行了很多研究。目前，主流观点认为这一过程分为三个阶段：

（1）以微小分散颗粒形式存在的 AKD 通过静电作用吸附到纤维上，有时需要额外加入阳离子帮助 AKD 留着在纤维上。

（2）随着湿纸页的压榨和干燥，AKD 微粒被均匀地吸附在纤维表面，形成一个薄层。

（3）AKD 与纤维上的羟基发生反应而结合，形成 β- 酮酯的结构，另一侧的憎水基团向外排布指向纸面，从而使纸张获得高度抗水性（见图 3-11）。

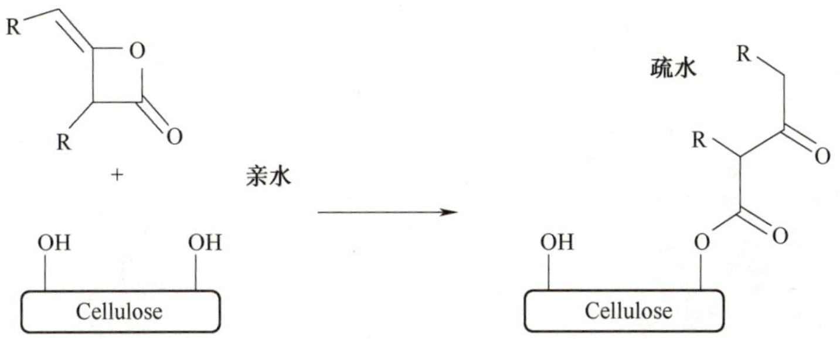

▲图 3-11　AKD 与纤维素的反应

传统的 AKD 在常温下是蜡状固体，不溶于水。近年来有报道[12]新型液体 AKD，其熔点为 10～15℃，常温状态下为液体，与传统产品相比，其乳化效果更好，黏度也更小，可以更好地铺展在纤维表面，提高施胶效果。

（三）烯基琥珀酸酐

1968 年，美国发明了烯基琥珀酸酐（Alkenyl Succinic Anhydride，ASA），20 世纪 70 年代，开始应用于造纸行业，我国自 90 年代开始推广。ASA 是长链烯烃同酸酐发生加成反应得到的（见图 3-12）。烯烃的碳原子数一般为 14～20，过短的碳链疏水性不足，施胶效率较低；而过长的碳链在室温下会以固体形式存在，同样不利于施胶。通常情况下，ASA 是一种黄色油状产品，在干燥环境下可以储存较长时间。使用前，一般需要加入活化剂和阳离子淀粉等稳定剂。

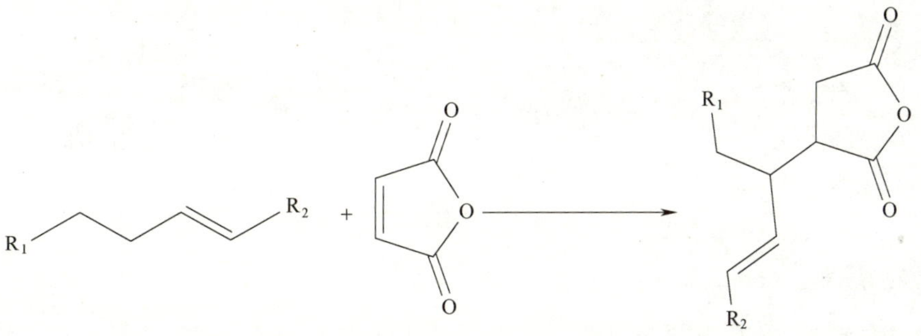

▲图 3-12　ASA 的合成

一般认为，ASA 是一种酸酐，可以同纤维素上的羟基发生反应生成酯（见图 3-13），反应后其疏水长链向外排布，使纸张纤维获得抗水性。也有学者认为，ASA 并未在施胶后形成纤维素酯，而是单纯吸附在纤维上，这种形态下也有较好的施胶作用。

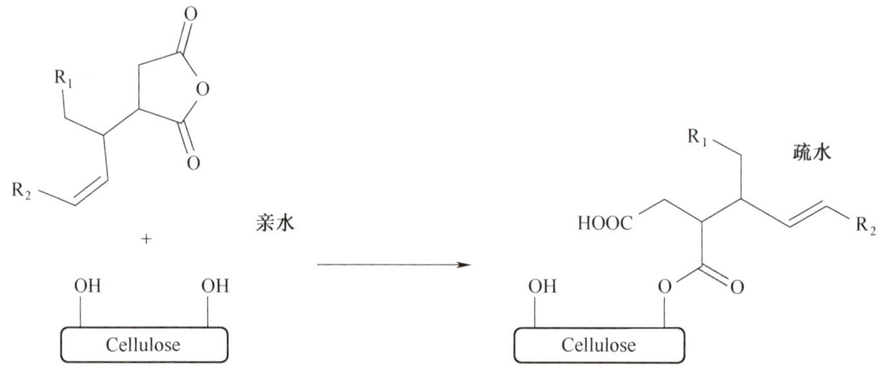

▲图 3-13 ASA 与纤维素的反应

与 AKD 相比，ASA 熟化速度更快，当纸页水分小于 5% 时，ASA 能在纸机烘缸部与纤维素迅速发生反应，在多数情况下，90% 以上的施胶作用可以在施胶压榨之前获得。ASA 施胶的主要问题是稳定性和水解。ASA 水解后形成羧酸盐，会失去施胶作用，过量水解可能会产生沉淀，并影响机器操作。这对工艺提出了较高的要求，也在一定程度上限制了它的使用。有报道表示使用硫酸铝和锂皂石作稳定剂可以提高 ASA 反应效率[13]，使纸张获得更好的抗水性（见图 3-14）。

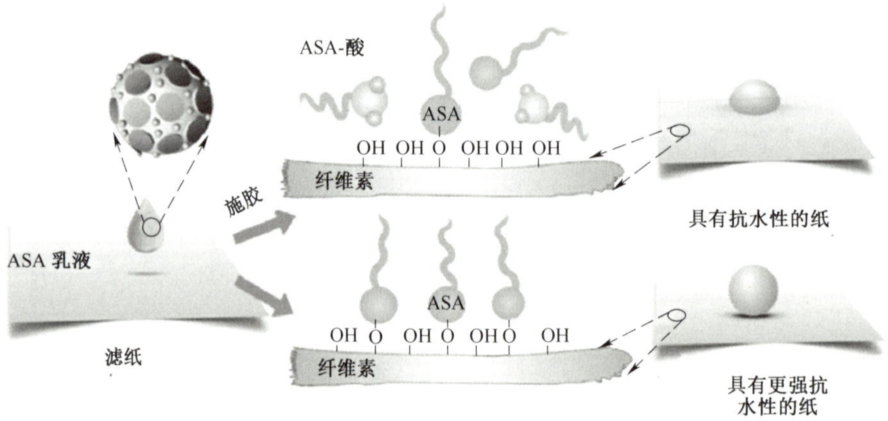

▲图 3-14 PAS 和锂皂石提高 ASA 与纤维素结合效率[13]

四、填料

纸张中加入填料有两个目的：一是可以降低成本，减少纤维用量，加入填料的纸浆易脱水、易干燥，可减少能源消耗，降低造纸成本；二是可以改善纸张质量或赋予其特殊性质。填料可以填充纸页中的空隙，提高纸页的匀度和平滑度，增加纸页的不透明度和白度。需要注意的是，加入填料的纸张其施胶度、挺度和强度都会下降，特别是通过超压的纸，下降幅度更大。此外，纸张也容易掉粉掉毛。这些缺点可通过加强剂和表面施胶得以弥补。

（一）高岭土

高岭土也称为瓷土、白云土，质纯的高岭土呈洁白细腻、松软土状，具有良好的可塑性和耐火性等理化性质。其矿物成分主要由高岭石、埃洛石、水云母、伊利石、蒙脱石、石英以及长石等矿物组成。高岭土的主要成分是高岭石，可视为由二氧化硅、氧化铝和水组成，其理论比例为46.54%、39.5%、13.96%，一般含有2%的其他矿物杂质。我国国内有五大高岭土矿产地，其中茂名盆地内高岭土矿属沉积岩风化残积亚型矿床，其石英等砂质含量大于50%，故称为砂质高岭土矿，晶片以单片状为主，粒度细，主要作为造纸涂料原料。此外，北方煤系高岭土为沉积型高岭岩，主要分布于我国产煤区域，也可用于造纸。

（二）碳酸钙

碳酸钙是无法在酸性条件下稳定存在的，因此，在酸性施胶体系中无法使用碳酸钙作为填料。20世纪中后期，造纸体系开始逐步转向中、碱性，这使碳酸钙得到了广泛的应用。碳酸钙是一种常见的矿物，在世界各地都有矿藏，一般以石灰石、大理石等形式存在。

具备条件的天然碳酸钙可以通过机械粉碎的方式直接用于造纸，这种方式生成的碳酸钙沉降体积小，称为重质碳酸钙（Ground Calcium Carbonate，GCC）。有些碳酸钙呈灰白色，不能直接用于造纸，而是需要经过加工，获得更白更细的沉淀。将石灰石等原料煅烧生成生石灰（主要成分为CaO）和二氧化碳，再加水消化石灰生成石灰乳[主要成分为$Ca(OH)_2$]，然后再通入二氧化碳碳化石灰乳生成碳酸钙沉淀，最后经脱水、干燥和粉碎而制得。这种经过加工沉淀形成的碳酸钙称为轻质碳酸钙（Precipitated Calcium Carbonate，PCC）。一般来说，PCC比GCC的粒径小，白度和不透明度更高，最大优势在于可以边生产边使用，根据纸张生产需要及时加工。GCC对纸张强度和内部施胶影响更小。

（三）滑石粉

一般认为，滑石粉的主要成分为硅酸镁，其分子组成可认为是$3MgO \cdot 4SiO_2 \cdot H_2O$，在水中呈弱碱性，与酸接触不反应，加热后失去结晶水。滑石粉具有层状结构，相邻的层间靠范德华力结合，因此在外力作用下极易滑动和脱离，具有很好的柔软度，粒径大一些也可用于造纸填料。由于对酸稳定，滑石粉适于在酸性条件下抄纸，也可与碳酸钙配合使用在中性条件下抄纸。随着造纸体系向中、碱性发展，相比于高岭土和碳酸钙，滑石粉在造纸中的应用在减少。此外，滑石粉的表面是亲油性的，对有机杂质有较好的吸附作用，可以抑制树脂的黏附、聚结和沉积，常被用作树脂控制剂，同样在废纸脱墨中也有较多应用。有报道称，[14] 在水松原纸中使用滑石粉作填料，纸面匀度、不透明度以及印刷效果均优于碳酸钙，且具备更高的填料保留率，可节约成本。

（四）二氧化钛

二氧化钛（TiO_2）是白色固体或粉末状的两性氧化物，天然存在形式一般分锐钛矿型（Anatase，简称 A 型）和金红石型（Rutile，简称 R 型）。造纸中主要使用 R 型。天然二氧化钛矿藏储量不大，纯度也不够高，工业上大规模生产一般采用硫酸法和氯化物氧化法，硫酸法是用硫酸处理钛铁矿，将钛转化为可溶硫酸盐的形式，继而控制条件进行水解，生成 TiO_2；氯化物氧化法是使用氯气处理钛矿得到 $TiCl_4$，纯化后再将其氧化得到 TiO_2 纯品。二氧化钛是一种具有非常好的不透明性、白度和光亮度的颜料，常用于制作钞票纸和美术品等高级纸品。

（五）氢氧化铝

氢氧化铝 [$Al(OH)_3$] 是铝的氢氧化物，它既能与酸反应生成盐和水，又能与强碱反应生成盐和水，因此它是一种两性氢氧化物，由于它在一定条件下显酸性，所以又可称为铝酸（H_3AlO_3）。少数纯度很高的天然矿藏可以直接用作造纸填料，工业生产方法一般有拜耳法和碱石灰烧结法，拜耳法的原理是使用 NaOH 处理铝土矿，将铝转化为铝酸钠溶出后进一步纯化；碱石灰烧结法的原理是利用碳酸钠 / 碳酸钙与铝土矿烧结，然后再通过溶出和脱硅得到较纯产品，该方法适用于纯度不高、含硅较高的铝矿。氢氧化铝白度高，粒径小，很适合作为二氧化钛的替代品。氢氧化铝受热会释放水蒸气吸收热量，也是一种非常好的阻燃剂，可以提高纸张的阻燃性能。

（六）其他填料

其他可应用于造纸的填料还有很多种，如新闻纸中经常加入硅酸盐填料，硫酸钡、硫酸钙、硅藻土、云母、聚苯乙烯和氧化锌也都是常用填料。

五、助留助滤剂

为增加纸浆中细小组分的留着率，需要加入助留剂；为提高纸机生产速度，改善纸页脱水效能，提高生产效率，降低生产成本，造纸过程中需要加入助滤剂。助留剂一般可分为无机助留剂、天然有机聚合物和合成有机聚合物。无机助留剂包括明矾、聚合氯化铝（PAC）和氯化钙等；天然有机聚合物包括阳离子淀粉、植物胶、动物胶等；合成有机聚合物包括聚丙烯酰胺、聚乙烯亚胺、聚氨基酰胺和聚氧化乙烯等。此外，大多数助留剂还可以起到助滤作用，其原因一是纤维表面的细纤维由于电荷中和而发生收缩，使纤维的比表面积下降，结合水量减少，使流体阻力减小；二是由于纤维与固体细料凝聚，减少了湿纸页内微孔结构的堵塞情况，增加了纸页的渗透性能。[1]

六、色料

为使纸张呈现需要的色泽，需要向纸浆中或纸张上加入色料。色料包括染料、颜料和荧光增白剂等。

（一）染料

按照染料性质，常见染料可分为直接染料、碱性染料和酸性染料。直接染料一般含有亲水基团（如磺酸基或羧基），芳环结构处于同一平面，可溶于水，对纤维也有很强的亲和力，染色时不需媒染剂即可直接附着于纤维上。按照染料化学结构，可以分为偶氮类（见图 3-15）、二苯乙烯类和酞菁类等。

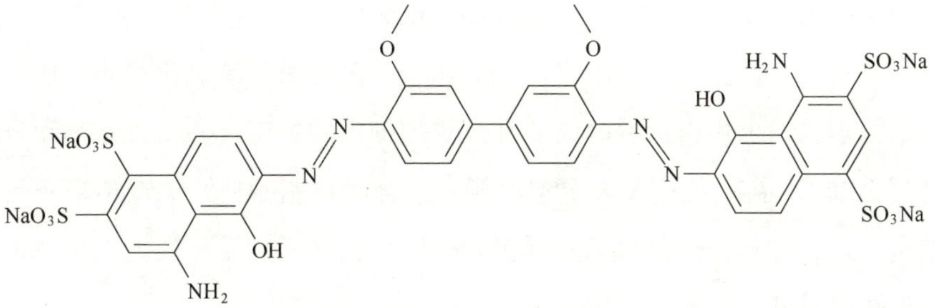

▲图 3-15　直接湖蓝 6B，CAS 2610-05-1

碱性染料含有氨基，发色部分在水中以阳离子形式存在，阴离子可以是氯离子、硫酸根离子等，碱性染料色泽鲜艳，种类丰富，但存在易褪色的缺点。按照化学结构，可以分为二苯甲烷类、三苯甲烷类、三苯基萘基甲烷类和噻嗪类（见图 3-16）等。

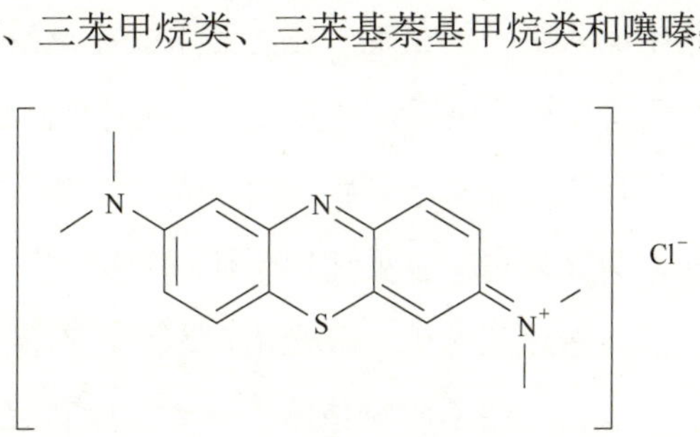

▲图 3-16　亚甲基蓝，CAS 61-73-4

酸性染料含有酸性基团，又称阴离子染料，能与蛋白质纤维分子中的氨基以离子键相结合，在酸性、弱酸性或中性条件下适用。按照化学结构，酸性染料可以分为蒽醌类、偶氮类、三苯甲烷类（见图 3-17）和硝基类等。

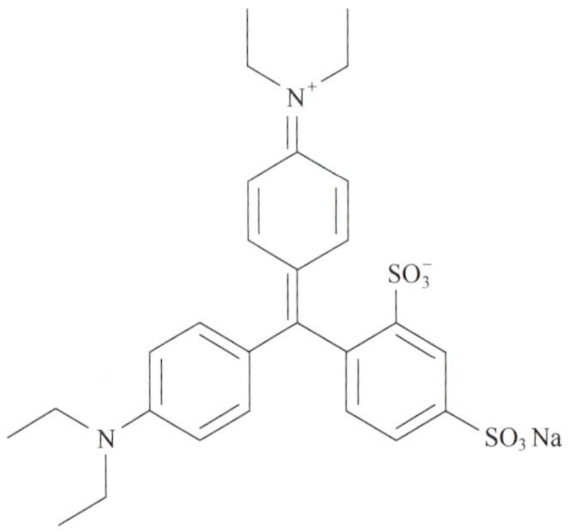

▲图 3-17　酸性蓝 1，CAS 116-95-0

（二）颜料

颜料一般用于纸张的涂布，属于纸张加工中使用的化学品，它的一项重要功能就是赋予纸张所需要的光学特性，提高涂布纸亮度、不透明度和光泽度。常用的无机颜料有高岭土、碳酸钙、硫酸钡、二氧化钛、滑石粉和氢氧化铝等，这些物质基本都是纸张填料，但用作涂料时需要经过更加细致的加工，并与胶黏剂和分散剂等配合使用。20 世纪 70 年代发展了塑料颜料（合成树脂颜料），近年来开始在造纸业中使用，这种颜料一般是聚苯乙烯类聚合物，比容积高于一般无机颜料，可以提高涂布纸的松厚度、不透明度和光泽度。[15]

（三）荧光增白剂

荧光增白剂是一类特殊的染料。该类化合物具有大 π 共轭结构，如苯乙烯基、萘环和三嗪环等，可吸收短紫外光，并发射出可见荧光。天然纸张纤维一般呈现微黄至灰白色调，在纸张中加入荧光增白剂，在光照下既能反射可见光，又能吸收紫外光并发出蓝光，与黄色调互补，使纸张变为白色，同时提高纸张亮度。20 世纪 30 年代，人们发现香豆素具有荧光现象，随后开始合成类似物质使用。1941 年，德国推出商业化产品。最初，荧光增白剂主要适用于纺织物的增白，随后发展到纸张、塑料和洗涤剂等各行各业。造纸工业中，荧光增白剂可以在湿部使用，直接加入纸浆以提高纸浆白度，也可以在表面施胶时使用，或者在涂布时加入涂料中，均可起到增白效果。

我国造纸业自 20 世纪 70 年代开始引入荧光增白剂[16]。纸张适用的荧光增白剂分为二苯乙烯类、香豆素类和二苯并噁唑类等。

二苯乙烯类增白剂又称为 VBL 型增白剂（见图 3-18），是应用较为广泛的一类增白剂，该类化合物分子中含二亚胺基二苯乙烯基基团，这是一种对称的大 π 键共轭结构，可吸收紫外线并发射荧光。其取代基 R_1、R_2 各不相同，可以是含氨基团，也可以是烷氧基等，不同的基团对转化的荧光波长有影响。

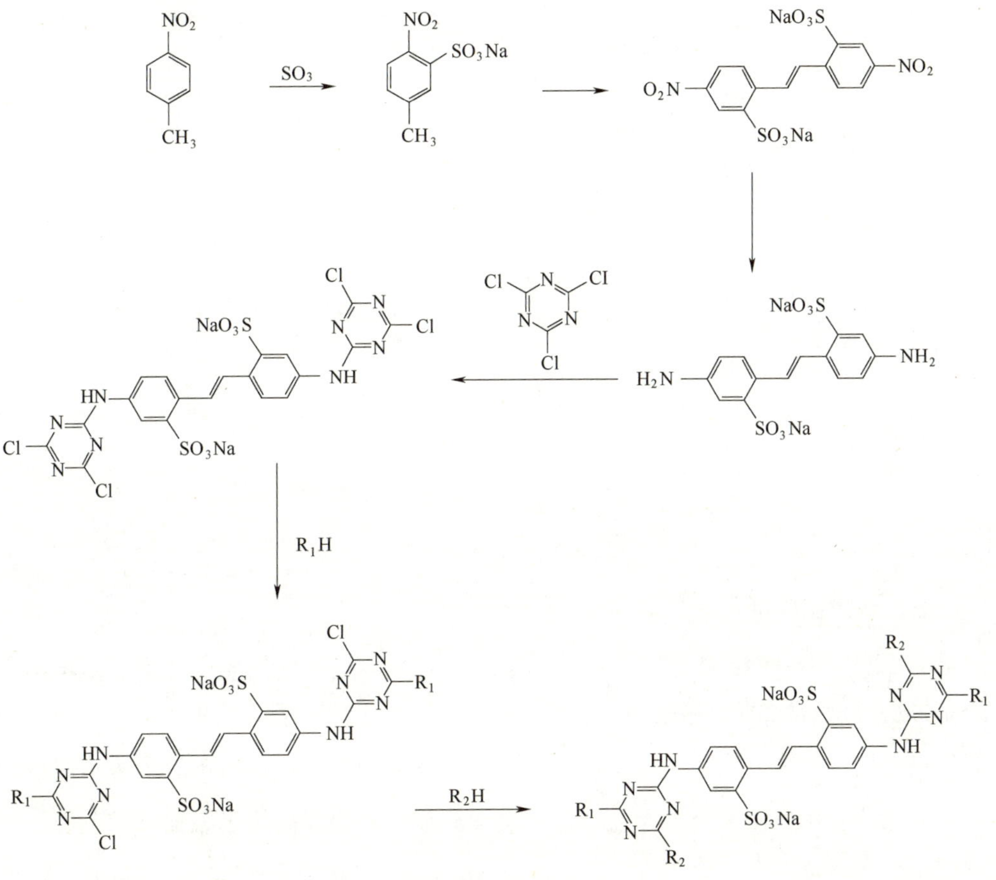

▲图 3-18 VBL 合成路线

香豆素类增白剂主要有荧光增白剂 PEB（5，6- 苯并香豆素 -3- 羧酸乙酯），外观为黄色粉末，不溶于水，商品可制成悬浊液。PEB 可由 2- 萘酚制备（见图 3-19）。

造纸常用的二苯并噁唑类荧光增白剂有 DT，1955 年由瑞士发明，具有较好的稳定性。国内主要合成方法是邻氨基对甲苯酚和苹果酸一锅法合成（见图 3-20）。国内学者认为，该反应过程是邻氨基对甲苯酚和苹果酸发生酯化反应，随后成环，最后脱羟基成烯，形成大 π 共轭结构。[17]

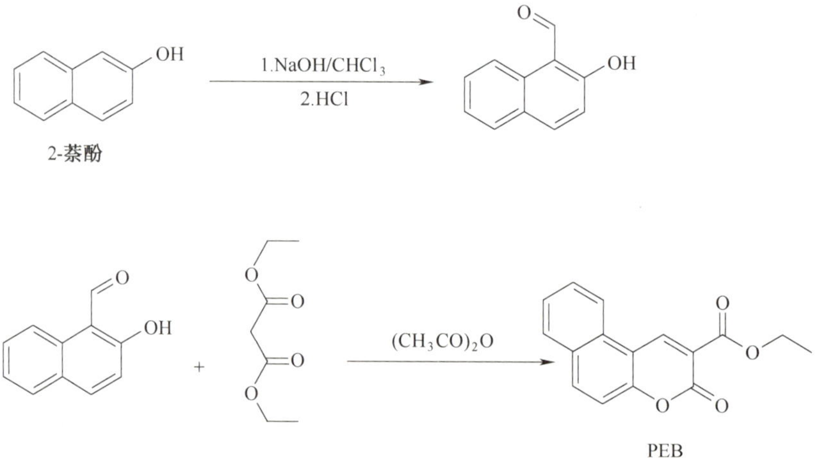

▲图 3-19　PEB 的制备

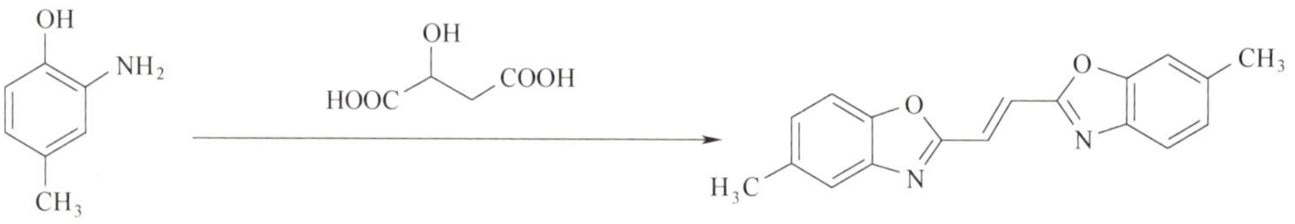

▲图 3-20　DT 的制备

七、表面施胶剂

纸张除内部施胶外，经常还需要再进行表面施胶，表面施胶的作用主要是改善纸张抗油或抗水性能、提高纸张强度和耐久性、增加纸张平滑度和印刷性能等。表面施胶剂按电性可分为阴离子型、阳离子型和非离子型；按形态可分为水溶液型和乳液型；按制作方法可分为天然高分子表面施胶剂和合成高分子表面施胶剂等。根据纸张生产要求，提高抗水性能可以使用 AKD、石蜡和合成树脂等；提高抗油性可使用有机氟化物；改善印刷性能可选用淀粉、羧甲基纤维素和聚乙烯醇等；提升强度可以使用聚丙烯酰胺、淀粉等。

（一）淀粉及改性淀粉

淀粉是一种价廉易得的表面施胶剂。天然淀粉很早就应用于表面施胶，历史学家认为天然淀粉用于施胶的历史几乎和造纸历史一样长。研究者发现，在秦白雀元年（384 年）墓葬中出土的纸张已经使用淀粉作表面施胶并以细石研光。[18] 但是，天然淀粉存在黏度大、易凝聚等缺点，在现代造纸工业中使用较少，通常进行加工改性，按照不同需要使用。

淀粉经次氯酸盐氧化可制成氧化淀粉，黏度小、黏结强度高，可以显著提高纸张强度，减少纸张在印刷中的掉粉掉毛情况。淀粉中引入叔胺或季胺类化合物可制成阳离子淀粉，带有正电荷基团，例如胺、亚胺等，因此具有表面活性剂的功能[19]，可与带负电荷的纤维紧密结合，从而改善纸张印刷性能。

在碱的催化下，淀粉可以与环氧乙烷反应，在淀粉羟基上引入羟乙基，制得羟乙基淀粉，流动性强，与纤维有很好的结合能力，成膜强度高、透明、柔韧性好，涂层均匀，可提高油墨印刷的光泽度，羟乙基淀粉处理过的纸张对油脂类物质的抗性增加，特别适用于点心、面包等食品包装纸。

使用淀粉酶对淀粉进行适度降解，可以得到酶转化淀粉，黏度比天然淀粉大幅降低，流动性、透明度好，用于表面施胶，不但可以吸附在纸面纤维上，也能向纸内渗透，可提高纤维之间结合力，改善纸的外观及物理性质，增加纸张表面的细腻程度，且无毒无污染。[20]

（二）动物胶

动物胶一般是由动物皮、骨、韧带等组织提炼出的，主要成分是蛋白质，一般不溶于有机溶剂，可溶于酸性或碱性溶液，施胶时制成水溶液，配合淀粉和分散剂等使用，可以在纸页表面形成强韧的薄膜，施胶后的纸张具有很好的硬度和抗水性能，提高了纸页的质量。我国自唐朝起就开始使用明胶进行表面施胶了。宋代米芾《评纸帖》中写道：“川麻不浆，以胶作黄纸，唐诏敕皆是，所以有白之别。”（见图 3-21）也就是说，当时四川麻纸表面施胶通常不用淀粉而用明胶。现代造纸业中，动物胶相对价格比较高，一般在高档纸中使用。有专利[23]说明，使用生牛皮制作动物胶成本较低，加入硬脂酸钠使用，可以提高纸张不透明度和光泽度；加入少量氯化钠、甘油或连二硫酸钠可以改善纸张的耐揉性。

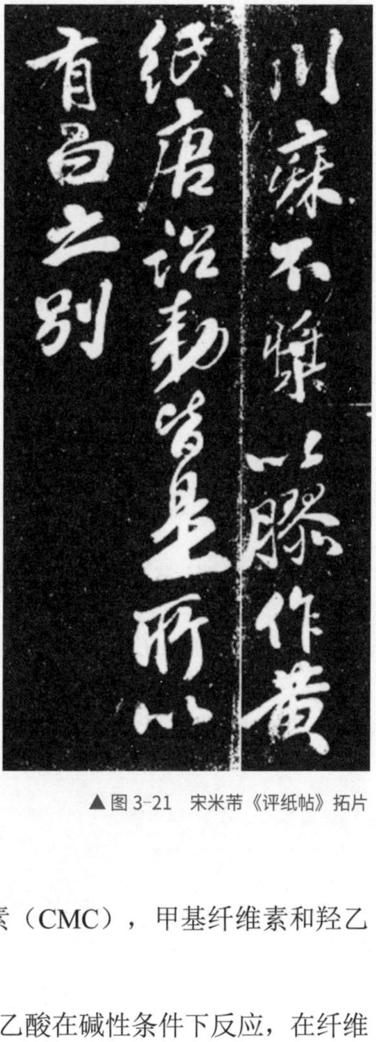

▲图 3-21　宋米芾《评纸帖》拓片

（三）改性纤维素

用于表面施胶的改性纤维素主要为羧甲基纤维素（CMC），甲基纤维素和羟乙基纤维素等也有少量应用。

羧甲基纤维素可用于漂白木浆或其他纤维素与氯乙酸在碱性条件下反应，在纤维素的羟基上引入羧甲基。表面施胶一般使用低黏度的 CMC，无毒无味，制备方便，价格低廉，可以减少纸面上的气孔，提高纸张抗油性、光泽度、挺度以及耐磨性等，提高印刷质量。研究发现，防油纸生产中合理使用 CMC 可以显著降低生产成本，[21] 在本色印刷纸生产中使用 CMC 可以提高纸张强度，降低生产成本。[22]CMC 可以单独使用，也可与聚乙烯醇、聚丙烯酰胺或脲醛树脂等混合使用，取得纸页施胶的复合增强效果。

（四）海藻酸盐

海藻酸盐（见图 3-22）是从海藻中提取的，其过程是：将海藻粉碎后用 HCl 浸泡，洗净后沥干，加入纯碱浸泡，海藻酸则以钠盐形式溶于水中，过滤后再使用 HCl 酸化，海藻酸析出，得到粗品；粗品溶于乙醇后，使用 NaClO 漂白，并用 NaOH 中和，过滤、干燥即可获得纯品海藻酸盐。[1] 使用时用水溶解，可以单独或配合淀粉使用，可以获得较好的施胶效果，可用于食品包装纸、奶瓶纸板等。

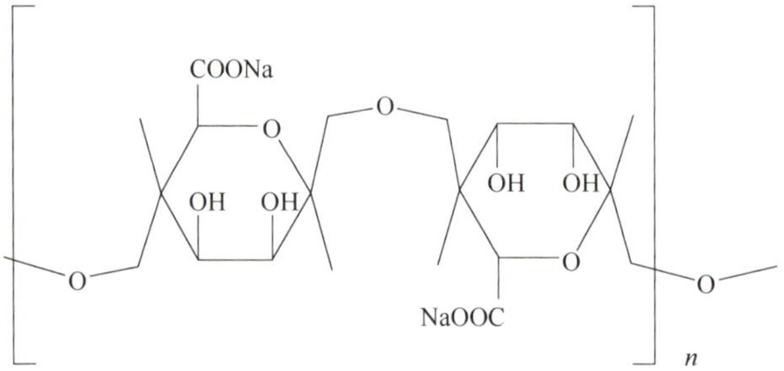

▲图 3-22　海藻酸钠结构

（五）聚乙烯醇

聚乙烯醇（PVA）是一种重要的化工原料，可以由乙炔从头合成。乙炔经精制后，与醋酸在醋酸锌－活性炭催化作用下可生成乙酸乙烯酯，乙酸乙烯酯经纯化后由偶氮二异丁腈引发聚合，生成聚乙酸乙烯酯，最后将其醇解，最终得到聚乙烯醇（见图 3-23）。

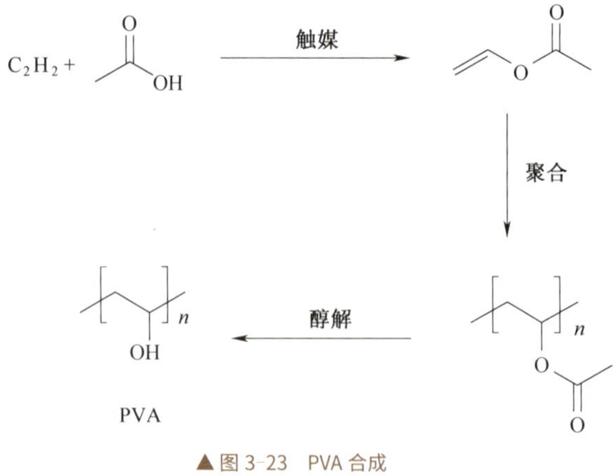

▲图 3-23　PVA 合成

PVA 无毒无味，易溶于水，可以生物降解，是一种较为环保的材料。PVA 中含有大量羟基，可以很好地与纤维素以氢键形式结合，因此具有很好的表面施胶效果，胶黏强度高，成膜性好，用 PVA 施胶后，纸张的抗油性、抗透气性都有所增强。PVA 可以单独使用，例如在证券纸中使用，以提高纸的抗张强度和耐折度；也可以与其他施胶剂混用，以实现特定目的，例如加入脲醛、碳酸铵等可提高抗水性能，加入长链烃或脂肪酸可改变流动性和黏结性，加入海藻酸钠可提高保水性能，加入乙二醇可以增塑等。

（六）其他常见合成高分子表面施胶剂

常用的合成高分子表面施胶剂还有聚丙烯酰胺（PAM）、聚氨酯、苯乙烯－马来酸酐共聚物（SMA）、AKD、硬脂酸氯化铬配合物、含氟化合物以及硅酮树脂等，在此不再深入介绍。

需要注意的是，很多内部施胶剂也可应用于表面施胶，或本身同时适用于内部施胶和表面施胶，但内部施胶和表面施胶是完全不同的两个生产过程，处于造纸的不同工序，施胶剂的作用机理也有差异。

参考文献

[1] 胡惠仁，徐立新，董荣业 . 造纸化学品 [M]. 北京：化学工业出版社，2002.

[2] 罗巨生 . 连二亚硫酸钠在我国造纸工业中的应用前景 [J]. 南京林业大学学报（自然科学版），2000，24（2）.

[3] 万小红，陈克利 . 蒸煮添加剂在碱法制浆中的研究应用进展 [J]. 江苏造纸，2007（3）：5-12.

[4] 王敏 . 新型蒸煮助剂在亚铵法制浆生产中的应用 [J]. 黑龙江造纸，2005（1）：31-31.

[5] 刘常锋，吴养育 . 绿氧在麦草碱法蒸煮中的应用试验 [J]. 纸和造纸，1998（3）：26-29.

[6] 牛梅红，张运展，赵洪宝，等 . 中性亚硫酸钠－绿氧法蒸煮芦苇反应机理的研究 [J]. 国际造纸，2001，20（2）：14-16.

[7] 宋海农，许开绍，王双飞，等 . 二氧化硫脲在彩色混合废纸脱墨中的应用 [J]. 中国造纸，2002，21（6）：10-13.

[8] 何华英，王海毅 . 二氧化硫脲漂白废纸脱墨浆的工艺优化 [J]. 纸和造纸，2010，29（1）：8-10.

[9] 陈玉蕾，周建红，孙京丹 . 聚丙烯酰胺增干强剂在牛皮纸生产中的应用 [J]. 湖南造纸，2013（2）：21-22.

[10] 沈一丁，刘宝华，费贵强 . 腈乙基淀粉接枝阳离子聚丙烯酰胺纸张增干强剂的制备及性能 [J]. 现代化工，2009（s2）：156-159.

[11] 张国运，徐永健，沈一丁 . AKD 型中（碱）性施胶剂的概况及发展 [J]. 天津造纸，2002（1）：13-16.

[12] 孙成进，王松林，邢仁卫，等 . 造纸施胶剂 AKD 新形态——液体 AKD[J]. 中华纸业，2015（24）：41-43.

[13] Liu W X，Wang H L，Li G D，et al. Nanoparticle-stabilized Alkenyl Succinic Anhydride（ASA）Emulsions：A Review[J].Paper & Biomaterials，2017，2（1）：16-25.

[14] 韩邦超，刘春亮，王洪伟 . 滑石粉作为造纸填料在水松原纸中的应用 [J]. 天津造纸，2018，40（01）：7-9+18.

[15] 王保，赵文杰，汪东峰，等 . 塑料颜料的特性及其在涂布纸中的应用 [J]. 中国造纸，2003，22（12）：27-29.

[16] 程德文 . 我国造纸用荧光增白剂的现状及发展建议 [C]. 中国造纸化学品开发应用国际技术交流会 . 2001.

[17] 葛广周 . 荧光增白剂 DT 合成工艺的分析 [J]. 印染助剂，2005，22（5）：43-47.

[18] 潘吉星 . 中国造纸史 [M]. 上海：上海人民出版社，2009.

[19] 汪薇薇 . 纸张表面施胶工艺及机理研究 [D]. 武汉：湖北大学，2014.

[20] 张晓丽 . 酶转化淀粉在纸张表面施胶中的应用研究 [D]. 南京：南京林业大学，2007.

[21] 李俊巧，张杨，王慧霞，等 . 羧甲基纤维素在防油纸表面施胶中的应用 [J]. 纸和造纸，2015，34（03）：4-6.

[22] 陈红军 . 羧甲基纤维素在本色印刷纸表面施胶中的应用 [J]. 纸和造纸，2013，32（08）：1-2.

[23] 尹立华 . 一种动物胶表面施胶剂的制备工艺：中国，104420388 A[P]. 2015-03-18.

第四章

纸张结构及基本物理性能

第一节　纸张的结构

第二节　纸张的基本物理特性

第三节　纸张的光学特性

第四章
纸张结构及基本物理性能

第一节
纸张的结构

研究纸张的结构就是研究构成纸张的元素，如纤维、填料等，以及这些组分在整个纸页中的排列和分布。造纸原料和工艺决定了纸张的结构，纸张的结构又决定了纸张的性能，从而决定了纸张的使用效果。也就是说，具有不同结构的纸张将具有不同的用途。

纸张是一种非均质材料，其结构相当复杂，其结构特点可归纳为以下几个方面：

（1）具有多相复杂的结构元素。在纸的成分中含有较长的，也有较短的不同来源的纤维、填料、胶料以及色料等，其中纤维是纸张结构最基本的元素。纤维原料的种类和加工方法不同，纸页的结构性质也会各不相同。

（2）结构元素在 3 个相互垂直方向上的分布具有各向异性，表现在纤维的排列方向不同，不同尺寸的纤维分布不同，以及填料、胶料、色料和空气含量等的分布也不同。

（3）具有孔隙结构。这是纸张能吸收水和油墨等液体物质的基础。

（4）结构元素之间存在结合力，这些作用力是纸张强度的基础。

（5）大多数纸张的结构都具有两面性，即纸页的两面具有不同的结构性能。

一、正面和反面

纸张有正、反两面，正面为毛布面，反面为网面。反面由于在纸页成形过程中与网接触，而使纸面产生网印，因此反面总是比较粗糙，也比较疏松；而正面则比较平滑、紧密。正、反面的各种性质都不一样，纸张的这种两面不均的现象，称为纸张的两面性。纸张的两面性是由纸页成形过程中单面脱水，网面细小纤维和填料流失所致。

纸张的两面性对印刷纸质量的影响很大，它可导致印刷品质量的不均匀性，不利于印刷品质量的控制。纸张的正面平滑度较高，着墨效果较好，但表面强度较反面低，即在印刷中更易发生拉毛现象。相反，纸张的反面则较为粗糙，着墨效果较正面差，但表面强度较高，在印刷中不易发生拉毛现象。

根据国家标准《纸和纸板试样的采取及试样纵横向、正反面的测定》（GB/T 450—2008）的规定，区别纸的正、反面有不同的方法，主要有以下三种。

（一）直观法

折叠一张试样，观察一面的相对平滑性，从造纸网的菱形压痕可以辨别出网面。将试样放平，使入射光与试样约成45°角，视线与试样也约成45°角，观察试样表面，如果发现网痕，即为反面。也可在显微镜下观察试样，有助于识别网面。

（二）湿润法

用热水或稀氢氧化钠溶液浸渍试样，然后用吸水纸将多余溶液吸掉，放置几分钟，观察两面，如有清晰的网印，即为反面。

（三）撕裂法

用一只手拿试样，使其纵向与视线平行，并将试样表面接近于水平放置。用另一只手将试样向上拉，使试样首先在纵向上撕开。然后将试样撕裂的方向逐渐转向横向，并向试样边缘撕去。反转试样，使其相反的一面向上，并按上述步骤重复撕裂。比较两条撕裂线上的纸毛，一条线上比另一条线上起毛显著，特别是纵向转向横向的曲线处，起毛明显的为网面。

除了以上三种国家标准规定的鉴别方法外，还有纸页卷曲法、平滑度鉴别法和硬币划痕法等都可以鉴别纸张的正反面。

二、纵向和横向

纸张具有一定的方向性，在纸页抄造过程中与造纸机运转方向平行的为纸张的纵向，与造纸机运转方向垂直的为纸张的横向。由于在纸页成形过程中纤维受到造纸机运转方向较大的牵引力作用，纤维大多数沿造纸机运转方向排列，造成纸张的纵向和横向在许多性能上存在差别，这就是所谓的纸张的方向性。由于纸张的方向性，单张纸则可能因裁切方法不同，而分为纵向纸和横向纸两种。

纸张的方向性在单张纸印刷中有其重要作用，特别是在胶印中。由于纸张纤维在吸湿润胀时，纤维直径方向膨润的幅度比其长度方向要大，故纸张吸湿时，横向伸长率比纵向大，一般大2～8倍，所以在单张纸胶印中更倾向用纵向纸张。

纸张的纵横向判定方法有很多，国家标准《纸和纸板试样的采取及试样纵横向、正反面的测定》（GB/T 450—2008）规定了四种方法，为了准确鉴定，应至少使用两种试验方法。

（一）纸条弯曲法

平行于原样品边，取两条相互垂直的长约 200mm、宽约 15mm 的试样。将试样平行重叠，用手指捏住一端，使其另一端自由地弯向手指的左方或右方。如果两个试样重合，则上面的试样为横向；如果两个试样分开，则下面的试样为横向。

（二）纸页卷曲法

平行于原样品边，切取 50mm×50mm 或直径为 50mm 的试样，并标注出相当于原试样边的方向。然后将试样漂浮在水面上，试样卷曲时，与卷曲轴平行的方向为试样的纵向。

（三）强度鉴别法

按照试样的强度分辨方向。平行于原样品边切取两条相互垂直的长 250mm、宽 15mm 的试样，测定其抗张强度，一般情况下抗张强度大的方向为纵向。如果通过测定试样的耐破度来分辨方向，则与破裂主线成直角的方向为纵向。

（四）纤维定向鉴别法

由于试样表面的纤维沿纵向排列，特别是网面上的大多数纤维是沿纵向排列的，观察时应先将试样平放，使入射光与纸面约成 45° 角，视线与试样也约成 45° 角，观察试样表面纤维的排列方向。在显微镜下观察试样表面，有助于识别纤维的排列方向。

三、水平结构和垂直结构

纸张的水平结构也就是所谓的纸张的理想二维网络的统计几何结构。理想二维网络是指把 n 根纤维通过随机方法放于面积为 A 的平面上形成的理想纤维网络，简称为 2D 纸页。尽管我们知道纸张具有多层结构，但实际上，纸页中的纤维都是在平面上分布的。因此，弄清楚纸张的水平结构特性对于认识纸张的结构是十分重要的。

纸页的力学性质不仅取决于纤维间的接触，即纤维间交叉的总量，而且还取决于纤维网络中每根纤维交叉的数量。对于实际纸页，不仅每 $1mm^2$ 的纤维交叉数在整个纸页平面上是不等的，而且每根纤维交叉的数量平面上各纤维间也各不相等。因此，要弄清楚纸页的 2D 结构，必须确定出每 $1mm^2$ 纤维交叉数量的分布和每根纤维交叉数量的分布。

每 $1mm^2$ 纤维交叉数量的分布取决于每 $1mm^2$ 内的纤维或纤维段数量的变化。

而每 $1mm^2$ 上纤维段的变化又是由于整个纸页上纤维的不均匀分布，即纤维中心的不均匀分布造成的。因而，纤维中心的不均匀分布是纸页不均匀性最根本的原因。造成每根纤维交叉数量不同的原因有两个：一是由于纸页中的纤维具有不同的长度；二是由于在整个纸页上，纤维与单位长度线交叉的数量是变化的。

在纤维平面网络中，取一单位长度的观察线作参照，纤维与观察线交叉的数量可用观察线与纤维交叉点间的距离来间接表示。若把观察线看成一根纤维，则纤维与观察线交叉点间的距离即相当于两根纤维之间的距离，两交叉点之间的距离称为自由纤维长度或间隙大小。因此，每根纤维交叉数量的分布也可用自由纤维长度的分布来表示。

在研究纸页水平结构时，除考察上述主要结构性质的分布特性外，还常测量如下几个方面的分布性质，即每 $1mm^2$ 上纤维长度的分布、每根纤维自由纤维长度数量的分布和自由纤维长度大小的分布。

纸张的垂直结构也就是所谓的纸张的 *Z* 向结构。仅需要最小的放大就可以明显看到纸页中每根纤维都平行于纸页平面而排列，或者仅仅与平面成很小的角度，也就是说纸页具有多层结构（见图 4-1）。但这并不是说在纸页 *Z* 向存在不连续层，而是表明对于任意纤维，尽管它们的长度是纸页厚度的 10 ～ 20 倍，却没有沿纸页 *Z* 向穿透到一定厚度。在纸内，一些纤维沿纸页顶面沉积，一些在中层，还有一些则沿本身全长接近网面排列。

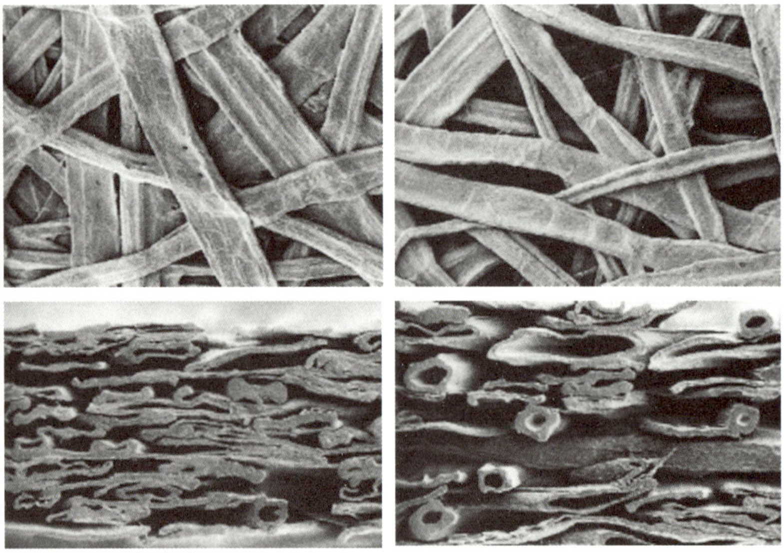

▲图 4-1　两种纸张的水平结构和垂直结构

在纸张的垂直结构中，最重要的结构性质是纤维间黏结的程度。纸张中纤维间的黏结状态决定了纸张在垂直方向的抗张强度，称为剥离强度或Z向强度。剥离强度在印刷中，尤其在轮转胶印中十分重要，印刷过程的拉毛现象就是由于纸张的Z向强度不足造成的。

纤维间的黏结状态常用相对黏结面积来表示，简称RBA，是指纸页中纤维间总黏结面积与发生黏结的纤维的总面积的比率。RBA的常用测量方法有两个。一是N_2吸收法，该方法基于气体在固体表面吸附的BET理论，根据吸收前后N_2的压力变化测出纸页吸收的N_2量。由于吸收的这些N_2都是吸附在未发生黏结的纤维表面上，从而可求出RBA。二是光散射法，该法是基于未黏结部分表面对光的散射作用，影响纸张的散射系数，由光散射系数与RBA之间的关系，通过测量纸页的散射系数便可求出RBA。

在纸张垂直结构中，第二个重要的结构性质是细小纤维和填料在Z向的分布。由于在纸页成形过程中，细小纤维和填料通过铜网流失，造成纸正面细小纤维和填料高于反面。

四、孔隙结构

纸张是一种多孔材料，纸张的许多性能，如对油墨、水及其他乳浊液、悬浊液的吸收和过滤性能，都由其孔隙结构所决定。对印刷用纸的研究发现，若纸张的孔隙结构与油墨特性之间不相匹配，在油墨固着之前过多吸收油墨中的联结料，则会导致印刷品光泽度和密度降低。可见，纸张的孔隙结构对印刷纸、书写纸、过滤纸、防水（油）纸及其他纸的适用性有重大的影响。纸张的孔隙结构是由构成纸张的基本组成——多孔的纤维和纸张成形过程中纤维之间的交织情况决定的。与其他多孔材料一样，纸张孔隙结构的几何特性可从其孔隙率、比表面积、平均孔半径以及孔径分布等方面来描述。

纸张的孔隙率是指纸张孔隙体积与纸张的总体积之比，可以通过经验公式近似计算，但由于纸张表面粗糙度和可压缩性的影响，经验公式误差较大，对于孔隙率大的纸张影响尤为明显。此外，风干纤维的体积与绝干纤维加风干纤维所含水分体积之和不相等，会进一步产生误差。也可用苯或乙醇去饱和在不同温度下干燥的手抄纸样，通过对试样饱和前后称重的方法确定纸张孔隙率。

平均孔半径又称等效孔半径，它是指长度等于纸页厚度的孔隙的当量半径，即通过半径为平均孔半径的孔的流体流量与通过单位面积上所有孔隙的流体流量相等。纸张的孔隙是由大小不同的相互连通的通道所组成的一个复杂系统，因而平均孔半径同孔隙一样，仅能表示出孔隙量的相对大小，不能说明孔隙的大小、形状和分布。利用空气渗入法得出涂料和证券纸的平均孔半径的范围为 0.2 ～ 1.2μm。通过石蜡毛细管上升法对 15 种典型纸张进行测量，结果表明从玻璃纸到滤纸的平均孔半径为 0.01 ～ 12.6μm，一般印刷纸为 0.02 ～ 0.2μm。通过对印刷纸和书写纸的两个不同方向的平均孔半径的测量，结果发现，在纵向约为 0.3μm，在横向约为 0.08μm，在厚度方向约为 0.01μm。由此可见，沿纸页纵向的平均孔半径最大，而沿厚度方向的平均孔半径最小。

纸张孔径的分布对于印刷纸张来讲尤为重要，这是因为印刷油墨的颜料粒子也具有一定分布，两者之间只有很好地匹配才能印刷出高质量的印刷品。纸张是一种孔隙结构复杂的材料，对于准确地测量其孔径分布，目前公认的是采用模型化方法，即把存在于纸张中复杂的孔隙看成一系列平行的圆柱形毛细管。根据流体在毛细管内的流动理论，当施加外部压力将流体压入毛细管时，压强与毛细管半径存在相应的关系。不断增加压力，测量被压入孔隙的相应流体体积，便可绘制出体积与压力（或对应半径）的关系曲线（即累积分布曲线），并由该曲线做出相应的微分曲线（即频率分布曲线）。累积分布曲线定量表示了纸张内部孔隙的容量的大小，频率分布曲线则表示孔径的分布情况。

基于毛细管模型而提出的测量纸张孔径分布的方法有水银压入法、置换法、毛细管吸入法和毛细管上升法。在诸方法中应用最多的是水银压入法，水银压入法被认为是研究多孔材料孔隙特征最有效的方法，它不仅可以测出孔隙率和比表面积，还能测出平均孔半径，并能从降压时排出水银的情况推测出不规则孔的形状。水银压入的测量方法是，先将试样抽空，然后在大气压力下将水银压入纸张较大的孔隙中，再不断增加压力，使水银压入更小的孔隙中。压力不同，压入孔隙的水银的体积亦不同。用压力对相应的压入水银量作图，即可得到孔半径的分布曲线。该法已经在实际中得到了广泛应用。

第二节
纸张的基本物理特性

在纸张检验中，最常用的纸张物理特征检验是定量检验，除此之外，纸张还有一些其他物理性能。

一、尺寸及开本

印刷纸张有平板纸和卷筒纸之分。平板纸张的全张（开）尺寸有880mm×1230mm和787mm×1092mm等。把全开纸裁切成面积相等的若干小张称为多少开数，如对开（2开）、4开、8开和16开等。生活中常见的A4、B5复印纸是由不同系列的全张纸裁切得到的，如A4为A系列全张纸的16开，B5为B系列全张纸的32开。卷筒纸一般以长6000m为一卷，宽度尺寸有1575mm、1562mm、1092m、880mm、850mm和787mm等（见图4-2）。

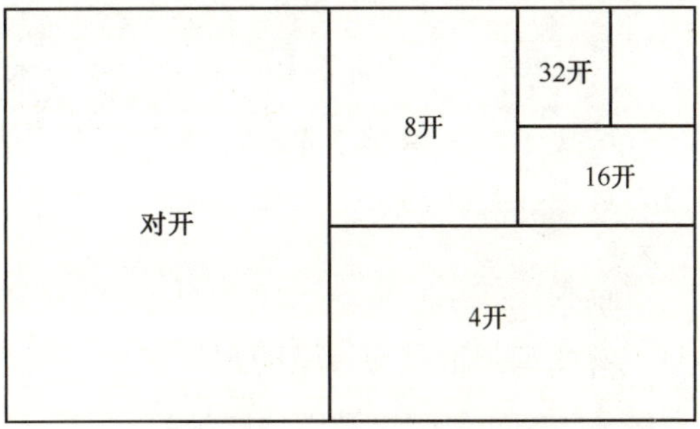

▲图4-2　全开纸张的开本

二、定量

定量是单位面积纸张的重量，单位为g/m^2，即每平方米的克重。常用的纸张定量有$70g/m^2$、$80g/m^2$、$100g/m^2$、$120g/m^2$和$150g/m^2$等。定量越大，纸张越厚。定量在$250g/m^2$以下的为纸张，超过$250g/m^2$则为纸板。

（一）定量检验的设备器材

（1）专用裁切器：要求精度为实切面积（用游标卡尺测量）与规定面积的相

对偏差小于 0.5%。

（2）电子天平：分度值 0.0001g（试样质量为 1g 以下时）；分度值 0.001g（试样质量为 1g 以上时）。

（3）游标卡尺：分度值 0.02mm。

（二）定量检验的操作步骤

（1）按专用裁切器取样面积（4 ～ 10cm^2）对纸张进行区域划分并编号，采用简单随机抽样法确定 3 个取样编号。

（2）按《纸、纸板和纸浆试样处理和试验的标准大气条件》（GB/T 10739—2002）中 5.1 ～ 6.2 对待测纸张进行温湿处理。

（3）按抽样编号裁取 3 个样品，分别用电子天平进行称量并计算定量。

（4）如果纸张样品只允许无损检验，则用电子天平称量纸张总体重量，用游标卡尺测量计算纸张整体面积，计算定量。

（三）定量检验的结果表示

采用操作步骤（1）～（3）定量，结果表示如下：

按式（4-1）可计算单个纸张样品的定量 G_i，以克 / 平方米（g/m^2）表示。

$$G_i=M_i/D_i\ (i=1,\ 2,\ 3) \tag{4-1}$$

式中 M_i——单个样品重量，单位为克（g）；

D_i——单个样品面积，单位为平方米（m^2）。

按式（4-2）计算 3 个样品的定量平均值 $\bar{G}$，以平均值表征纸张定量结果，以克 / 平方米（g/m^2）表示。

$$\bar{G}=(G_1+G_2+G_3)/3 \tag{4-2}$$

表征纸张定量均匀度的定量极差 S 按式（4-3）或式（4-4）计算。定量极差数值越大，表明纸张定量均匀度越差。

$$S_1=G_{max}-G_{min} \tag{4-3}$$

或

$$S_2(\%)=(G_{max}-G_{min})/\bar{G}\times100\% \tag{4-4}$$

式中 G_{max}——单个样品定量的最大值，单位为克 / 平方米（g/m^2）；

G_{min}——单个样品定量的最小值，单位为克 / 平方米（g/m^2）；

G——3 个样品定量的平均值，单位为克 / 平方米（g/m^2）；

S_1——3 个样品的定量绝对极差，单位为克 / 平方米（g/m^2）；

S_2——3 个样品的定量相对极差，用百分比表示。

采用操作步骤（4）定量，结果表示如下。

按式（4-5）计算纸张样品的定量 G，以克 / 平方米（g/m^2）表示：

$$G=M/D \tag{4-5}$$

式中　M——纸张样品总体重量，单位为克（g）；

D——纸张样品整体面积，单位为平方米（m^2）。

三、令重

令重是每令纸张的总重量，单位是千克（kg）。1 令纸为 500 张，每张纸的大小为标准规定的尺寸，即全张纸或全开纸。

根据纸张的定量和幅面尺寸，可以用下式计算令重：

$$令重（kg）=全张纸的幅面（m^2）\times 500\times 定量（g/m^2）\div 1000$$

四、厚度

厚度表示纸张的厚薄程度，可以用厚度测量仪进行测定，以一定的面积在一定的压力下测定纸张厚度大小。

五、紧度

紧度是指单位体积纸张的重量。其结果以克 / 立方厘米（g/cm^3）表示。纸张的紧度不能直接测量，是通过定量和厚度计算得到的，即

$$紧度（g/m^2）=\frac{定量（g/m^2）}{厚度（mm）\times 1000}$$

紧度是衡量纸或纸板结构的松紧程度的指标，是纸和纸板的基本性质。它与纸张的多孔性、吸收性、刚性和强度有密切的关系，并且影响到纸和纸板的光学性能、印刷性能和物理性能。

六、丝缕

纸张的丝缕是指纸张大多数纤维排列的方向。一般把纤维排列方向与平版纸（以全张纸为标准）长边平行的称为纵丝缕纸张，把纤维排列方向与平版纸长边垂直的称为横丝缕纸张，如图 4-3 所示。

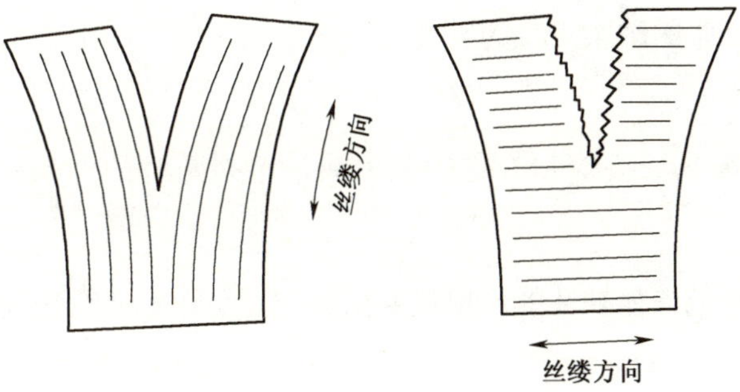

▲图 4-3　纸张的丝缕方向

七、其他特性

（一）水分

水分是检测纸张的重要指标。任何纸张的产品标准都有水分百分比的规定，这是因为构成纸张的主要成分是纤维素，纤维与水的关系是纸张抄造中最重要的关系。单根纤维的水分含量影响纤维强度、棉韧度和纸页成形性能。纸张的水分影响纸张的重量、强度、耐久性、规格稳定性、油墨接受能力、整饰度、柔软度、纸张的整体印刷性能以及电气性能等。

水分是指纸和纸板在100～150℃下烘干至恒重时所减少的重量与原重量之比，以百分率表示。

（二）灰分

灰分是指纸或纸板在燃烧后残渣的重量与绝干试样重量之比，以百分率表示。

纸与纸板的灰分主要是由纸中所填充物质等杂质量多少而异，一般为0.1%～0.9%。施胶物质以及矿物色料的灰分只是纸张全灰分中很少的一部分。

（三）抗张强度

抗张强度是指纸或纸板所承受的张力，通常以绝对张力表示，即一定宽度的试样的抗张力（N）；或以裂断长表示，即一定宽度的纸条在本身重力作用下将纸拉断时所需的纸张长度（m）；或以与横向切面的抗张力表示，即以试样单位横截面的抗张力（N/m^2）表示。抗张强度是纸张的物理特性中的重要参数之一，又是一种基本检验项目。

（四）撕裂度

撕裂度是指撕裂预先切口的试样至一定长度时所需的力，以毫牛（mN）表示。

（五）耐折度

耐折度是指纸或纸板在一定的张力下，所能经受180°的往复折叠次数，以往复折叠次数表示。

耐折度表示纸张的耐柔折叠的能力。

（六）伸长率

伸长率是指纸或纸板受到一定的张力后，至裂断时的伸长对原试样长度的百分率。

伸长率是衡量纸张强韧性的一项重要指标。其实际上是纸张拉断时的极限应变。伸长率越大，表示纸的弹性越好，纸张就越不容易破损。它是电缆线、纸袋纸、包装纸和其他类似的纸张品种的重要性能。

（七）伸缩率

伸缩率是指纸张浸于一定温度的水中取出并风干后尺寸的相对变化，以尺寸的增减对原试样尺寸的百分率表示。

（八）施胶度

纸或纸板的施胶度是以用标准墨水画线时，不扩散亦不渗透的线条最大宽度（mm）表示；或以纸或纸板的一面与水接触，经过一定时间，表面吸收水后能增加的重量（g/m^2）表示。

施胶度主要能反映纸面上渗透和扩散的程度，是纸张物理检验中的重要项目之一。各种不同用途的纸张，对吸收性能的要求也是不相同的。有的纸张要求比较大的吸水性能，有的纸张则要求比较大的抗水性能，因此，纸张种类不同，对施胶度的要求也有所不同，一般分为重施胶、中等施胶、轻施胶和不施胶四类。

（九）透气度

纸的透气度是在一定面积、一定真空度下，每分钟透过纸张的空气量或透过100mL 空气所需的时间，以毫升 / 分（mL/min）表示。

透气度是鉴别纸层中间的空隙程度，也是检验纸张防潮能力的指标之一。透气度是随着纸张的紧密度大小而增减的。纤维交织越紧密，纸的透气度就越小，反之则越大，而纸张的防潮能力也越低。要降低纸的透气度和提高防潮能力，首先要增加纤维间的结合力和均匀度，这就要在打浆中提供纸料的打浆度。透气度是水泥袋纸、纸袋纸、卷烟纸、电缆纸、拷贝纸及工业滤纸的主要物理特性，都需要测定其透气度的大小。

（十）吸收性

吸收性是指纸或纸板对水或其他有机溶液的吸收性能。

纸张的吸收性取决于纤维的性质、浆料的打浆度和纸张的结构。在印刷过程中，纸张的吸收性能过高，会导致用油墨量大，甚至透印。若纸张吸收性能过小，又会使纸张印迹不清，在使用平板纸时，由于印刷速度快，还容易沾污其他的纸。纸张吸收性在一定程度上与纸张的透气度、紧密度、平滑度和施胶度有密切关系。

第三节
纸张的光学特性

当一平行光束照射在纸张表面时，首先部分光发生镜面反射。镜面反射是指反射角与入射角相等、方向相反的反射现象。若纸面为光学平滑，即表面凹陷间间隙小于 1/16 入射波长，则镜面反射光也为平行光束，且镜面反射光不受反射体颜色的影响。如果入射光为白光，镜面反射光也是白光。除镜面反射外，一部分光通过纸张与空气间的界面进入纸张内部，并在其界面上发生折射。进入纸张内部的光一部分被吸收，如纸张选择性吸收则使纸张呈现出颜色。另一部分进入纸张内部的光在纤维、填料、空气、涂料形成的若干界面上，由于界面间物质折射率的差异而发生散射，散射的结果，光沿各个方向传递，散射后的光一部分回到入射面而射出纸面，这部分光称为扩散反射光；另一部分从纸的另一面射出，这部分光称为扩散透射光。

纸张的光学性能主要包括光泽度、白度和不透明度等，这些性能决定于照射到纸上的可见光被纸反射（包括镜面反射、漫反射和扩散反射）、透射和吸收的情况。纸和纸板的光学性能因受其组成和加工的影响而有很大差异。纸张的光学性能的主要影响因素有浆料的种类和白度，纸浆的处理方法和纸页成形方法，纸内所含胶料、填料、染料及表面涂布和整饰处理方法等。

一、光泽度

光泽度作为纸张表面的特性取决于纸张表面镜面反射光的能力。理论上把光泽度定义为纸面镜面反射光能力与完全镜面反射能力的接近程度。对于镜面，照射到其上面的光几乎全部在镜面方向反射，相反对于完全扩散，即“无光泽”表面，则在任何角度方向反射都一样，向各方向反射。大多数纸张既不是完全无光泽的，也不是完全镜面的，而是介于两者之间。对于印刷纸来说，光泽度是非常重要的。纸张光泽度由低到高，可排列为非涂料纸、轻量涂料纸、涂料纸、铜版纸和铸涂纸。

纸张的光泽度分为白纸光泽度和印刷光泽度两种。通常所说的光泽度是指白纸光泽度，它是用纸张在一定角度下的镜面反射率与标准黑玻璃在同一角度下的镜面反射率之比来表示的，即把标准黑玻璃的镜面反射率规定为100%，记为100度，纸张镜面反射率为标准黑玻璃镜面反射率的百分比为多少，就记为多少度。在已有的六种表示方法中，镜面光泽度和反差光泽度适用于印刷及造纸行业。前者是物体表面反射光量（S）与入射光量（I）之比，后者又称为对比光泽度，是物体镜面反射光量（S）与总反射光量（D）之比。

测量纸张光泽度使用光泽度仪，大多数光泽度仪用来测量物体表面镜面反射率，即镜面光泽度。光泽度仪由光源、产生平行光束的校正棱镜、限制平行光束的光栅和镜面方向反射光检测装置组成。测量时，将纸张反射率与已知反射率的物体进行比较。通常采用一块抛光黑玻璃作为工作标准。在入射角为75°下，抛光黑玻璃镜面反射光为入射光的26%，但用它将仪器调至100%，镜面反射13%，入射光的纸张仪器的读数将为50%，实验结果以50%报告。使用黑玻璃而不用白玻璃作为标准工作板是由于黑色玻璃能吸收所有进入玻璃的光，因而无扩散反射光，射到检光计的光也就全是镜面光；若用白色玻璃作为标准工作板，镜面反射光量与黑玻璃相同，但有扩散反射光掺在里面，影响测量的结果。所以，用黑玻璃优于白玻璃。光泽度测量时，所选光入射角度不同，结果也不同。入射角越大，镜面反射率越大，光泽度值越高，反之亦然。由此可见，光泽度值的高低不仅取决于物体的表面特性，而且取决于测量角度。在具体测量时，根据纸张表面光泽度级别不同，可采用不同的测量角度。

根据《纸和纸板　镜面光泽度的测定》（GB/T 8941—2013）的规定，20°光泽度测定法主要适用于铸涂纸和蜡光纸等高光泽度的纸和纸板，也适用于高印刷光泽度的纸和纸板印样，不适用于光泽度较低的涂布或未涂布的纸和纸板。45°光泽度测定法主要适用于测定铝箔纸和真空镀铝纸等金属复合纸和纸板。75°光泽度测定法主要适用于涂布纸及纸板，也可用于未涂布纸及纸板或低印刷光泽度的纸及纸板印样。试样的颜色和漫反射比的差别对测定光泽度的影响不大。

在测量时，首先要制备试样。按《纸和纸板　试样的采取及试样纵横向、正反面的测定》（GB/T 450—2008）规定取样，并按《纸、纸板和纸浆试样处理和试验的标准大气条件》（GB/T 10739—2002）进行试样的处理和测定。避开水印、斑点及可见纸病，在抽取的样品上沿纸页横幅均匀切取100mm×100mm试样5张。如需要两面测定，则应切取 10 张试样，试样应标明正反面或测试面，并保持清洁，不应用手接触测试面。然后要进行仪器校准，包括预热、调零，进行标准值校准等步骤。仪器校准后，将试样的测试面对准测试孔，纵向、横向及相对的纵向和横向各测定一次，然后换一张试样测定同一面，直至测完 5 张试样；如需测定两面的光泽度，则另取 5 张试样按上述相同的步骤测定另一面的值。试样每面光泽度值为 5 张试样纵向、横向及相对的纵向和横向测定值（20 个测定值）的平均值，以光泽度单位表示，结果精确至 1 光泽度单位。在测定过程中，可用工作标准和黑筒多次校准仪器，当测定结束后，再校准一次，以确保仪器始终校准无误。

此外，光泽度的测定也可采用平行光束 75°，DIN 法。根据《纸和纸板　镜面光泽度的测定　平等光束 75°，DIN 法》（GB/T 24289—2009）的规定，该方法适用于光泽度低于 65 的平板纸和纸板。光泽度低于 20 的纸和纸板可优先选用这种方法。该方法还可测定含有光学增亮剂的材料。这种方法的工作原理是平行光束与法线成 75° 入射角，照射到试样上，在给定孔径限定的固定角范围内，反射角等于入射角来测定反射值。反射计的量值由黑色玻璃板或具有特定反射率的石英楔形板的反射来校准。

从光泽度与表观平滑度的关系来看，二者均为物体的表面特性，均取决于物体表面的微观结构。如果把未压光纸面看成一系列的峰谷，则可看到在垂直方向上点之间形成若干不等的角度，光照射在这样的表面上，将向各个方向反射。如果纸张经过压光后，峰顶被压平，所有平面区域都在同一平面上，照射在这些平顶上的平行光束具有相同的入射角，因而以平行光束反射。平行反射光的量取决于平顶所占的百分比，强的压光，形成的平面区域大，光泽度也就高。

纸张经涂布后，涂料中的细微粒子填满了原纸表面的凹陷处，使纸面的平滑度得到提高，但还不能有效地提高光泽度。只有再经过超级压光处理，使纸面受到强烈摩擦后，光泽度才会有飞跃性的提高。这是因为纸张表面的平滑度虽有所提高，但其表面仍是有相当多的细微凹凸不平现象，仍然使相当多的光扩散反射。经过超级压光处理后，大大减少了纸面的细微凹凸不平，平滑度得到提高，光泽度也显著上升。当然，除了超级压光处理外，涂布量对光泽度的影响也是相当重要的。当涂布量低到不足以掩盖纸面的凹凸不平时，再如何进行超级压光处理，也不能使光泽度得到显著提高。

此外，光泽度还包括印刷光泽度，是指纸张经印刷后所呈现的光泽度。一般来说，纸张的光泽度越高，用其所印出的印刷品的光泽度就越高，所以说白纸的光泽度与印刷品的光泽度在原则上是统一的。影响印刷光泽度的因素除了白纸的光泽度以外，还有纸张对油墨的吸收性，以及溶剂对纸张的渗透速度和油墨的结膜速度等。因此，要使印刷后得到好的印刷光泽度就要综合考虑以上各种因素。

二、白度与颜色

白度是指物质本质上具有的白色程度。从技术的观点来看，纸张或纸板的白色程度包括了各种复杂的因素，它是纸张总光谱反射率、照明能量分布、观察条件和观察者特性的函数。造纸工业中的白度对于大多数纸张来说是基于测量纸张对光谱中蓝光范围（主波长为457nm）光的反射率。在欧洲和北美地区，测量新闻纸的白度则是基于测量纸张在光谱中绿光范围（主波长为557nm）光的反射率。显然这种物理测量的白度与我们视觉上感觉到的白色程度是有差别的。

物体的白度取决于其对可见光漫反射的总反射率和对各色光反射率的均匀度，而且均匀度往往比总反射率更为重要。也就是说，真正的白度是亮度和色度的统一，理想的白色应该对各种波长的可见光的漫反射率均为100%。这种理想的白色实际上是不存在的，氧化镁粉压成的薄片对可见光的漫反射接近于这一理想情况，所以以氧化镁作为白度的标准。

对于纸张的白度，如果用人眼鉴别则无法给出定量数值，而且同样的纸一个人与另一个人也会得出不同的结论。如果用某种仪器鉴别，首先是光源和自然界的白光有区别，其次是所测定的数值不可能将对各种波长的可见光的漫反射率都准确反映出来。所以，一般用仪器检测的白度只是对某些可见光漫反射率的度量，不可能十分准确地反映纸张的亮度和色度，而是较大程度地反映了亮度，这也正是某些国家和地区用亮度代替白度表示纸张光学性能的原因之一。

因为光谱紫蓝区上457nm的蓝光照射物体时，所测量出的光反射率大小与人眼目测白度的高低有最好的相关性，而且纸张在457nm蓝光照射下，所表现出的反射能力最敏感。因此，常以有效波长为457nm的蓝光，在指定的仪器上照射纸面，测定出纸或纸板相对于完全反射体（氧化镁板）的反射率来表示纸张的白度。纸张生产和使用中所说的白度值，正是以457nm的蓝光照射到氧化镁板的反射率为基准，以该种光照射到纸面上其反射率是氧化镁板反射率的百分比来表示。例如，某种纸对457nm蓝光的反射率是氧化镁板反射率的8%，则称此种纸的白度为80度。

常用的几种测量白度的仪器，都是测量纸张对主波长为457nm光的反射能力。但由于仪器几何结构和观察条件不同，测量结果也不尽相同。《纸、纸板和纸浆 蓝光漫反射因数D65亮度的测定（漫射/垂直法，室外日光条件）》（GB/T 7974—

2013）推荐方法中的“D65 亮度”是指使用符合《纸、纸板和纸浆漫反射因数的测定（漫射 / 垂直法）》（GB/T 7973—2003）的规定，具有主波长 457nm、半波宽 44nm 的滤光片或相应功能的反射光度计，照射到试样的 UV 含量调整与 CIE 标准照明体 D65 一致时测得的内反射因数。工作原理是试样在标准仪器下漫射照明，垂直于试样表面的反射光线透过规定的滤光片并被光电检测器检测或被一系列对应于不同波长的光敏二极管检测。亮度就可从光电检测器输出直接测量，或通过光敏二极管的输出并使用适当的权重函数进行计算。具体测量可以参照所用仪器的使用说明。

在非涂布纸的生产中，往往在加胶、加矾、加填后的纸料中，加入少量品蓝、湖蓝或晶红，以达到显白的目的。在纸浆中加入少量蓝紫色或红蓝色荧光染料，可以吸收 500 ～ 600nm 的黄色或橙黄色光谱，使得稍呈黄色的纸浆黄色消失，甚至略微呈现蓝色或稍微发红。经过这样处理的纸张，用白度计测其白度并没有提高，但人眼看起来却显得比较白了。这是因为所加染料没有使纸张的反射光增强，而是把要反射出来的一部分黄光吸收了。因此，当用肉眼观察时，纸张的白度得到了一定的改善，即提高了所谓的视觉白度。必须指出的是，荧光染料具有遇紫外线便分解的性质，因此，如果使用过量荧光染料的纸张制作月历，在一年的时间内白度会逐渐减退，纸张变黄。一般的有色染料，在较长时间的光照下，也会发生一定程度的变色现象。

由于印刷品的反差是随纸张白度增加而增加的，且大多数彩色油墨都为透明或半透明的，纸面的反射光会通过墨层透射出来，因此对于彩色印刷品，应采用高白度的纸张进行印刷，白度一般应在 90 度以上甚至更高。而对于书刊这类经常阅读的印刷品，由于高的白度常导致不良的阅读效果，所以这类印刷品用纸的白度不必太高，一般 80 ～ 85 度为宜。

影响纸张白度因素很多，主要有以下几方面：

（1）染料。每种染料都有一定的特性波长，在该波长处吸收光最多，这就是通常所说的最大吸收波长。在选择染料时，应使该染料在测量白度的光波长附近不会影响其反射率，既能调正纸张颜色，又不明显地影响纸张的白度。

（2）填料的白度。填料的白度因其种类和等级的不同，有较大的差别。如果使用比浆料的白度高的填料，则加填量越多，纸张的白度就越高。

（3）浆料的白度。浆料的白度是影响纸张白度最重要的因素。使用 100% 的漂白纸浆抄造的高级纸，以及用它作为原纸的高级涂料印刷纸的白度在 80% 左右。相比之下，配有机械木浆的中级纸及中级涂料印刷纸的白度就会低一些，这类纸的白度取决于使用的浆料的白度以及浆料的配比。

（4）涂料的白度。涂料印刷纸的白度是由原纸的白度、涂料的白度以及涂布量来确定的。如果原纸的白度高于涂层，一些透过涂层的光线将被原纸表面反射回去，并再次通过深层涂层的表面反射出来，则白度也可提高。如果原纸的白度低，则被原纸表面吸收的光量增加再通过涂层反射出来的光减少，从而会降低涂布面的白度。如果在涂料中加入二氧化钛这种白度高、不透明度也很高的颜料，则可以提高涂层本身的白度，还由于它的不透明度覆盖原纸颜色，使得涂布层白度进一步提高。

三、透明度与不透明度

透明度和不透明度均为描述纸张透光性质的物理量，它们取决于纸张透射的光量。透明度虽与不透明度有关，但也有各不相同的意义，不透明度取决于总透射光量，而透明度仅取决于镜面透射光量。所以，对于理想的透明材料，应是不反射、散射和吸收照射其上面的光，即无散射地透过所有的光。当光通过物体发生散射和扩散透射时，该物体便称为半透明体。几乎所有的纸张都是半透明体。

透明度是描图纸、复制纸及某些包装纸的十分重要的质量指标。用透明率可真实地度量透明度，透明率是镜面透射率与总透射率的比值，它是评价纸张透明度最好的方法。

白纸的不透明度表示纸张对光线透射的抵制能力，它是决定纸张经印刷后是否发生透印的主要因素。一般所说的不透明度，就是指白纸不透明度。

理想的不透明纸对所有可见光是绝对不会透过的，用于包装照相底片的黑纸可叫作不透明纸，大多数纸板和高克重的铜版纸对其实际的应用来说也是“不透明的”。对一般印刷纸来说，其透射可见光的能力较大，或者说不透明程度较小。为了保证不发生透印，必须对纸张的不透明程度做出具体的规定。如凸版印刷纸和胶印书刊纸的不透明度均必须在 78% 以上。

白纸不透明度是由透过纸张的光线强度与照射光线强度的比率来度量的。若所有光线都透射而无反射和吸收时，则不透明度为 0；若无透射而全部光线都被反射或吸收时，则不透明度为 100%。大多数印刷纸的透光性都处于这两种极端的情况之间。

由不透明度的基本概念得知，不透明度应该用透射光线所占照射光线的比率来测量和表示。但在实际中，为了测试方便并与印刷相一致，一般采用不同衬底条件下反射光线的对比率来进行测量。也就是说，用白度仪在单页纸张背衬标准黑筒，

测出其反射率 R_0，再在单页纸张下垫叠此种纸（总厚度应达到反射因数不再随试片层数增加而提高的程度），测出其反射率 R_∞，R_0 与 R_∞之比乘以 100% 即为纸张的不透明度。简言之，纸张的不透明度是衬标准黑筒的单张纸的反射率与同种纸页作厚垫层的单张纸的反射率之比。具体测量方法可参见《纸和纸板　不透明度（纸背衬）的测定（漫反射法）》（GB/T 1543—2005）。

两种反射率的比率之所以能够表示纸张的不透明度，是因为透射过纸页的光线照射到纸衬垫后，一部分光线会反射回来，再进入纸页，从纸页的被照射面射出作为附加的反射光。而透射过纸页射到标准黑筒上的光线，则全部被其吸收，所以纸页的被照射面的反射光没有附加成分。纸张的透光性越好，透过纸页的光线越多，被黑筒吸收的光线就越多，没有附加成分的反射光与有附加成分的反射光就差得越远，R_0 与 R_∞的比率就越小，纸张的不透明度就越低；反之，R_0 与 R_∞的比率就越大，纸张的不透明度就越高。

从本质上讲，决定纸的不透明度的关键因素是纸面对光线的反射和纸层内光线的漫反射与吸收。纸张实质是由纤维、填料、胶料、空气（既存在于纤维之间，也存在于纤维胞腔中）等组成的不均一介质，进入纸层内的光线将在纤维与空气、纤维与填料、空气与填料等的界面上发生漫反射。在纸页内，光的漫反射越多，透过纸页的光量就越少，纸的不透明度就越大。纸页吸收的光量越多，纸的不透明度就越高。

不透明度是印刷纸的一项非常重要的指标，因此对其影响因素进行详细的讨论是十分必要的。从理论上讲，凡能增加散射能力和吸收能力的任何因素都将影响纸张的不透明度。影响纸张不透明度的因素相主要有以下几方面：

（1）反射能力。反射能力（R_∞）取决于吸收系数与散射系数的比值，它的减少会导致纸张不透明度的增加，且反射率每减少 2.0 个单位，不透明度约增加 1.0 个单位。在实际中不难发现，白度高的纸张的不透明度比同一定量值的白度低的纸张的不透明度要低。

（2）测量光的波长。测量光的波长主要影响纸张的吸收能力。由于纸张吸收较多的蓝光，因而用蓝光测量白纸的不透明度比用红光测量的不透明度要高得多。用于测试有色纸的最大不透明度光的波长取决于纸张的颜色。

（3）染料。染料对不透明度的影响非常明显，即使加入少量的染料也会导致不透明度显著增加。当测量光波长与染料的最大吸收波长相对应时，染料产生最大的不透明效应。

（4）定量。增加定量会导致散射能力增加，因而能增加纸张的不透明度。如果其他条件固定，散射能力与定量成正比例关系。

（5）打浆与湿压。纸张散射系数是单位质量纸页比表面积的线性函数。打浆对不透明度有两个相反方面的作用。一方面，打浆增加了纤维发生光散射的总面积，从而能增加不透明度；但另一方面打浆还能增加纤维间黏结面从而增加了纤维间的光学接触面积，这会导致不透明度降低。由于光学接触的增加而导致的散射系数的减少比由于比表面积的增加而导致的散射系数的增加要重要得多，所以对于大多数浆料，打浆会降低不透明度。湿压不会增加纤维比表面，但会增加纸内各粒子间的黏结，即光学接触，所以湿压总是降低纸张的不透明度。

（6）表观密度。打浆、湿压和压光等都能增加纸张的表观密度。当打浆或湿压导致表观密度增加时，通常在纸内产生较多的光学接触，因而会降低纸张的不透明度。在湿含量低于 6% 的条件下，压光纸页导致表观密度的增加，不会产生更多的光学接触，因而对纸张不透明度的影响不明显。用水蒸气超级压光纸页或压光湿含量较高的纸页，密度增加后则会产生更多的光学接触，从而会降低纸张的不透明度。

（7）填料。在加填的纸中，存在三种界面，即纤维—空气、颜料—纤维和颜料—空气，由于颜料—空气界面折射率差异较大，因而填料的加入能显著地增加纸张的光散射能力，从而增加纸张的不透明度。由于颜料—纤维界面上光散射能力较弱，所以对加填纸张增加湿压会增加颜料—纤维界面而减少光散射能力较大的颜料—空气界面和纤维—空气界面，从而会降低纸张的不透明度。

对于一定的填料，其散射系数取决于颜料粒子的大小和颜料粒子在纸中的分散程度。当粒子直径减小时，光通过空气—填料界面的次数增加，因而散射能力增加。但如果填料粒子直径小于入射光波长的一半时，将失去散射能力，所以，一般填料粒子的有效直径不能小于 0.5μm。填料粒子在纸中的不适当分散会形成粒子间的光学接触，相当于形成了更大直径的粒子，因而会减少散射能力。所以用一定量的颜料作为填料产生的不透明度比等量颜料作为涂料产生的不透明度要高。这不仅是由于在涂料中，颜料粒子间紧紧地包在一起形成光学接触的缘故，还由于粒子间的空气被黏合剂取代，从而减少了散射界面间折射率的差异，所以减少了散射能力，因此，降低了纸张的不透明度。

（8）涂蜡。如果将石蜡或折射率与纤维素接近的类似物质浸入纸张，纸张的不透明度会大大降低。即使用滑石粉、白土或其他折射率接近 1.5 的颜料加填或涂布纸张，涂蜡后纸张的不透明度也将非常低。但加入高折射率的颜料如钛白、锌白，涂蜡后纸张仍将保持较高的不透明度。

（9）浆料。对于一定的浆料，不透明度取决于纤维的细度（即纤维直径）。由于纤维几乎都处于纸页平面上，光线仅横向通过它们，纤维长度对横向纤维—空气界面的纤维数量不影响，因而对于纸张不透明度的影响也非常小或几乎没有。还必须指出的是，浆料影响不透明度大小除与纤维大小有关外，还取决于蒸煮的程度、打浆和压榨程度以及其他影响纸页黏结程度的造纸因素。但一般来说，浆料反射能力越低，纸张不透明度越高。

参考文献

[1] 向阳，王捷先，齐晓堃 . 印刷材料及适性 [M]. 北京：印刷工业出版社，2000.

[2] 王尚义，蒋航通，陈均志 . 实用纸张技术指南 [M]. 北京：印刷工业出版社，2006.

[3] 王尚义，高晶 . 纸张 500 问 [M]. 北京：印刷工业出版社，2012.

[4] 蒋伟，朱洪坤，何志贵 . 纸和纸板标准手册 [M]. 北京：中国质检出版社，中国标准出版社，2011.

第五章

纸张常用纤维的地域性和历史性研究

第五章
纸张常用纤维的地域性和历史性研究

纸张里最重要的原料就是植物纤维。植物纤维又分为木纤维（针叶木、阔叶木）、禾草类纤维、韧皮纤维和棉纤维。使用禾草类原料和韧皮类原料造纸是我国造纸的一大特点，同时，我国也是使用禾草类植物和韧皮类植物作为造纸原料历史最久、成效最大的国家。1900 多年前我国就使用韧皮类纤维造纸，至今书画用纸和宣纸仍然主要使用韧皮类纤维。直到 20 世纪末，禾草类原料依然占我国造纸原料的 60% 以上。[1]

我国禾草类纤维和韧皮类纤维的使用和选择受到多个方面的影响：一是历史原因，作为造纸术的发明地，在不同的朝代、不同的阶段和不同的地区尝试使用了不同原料，所以多种韧皮类纤维以及竹子、稻草等禾草类纤维自古就被广泛采用[2]；二是政策扶持，由于我国森林资源有限，1958 年原轻工业部从实际出发，提出了“十年内贯彻一年生植物为主，木浆为辅”的方针，由于该方针符合当时中国国情，很多地区积极鼓励、推动了禾草类纤维的使用，并一直使用到 20 世纪 80 年代；三是取料容易，禾草类纤维多是一年生植物或农副产品，取之不尽，用之不竭；四是降低成本，禾草类纤维相对于木浆纤维等价格低廉，可大大降低生产成本，占有明显优势。[1] 因此，禾草类纤维的使用主要表现为使用范围广泛、使用种类繁多、使用历史悠久，我国也因此成为世界上草浆纸生产“第一大国”。

从 20 世纪末开始，随着经济的发展，人民生活质量的提高，对木浆纸的需求越来越大。1995 年，原料方针调整为“逐步实现以木材纤维为主，扩大废纸回收利用，科学使用非木纤维的多元化的原料结构”；2001 年，发布了《关于加快造纸工业原料林基地建设的若干意见》，结束了长期以来的草木之争；2007 年，提出“林纸一体化”，实现了以木纤维、废纸为主，非木纤维为辅的结构目标。[3]

我国的造纸术和中华文化一样一脉相承，流传至今，继承了传统的造纸工艺，纸张纤维在不同时代和不同地区被应用到了纸张浆料中去，我国又是世界上唯一一个共存“皮、草、棉、木”浆纸的国家。[4] 因此，将纸张中木纤维（针叶木、阔叶木）、禾草类纤维、韧皮纤维和棉纤维作为分析研究对象，通过考察研究纸张起源和发展历史，以及地域性使用特点和独特性，并通过其相互佐证，完成地域性和历史性的研究。[4] 只有充分了解造纸技术的地域特点和不同时代的历史特征，才能为法庭科学纸张的检验鉴定提供可靠的科学依据。

第一节
韧皮纤维、棉纤维的地域性和历史性研究

一、构皮（楮皮）、大麻和苎麻

（一）地域性特点

1．构皮（楮皮）

构树为多年生落叶乔木，桑科，构属，遍产于我国江苏、浙江、湖北、湖南、江西、河北、河南、山东、陕西、福建、云南、四川以及贵州等省。构皮别名楮皮、谷树皮、奶树皮、楮桃皮、纸桑等。

蔡伦造纸用的树皮就是楮皮，是当时野外生长的榖树。榖树名称因地而异，现代植物学定名构树，也称楮树。当时用树皮造的纸被古人称为楮或“楮先生”，这就是最早的著名楮皮纸。

东汉时期，桑树已经成为重要的经济作物，在西安、洛阳等地有多处种植。但蔡伦造纸时却没有选择唾手可得的桑树皮，而是选择了野外的楮树皮，这曾引起过后人的不理解。其实蔡伦有两个最大贡献：一个是发明了造纸术；再一个是废物利用、降低成本，就是以废弃的麻头（麻屑）、敝布（破布）以及破渔网等为原料造纸，非常符合现代人绿色环保理念，具有环保价值。同时，不与社会生产争原料，而是到野外寻找新的材料——楮树皮造纸，保证了造纸技术能够得到更好的发展。[7]

2．大麻和苎麻

汉朝时麻类中主要使用大麻和苎麻，当时的麻头（麻屑）、敝布（破布）和破渔网等，都是由麻编织而成。[6]

大麻，一年生草本植物，桑科，大麻属。大麻为我国最主要且产量最多的麻类作物之一，全国各地无论气候寒暖、土壤瘠沃，均盛产之，西藏高原也有种植。大

麻原产地是我国，《诗经》上有记载，时间始于公元前1300多年，人们种此麻，剥皮织作布匹和搓制绳索。蔡伦用破布、绳头造纸，后来遍及各地。汉朝时北方产大麻，南方产苎麻。[6]

苎麻系被子类宿根越年重生的草本植物，苎麻科苎麻属，别名刀麻、绳麻、乌龙麻、中国荨麻、中国草等。苎麻原产于我国，为最古老的栽培农作物之一，距今约3000多年，供衣着之用。我国的苎麻产量占世界第一位，占世界总产量的80%以上，产地分布较广，除东北和西藏高原较寒地带外，黄河、长江和珠江流域等地区都有栽培，其产量以四川、湖北等省为最多。[6]

（二）历史性研究

构皮、大麻和苎麻，从东汉蔡伦造纸开始，就是书画用纸生产的主力浆种，至今仍在书画用纸领域被使用。

西晋及南北朝时期麻纸生产达到了顶峰，北方以洛阳、长安、山西、河北及山东为主，南方主要分布在江宁、会稽、扬州、安徽南部及广州等地。隋唐之后，随着皮纸、竹纸的出现，麻纸所占比例越来越少，明清以后，麻纸产地更为稀少。[8]

明代江西光信府的楮皮纸（《江西省·楮书》）、明代徽州楮皮纸（明《徽州府志》）、浙江衢州楮皮纸（明代陆容《菽国杂记》）在当时闻名全国。

早期的腾冲书画纸的原料主要是楮皮。腾冲书画纸，又名腾冲宣纸，简称“腾宣”，是我国南疆边陲云南省腾冲市生产的一种手工纸。后来加进了稻草和竹子等，至今仍沿用着传统原料。腾冲书画纸是腾冲宣纸厂1973年在原生产皮纸的基础上，以该地特产的滇结香皮与稻草为原料参照安徽泾县宣纸的生产经验制造而成的书画纸，其产量在全国书画纸中仅次于安徽宣纸，并畅销国内外。[9，10]

都安书画纸，又名都安纱纸、桂宣纸，是位于广西壮族自治区都安瑶族自治县出产的一种手工纸。[9] 都安书画纸最早是用构皮生产纱纸，后以纤维柔韧细长的龙须草为主要原料，再配以菠萝叶（即凤梨）或青檀皮纤维制成。[11]

现在仍保持古法制纸的贵州丹寨楮皮纸，陕西长安县土法生产的楮皮纸，至今仍保持着17道工序，还有云南勐海县使用楮树皮生产的手工皮纸。[12] 这些都显现着构皮（楮皮）造纸的历史意义。

二、藤

藤，蔓生植物的统称。品种很多，但只有紫藤、青藤和黑藤适合造纸。藤纸生产始于两晋南北朝时期，唐朝达到全盛时期。浙江、江西均有生产，它的原产地是剡溪，后推广到杭州、衢州、婺州以及信州（江西上饶）等地。[13]

晚唐由于原料几乎被砍伐一光，迅速衰落（《浙江通志·绍兴府·剡纸》《新唐书·地理志》《元和郡县图志》）。其主要原因是藤这种植物生产地区有限，成长缓慢，再生周期长。由于藤纸需求量大，藤被过度采伐，造成资源严重破坏，主要产区剡溪一带的藤林几乎被砍光。宋朝开始，由于竹纸的兴起和藤纸原料的匮乏，藤纸几乎完全退出了历史舞台。

藤纤维对今天法庭科学纸张检验几乎没有影响，我们几乎见不到古人用这种纤维生产的纸张，所以我们不做更多的研究，大家只要知道这位短命的“藤公子”曾经有过昙花一现的表演即可。[5]

三、桑皮

桑树系多年生木本植物，桑科，桑属，别名蚕桑。据悉，全世界约有桑树 12 种，我国主要有 5 种。

桑树是我国最古老、最有经济价值的园艺植物，叶可饲蚕，干可入药，葚可酿酒或食用，皮可代麻，又为优良的造纸原料。桑皮是由桑树幼嫩茎秆或枝条韧皮层部剥取而得的内皮层。桑皮被用于造纸后，迅速成为造纸原料主力军，至今仍是我国书画用纸的主要原料之一。

（一）地域性特点

桑主要分布于河北、山东、陕西、四川、江西、浙江等地。[6]

（二）历史性研究

1. 桑皮纸登上了造纸舞台

桑皮本身非常适合造纸，而且采伐方便，桑树在秦朝时期就开始在西安、洛阳等地人工种植，到了东汉时期，已经成为重要的经济作物，种植面积更为广泛。魏晋南北朝时期虽仍以麻纸为主，但已开始出现皮纸，晋朝时还出现了藤纸，这时也有人开始尝试使用桑皮造纸。

隋唐时期，皮纸迅速发展，成为当时的主要纸种，其中藤纸在唐朝时期达到了鼎盛，而由于过度砍伐野藤，到了晚唐时开始衰落。这一时期桑皮开始和麻、构皮（楮皮）、藤皮等一起活跃在造纸的历史舞台上。

2. 蚕茧纸

蚕茧纸有两种颜色，一种洁白如玉，另一种呈乳白色，质细而薄，有光泽，从表面看来颇与丝绵相似，韧性很强。很久以来，人们一直传说蚕茧纸是用蚕丝制作而成，而后中国制浆造纸研究院专家通过对某博物馆藏品进行纤维化验，发现其是由桑皮纤维抄造而成，而其光泽性正是桑皮纤维的特性体现。[9]

3．五牛图的画心纸

唐朝的《五牛图》（见图 5-1）是我国历史上著名的绘画精品，其画心纸是由 100% 桑皮制造而成的。

▲图 5-1 （唐）《五牛图》

《五牛图》是中华人民共和国成立初期在周恩来总理关心下，克服重重困难，从海外购回的，最终被故宫博物院收藏，是我国古代一幅里程碑式的精品画卷，在我国绘画史上有着不可替代的历史地位。

唐朝的《五牛图》距今 1300 多年，是我国现存最早的纸质绘画作品。该画共有五层，而其核心的画心纸纸张纤维是 100% 桑皮。其画心纸优质的质量证明了唐朝桑皮纸的生产水平。[7]

4．金、元时期使用桑皮纸制作纸币

《金史・百官志》记载：金代朝廷设立抄纸坊，用桑皮纸和回收的旧钞废纸制造纸币，时间长达 70 年。

元代纸币也是用桑皮纸制造的。据意大利人马可・波罗撰写的《马可・波罗游记》第二十四章记载：（今北京）有一个大汗的造纸厂，生产货币；将桑树皮剥下，取出介于桑树粗皮和木质之间极薄的内衣，将其浸泡在水中，随后倒入臼中，捣烂成糊浆，最后制成纸……所以现代学者考证认为北京白纸坊之名始于元代。[7]

5．迁安高丽纸

迁安高丽纸，又名迁安纸、“迁宣”、桑皮纸、油衫纸、红辛纸等，是河北迁安出产的一种手工纸。

高丽纸分为两种，普通高丽纸抄造用浆料的配比为桑皮 60%、纸边 40%。其生产周期从白皮到制得成品约为 10 天。高档高丽纸抄造用浆料的配比为 100% 桑皮。[7, 11]

迁安高丽纸的外观有明显特征，即网纹明显，特别是较粗的白棉线水印特别突出。[9] 北京的荣宝斋曾用高丽纸木版水印徐悲鸿的《奔马图》，连徐悲鸿本人都难辨真伪。在生产此纸的基础上，又汲取安徽泾县宣纸的生产经验发展出了“迁安书画纸”，得到书画家的好评，因而有“北迁南宣”的赞誉。[10]

6．故宫倦勤斋大修选择了桑皮纸

2004年，故宫倦勤斋大修，对选用的纸张的拉力要求极高，因此在选材上着实颇费周折。当时预选了3种纸张，并逐一对其进行纵向拉断试验。人民币纸需3000次，乾隆时期的高丽纸需7000次，而安徽岳西县毛尖乡柏舍村王柏林家的桑皮纸则需要9000次，最终选择了王柏林家（王柏林是其家族桑皮纸生产的第七代传人）生产的桑皮纸。[14]

四、檀皮

青檀，榆科，青檀属，落叶乔木，形似楮又似桑，别名白檀、榆树、纸檀等。檀皮乃檀树的干和枝条表皮中的韧皮纤维层。我国常见的有紫檀、黄檀和白檀（亦称青檀）三种，只有青檀适合造纸。青檀木材色白，皮色青灰。皮部含纤维丰富，容易漂白，故为造纸的优良原料。[6]

（一）地域性特点

青檀不择土，适应性较强，山地洼地、沟谷河滩以及壁石隙均可生长。主要产地为河北、山西、陕西、山东、江苏、安徽、浙江、江西、福建、湖南、湖北、广东、广西、四川、贵州、甘肃南部、青海东南部等。[6]

（二）历史性研究

说檀皮一定要说宣纸，宣纸创始于元明之际，成熟于明中期。安徽省泾县小岭地区为宣纸发源地和宣纸自创制以来的主产地之一。宣纸主要原料是青檀和沙田稻草，泾县的青檀之树皮最佳，使用的稻草是沙田中栽种的，其优点是茎秆高，含木素量较低，稻节为白色，制浆易漂白。[11，15]

小岭制造宣纸是从曹家始祖曹大三在1278年即宋朝末年迁居小岭后开始的，大三迁居小岭后，就地取材，以造纸为业，[16，17]当时正处于宋元之交，元明之际开始了制纸，但在明宣德之前150年左右时尚不完全成熟。檀皮纸名扬天下，则是在明朝宣德年间，当时安徽泾县青檀皮纸质量超越江浙纸而一举成名。[18]曹天生在《中国宣纸》一书中，将“明宣德五年（1430年）”的宣德纸作为宣纸成熟的标志。

泾县宣纸按照檀皮和稻草的纤维配比可分为棉料、净皮和特种净皮三类。[19]棉料中稻草与檀皮的纤维配比为40%∶60%～50%∶50%。[4，10，19]泾县檀皮宣纸至今仍保持着中国宣纸第一。“檀皮”纤维自明朝出场后，长盛不衰，一红至今。

五、棉

棉，被子植物，锦葵科，棉属，一年生草本植物，别名吉贝、草棉，商业上称之为棉花。棉花其实并非棉的花瓣，而为其种子上附着之种毛，当种子成熟后，棉桃（棉铃）裂开，种子跃出，因其附有此种较轻松的绒毛，遂能因风力的吹送而飞扬四散，达到传播繁殖之功效，故而称之为种毛纤维。[6]

（一）地域性特点

我国各地几乎都可以种植棉花。一般划分为黄河流域、长江流域、华南、西北和东北五个产棉区。除青海、西藏外，莫不盛产。新疆吐鲁番为棉的原产地之一，产量丰富。印度、埃及、秘鲁、巴西、美国等都以产棉著称。棉的种类很多，按使用性质主要有两种：一种是细绒棉，又称陆地棉，纤维长度为 23 ～ 33mm；另一种是长绒棉，又称海岛棉，纤维特别长，一般为 33 ～ 45mm。

从棉田中采得的是籽棉，纤维尚未与棉籽分离。经轧棉加工后，大部分棉纤维与棉籽分离，所获者称为原棉或皮棉，纤维质量较好，约占籽棉质量的 30% ～ 40%。此时，棉籽上仍附着有相当数量的短小纤维，如再次加工，所获者称为棉短绒，含棉籽壳等杂质较多，纤维短小，纺织多不采用，而为造纸的优良原料。

（二）历史性研究

我国有棉，据说是在东汉初叶，明帝（刘庄）永平十一年（公元 68 年），与佛教同时由印度传入。但文字记载则首见于《唐书》。据载：“青贝，草也。缉其花为布，粗曰贝，精曰毡。”此即为我国棉纤维用于纺织的最早记载。我国造纸用棉，主要使用纺织的废弃物及破布，故时期上也与之相仿。我国造纸术发明之初，虽以破布、渔网等为原料，但当时的布系麻纤维而非棉纤维。[6]

我国宋朝时就有了使用棉浆造纸的记载，主要在破布纤维中出现。但对于法庭科学领域来讲，只是记载。真正能够接触到的含有棉浆纤维的纸张，多是从机制纸生产开始的。

棉纤维在各种天然纤维中，纤维素含量最高，纤维柔韧，细长，弹性好，强度好，抗稀酸、抗碱能力强，为优良的纺织原料。除特种纸外，造纸一般不用新棉，而以棉渣、纱头、布头、地弄花、棉短绒、破布等为之。较早有记载的如中国第一家机制纸厂——上海机器造纸局于 1884 年投产，使用的浆料是破布、旧麻绳、竹子等。1890 年，广州宏远堂机器造纸公司建成投产，以破布、废棉、稻草为原料。[20]

新棉常用以生产高档的钞票纸、证券纸及其他高级生活用纸。中华人民共和国成立后，首先建设了保定钞票纸厂，专门供应人民币用纸。在 20 世纪六七十年代又建设了成都钞票纸厂。随着经济发展的需要，1998 年又建成了昆山钞票纸厂。这三个造纸厂专门使用棉浆生产高档的钞票纸、证券纸及其他高级生活用纸。

中华人民共和国成立后，一些使用棉浆的厂家多是在生产纸张时，在木浆和草浆中加一些棉浆提高浆料质量来生产纸张。特别是20世纪，很多旧衣物、旧鞋多是棉材料，纸厂将回收来的旧鞋、旧衣物作为棉浆来生产纸张。例如，河北省张家口地区的宣化造纸厂，自中华人民共和国成立后开始，几十年来一直习惯在生产纸张中加入棉纤维，其来源主要是旧鞋、破布和旧衣物分解后的棉纤维。

第二节
常用禾草类纤维的地域性和历史性研究

一、竹

竹纤维是禾草类纤维的一种。竹子，单子叶被子植物，禾本科，竹亚科，系多年生植物，主要盛产于热带、亚热带和温带地区。

我国的竹子有250种之多，约占世界竹子种类总量的50%，是世界上竹子种类最多、产量最大的国家。到目前为止，我国用于造纸的竹材有10余种，尚待更多的开发利用。[2]

（一）地域性特点

1. 结合竹子的生长区域区分不同种类的竹浆

我国特别是南方地区的造纸厂家使用竹浆多习惯于“就地取材”，因此，对纸张生产厂家所在地区和竹子生长区域的了解和掌握，对判定竹浆种类有很大的帮助。[21]几种常用竹子的生长区域具体情况如下：

（1）毛竹盛产于浙江、安徽、江苏、江西、湖南、湖北、四川、福建等省，为我国产量最大的竹种。

（2）慈竹盛产于湖南、湖北、四川、云南、贵州及陕西南部。

（3）黄竹为四川境内最常见的竹种，西风竹在四川也有生长。

（4）绿竹盛产于浙江、福建、广东、广西、台湾等地。

（5）青皮竹原产于广东、广西地区，现四川、浙江、江苏、江西、湖南等地已引种。

（6）水竹盛产于四川、湖南、湖北、广东、台湾等地。

（7）淡竹盛产于四川、贵州、江苏、浙江、湖北、安徽等地，尤以四川、浙江为多。

2. 文件检验常见文化用纸中竹浆纤维的地域性使用特点

中华人民共和国成立后，机制竹浆纸工艺得到了广泛发展，使用竹浆而不添加木浆纤维也能保证质量合格的纸种包括有光纸、打字纸、书写纸、招贴纸、凸版纸和胶印书刊纸。

而双面胶版印刷纸、复印纸、铜版纸、牛皮纸、纸袋纸和质量较好的轻型胶版印刷纸，要保证质量合格普遍需要添加一定比例的木浆纤维，这也是生产这些纸张的基本要求。

但也有例外，研究发现，一些地区独具特色。例如，云南、贵州、四川、重庆等地的多个厂家以及湖南西部个别厂家，在中华人民共和国成立后的较长时间内使用 100% 竹浆纤维生产牛皮纸和牛皮纸袋纸，并能保证质量，是其他地区不具备的特点。[1]

四川和江西一些厂家多年来能够在不添加木浆的情况下，使用 100% 竹浆纤维生产出质量较好的双面胶版印刷纸和复印纸，这也是其他地区少有的情况。[21]

其中，四川永丰浆纸有限公司最为突出，其前身是四川省木川县田家坝造纸厂，至今仍使用 100% 竹浆纤维生产双面胶版印刷纸和复印纸，由于该纸物美价廉，多年来一直行销全国。[22]

3. 竹纸生产地域性分布特点及变化

中华人民共和国成立后，我国竹纸生产随着机器设备的改造、更新，得到了充分发展，主要分布在四川、重庆和长江以南各省市。自 20 世纪 60 年代开始到 20 世纪末，在四川、江西、广西、福建、浙江、重庆、湖南、贵州、云南等省区市中，竹纸所占的比重逐年增加，并逐步替代了其他禾草类纤维。特别是四川省近年来大力发展竹纸生产，目前，竹浆纸和竹浆纸板产量均位居全国前列。

（二）历史性研究

据《格致镜原》记载，东晋人张茂开始将竹子应用于造纸，这使我国成为世界上第一个使用竹纸的国家。但这个情节来源于南北朝书法家萧子良的一封书信：“张茂作箔纸……取其流丽，便于执笔。”据考据，箔纸即用嫩竹制浆抄造的纸，而张茂是东晋人，所以竹浆造纸始于东晋说由此产生。但由于没有实物证明，所以竹纸始于东晋还是宋朝或者是隋唐，一直有争论。[5] 迄今没有在唐以前的文献中找到有关竹纸的可靠记载，现存竹纸没有早于北宋的。[21]

宋朝时，开始用竹子生产纸张，这是被多份史料记载和印证了的，笔者认为，规模性用竹浆造纸，应界定为从宋朝开始。[5] 但宋朝时由于使用生料生产，产量上达不到规模要求，质量上也遇到很多问题，所以竹浆纸发展缓慢。但产量上开始超越皮纸、麻纸，成为最主要的造纸原料。竹纸一经出现，在经济上的优越性即显示出来，再经改善，很快就取代了隋唐五代时的麻纸和藤纸。[25] 但其在拉力、寿命及抗蛀方面不及麻纸和皮纸。

南宋时，随着政治中心的南迁，大量北方人迁徙到南方，首次出现了南方经济超越北方的情况，[24] 也促进了南方造纸业迅速发展。元朝时由于开始使用熟料生产，竹浆纸得以迅速发展，产量大增，大量书画用纸开始使用竹浆纸。[3] 宋元时期，一般大众读物供大众用者多印以竹纸，较讲究的书还是用皮纸。明中叶时，竹纸在福建取得重大突破，福建竹纸超过了浙江，虽其生产水平在白度和韧性方面没有达到皮料水平，但其纸质之佳，似可以和皮纸相媲美。福建连城纸，也叫作连史纸，使用竹子为原料，原产福建邵武、江西铅山等地，后传播到四川、浙江、云南等地。明清时期，竹纸得到了极大的发展，特别是明末清初达到了鼎盛时期。[15] 其中，四川西部峨眉山麓青衣江流域的夹江县所产的手工竹纸被列为“贡纸”，并被钦定为“文闱用纸”；清朝开始作为书写和印刷宫廷用纸，名扬海内外，并出口日本、韩国、东南亚等地。此外，还有富阳元书纸，是我国手工纸之一，主要以毛竹、石竹为原料，纸质较薄、细腻，纸面呈浅蛋黄色。富阳京放纸，又名京榜纸，主要以嫩竹为原料，采取熟料法加工，浆料经天然漂白，竹帘抄造而成，纸色较白，匀薄平滑。[10] 清内府刻印图书用纸，经常使用连史纸。[26] 福建宁化生产的优质印书用纸玉扣纸也颇负盛名，20 世纪 70 年代被中共中央出版局和国家出版局用于印制线装书《毛泽东选集》的玉扣纸达 640 余吨。[14]

广西百色地区的手工纸——“火纸”，主要用于祭祀活动，使用 100% 竹子生产，其生产工艺完全和古人相同，被称为手工纸的“活化石”，现被广西列为非物质遗产。[14] 安徽金寨县张畈乡马畈村完全用土法生产竹纸的传统作坊所生产的黄标纸，早年曾用以写字和作卫生纸，现在则完全用作“火纸”。云南省禄丰县川街乡九度村手工竹纸共有 13 道工序，至今其采用的“生料法”生产竹纸，是非常少见的，与安徽金县的“熟料法”生产竹纸相比，细腻程度偏低，但抗拉强度似更高。[17]

1941 年，许多著名画家寓居四川。而安徽沦陷，宣纸来源断绝。当时，国画大师张大千来到夹江纸乡，与“槽户”（手工抄纸作坊）的纸师们一起研讨造纸技艺。为了使夹江纸增加拉力，承受笔重，在原始原料为 100% 竹浆的基础上加入了少量麻类纤维。产品品质显著提高，受到书画家们的普遍欢迎。[10] 为了纪念张大千先生，

1983年，夹江县政府做出决定，此种纸被命名为“大千书画纸”（原名四川连史纸，又称“夹宣”、夹江纸、夹江宣或夹江国画纸，简称大千纸）。[9]

中华人民共和国成立后，随着生产设备的改革，特别适合竹浆生产的发展，竹浆从最初的只有几吨产量，发展到2010年的194万吨，竹浆纤维成为我国制浆造纸重要原料。[21]

近年来，以竹子为原料造纸的省份中，四川省发展最快，2017年，四川省以竹子为原料的企业14家，年产量110万吨，而重庆、贵州、云南、广西和广东地区2016年的竹浆总产能仅60万吨。四川当年竹浆产量占全国60%以上。[23，27]

二、稻

稻，别名禾（广东）、粳（名医别录）、糯（名医别录）。

（一）地域性特点

稻是我国最古老的农作物，自古就有“北粟南稻”一说，史书最早记载我国6000多年前长江中下游地区就栽种水稻。[19]全国各地均有生产。但西藏、青海、甘肃、宁夏、陕西（秦岭以北）、北京（20世纪五六十年代曾使用过）、河南和山东等省份基本不使用其生产纸张，其他地区均有使用的记录。[5]

自从明朝安徽皖南地区使用稻草和檀皮生产宣纸开始，稻草制浆生产纸张一直应用至今。[10]民国时期，稻草纤维开始出现在很多地区的机制纸中。

中华人民共和国成立后，不仅南方各省曾广泛使用稻草纤维生产文化用纸，北方的河北北部（唐山、张家口、承德、秦皇岛等地）、内蒙古赤峰和辽宁西部等地区、吉林的部分地区、黑龙江的北大荒地区的造纸厂也均以稻草纤维生产文化用纸，生产的书写纸、打字纸、有光纸（单面书写纸）、招贴纸和凸版纸质量优良。[5]

从20世纪90年代开始，随着环保问题的出现，很多大城市和旅游城市的造纸厂都改变了原有自给自足自制草浆的状态，变自制禾草类纸浆为购买商品浆板，一些稻草浆生产线被关闭，使用稻草的传统地区也发生了变化，如秦皇岛市在20世纪90年代关闭了稻草浆生产线。[5]一些省市的造纸厂为了自身的发展前景考虑，努力在经济效益和产品质量方面进行调整，改变原有纸张纤维配比成分成为提高自身产品性价比的一个有效手段。其中，从20世纪90年代末开始，如湖南省有针对性地扩大了芦苇的种植面积和规模，并增加了竹纤维的使用量，使得稻草、麦草在湖南的使用越来越少，至20世纪末，稻草、麦草纤维已基本不再使用了。广西也在此期间增加了竹浆的使用，稻草、麦草纤维的使用也越来越少。[5]

考虑到制浆对环境污染严重且对水资源造成极大的浪费，唐山地区曾是这一稻草纸生产最发达地区，也停止了稻草浆的制作。

（二）历史性研究

使用稻草造纸的最早记载出现在南北朝时期。[6]潘吉星（造纸印刷卷主编）在《中国科学技术史——造纸印刷卷》中写道：“稻草造纸不会晚至北宋，很可能在唐代已经开始。”[25]

但稻草纤维是在明朝宣纸生产中出现的，明朝时皮料和稻草混合使用技术逐渐成熟。最具代表性的即为当时安徽皖南地区生产的宣纸，而皖南地区又以泾县小岭宣纸最为出名，这种宣纸是用燎草（当地的长秆稻草，也叫作沙田稻草）和青檀皮的混合浆制造而成的。如前所述，泾县宣纸按照檀皮和稻草的纤维配比可分为棉料、净皮和特种净皮三类，其中棉料中稻草与檀皮的纤维配比为 40%∶60% 至 50%∶50% 之间；净皮中稻草纤维配比的比重为 15% ～ 40%，皮料在 60% ～ 85%；特种净皮稻草纤维所占比重一般仅 15% 以下，最低为 5%，皮料所占比重在 95% ～ 85%。[10, 19]明朝宣纸可以千年不腐不蛀，流传至今。

据光绪三十二年（1906 年）《东方杂志》记载，汉口桥口地区曾设一造纸厂，使用稻草秆、芦苇和蔗渣生产日用纸张。[24]1890 年，广州宏远堂机器造纸公司以稻草等为原料生产仿连史纸和粗纸。[20]

进入清末和民国时期，机器造纸开始有了发展，稻草、芦苇、竹子和麦草开始被用来生产机制纸。但在当时的手工纸和机制纸生产中，稻草使用较多。我们曾对 1940 ～ 1948 年北京警察局的户口底票专用纸张进行了化验，发现这些机制纸纤维均是 100%稻草纤维。20 世纪 50 年代，上海利华造纸厂就用 100% 稻草浆生产出了合格的胶版纸和打字纸。[1]

中华人民共和国成立后至 20 世纪末，根据我国造纸工业发展和技术水平的需要，稻草的使用情况相对稳定，变化较小。其主要特点为应用范围广泛，特别是稻草种植逐渐北移黑龙江，从黑龙江到海南岛曾广泛使用稻草纤维生产文化用纸。很多厂家生产纸张的纤维配比甚至是 100% 稻草浆。其中，唐山地区用稻草造纸最为发达，一是稻草纸产量高，唐山地区纸厂只使用稻草，而不使用麦草，这在北方是比较独特的；二是其生产的 100% 稻草浆的书写纸和凸版印刷纸质量较好，达到了其他地区需要加少量木浆才能达到的质量，降低了成本[5]。随着国家环境保护的要求越来越严格，草浆治污成本的提高，一些传统地区放弃了稻草的使用。

三、麦草

麦，禾本科，禾亚科，麦属，一年生或二年生草本植物，在我国的种植范围广泛，基本上各地均有种植。

（一）地域性特点

麦草是中华人民共和国成立后我国造纸原料使用范围最广的禾草类纤维，除西藏、青海和港澳台地区外，全国各个省份均有使用过麦草生产纸张的历史记录，特别是山东、河南两省和河北中部南部地区、江苏北部地区使用最为广泛。[1] 较长时间内，西北地区（甘肃、宁夏、陕西秦岭以北、新疆）、山西、安徽、湖北等地，麦草是其主要造纸原料。

（二）历史性研究

麦草是汉代张骞出使西域后从中亚传到我国的，并被广泛栽种，向北一直发展到了黑龙江地区，向南一直到海南岛。这一状况也为后来的造纸业提供了充足的原料。

据记载，使用麦草造纸最早出现于宋朝时期，清朝时期也曾有河北、河南和山东地区使用麦草造纸的记录。但仅是记录而已，在当时纸浆蒸煮设备水平限制下，麦草和稻草相比，稻草木素含量低，纤维易煮开，同时稻草纤维细，生产出的纸张平滑度好。因此，在当时的手工纸和机制纸生产中，稻草使用较多，而麦草木素高达 22%，在制浆处理上较困难，同时麦秆纤维比较僵直，脆性较大，所以一直到中华人民共和国成立前，麦草虽然到处可见，但备受冷落，很少被用于造纸。[5]

中华人民共和国成立后，我国大力发展造纸业，同时纸张生产设备得到了较大发展，采用圆盘磨与封闭式螺旋打浆，以及高温高压蒸煮设备的出现，较好地解决了纤维分化问题，麦草和稻草纤维造纸同样得到了广泛使用。从推广使用碱法生产草浆的改进，再到 20 世纪 80 年代开始蒽醌烧碱法率先在麦草浆中推广使用，极大地促进了麦草制浆的发展。[5，24]

由此可见，中华人民共和国成立后至 20 世纪末，我国各省区市（不包括西藏、青海和港澳台地区）历史上都有使用麦草纤维造纸的记录。河南、山东和河北中部南部地区、甘肃、宁夏、江苏、湖北长江以北、陕西和山西大部地区的禾草类纤维主要使用麦草。这些地区以麦草纤维生产的书写纸、打字纸、有光纸、招贴纸等书写类用纸质量优良，很多厂家生产的书写类纸张的纤维配比是 100% 麦草浆。这一时期，很多厂家在生产凸版纸、胶印书刊纸和双胶纸时，往往是只加 10%～20% 的木浆和麦草浆混合生产印刷用纸。当时生产的 100% 麦草浆书写用纸和含少量木浆的木麦混合浆印刷用纸，支撑了我国书写用纸和印刷用纸的半壁江山。其中，山东造纸总厂 90 年代中期曾尝试过生产 100% 麦草浆的胶版印刷纸，并计划成功后在行业中推广，后因质量不过关而告停。1996 年开始，根据国家环保局有关“关停小于 5000 吨 / 年有化学浆的小纸厂”紧急通知，先后关闭了 5911 家小型纸厂，这里面有大量麦草浆造纸厂。于是，开始建设一批年产量 2.5 万吨至 3 万吨的造纸厂，并配有成套碱回收系统，到 2007 年麦草浆产量达到了 849 万吨。[3]

四、芦苇

芦苇，别名芦（名医别录）、苇（名医别录）、禾杂竹（广西）、苇塘草（黑龙江）、苇子（江苏、山东、河北），常生于河边、湖边、池塘边及沼泽等地，在盐碱地上也能生长。

（一）地域性特点

我国造纸工业中使用芦苇作为纸张原料主要出现在东北三省、新疆、内蒙古、湖北、湖南、贵州、云南、江西、浙江、福建、江苏、广东、广西、上海、天津等地。

东北地区和上海在 20 世纪 20 年代就开始使用芦苇生产机制纸，也是中华人民共和国成立前使用芦苇造纸最发达地区。

中华人民共和国成立初期，作为我国最具代表性的三大机制纸厂——天津造纸总厂、东北营口造纸厂和金城造纸厂，是当时三大苇浆厂。三大纸厂制造的凸版纸为我国 20 世纪印刷业做出了突出贡献。其中，营口造纸厂和金城造纸厂在东北地区，东北地区还相继建造了丹东造纸厂、吉林造纸厂，因此，东北地区历史上就是我国苇浆造纸最发达的地区。

中华人民共和国成立后，由于森林资源有限，政府提倡草木并举，以草浆为主的方针发展造纸工业，芦苇作为禾草类主要原料之一，得到了进一步发展，一直在我国造纸界中备受重视。芦苇在我国分布广泛，重点产区是湖南洞庭湖、辽宁盘锦地区和新疆博湖等地。东北地区由于历史原因使用酸法制浆。湖南、新疆博湖苇业等均采用碱法制浆。

1960 年 3 月，原轻工业部为了解决我国几个以芦苇为原料的大型制浆造纸企业芦苇供应问题，决定在河北、辽宁、吉林、黑龙江、湖南、湖北、江苏、内蒙古建立和建设造纸芦苇原料基地，芦苇造纸迅速发展。[5]

（二）历史性研究

最早记载的使用芦苇纤维制造机制纸是在清朝末期，在广东地区使用。另据光绪三十二年（1906 年）《东方杂志》三卷三期载："陈兴泰在汉口桥口地方，设一造纸厂，先后以芦浆（芦苇）、蔗渣、稻草秆等物，试造日用纸张，有成效。"

1922 年，六合成造纸厂在辽宁安东成立，设备有 50 英寸圆网机一台，以鸭绿江下游自然生长的芦苇为原料，生产迷信纸，年产 600t，工人 80 人，是中国较早以芦苇为原料制浆造纸的机制纸厂。

1927 年，江南造纸厂在上海光复西路建成投产。1927 ～ 1929 年，以每年增加一台纸机的速度，分别投产了 68 英寸、62.5 英寸和 100 英寸三台圆网纸机，用于生产连史纸、毛边纸，年产能力为 2400t。1929 年，该厂造纸专家陈彭年提议利用镇江芦苇资源造纸，在镇江建立分厂，年产碱法苇浆 1500t，这是国内最早自营原料基地的制浆工厂。[20]

1937 年，东洋制纸工厂由日本人在天津灰堆创立（天津造纸厂前身），以天津、河北沿海各县盛产的芦苇为原料，用亚硫酸镁盐法制浆，年产浆 5000t，生产道林纸、有光纸。[20]

1942 年，康德苇浆株式会社在营口建立造纸企业（营口造纸厂前身），以辽河、双台子河、大凌河地区大片自然芦苇资源为原料，年产纸张 5000t。[20，24]

东北地区在中华人民共和国成立前，芦苇酸法制浆非常发达，中华人民共和国成立后跟随时代潮流，我国重点发展了碱法制浆，新开发的使用芦苇造纸的重点地区湖南、新疆使用碱法制浆。

1956 年，轻工业科学研究院制浆造纸研究所成功研发出了"荻苇混合蒸煮制浆法"，为将新技术广泛推广，岳阳造纸厂和湖北造纸厂（汉阳造纸厂的前身）着眼于生产实践，扩大生产规模，有力推动了该方法在全国范围内的推广使用。[3] 同时，还在辽宁盘锦地区建立了专门芦苇实验站，研究芦苇的培育方法，提高了芦苇的产量和质量，为造纸业提供了充分的原料保障。

1969 年，岳阳造纸厂从芬兰进口了长网造纸机、硫酸盐法漂白化学苇浆和磨木浆纸浆装备及碱回收系统等，生产出了我国第一批以化学苇浆和磨木浆配抄的凸版印刷纸。[3]

20 世纪 90 年代中期，为了进一步提高纸张的质量，增加经济效益，两湖（湖南、湖北）地区进一步加大了芦苇纤维的使用量，减少了稻、麦草纤维的使用。至 21 世纪，湖南省已用芦苇完全取代了稻、麦草，成为全国芦苇纤维使用增幅最大的地区。2014 年，我国芦苇产量 113 万吨，芦苇至今仍是我国制浆造纸的重要原料。

五、蔗渣、龙须草、芒、高粱秆

（一）地域性特点

1. 蔗渣

甘蔗，禾本科，甘蔗属，主要生长于温带及热带地区，主要产于广东、广西、福建、台湾、安徽、浙江、江西、湖南、湖北、四川、云南等地。甘蔗可食用及制糖。甘蔗渣可用于造纸和纸板。

广东、广西造纸厂使用蔗渣造纸最为突出。在广东、广西、云南等地，还可以看到糖厂出纸的场景，这是我国独有的风景。

2. 龙须草

龙须草，禾本目灯心草科，灯心草属，别名蓑草（四川、湖北、贵州、广西）、蓑衣草（河南、云南）。其产地为四川、湖北、广东、广西、湖南、河南、河北、陕西、云南、贵州。我国西南地区使用龙须草作为造纸原料最为广泛。

3. 芒

芒，别名冬茅草、芭茅草（湖南、湖北、四川）、刨高草、白尖草（辽宁）、芭芒（河南），生长在山坡、草丛、灌丛中或沟边田地中，在我国长江以南丘陵山地普遍生长，是一种多年生牧草。其茎秆用于造纸，称为“芒秆”。芒秆的使用地区主要集中在广东、广西、湖南、湖北、贵州、安徽、福建、江西、浙江、上海等，其中广东省的使用较为突出。

4. 高粱秆

高粱，别名蜀黍、番麦，产地为东北、华北、西北、山东等。高粱为我国主要杂粮之一，茎秆可用于造纸、编席。

20 世纪 50 年代末至 80 年代，我国华北、东北、西北及河南、山东等地都曾使用高粱秆作为造纸原料；90 年代后，主要集中在辽宁西部南部部分、河北北部（张家口）、山西北部地区和内蒙古赤峰地区的部分纸厂，其中河北省张家口地区使用最为广泛。[5]

（二）历史性研究

1. 蔗渣

1959 年 4 月，广东省江门市江门纸浆厂（后并入江门甘蔗化工厂）建成投产，这是当时全国唯一以甘蔗为原料，用亚硫酸镁法生产商品纸浆的工厂，日产 1200t。同时，一些糖厂利用蔗渣下脚料也生产纸张，形成了我国独有的一道风景——糖厂出品纸张。[20, 24] 特别是广东、广西、云南等地使用最多。其中，甘蔗是广西的支柱产业，早已形成了“糖纸一体化循环”经济模式。2008年，广西蔗渣浆料年产能已达90万吨。[28]

还有一些厂家将芒秆和蔗渣混合生产纸张，并生产甘芒浆板，甘蔗渣和芒秆造纸今天在南方仍被广泛使用，极大促进了甘蔗渣和芒秆造纸的发展。[5]

2．龙须草

1953年12月，湖北汉阳造纸厂开发龙须草原料，以硫酸盐法制浆，开始用漂白龙须草代替部分木浆生产高档薄型纸。[20]

龙须草纤维的主要特征是细而长，其平均长度达到2mm，而宽度则仅有10μm左右。它的长宽比平均超过200倍，这种现象在其他草浆中极为少见，在浆料中加入龙须草，可以提高纸浆质量，因此在南方的手工纸和机制优质纸中得到广泛使用。在中华人民共和国成立初期木浆供应少、费用高的情况下，四川、湖北、湖南、重庆、贵州、云南、安徽、广西、广东、上海、河南南阳和陕西商洛地区大量使用龙须草作为造纸原料，不仅提高了纸张质量，还能降低成本。其中，中华人民共和国成立后到20世纪末，上海多家造纸厂长期使用龙须草，上海不是龙须草产地，其所用龙须草均来自长江沿岸、浙江等地区。[5]

改革开放后，四川洪雅县以龙须草为主要原料生产的书画用纸被称为“龙须雅士”，深受书法家好评，并远销国内外，特别是东南亚地区。[5，9]

龙须草虽然是造纸优质纤维，但由于其野外生长，产区分散，收集成本高，因此，其收集越来越困难，产量也越来越少。

3. 高粱秆

在距今约5000年前，非洲的古埃塞俄比亚人驯化了这种耐热、耐旱的植物——高粱。传入中国后，因其抗旱、耐涝、耐盐碱以及耐贫瘠的特性使其在中华大地广泛传播，到元代，高粱已成为农村扛鼎餐桌的最常见粮食作物。

高粱除了被作为食物，很长时间还被用来酿造白酒，只是在中华人民共和国成立后其茎秆才被作为造纸原料。1957年，河北宣化造纸厂研究开发利用高粱秆、玉米秆制浆造纸成功，并被推广应用在高粱产地的造纸厂，被一些厂家长期使用。[5]1958年1月，山西太原造纸厂首先采用碱性亚硫酸钠蒸煮高粱秆制浆成功，进一步促进了高粱秆造纸的推广。[20]20世纪末，河北宣化造纸厂生产的带水印的火车票专用纸张中的纤维就是使用高粱秆和木浆混合浆制造的。

但由于高粱秆的产量和产地变化问题，到20世纪90年代缩减到仅有河北的张家口、承德和内蒙古赤峰地区的厂家使用较多，另外，山西北部及辽宁西部、南部少数厂家也使用，使用范围越来越小。[5]

4. 芒

1930 年，福建省第一家造纸厂——福建造纸厂在福州投产，主要设备有圆网造纸机一台，以芒秆竹子为原料生产毛边纸、连史纸，年生产能力 1500t，这是我国使用芒秆较早的记录。[20] 中华人民共和国成立后，用芒秆造纸在南部沿海地区被广泛使用，其中广东是使用最多的省份，特别是广东梅县等地使用较多。[1]

第三节
常用木浆纤维的地域性和历史性研究

木浆分为针叶木浆和阔叶木浆两种，木浆纤维种类多，我国常用木浆种类如下：

（1）针叶木浆，常用的有鱼鳞松、红松、落叶松、沙松、冷杉、马尾松、思茅松、云南松、樟子松等。

（2）阔叶木浆，如杨木、桦本、桉木、椴木、榆木，以及冬瓜木、石梓、合欢类等。

一、地域性特点

（一）红松、落叶松、沙松、冷杉

红松分布在小兴安岭和长白山。

落叶松分为兴安落叶松和华北落叶松。兴安落叶松分布在大小兴安岭，华北落叶松分布在河北及内蒙古。

沙松与鱼鳞松、臭冷杉混合生存，东北将其合称为白松，分布于东北地区。此外，甘肃、青海、四川等地也有分布。

冷杉主要分布在东北、内蒙古，另河北、山西、陕西、甘肃也略有分布。

（二）马尾松、思茅松、云南松、火炬松

马尾松分布在长江沿岸和长江以南广大地区，甘肃南部也有分布。

思茅松盛产于云南，20 世纪八九十年代开始引种到了四川、广东。

云南松盛产于云南、贵州及四川西南部。

火炬松是 20 世纪 20 年代开始由国外引进，目前分布在江苏、安徽、湖南、湖北、广东、广西、福建、江西、浙江等地。[6]

（三）杨木、桦木、桉木

杨木是我国造纸原料中使用最广泛的阔叶木树种，全世界共有 30 多种，我国

发现了17种，并杂交了一些新品种，但大量使用的不到10种。杨木在我国各地分布广泛，从最北部到最南部均有分布。杨木造纸性能很好，是阔叶木中很有前途且使用价值很大的造纸原料。

桦木是我国原生树种，全世界共30多种，我国有15种，常见的有红皮桦、黄桦、黑桦和白皮桦。桦木在东北地区生长茂盛，除东北地区外，在华北、河南、陕西、甘肃、宁夏、四川、云南、西藏等地也有分布。

桉木是我国引进树种，引进历史有一百多年，共引进30多种，主要分布在广东、广西、海南岛、云南等地。[6]

（四）合欢类树种、圣诞树、顶果、石梓、箭毒木、冬瓜木

合欢类树种中主要是南洋盈、光叶合欢树。光叶合欢树主要分布在云南。南洋盈原产于印度尼西亚，我国南方各省均有栽种。

圣诞树主要分布在云南。

顶果分布在云南和广西南部。

石梓分布在广东、广西和云南西双版纳。

箭毒木分布在云南南部和海南岛。

冬瓜木，别名桤木，产于兴安岭林区、江西、湖南、安徽、广东、广西、台湾等省区。

（五）我国台湾地区常用树种

我国台湾地区常用树种主要有台湾二叶松、台湾五叶松、琉球松、铁杉、台湾杉、台湾云杉、大叶楠、香桂、山黄麻、相思树、台湾黄杞等。

二、历史性研究

1853年发明了木材纸浆以后，木浆成为世界造纸的主要原料。但我国使用木浆时间较晚，数量较少。一直到近期，木浆产量才占据主要位置。

1936年由日本人筹建的“东满洲人造丝木浆株式会社”（即今开山屯化学纤维浆厂前身）建成投产，以东北的云杉、冷杉为原料，生产人造丝木浆和造纸用木浆。

广东省营制纸厂于1933年开始在广州市筹建，于1938年建成投产，该厂有长网机两台及磨浆机、化学浆等制浆系统，原料以马尾松为主，生产白报纸，年产15000t，该厂是广州造纸厂前身。1941年，四川宜宾中元造纸厂首次在国内以马尾松为原料，并采用碱法制浆生产牛皮纸。[20]

在中华人民共和国成立前，由于各种条件和社会情况的制约，木浆造纸所占比例非常少，中华人民共和国成立后才有了长足发展。随着历史发展和需求量大幅度增加，木浆浆料的发展经历了几次调整。

1950 年，我国提出了“从长远看，应以木浆为主，草浆为辅”的方针，但当时社会的经济、设备、技术水平无法完成这一方针要求。于是 1958 年，原轻工业部从实际出发，提出了“十年内贯彻一年生植物为主，木浆为辅”的方针，由于该方针符合当时中国国情，非常好地利用了我国地域广大、禾草类植被丰富等优势，克服了国家经济困难，因地制宜地发展了我国造纸工业，该方针一直贯彻到了 20 世纪八九十年代，所以我国草浆比例在较长时间内一直稳定地占据了 60% 以上。[3，24]

1980 年，确定了“草木并举，逐步提高木材比重，加速原料基地建设方针”。全国开始重视企业造林工作。1995 年，原料方针调整为“逐步实现以木材纤维为主，扩大废纸回收利用，科学使用非木纤维的多元化的原料结构”。2001 年，又发布了《关于加快造纸工业原料林基地建设的若干意见》，结束了长期以来的“草木之争”。2007 年，提出“林纸一体化”，实现了“以木纤维、废纸为主，非木纤维为辅”的结构目标。

中华人民共和国成立后至 20 世纪末，我国木浆主要使用种类是红松、白松、冷杉、落叶松、马尾松、杨木、桦木、桉木等品种。90 年代中期开始，热带、亚热带灌木树种这些速生林木被开发并广泛使用。21 世纪，我国自产的红松、白松、落叶松、冷杉等树种由于过度开发使用，资源越来越少，所占比例大幅下降。进口针叶木、阔叶木浆板比例逐年上升。

用马尾松造纸是我国著名造纸专家陈丕扬（1899 ～ 1987 年）在 20 世纪早年留学美国麻省理工学院和缅因大学时期的研究成果，并于 20 世纪 30 年代在其主持下，在广州营制造纸厂被应用到了新闻纸生产中。[20] 所以我国马尾松使用时间较早，而情况相近的思茅松在 90 年代才引起关注，当时经中国轻工业部造纸研究所研究发现，其得浆率和造纸效果完全可以和马尾松相媲美，所以在 20 世纪末被开发使用后所占比例逐年增加。[18]

我国台湾地区造纸原料随年代变化较大。1965 年以前，主要利用蔗渣、竹材、稻草等非木材原料。直至 1970 年“中华纸浆公司”正式投入阔叶木漂白纸浆生产后，非木材原料使用率逐年下降，到 20 世纪末，主要使用木浆，除手工纸外基本停止了非木浆原料的使用。[6]

参考文献

[1] 张建洲，等 . 禾草类纤维地域性特点研究 [D]. 第八届全国文件检验学术交流会论文集 . 北京：中国人民公安大学出版社，2012：674-677.

[2] 贾玉文，郝红光 . 刑事犯罪痕迹物证检验图谱大全・文件检验卷 [A]. 张建洲 . 文件材料检验（第一节 . 纸张）[C]. 北京：群众出版社，2013：487-496.

[3] 曹朴芳 .新中国造纸工业 60 年的回顾与展望 [J]. 造纸信息，2009（10）：4-15.

[4] 张建洲 . 用现代科技鉴定名人字画 [J]. 收藏界，2008（12）：66.

[5] 张建洲，梁鲁宁 . “纸龄”鉴别中常见禾草类纤维和韧皮类纤维的历史性研究 [J]. 中国司法鉴定，2018（2）：22-29.

[6] 王菊华 . 中国造纸原料纤维特性及显微图谱 [M]. 北京：中国轻工业出版社，1999.

[7] 张建洲，等 . 桑皮纸研究 . 第八届文件检验学理论与实践精粹学术交流会论文集 [M]. 辽宁：辽宁大学出版社，2018：541-543.

[8] 刘仁庆 . 造纸辞典 [M]. 北京：中国轻工业出版社，2008：45，299.

[9] 张建洲，等 . 中国书画纸研究 [J]. 刑事技术，2011（增刊）：33-34.

[10] 刘仁庆 . 中国书画纸 [M]. 北京：中国水利水电出版社，2014：125-137.

[11] 刘仁庆 . 中国古代造纸史话 [M]. 北京：中国轻工业出版社，1978：32-33.

[12] 北纬 35 度中国行 .《远方的家》纪录片 .

[13] 宣纸传奇 .《多彩华夏》纪录片 .

[14] 高苐棠 . 宣纸古今 [M]. 郑州：河南美术出版社，2012：59，106-108.

[15] 张秉伦，方晓阳，樊嘉禄 . 中国传统工艺全集——造纸与印刷卷 [M]. 郑州：大象出版社，2015：66-89，101-119.

[16] 王菊华，等 . 制浆造纸的又一重要原料——思茅松 [J]. 中国造纸，1990（4）.

[17] 曹天生 . 中国宣纸 [M]. 北京：中国轻工业出版社，1993.

[18] 中国造纸学会 .1993 中国造纸年鉴 [M]. 北京：中国轻工业出版社，1993.

[19] 张建洲，等 . 竹浆纤维的历史性和地域性研究 . 第八届文件检验学理论与实践精粹学术交流会论文集 [M]. 辽宁：辽宁大学出版社，2018：543-546.

[20] 永丰纸业集团泸州浆纸 20t/a 竹浆项目正式投产 [J]. 造纸信息，2018（1）：44.

[21] 我国竹浆产业概况及泸州永丰 20t/a 竹浆项目 [J]. 造纸信息，2018（11）：16-19.

[22] 中国造纸学会 .1986 中国造纸年鉴 [M]. 北京：中国轻工业出版社，1986.

[23] 潘吉星 . 中国科学技术史——造纸印刷卷 [M]. 北京：科学出版社，1998：116，189-191.

[24] 田洪生 . 纸鉴——中国古代书画、文献用纸鉴赏 [M]. 山西：山西古籍出版社，2009：76.

[25] 立足竹资源生态优势 打造竹浆纸一体化特色产业 [J]. 造纸信息，2018（4）：9-14.

[26] 中国造纸学会 .2010 中国造纸年鉴 [M]. 北京：中国轻工业出版社，2010.

第六章

纸张纤维检验技术

第六章
纸张纤维检验技术

在纸张制造过程中，由于各种植物纤维因品种的不同，其细胞组成及形状大小均有很大的差异。根据这一差异，可对纤维种属进行鉴别。纸张纤维的种属通常分为针叶木纤维、阔叶木纤维、禾草类纤维、韧皮类纤维、棉纤维及其他类纤维。其他类纤维包括人造纤维、矿物纤维、动物纤维，因其在常用纸张中，特别是在法庭科学的文件纸张检验中出现率极低，在此不做研究。

第一节 检验用仪器设备

一、检验用仪器设备种类

（1）显微镜。放大倍数为 80 ～ 300 倍的生物显微镜，带有机械载物台、十字测微尺、中心点或水平线目镜，可利用自然光、日光灯或具有日光滤光片的一般真空灯透射光源。

（2）分散器。易分散纸样可选用低速搅拌器等，难分散纸样可选用超声波分散器、高频疏解机等。

（3）载玻片及盖玻片。载玻片规格为 76.2mm×25.4mm，盖玻片规格为 20mm×20mm。

（4）解剖针及镊子。均为尖头、不锈钢材质。

（5）滴管。管上刻有 0.5mL、1.0mL 的刻度。

（6）滴瓶。选用 30mL 或 50mL。

（7）实验室用烧杯、玻璃过滤器。

二、检验用仪器设备使用注意事项

（1）一般在 80 ～ 120 倍显微镜下观察纤维形态及其染色情况，观察研究细微特征时也可使用 200 ～ 300 倍显微镜。[3]

（2）使用分散器分解的纸样的纸张面积较大，多在造纸界使用，法庭科学纸张检验除科研外，鉴定中不建议使用。

（3）载玻片及盖玻片规格为推荐规格，其他近似规格也可使用。

第二节 染色剂制备

一、配制要求 [3]

（1）应使用分析纯试剂和蒸馏水或去离子水配制。

（2）染色剂应保存在棕色试剂瓶中，放置在暗处。

（3）建议每 2 ～ 3 个月重新配制一次，以保证染色效果。

二、染色剂使用原则 [5]

（1）纤维种类鉴别，建议使用赫兹伯格（Herzberg）染色剂。

（2）纸浆制浆方法鉴别，建议首选使用赫兹伯格染色剂，配合使用格拉夫“C”（Graff“C”）染色剂。

此外，还有洛夫顿•梅里特（Lofton-Merritt）染色剂、舍律格尔（Selleger）染色剂、威尔逊（Wilson）染色剂和亚历山大（Alexander）染色剂 4 种染色剂。由于赫兹伯格染色剂和格拉夫“C”染色剂从使用效果和稳定性方面完全可以满足法庭科学纸张检验需求，其余 4 种染色剂根据使用效果不建议在法庭科学检验中单独使用。在科研中有特殊需求时，可以作为对赫兹伯格染色剂和格拉夫“C”染色剂检验结果的印证和补充来使用。因此，在此对其配制方法不做叙述。

三、染色剂的制备

（一）赫兹伯格染色剂的制备 [1, 3, 4, 8]

溶液 A——室温下饱和氯化锌溶液：将氯化锌（$ZnCl_2$）加入 100mL 温水中，直到剩余溶质不再溶解，令其冷却至室温，并观察有氯化锌结晶出现，储存此溶液于棕色试剂瓶中备用。

溶液 B——碘溶液：混合 2.1g 碘化钾（KI）和 0.1g 碘（I_2），用移液管一滴一滴地加入 5mL 水，边加边搅拌，使其混合。因碘在水中溶解度很小，制备时加入碘化钾可促进其溶解。如果有碘残留而未被溶解，可能是由于水加入得太快，此溶液则应废弃。

将 15mL 溶液 A、1mL 水和所有的溶液 B 混合，静置 6h 以上，使沉淀物下沉，然后轻轻倒出清液至棕色滴瓶中，并加入一小片碘。

注意：在使用新染色剂之前，应用已知纤维检查。棉纤维应呈酒红色，如呈浅蓝色，说明溶液太浓，应加入很少量的水进行稀释。化学浆纤维应呈蓝色到浅蓝紫色，如呈淡红色，说明氯化锌浓度太低，应加入少量氯化锌结晶片来调整。

针叶木硫酸盐浆粗浆得率约 60%，呈现深黄色。

化学浆纤维呈现蓝色，其蓝色深浅程度取决于制浆过程和脱木素程度，脱木素不完全的纤维呈现黄色。

由于赫兹伯格染色剂得到的颜色（见表 6-1）是不稳定的，化学浆纤维的蓝色会逐渐变深，机械浆纤维的黄色会逐渐呈现灰色调。

表 6-1　赫兹伯格染色剂颜色反应[1]

浆　种	颜　色
化学浆（木浆、稻麦草浆、西班牙草浆等）	蓝色、浅蓝—紫蓝
机械浆（木浆、稻麦草浆、黄麻等）	黄色
破布浆（棉、亚麻、大麻、苎麻等）	酒红色
半化学浆和化学机械浆	暗蓝色、暗黄色、混杂蓝色和黄色
再生纤维素纤维（黏胶纤维等）	暗浅蓝色—紫罗蓝色
醋酸纤维素纤维	黄色
合成纤维	无色到浅棕黄色

（二）格拉夫“C”染色剂的制备[1, 3, 4, 8]

格拉夫“C”染色剂是根据很小的色相差别和颜色深浅差别来鉴别纤维的，因此操作人员需要接受严格的训练，并具有一定经验之后方可进行操作。

格拉夫“C”染色剂由以下四种溶液组成：

溶液 A——氯化铝溶液（20℃，ρ=1.16g/mL）：溶解约 40g 六水合氯化铝（$AlCl_3 \cdot 6H_2O$）于 10mL 水中。

溶液 B——氯化钙溶液（20℃，ρ=1.37g/mL）：溶解约 100g 氯化钙（$CaCl_2$）于 150mL 水中。

溶液 C——氯化锌溶液（20℃，ρ=1.82g/mL）：在约 50mL 温水中加入约 100g 干燥的氯化锌（$ZnCl_2$），直至残余物不再溶解，令其冷却至室温，观察应有少许氯化锌晶体析出。

溶液 D——碘溶液：将 0.90g 碘化钾（KI）和 0.65g 碘（I_2）混合后，用滴管逐滴加入 50mL 水到混合液中，并不断搅拌。若仍有一些碘未溶解，可能是水加入过快，此溶液应废弃。

用移液管取 20mL 溶液 A、10mL 溶液 B 及 10mL 溶液 C 于一个量筒中，使之混合均匀，再加入 12.5mL 溶液 D，进一步混合，静置于暗处，12 ～ 24h 以后，当所有的沉淀物沉淀以后，倾倒清液于棕色滴瓶中，并加入一小片碘。

注意：在使用新染色剂之前，用含有漂白针叶木硫酸盐浆和亚硫酸盐浆的样品进行检验，如果染出颜色与表 6-2 中给出的颜色不相符，可加入少许碘液再检验，如果在此之后颜色仍不满意，则需重新混合配制。

表 6-2　格拉夫“C”染色剂颜色反应 [1]

浆　种		颜　色
针叶木化学浆	未漂硫酸盐浆	深浅不同的黄色和棕色
	漂白硫酸盐浆	浅蓝灰色或灰色
	溶解级硫酸盐浆	淡棕紫色
	未漂亚硫酸盐浆	深浅不同的黄色
	漂白亚硫酸盐浆	浅棕色
	溶解级亚硫酸盐浆	浅棕色或紫色
阔叶木化学浆	未漂硫酸盐浆	淡蓝绿色或深蓝色
	漂白硫酸盐浆	鲜蓝色
	溶解级硫酸盐浆	蓝紫色
	未漂亚硫酸盐浆	带黄色的浅灰色
	漂白亚硫酸盐浆	浅蓝色或带蓝的灰色
	溶解级亚硫酸盐浆	淡棕色
半化学浆	针叶木浆	亮黄色
	未漂阔叶木浆	淡绿色（不同深浅）
	漂白阔叶木浆	鲜蓝色（类似漂白阔叶木硫酸盐浆）
机械浆		鲜黄色
草类和西班牙草化学浆	未漂浆	淡绿的蓝色（大多数纤维染为此种颜色）
	漂白浆	灰蓝色、蓝紫色、鲜蓝色（类似漂白阔叶木硫酸盐浆）
破布浆	棉、亚麻、大麻、苎麻等	酒红色或棕红色

由格拉夫“C”染色剂获得的颜色（见表 6-2）具有多种色调，故不同的分析人员可能对它们存在不同的观点，在检验结果中也不必对颜色做类似描述。

如果样品在预处理前或染色前经氢氧化钠溶液煮沸过，则阔叶木机械浆和针叶木机械浆相互间的区别如下：针叶木机械浆呈亮黄色，阔叶木机械浆呈淡绿色。

第三节
检验过程

一、检验样品的制备

（一）试样的制备

纸样应从不影响图文的边角或空白处提取。

一份检材或样本，应至少取 2 处不同部位的纸样（不小于 2mm×2mm）。特殊情况下，可相应增加取样数量。[3]

1. 普通检材或样本

将提取的纸样湿润后，用手指轻揉至松软状，令其纤维分散，制成试样。

若检材或样本数量较多，且送检单位允许破坏原件，可以选用分散器进行分散，制成试样。

若上述方法不能完全将纤维分散开，可将其放在烧杯中，用 1% 氢氧化钠（NaOH）溶液煮沸 1 ～ 5min，并不停搅拌，直至柔软。然后用玻璃滤器过滤，水洗两次后，用适量 0.2% 盐酸（HCl）溶液与其充分中和，用水清洗多次后，再进行分散，制成试样。但要注意，含有羊毛或天然丝的检材或样本不能使用氢氧化钠（NaOH）溶液。[1]

2. 需特殊处理的检材或样本

（1）多层纸：用手术刀将纸样从其边缘处逐层剥离提取试样。若上述方法难以操作，也可将其浸在 70℃的热水 [或 1% 氢氧化钠（NaOH）溶液] 中直至各层分开，再进行分散。每一层按普通样材或样本的制备方法进行操作。

（2）色纸：根据纸张情况，选用以下试剂进行脱色处理后，按照普通样材或样本的制备方法进行操作。

1）氧化性脱色剂：次氯酸盐、双氧水（H_2O_2）、硝酸（HNO_3）等。

2）还原性脱色剂：亚硫酸氢盐、氯化锡（$SnCl_2$）等。

3）溶解性脱色剂：乙醇（C_2H_5OH）、氨水（NH_4OH）、乙酸（CH_3COOH）、盐酸（HCl）等。

（3）经浸渍或特殊胶合的纸：用乙酸（CH_3COOH）、乙醚（$C_2H_5OC_2H_5$）、丙酮（CH_3COCH_3）、甲苯（C_7H_8）等有机溶剂抽提后，按普通样材或样本的制备方法进行操作。

（4）植物羊皮纸和高度打浆的纸：待纸张进行如下处理后，按照普通样材或样本的制备方法进行操作。将撕碎的试样放入盛有高锰酸钾（$KMnO_4$）溶液的烧杯中静置 1h，然后倾出溶液，将其洗涤两次，再用草酸（$C_2H_2O_4 \cdot 2H_2O$）溶液处理后进行洗涤分散。

（5）湿强纸：将所取纸样放入适量的 5% 硫酸铝 [$Al_2(SO_4)_3$] 或 5% 磷酸（H_3PO_4）溶液中，依分散速度的快慢煮沸 5 ～ 30min，倒出溶液并水洗后，按照普通样材或样本的制备方法进行操作。

（二）染色并制作检验样品 [1，3]

将试样放在载玻片上，滴上 1 ～ 2 滴染色剂，使其充分着色。若试样未能均匀分散，可用解剖针辅助操作，以达分散的目的。

用镊子夹取一片盖玻片，使其成 45° 角先一侧压住载玻片，然后缓慢放下，以避免产生气泡。

染色 1 ～ 2min 后，倾斜载玻片的长边，用滤纸吸去盖玻片周围溢出的多余染色剂。

检验样品制备完成后，为确保染色效果，应立即进行观测。

二、纤维检验

（一）纤维种类的检验

1. 检验方法

将检验样品置于显微镜的载物台上，沿水平或垂直方向慢慢地、有规律地移动，以便观测到全部纤维。

至少观察 2 个检验样品，对于难以鉴别的纤维，要相应增加样品观察数量。[3]

2. 判断纤维种类

纸张纤维主要可分为木浆纤维、禾草类纤维、韧皮类纤维、棉纤维、化学纤维及其他纤维等，每类纤维又包含多种纤维，因不同种类纤维的形态特征各不相同，可依据形态特征和染色情况对其进行鉴别。[5]

（二）纤维配比的检验

1. 纤维交叉点数的测定

将整个纤维区域水平或垂直分为五等份，每一等份为一条观察线，然后逐一观察每一条观察线。水平或垂直移动检验样品，当纤维经过垂直或水平中心线时，按种类记录下所有通过的纤维或断纤维数目。若一根纤维多次通过中心线，则其每过一次计一个数。纵裂的纤维，根据其宽度，折合成相应的纤维数记录。从同一条观察线上通过的同类纤维碎片，2 个或 3 个计为一个数。小于 0.1mm 的纤维碎片可以忽略不计。如果其中存在大量的薄壁细胞，应将它们作为一部分记录下来。当在同一观察线上同时出现 4 个薄壁细胞时，应将其计为一个数。[1，3]

应观察并记录 2 个以上的检验样品，以使所数纤维的交叉点数多于 600 个。

2. 纤维配比的计算 [3]

每一纤维组分的纤维配比可由下式计算得出：

$$x_i=\frac{f_i y_i}{\sum_{i=1}^{i=k} f_i y_i}\times 100$$

式中：f_i——重量因子；

x_i——纤维配比（%）；

y_i——每一种纤维交叉的总数；

k——纤维组分数。

纤维配比不足 2% 的，可作微量记录。

国内纸浆纤维的重量因子和 ISO 标准采用的重量因子如表 6-3 和表 6-4 所示。

表 6-3　国内纸浆纤维的重量因子 [1，3]

纤维种类	重量因子
棉浆	1.00
亚硫酸盐鱼鳞松木浆	0.90
硫酸盐红松木浆、鱼鳞松木浆	1.10
硫酸盐杨木浆	0.45
硫酸盐桦木浆	0.50
硫酸盐蔗渣浆	0.80
硫酸盐毛竹浆	0.75
硫酸盐荻浆、芒秆浆	0.80
硫酸盐龙须草浆	0.55
硫酸盐麦草浆、高粱秆浆	0.50
硫酸盐稻草浆	0.50

续表

纤维种类	重量因子
硫酸盐苇浆	0.70
硫酸盐落叶松木浆	1.50
硫酸盐云南松木浆	1.30
亚硫酸盐苇浆	0.50
马尾松机械木浆	1.80
红白松、杨木混合机械木浆（红白松 50%，阔叶木 50%）	1.20

注　此为原轻工部造纸工业科学研究所提出。

表 6-4　ISO 标准采用的重量因子（供作进口浆分析参考）[1，3]

纤维种类及来源		重量因子
针叶木化学浆	棉纤维（破布）	1.00
	漂白浆（大多数品种）	0.90
	未漂浆（大多数品种）	1.00
	花旗松（内陆品种）	0.90
	花旗松（沿海品种）	1.40
	南方黄松	1.40
	落叶松	1.10
	杉木	0.70
针叶木溶解级浆		0.85
针叶木半化学亚硫酸盐浆		1.40
针叶木机械浆	磨木浆	1.30
	热磨机械浆	1.70
针叶木化学机械浆（许多品种）		2.00
阔叶木化学浆	桦木、山杨、白杨、山毛榉	0.50
	枫木、柳木、胡桃木	0.40
	橡胶木（新鲜橡胶木）、白杨	0.80
	桉树类、栎树	0.45
阔叶木半化学浆	桦木	0.90
	橡胶木	1.30
阔叶木机械浆		0.90
棉短绒		1.25
纸级蔗渣浆		0.75
西班牙草漂白浆		0.50
马尼拉麻和黄麻浆		0.55
剑麻浆		0.60
纸板级草浆		0.60
草浆漂白浆		0.35
竹浆		0.55
羊毛		3.10
亚麻浆		0.80
亚麻屑		0.40

注　在特殊情况下，机械浆的重量因子取决于鉴定人员统计纤维碎片的个人经验。

第四节
植物纤维的特征

一、植物纤维原料的分类

植物纤维是造纸工业的基本原料，目前国内的一些有一定使用价值的或有发展前途的造纸原料大致可分为以下几个类别和品种：

（1）针叶木，常用的有云杉、红松、落叶松、沙松、冷杉、马尾松、思茅松、云南松、樟子松、柳杉、水杉、火炬松等。[1]

（2）阔叶木，如杨木、桦本、桉木、椴木、檀木、榆木，榲木、冬瓜木、石梓、合欢等。

（3）禾草类植物，如竹子、芦苇、麦草、稻草、蔗渣、高粱秆、芒秆、荻、小叶樟、龙须草、菠萝叶等。

（4）韧皮纤维，如大麻、亚麻、苎麻、黄麻、檀皮、构皮、桑皮、雁皮、结香皮等。

（5）籽毛纤维，棉花、棉短绒、破布等。[1]

二、针叶木

（一）概述

针叶木以其树叶细长或如针状而得名，用于造纸的以松、杉类木材为主，其材质较松软。造纸用木材以木质白细、松软、含树脂和单宁质较少的材种为上选。而柏木、紫檀等则因价格昂贵，材质坚硬不宜用以造纸。

就纤维质量来说，一般木浆都比草浆好，而针叶木浆又比阔叶木浆好。在针叶木中，材种不同，纤维质量也不同。但就纤维长度而言，在常用树种中思茅松、云南松的纤维最长，平均都在 3.5 ～ 4mm，最长的可达 6 ～ 7mm；鱼鳞云杉、臭冷杉、马尾松、落叶松等的纤维也都较长，平均都在 3 ～ 3.5mm 以上；而柳杉、水杉、樟子松等在针叶木中属于较短的纤维，平均值仅 2 ～ 2.5mm。

（二）特征

针叶木主要由管胞、木射线薄壁细胞、木射线管胞等组成，在不同树种中这些细胞的形态不尽相同，因此可根据这些形态特征来鉴别纤维的种类。

（1）管胞：在造纸工业中统称为纤维，是针叶木的主要成分，占木材总体积的 90% 以上。它是细长的管状细胞，端部呈肘形、刀形或锐尖形，壁上有纹孔，其平均长度一般在 3 ～ 4mm，宽度平均在 40 ～ 50μm。其按生长时期和生长形态分为早材和晚材，早材的细胞壁较薄，胞腔较大，纹孔较多，横断面多为方形或矩形，有的品种呈多角形；晚材的细胞壁较厚，胞腔较小，纹孔较少，端部多呈锐尖形。经过蒸煮以后，早材由于纤维的细胞壁薄，容易变形，在显微镜下呈扁平的带状；晚材纤维大多仍保持柱状。

针叶木管胞按一定的间隔与木射线细胞相交，这些相交的部位称为交叉场，在这里木射线细胞的纹孔与管胞的纹孔相连，被称为交叉场纹孔，与其他部位的纹孔不同，它会因树种的不同具有不同的形状和大小，是鉴别针叶木纤维种类的主要根据。

针叶木交叉纹孔基本上可归纳为 5 种类型，如图 6-1 所示。其中，图（a）为云杉型纹孔，其孔口小，多呈裂隙状，为云杉属木材所独有；图（b）为柏木型纹孔，呈椭圆形，略具窄缘，孔径比云杉型纹孔略大；图（c）为杉木型纹孔，孔径比柏木型纹孔大，形态与之相似；图（d）为窗格型纹孔，为方形或近似圆形的单纹孔，孔口较大；图（e）为松木型纹孔，形状多为柠檬形或椭圆形，为单纹孔或略具窄缘，孔径介于杉木型孔与窗格型孔之间。

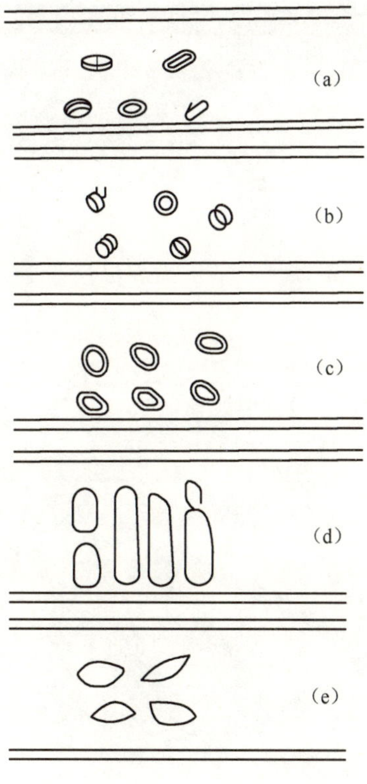

▲图 6-1　交叉场纹孔类型[1]

（2）木射线薄壁细胞：为横向排列的一种薄壁细胞，多呈长方形。在交叉场部位与纵向管胞相交，胞壁上有纹孔，并与管胞壁上的纹孔相对应。

（3）木射线管胞：形状与木射线薄壁细胞相似，细胞内壁有的平滑，有的呈锯齿状，其随品种而异。纹孔与纤维场的纹孔相似。

木射线薄壁细胞及木射线管胞约占针叶木总体积的 5%，在制浆漂洗过程中易流失。在纸浆中，两种细胞形状相似，统称为木射线细胞。

（三）针叶木纤维全貌[2]

图 6-2 ～图 6-8 为不同针叶木纤维染色照片（使用赫兹伯格染色剂染色）。

▲图 6-2　云杉（LM×100）

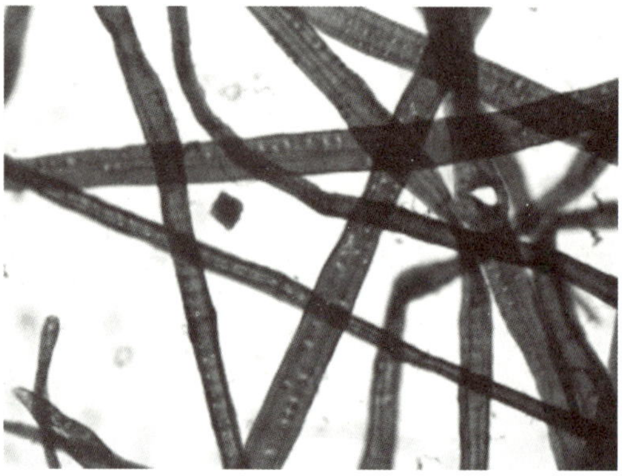

▲图 6-3　冷杉（LM×100）

▲图 6-4　红松（LM×100）

▲图 6-5　马尾松（LM×100）

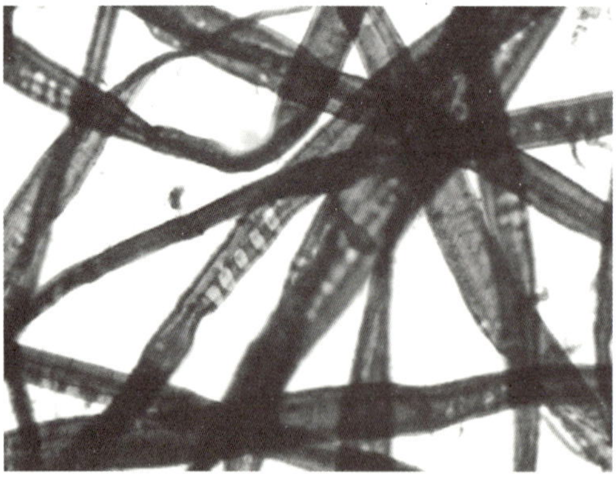

▲图 6-6　思茅松（LM×100）

▲图 6-7　落叶松（LM×100）

三、阔叶木纤维

（一）概述

阔叶木以树叶不是针状而得名，其形状多呈心形、圆形或多角形，其叶脉则为网状而非平行脉。有大如蒲扇者，如团花；有小如蝉翼者，如杨柳。阔叶木大多为双子叶植物，多于冬季落叶。阔叶木一般树脂含量低，耐腐性高，材质较硬，故习惯上称之为硬木。但也有较软的品种，如泡桐、杨木等比一般针叶木还软。

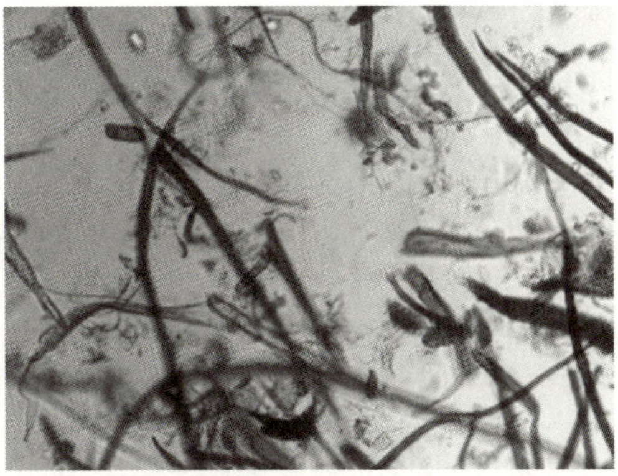

▲图 6-8　机械木浆、化学木浆混合浆（LM×100）

注　机械木浆染色后在显微镜下观察呈明黄色

阔叶木品种较针叶木多，生长较快，一般色白，很多阔叶木机械浆，不经漂白即可用以生产新闻纸。也有颜色较深者，如桉木、槭木等，但漂白并不困难。

阔叶木的细胞组成较针叶木复杂得多，在显微镜下不难辨别。就纤维而论，通常较针叶木细而短，长度约为针叶木纤维的 1/3，宽度不到针叶木纤维的 1/2。阔叶木的木射线细胞较针叶木的多，其形状也与其不同，含量高者可达 30% 以上，而针叶木的木射线细胞仅 5%（质量分数）左右。

（二）特征

从纸浆纤维鉴别的角度来说，阔叶木浆鉴别的依据较针叶木的多。不同品种纸浆的纤维细胞、薄壁细胞及导管分子的形态都可以作为鉴别的根据，其中以导管分子的形态尤为重要。

阔叶木纤维有三种类型：通常凡细胞壁上满布具缘纹孔者称为管胞，纹孔小而稀少者称为纤维管胞，纤维上有横节纹者称为韧型木纤维。大多数造纸常用的阔叶木，如杨木、桦木等，不存在管胞，只有纤维管胞及韧型木纤维。但桉木等树种类型的纤维都有管胞。

阔叶木的导管分子，其形态随品种的不同而差异较大。从导管分子的两端来看，有的端壁倾斜，呈舌状尾部，有的较平。两端的穿孔（见图 6-9）有的呈单穿孔，即端壁上只有一个孔；有的是复穿孔，即导管分子的底壁上有梯状结构或纹孔结构。导管分子侧壁上的纹孔，其大小、排列方式及纹孔类型也多有差异。

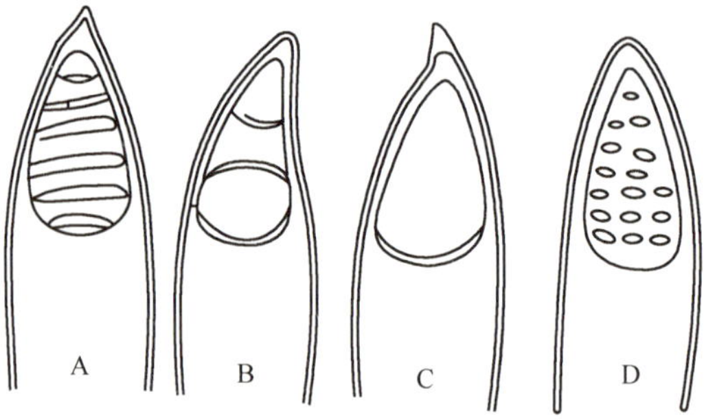

▲图 6-9　阔叶木导管分子端壁的穿孔状态[1]

A—密聚型梯状穿孔；B—稀疏型梯状穿孔；C—杨木型单穿孔；D—纹孔型穿孔

导管除纹孔排列方式外，管壁上有无螺纹加厚也是一大鉴别特征。我国造纸工业上常用的阔叶木树种，就显微镜下的形态而言，大体可将导管分为如下几种类型。

（1）杨木型导管。品种包括杨木、柳木等，其导管分子共同的特点是两端有舌状尾部，单穿孔、管壁上有具缘纹孔，孔径较大；交叉场处的纹孔为单纹孔，孔径较周围的具缘纹孔大。

（2）桦木型导管。品种包括桦木、赤杨、山毛榉、桤木等，其导管分子的共同特点是导管端壁倾斜，端孔为复穿孔，或部分为复穿孔；管壁上纹孔较小，通常没有螺纹加厚，或加厚较少。

（3）椴木型导管。品种包括椴木、槭木等，其导管分子的特点是两端倾斜，有舌状尾部，单穿孔，管壁上有明显的螺纹加厚。

（4）桉木型导管。特指各种的桉木，其导管分子的特点是：端壁上常具一尖削的尾部，管壁上满布具缘纹孔，交叉场处为单纹孔，导管两端为单穿孔。一些热带植物树种，如合欢木、团花木等，均具有这种类型的导管。

（5）混合型导管。导管分子形态归纳不进上述类型者，属于混合型导管类，其特点常常是几种类型导管的综合，或二或三皆而有之。

在阔叶木中如何评价和选择造纸木材，通常纤维细而长、纤维含量高、薄壁细胞含量低、颜色白净、心材率较低、木素含量低、抽出物含量低、纤维素含量高的材种更宜于造纸。不同树种间的鉴别特征分别详述于后。

（三）阔叶木纤维全貌[2]

图 6-10 ～图 6-15 为不同阔叶木纤维染色照片（使用赫兹伯格染色剂染色）。

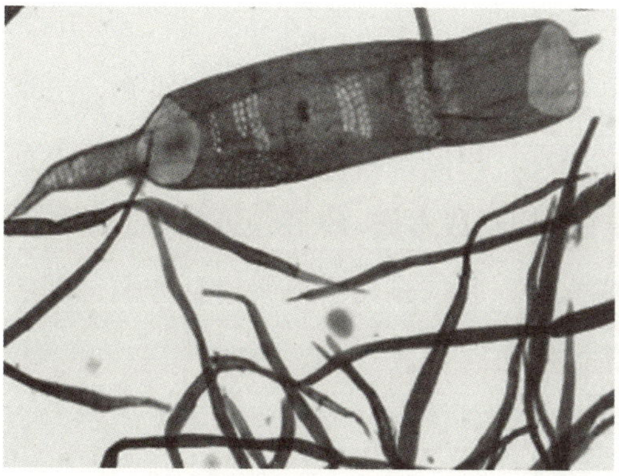

▲图 6-10　杨木（LM×100）

▲图 6-11　桦木（白皮桦）（LM×100）

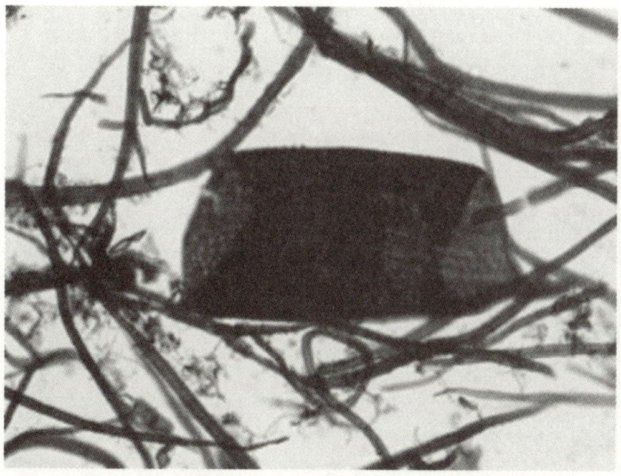

▲图 6-12　桉木（LM×100）

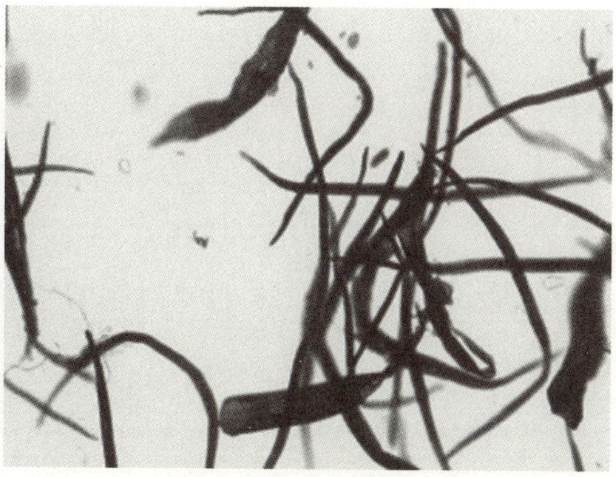

▲图 6-13　柳木（河柳）（LM×100）

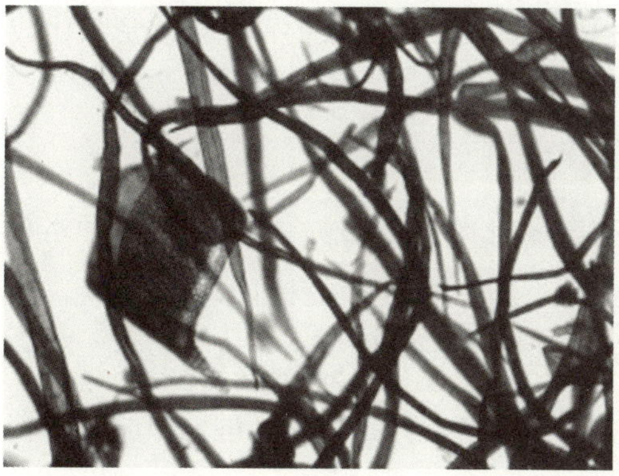

▲图 6-14　石梓（LM×100）

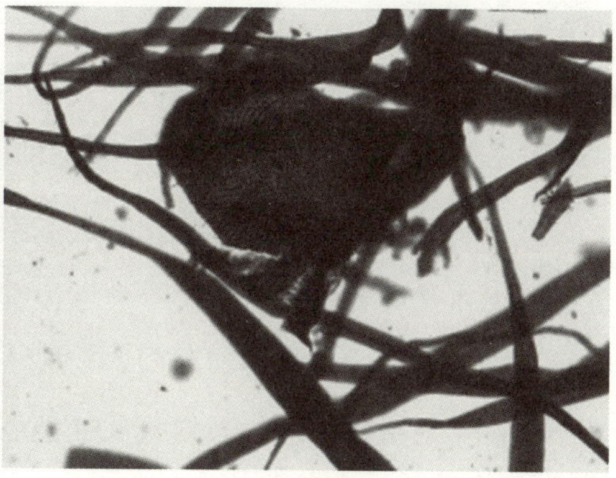

▲图 6-15　榅木（南洋榅）（LM×100）

四、禾草类纤维

（一）概述

我国是世界上历史最久、成效最大的使用禾本科植物作为造纸原料的国家。禾草类纤维在较长时期内作为我国主要造纸原料来使用。到 20 世纪末为止，禾草类原料占我国造纸原料的60%以上。

使用禾草类原料造纸有很多优点，也有一些难于克服的缺点。一般来说，禾草类原料多是一年生植物或农副产品，是取之不尽、用之不竭的原料，用以造纸不存在影响绿化和耗费能源的问题，而且价格便宜、原料成本低。[7]我国森林资源缺乏，不能完全依靠木材造纸。中华人民共和国成立后，我国在使用草浆造纸方面，创造了许多一流的技术成就，草浆纸产量居世界第一位。

（二）特征

禾草类原料品种众多，植物生长形态各异，纤维形态也各有不同。与其他类别的造纸原料相比，禾草类原料也有许多共同的纤维形态特征，凭据这些特征，在显微镜下不难将草浆和其他类型的纸浆做出鉴别。[7]其特征可归纳为如下几点。

1．纤维细短

草浆纤维平均长度仅1mm左右，只有龙须草纤维长一些，可达1.5～2.0mm。宽度平均仅15μm，不到针叶木纤维的一半。草浆纤维两端尖削，中段宽度变化不大，多呈圆柱状，很少扭曲。

2．薄壁细胞含量大，其形状和大小随品种而变

草浆中，薄壁细胞的占比往往高达30%～40%，而针叶木浆中一般仅约5%，阔叶木浆中一般也仅约20%。同一品种的纸浆中薄壁细胞有多种形状，如棒状、球状、枕状等都可能同时出现，大小可能相差好几倍。而木浆的薄壁细胞形状比较单一。

3．有锯齿状表皮细胞

除了竹浆以外，草浆中都含有数量不少的锯齿状表皮细胞，形状还随品种略有差异。而木浆和韧皮类纸浆都不含锯齿细胞，个别品种的木射线细胞略带齿状，但与草浆中表皮细胞形状迥然不同。在酸法或中性盐法纸浆中，表皮膜与表皮细胞分散不开，常连接成片状，与碘氯化锌染色剂作用显黄色，这是鉴别酸法草浆或中性盐法草浆的一个显著特征。

鉴别禾草类纤维种类，是通过其纤维形态特征的不同特点来完成的，其中表皮细胞特征又是重要的鉴别依据。像稻草（表皮细胞体积小，呈锯齿状，齿距小，齿峰不高）、麦草（齿形长短不匀）、芦苇（有一边有锯齿的，也有两边都有锯齿的，齿端较尖，齿形大小均匀）、龙须草（表皮细胞呈齿峰较短秃的锯齿状，长的表皮细胞两端平整，短的表皮细胞两端有弧形缺口且颇似工字形）和高粱秆（表皮

细胞的一侧附有一透明薄膜）的表皮细胞具有明显的标志性特征，利于鉴别禾草类纤维种类（见图 6-16）。[7] 而芒秆、蔗渣的表皮细胞无明显标志，需通过其他特征来辅助完成种类鉴别。而竹纤维的不具齿痕或略具齿痕的表皮则更无特征，建议在鉴别中对其表皮细胞特征可不予考虑，而从竹浆纤维特征入手。[7]

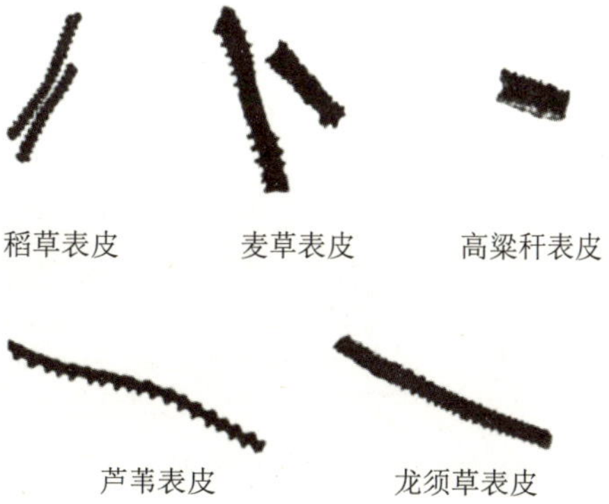

▲图 6-16　常用禾草类纤维表皮细胞特征 [5]

4. 有导管分子

禾草类原料都有维管束组织，因而草浆中都含有导管。草浆中的导管分子与阔叶木导管分子形状不同：一般草浆导管分子端部没有舌状尾部，仅端壁略微倾斜；导管壁上没有交叉场纹孔，纹孔呈均匀的网状排列；导管的长宽比一般较大，即纵向尺寸远大于横向尺寸；除网纹导管以外，还有少量环纹导管及螺纹导管存在。这些都与阔叶木导管分子完全不同。

5. 竹纤维的独特特征

竹的种类较多，但不同品种的纤维形态差异甚微，有经验的分析人员往往也只能在少数几个品种之间做出判断。但竹浆和其他纸浆相比，其纤维形态特征还是很明显的。

竹纤维较针叶木纤维更细、更短，纤维长度多在 1.5 ～ 2.0mm，最长的可达 5.0mm，宽度一般为 15 ～ 18μm，两端尖削。纤维壁上有明显的节状加厚，部分纤维常常出现纵向条痕。纤维壁上纹孔稀少，孔径很小，竹纤维较为僵硬，很少有弯曲现象。纤维长度在茎秆上、中、下各部位差异不大，唯节部纤维很短。导管细胞较宽，两端开口，端壁平直或略微倾斜，壁上有网状的纹孔，多呈方形或枕形，大小、分布比较均匀。杂细胞体积小，形态较均匀，其中杆状细胞极少，石细胞较多。表皮细胞多呈长方形，边缘平滑无齿痕。

竹笋壳浆和竹浆相似，但纤维不如竹浆纤维僵硬，杂细胞中石细胞较少，而主要为薄壁细胞，其形态多呈球形。此外，竹笋壳的表皮细胞呈锯齿状，齿形为波浪形，这一点和竹浆有显著差别。[1]

（三）禾草类纤维全貌 [2]

图 6-17 ～图 6-30 为不同禾草类纤维染色照片（使用赫兹伯格染色剂染色）。

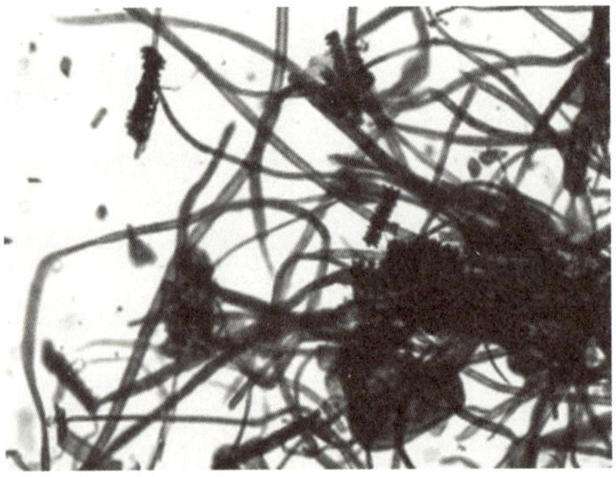

▲图 6-17　麦草（LM×100）

▲图 6-18　稻草（LM×100）

▲图 6-19　龙须草（LM×100）

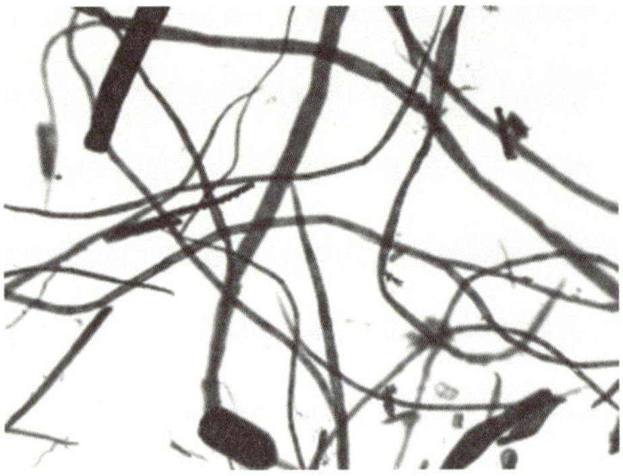

▲图 6-20　芦苇（LM×100）

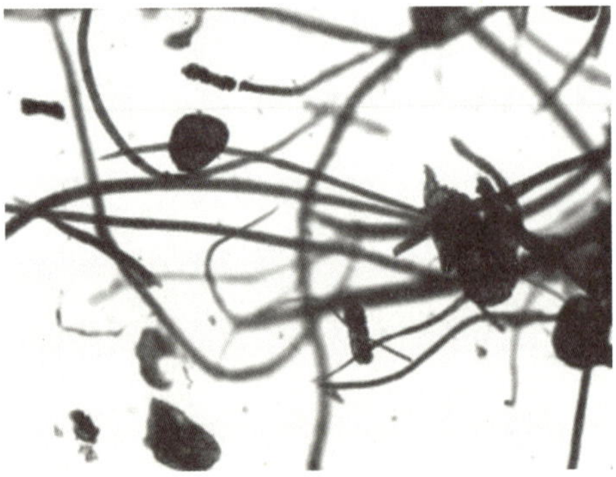

▲图 6-21　高粱秆（LM×100）

▲图 6-22　芒（LM×100）

▲图 6-23　蔗渣（LM×100）

▲图 6-24　芨芨草（LM×100）

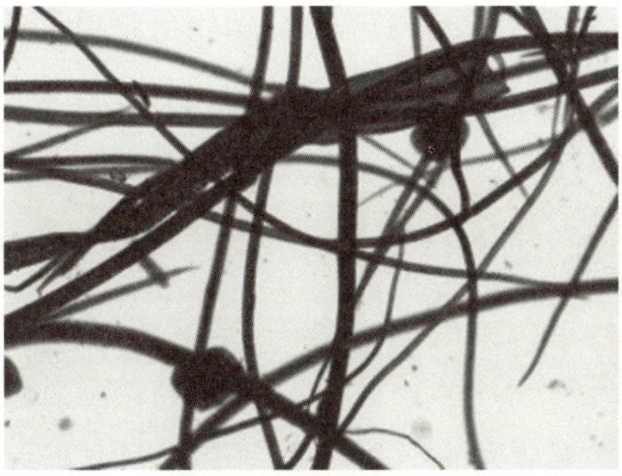

▲图 6-25　毛竹（LM×100）

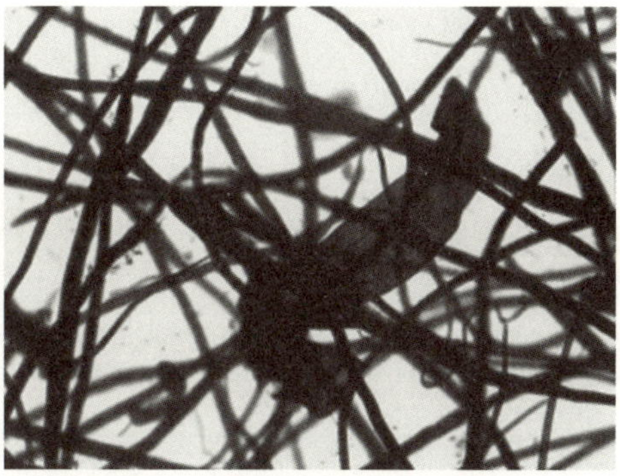

▲图 6-26　黄竹（LM×100）

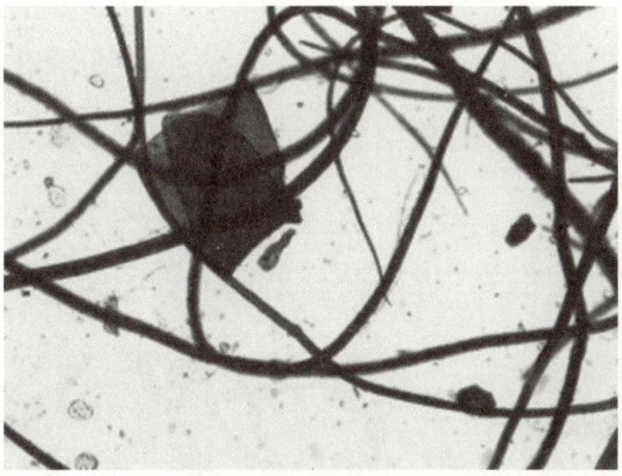

▲图 6-27　绿竹（LM×100）

▲图 6-28　慈竹（LM×100）

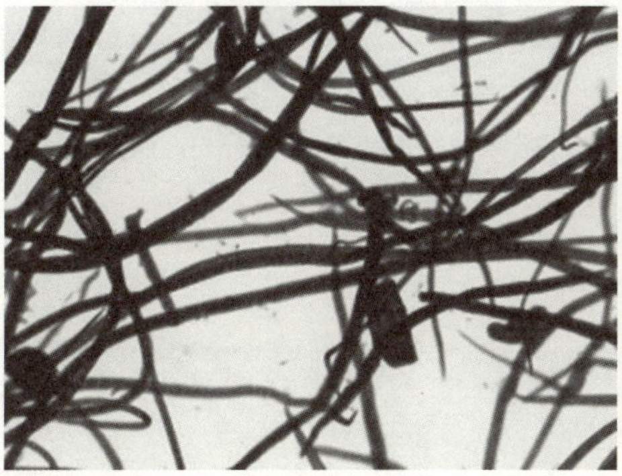

图 6-29　淡竹（LM×100）

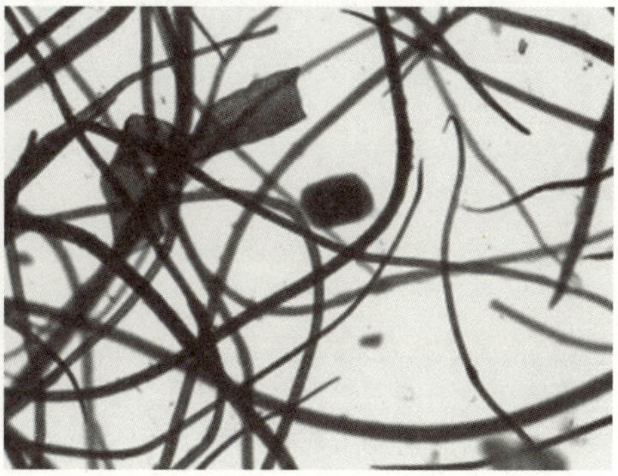

图 6-30　水竹（LM×100）

五、韧皮纤维

（一）概述

所谓韧皮纤维，是指从某些植物的茎秆或枝条的外部即韧皮部所分离出来的纤维。含韧皮纤维较丰富的植物可分为草本植物和木本植物两大类。草本植物如苎麻、大麻、亚麻、葛麻、红麻、黄麻等；木本植物如构皮、檀皮、桑皮等。[1, 6] 草本植物除葛麻为野生外，其余大都是一年生的农作物，主要用于纺织或绳索，造纸用其下脚料或纤维较短的品种。木本植物虽为多年生植物，但用于造纸者也只有 1 ～ 2 年生的幼嫩茎秆或枝条。近年来，为开发新原料，使用全秆红麻造纸，有的地区已投入生产。实践表明，红麻产量大，纤维综合质量介于针叶木与阔叶木造纸纤维原料之间。在气候适宜的地区，红麻造纸在经济上和技术上都是可行的。

（二）特征

在纤维形态上，与其他纤维相比，韧皮纤维最大的特点是纤维细长，壁上有节纹。与碘 - 氯化锌染色剂作用，除黄麻外大多显玫瑰红色至棕红色。非纤维状的杂细胞或有或无，或多或少，常随浆料处理和净化的程度而异。不同品种的韧皮纤维，其纤维的具体长度、壁上的花纹及节纹分布状态等也各有不同。此外，纤维的端部状态、壁上有无胶衣，含晶状物与否等，也都可作为鉴别的根据。

（三）韧皮类纤维全貌[2]

图 6-31 ～图 6-36 为不同韧皮类纤维染色照片（使用赫兹伯格染色剂染色）。

▲图 6-31　檀皮（LM×100）

▲图 6-32　构皮（LM×100）

▲图 6-33　桑皮（LM×100）

▲图 6-34　雁皮（LM×100）

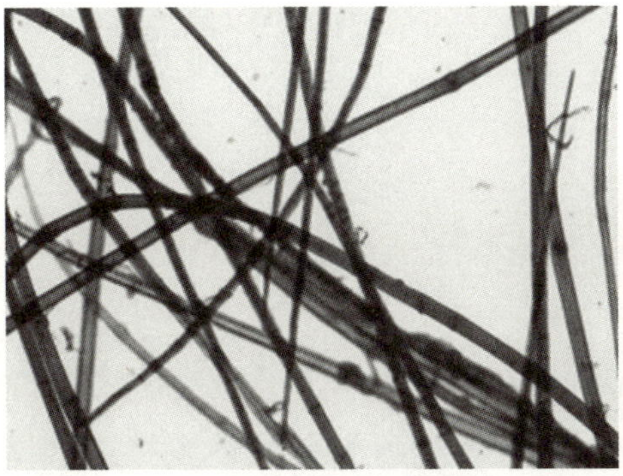

▲图 6-35　亚麻（LM×100）

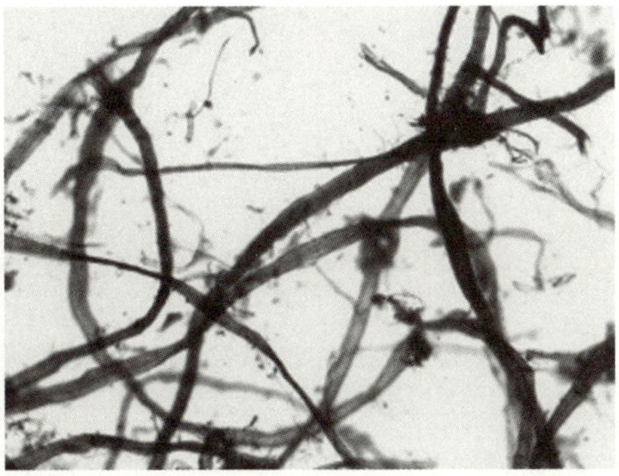

▲图 6-36　大麻（LM×100）[6]

六、棉纤维

棉纤维常用以生产高档的钞票纸、证券纸及其他高级生活用纸。

棉纤维一般长度为 10 ～ 40mm，宽度为 12 ～ 38μm；纤维壁光滑无节纹或纹孔，纤维壁薄，细胞腔较大，纤维柔软常扭曲成带状，端部一端尖削，另一端多呈肘形，与碘类染色剂接触后多呈酒红色，没有任何非纤维细胞（见图 6-37，使用赫兹伯格染色剂染色）。

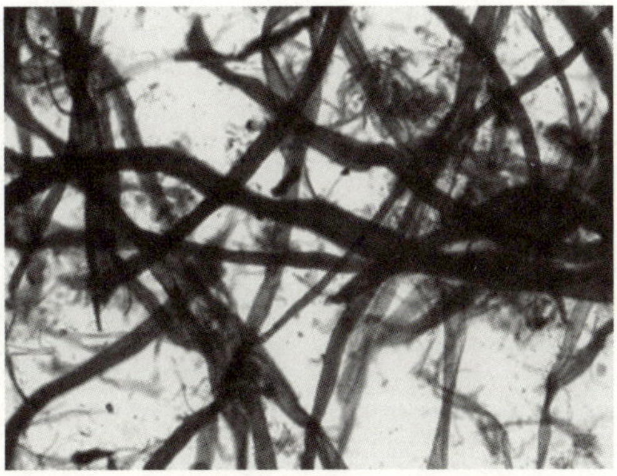

▲图 6-37　棉（LM×100）[2]

参考文献

[1] 王菊华 . 中国造纸原料纤维特性及显微图谱 [M]. 北京：中国轻工业出版社，1999.

[2] 张建洲 . 文件材料检验 .// 贾玉文，郝红光 . 刑事犯罪痕迹物证检验图谱大全——文件检验卷 [M]. 北京：群众出版社，2013：487-496.

[3] 法庭科学纸张纤维组成的检验规范（GA/T 1314-2016）[S]. 北京：中国标准出版社，2016.

[4] 吴楠，吴蕾 . 制浆造纸厂化验室化验检验方法 [M]. 北京：中国轻工业出版社，2009.

[5] 公安部物证鉴定中心 . 文件检验技术（物证鉴定技术培训教材）[M]. 北京：2018：300-318.

[6] 张建洲，梁鲁宁 ."纸龄"鉴别中常见禾草类纤维和韧皮类纤维的历史性研究 [J]. 中国司法鉴定，2018（2）：22—29.

[7] 张建洲，窦秀荣 . 常用禾草类纤维表皮细胞鉴别综述 [D]. 第九届全国文件检验学术交流会论文集 . 北京：群众出版社，2016：528-535.

[8] 纸、纸板和纸浆——纤维组成分析（ISO 9184-4-1990）[S]. 北京：中国标准出版社，2002.

第七章

制浆造纸工艺检验技术

第七章
制浆造纸工艺检验技术

本书第二章已对制浆及造纸过程中所使用的工艺进行了逐一介绍。通常来说，在制浆造纸过程中，对于纸张性质的检测主要检验纸张合格率，进而改进工艺。相对于纸张纤维及使用化学品方面，对于造纸工艺进行的检验目前研究较少。对纸张纤维进行的检验详情请参见第六章，对纸张所用化学品进行的检验详情请参见第八章。对于纸张检测常用的设备及技术详情请参见第九章。本章主要介绍可以直接检出制浆造纸工艺的方法，包括以下几方面：

（1）基于染色法等技术对制浆工艺的检验。

（2）基于纸张表面纹理等特点对造纸工艺的检验。

（3）基于纸张疵点及缺陷对制浆制纸工艺的检验。

第一节
制浆方法的检验

一、染色法介绍

在纤维及制浆工艺鉴别方面，常用的染色试剂可分为六类[1]：

（1）用于确定纸浆中磨木浆或木浆相对含量的染色剂，其特点是对木质素的含量十分敏感。

（2）由金属盐类与碘化钾/碘溶液组成的染色剂，即常说的“碘染色剂”，可以指示纸张中的纤维组成、纸张的制浆方式以及纸浆的纯度。

（3）某些染料和盐类，可以指示制浆中蒸煮和漂白的程度、纤维纯度以及非漂白的硫酸浆。

（4）用于鉴别各种非木本植物纤维（如黄麻、马尼拉麻、亚麻、大麻等）的染色剂。

（5）用于鉴别纸张中施胶剂及填料种类的染色剂。

（6）用于纺织业纤维鉴别的染色剂。

在造纸纤维的染色试剂中，以碘类染色剂的应用最为普遍。通常使用的碘类染色剂有四种：①碘化钾/碘；②碘化钾/碘/硫酸；③碘化钾/碘/氯化锌；④碘化钾/碘/氯化锌/氯化钙。后两种又被称为赫兹伯格染色剂。赫兹伯格染色剂具有“选择性染色”的特点，即根据纤维中木质素的含量不同，而呈现不同的颜色。[2] 具体来讲：

（1）磨木浆或机械浆、黄麻、亚麻纤维碎屑、未蒸煮的马尼拉麻以及其他含大量木质素的植物纤维，与赫兹伯格染色剂反应后均呈现黄色或柠檬黄色；如果人为降低纤维中的木质素含量，我们会发现一个现象：随着木质素的不断减少，反应后的颜色由黄色转变为蓝色或酒红色（但黄麻及一些少数纤维的颜色始终不变）。

（2）一些经过完全蒸煮和漂白的硫酸木浆、硫酸盐木浆以及稻草浆，经赫兹伯格染色剂染色后会呈现蓝色或灰蓝色。

（3）棉、亚麻、完全蒸煮和经漂白的马尼拉麻、大麻以及部分树皮纤维，经赫兹伯格染色剂染色后，会呈现酒红色。[3]

图 7-1 和图 7-2 为两种不同制浆工艺纤维放大 50 倍和放大 200 倍的对比图。

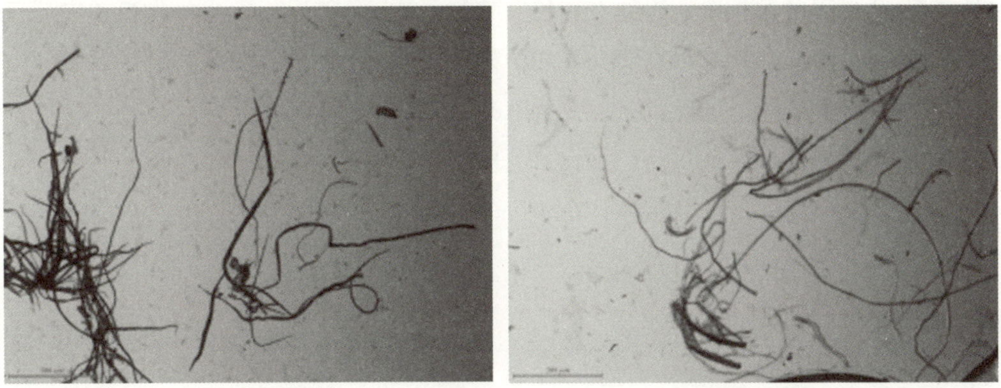

（a）化学浆　　（b）机械浆

▲图 7-1　两种不同制浆工艺纤维放大 50 倍的对比

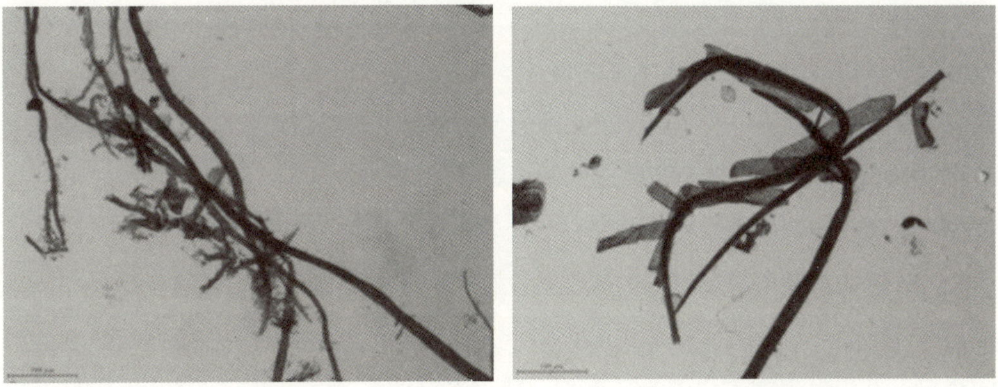

（a）纯化学浆　　（b）掺有机械浆

▲图 7-2　两种不同制浆工艺纤维放大 200 倍的对比

根据使用者的不同需要，赫兹伯格染色剂的配制方法通常会略有变动。一般性的配方和流程如下：

（1）氯化锌 20g，蒸馏水 10mL，配制成氯化锌溶液。

（2）碘化钾 2.1g，碘 0.1g，蒸馏水 5mL，配制成碘 / 碘化钾溶液。

（3）将上述两个溶液混合均匀后，于黑暗处静置 12 ～ 27h，取上清液，即得到赫兹伯格染色剂。

配制赫兹伯格染色剂时，需特别注意以下几点：必须使用无水氯化锌；配制碘/碘化钾溶液时，一定先将碘化钾和碘研磨、充分混合，然后逐渐加水并搅拌，直至充分溶解[7]。

通过使用染色剂对纸张纤维进行染色，可进行制浆工艺的鉴别。这种分析所需的仪器和设备也较简单，几种常用的化学试剂和一台普通光学显微镜就可以满足需要。因此，染色法是目前使用最为普遍的制浆工艺鉴别方法。不过，染色法仍然存在一些缺陷。首先，纤维形态的观察几乎完全依赖于分析者在纸浆和纤维显微分析技术上的技巧和经验。因此，分析人员必须熟悉纤维的形态以及经染色剂处理后不同制浆工艺所呈现的特性反应。否则，就极容易做出有争议甚至是错误的判断。其次，染色剂的配制方法有许多种，不同配方在各组分的用量上存在或大或小的差别，这些差别常常造成纤维染色后颜色的变化。因此，若试剂或配方选择不当，同样会造成制浆工艺鉴别结果的混乱。

二、其他检验方法

其他检验方法中较为简便易行的还有 pH 测量法。纸张表面的 pH 即纸张表面氢离子浓度的高低。纸张的 pH 属于纸张化学性能，即纸张的酸碱性。pH 指的是水溶液中氢离子浓度的常用对数的负值，印刷中通常所说的纸张的 pH 是指浸泡过的纸或纸板的水溶液的 pH。纸张本来应该是呈现中性的，但在造纸过程中，因为不同的制浆工艺、抄纸过程以及填料、助剂等的使用使得纸张呈酸性或碱性。通常情况下，可根据 pH 判断造纸工艺为酸性造纸法还是碱性造纸法。然而也有例外。刘鹏[5]等发现纸的酸度一般来自浆料中的漂白残余物，涂料中的有机酸和施胶物，以及纸张从空气中吸收的碳酸等。纸张的碱性则主要来源于浆料中的残留碱液及填料、色料中的碱性物质[6]。张效林[7]采用颜色指示剂法研究了温湿度对印刷纸张酸碱度的影响情况，结果发现在恒定湿度条件下，随着温度的上升，试验用纸张的 pH 呈不断下降的趋势，即纸张酸性逐渐增大；在恒定温度条件下，随着相对湿度上升，胶版纸 pH 从 6.7 降至约 6.3，铜版纸 pH 从 6.7 降至约 6.5，纸张 pH 变化整体呈现下降趋势，即酸性逐渐增大；胶版纸 pH 变化率大于铜版纸。聂俊红等[8]使用离子选择性电极法测定纸张表面的 pH，具有应用广泛、准确、迅速和不损坏样品等特点，特别适用于测定书籍、卷宗、考古纸、多层纸板、涂布纸和表面加工纸等。

第二节
造纸工艺的检验

一、手工纸的区分

通常来说，对于中国古代手工纸与现代工艺造纸主要是通过帘纹[9，10]来区分。帘纹是手工纸中抄纸法特有的特征之一，现代工艺造纸均无帘纹。手工纸是用纸帘一帘一帘抄制而成，抄纸时由于浆料中纤维在帘条上与帘条间的沉积量不同，在纸页上形成一条条明暗不同的纹道，迎光可见，称为“帘纹”（见图 7-3、图 7-4）。纸张的帘纹是手工抄纸法造纸的重要标志，帘纹的疏密程度用每厘米多少道来表示。两晋南北朝时期，帘纹多为 3 ～ 7 道 /cm；到明清时期，一般书写纸的帘纹可达 10 ～ 15 道 /cm，因此帘纹形态常是鉴定纸张质量和制造年代的参考因素。帘纹也是判断纸张抄制方法的重要依据：竹帘抄纸，迎光可见纸上明显的直纹状竹帘纹；草帘抄纸，帘纹粗细宽窄不均匀并常有弯曲现象；布帘抄纸，一般纸上无帘纹，但侧光可见帘布纹。[11]

有相当一部分学者认为，还存在另外一种传统造纸法，即浇纸法造纸，两者技术要点截然不同：抄纸法用活动式竹帘，加纸药，有压榨工序；而浇纸法用固定式帘模，不加纸药，没有压榨工序。与抄纸法相比，浇纸法造出的纸有以下几个特征：

（1）由于采用布帘造纸，纸的表面必然没有明显的帘纹，只有织纹或织纹不显。

（2）由于没有压榨过程，浇纸法造出的纸必然表面较粗糙和松弛。

（3）由于是把纸料浇在布帘上面，形成的纸往往为厚纸。

以上三个基本特征反映了可从纸张的外表揭示造纸的工艺。利用这些特征，可以把浇纸法造的纸和抄纸法造的纸在技术上区别开来。从抄纸法的角度看，浇纸法所造出的纸并不符合造纸必需的基本工序，是一种不完善的造纸方法，所以部分学者认为这样造出的纸不能称为真纸，是雏形纸或原始纸。但是当发现纸厚、表面粗糙、没有帘纹等特征的古纸后，也把浇纸法制造的纸列为古纸，而不可因其没有帘纹误认为其为现代纸张[12]。

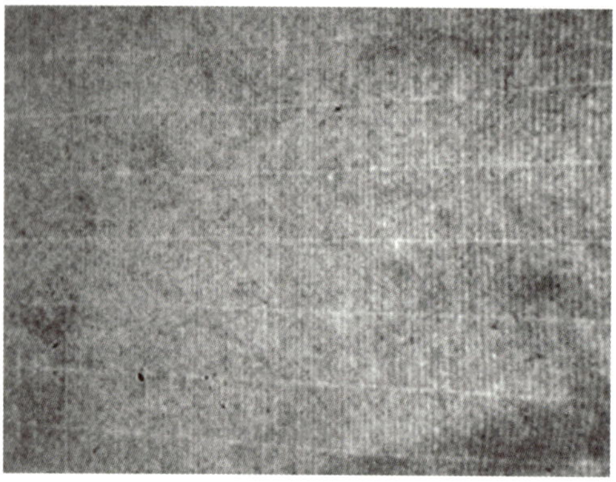

（a）现代仿制手工纸

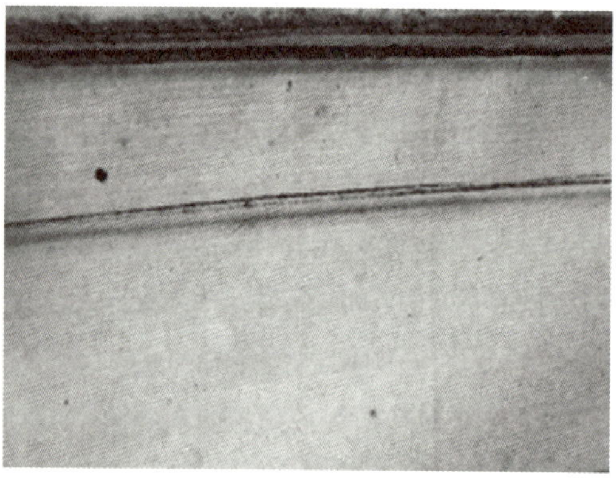

（b）清代手工纸

▲图 7-3　手工纸的帘纹

二、纸机类型的区分

纸张本身有正反面之分，相应检测方法详见本书第九章第一节。可以通过纸张两面性的差别区分长、圆网纸机与夹网纸机。纸浆纤维的排列方向受抄纸机速度、水流及压榨水分多少的影响，会有顺着抄纸机方向，呈纵向排列的现象，称为纸纹方向（又称纸张丝绺）。凡纸卷在抄造时与造纸机运转方向平行的为纸张的纵向，与造纸机运转方向垂直的为纸张的横向。可通过肉眼法直接辨别，也可通过图像采集比对法进行比对。相关方法详见本书第九章第一节。若纸张长度方向跟纸张纤维纵向平行，则称其为纵向纸或纵丝绺；反之，则称其为横向纸或横丝绺。受纤维横纵向变形不一致的影响，纸张的横纵向变形也不一致。

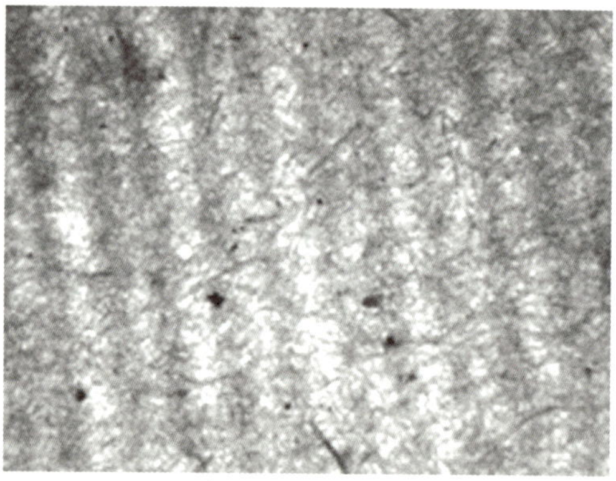

▲图 7-4　放大 12.5 倍下的手工纸帘纹

可以通过纸张性质判断纸机类型：

（1）在抗张强度方面，长网纸的横向与纵向比较接近，而圆网纸的横向与纵向相差悬殊。

（2）在平滑度两面差方面，圆网纸一般比长网纸大。

（3）在匀度方面，圆网纸一般比长网纸要差。

（4）在产生纸病方面，圆网纸出现尘埃、浆块和发生翘边、发脆等问题较一般长网纸多。

当发现纤维绝大多数是纵向排列时，可判断其由圆网纸机制成。当纸张Z向对称、两面差小、匀度较高时，则可考虑其可能由夹网纸机或顶网纸机制成。

三、有无再加工工艺的区分

相对于检测制浆及造纸工艺，检测再加工工艺比较直观且简单。它主要包含是否施胶的检验，是否染色的检验，是否添加荧光增白剂的检验，是否压光的检验。是否施胶的检验及是否添加荧光增白剂的检验详见本书第八章和第九章。纸张通常经过漂白工艺呈白色，若为本色浆抄造而成则一般呈白色或偏黄色，若为其他颜色则一般是染色而成。对于是否压光的检验主要是通过对平滑度的测定来判断，特别是经过超级压光后，平滑度可达 400s 以上。

第三节
基于纸病检测制浆及造纸工艺

在制浆及造纸工艺检测中，对纸张各项性能、疵点及缺陷处（也称纸病，见图7-5）进行检测尤为重要。因为采用的制浆及造纸工艺不同，产生纸病的位置、类型、频率也会不同。当对纸张进行检验而发现两张纸的纸病相似时，极有可能与造纸工艺相似有关。

纸张出现重叠，也就是“折子”，是最为常见的纸病之一。有折子的纸张不能用来印刷，因为带有折子的印刷品，只能视为废品或次品。死折子使印出的文图歪斜，严重时有可能顶坏印版或橡皮布。纸页在干或湿的状态下，自行发生折叠或重叠而出现的折痕，被称为“折子”（褶子）。其可分为两种：在张力作用下能够伸展开的折子叫作活折子，而不能伸展开的折子叫作死折子。产生折子的原因是纸页在抄造过程中受到外部的张力不均匀或者纤维本身收缩不一致，经过挤压而形成的。死折子一般是在压光部之前（如压榨、烘干时）就已经形成，此时折子处的强度较小；活折子则是在压光部之后（卷纸、分切）形成，折子处的强度变化不大[13]。

在光线照射下，能够见到的与纸面光泽或颜色有明显差别的“线条”（或“道子”）叫作条痕，也是常见纸病之一，条痕的产生与原纸中带入的胶黏物有很大关系，可以通过检验制浆原材料及工艺得出此结论。刮刀角度、间隙调节不当，系统内部不清洁等因素也会产生暗条痕；网部喷淋淀粉喷头堵塞会导致淀粉条痕；在纸张分切时，切纸机皮带压力过大会造成纸张表面产生皮带条痕，纸厂或印刷厂都有可能发生这种情况。

夹异物纸病也是常见纸病之一，其出现说明在造纸过程中使用了平板分切机，里面夹杂了多余的废纸条、碎纸片、胶带、铁钉等异物。

涂料斑的出现说明已配制好的涂料未及时使用，其表面发了生“结膜”现象，这些结膜经搅拌后被打成小块，涂在纸面上而产生涂料斑。涂料斑的出现多与涂布前原纸出现破洞有关。

掉毛掉粉的纸病主要是由于涂料中的胶黏剂选择不当或用量不足所致。

纸或纸板的翘曲或曲卷也是常见纸病之一，其主要有三种类型：第一种是机械性翘曲或曲卷；第二种是结构性翘曲或曲卷；第三种是纸或纸板中的水分不均匀导致的翘曲或曲卷。第一种类型是由于外界力的影响造成的，与造纸工艺关系不大。第二种类型主要是在干燥时纸中应变力增大而产生的。如打浆度过高，会造成纸的紧度提高，伸缩率增加，干燥时应变力增大，纸或纸板翘曲变形的程度也就增大。纸机中间有涂布装置的，纸幅涂布量不一，也是造成干燥不一而翘曲的主要原因。这是单面涂布出现的翘曲的原因，双面涂布两面涂布量不一时也会出现较严重的翘曲。当纸张出现翘曲时，对工艺检验时可考虑这几方面的因素[17]。第三种成纸翘曲的主要原因是纸张两面水分不均，一般会向水分大的一面翘，同时也会向纸张施胶量大的一面翘曲，横幅涂布、施胶不均都会使成纸发生不同程度的翘曲。

图 7-5 为常见纸病示例。

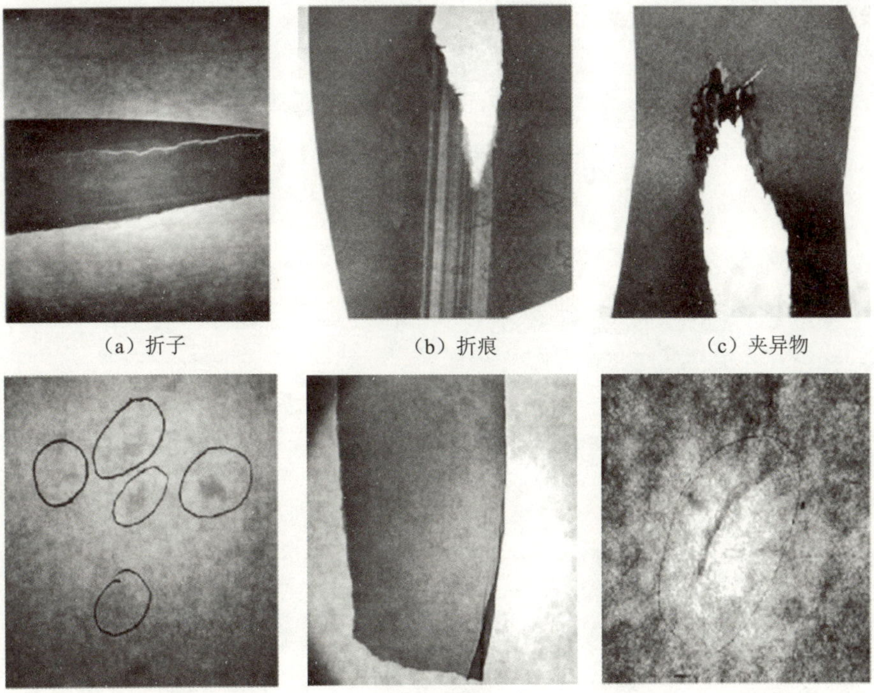

（a）折子　（b）折痕　（c）夹异物

（d）涂料斑　（e）翘曲　（f）纤维束

▲图 7-5　常见纸病

参考文献

[1] Svaton M. Dictionary of the Pulp and Paper Industry [M/OL].http：//xueshu.baidu.com/usercenter/paper/show?paperid=5463390ca61e804661794a18c07d1460&site=xueshu_se&hitarticle=1，1993.

[2] Clark Frederick C. Paper testing methods，microscopical，chemical，and physical processes described [J/OL]. http：//xueshu.baidu.com/usercenter/paper/show?paperid=6756172024e4ac61d42df2ebf69217fa&site=xueshu_se&hitarticle=1，1920.

[3] 王菊华 . 中国造纸原料纤维特性及显微图谱 [M]. 北京：中国轻工业出版社，1999.

[4] Ang Jit F. Cellulose in food matrix quantification [J].1997.

[5] 刘鹏，王志杰，陈永常 . 证券纸 pH 值对印刷性能影响的研究 [J]. 包装工程，2008，(11)：63-64+80.

[6] 刘全校，詹怀宇，张长彪，朱万亮 . 影响碱性纸张老化的因素 [J]. 纸和造纸，2003，(1)：18-19.

[7] 张效林 . 一种研究印刷纸张酸碱性能的方法 [J]. 包装工程，2009，30（8）：79-80+90.

[8] 聂俊红，林铭宽 . 纸张表面 pH 值的测定 [J]. 天津造纸，1992，(1)：46-51.

[9] 潘吉星 . 中国造纸史 [M]. 北京：中国轻工业出版社，2009.

[10] 潘吉星，岩田由一 . 中国古代造纸技术史 [M]. 日本：纸の博物馆刊《百万塔》临时增刊号，1979.

[11] 谭敏，王玉 . 纸质文物的无损和微损观察分析方法 [J]. 文物保护与考古科学，2014，26（2）：115-123.

[12] 李晓岑 . 早期古纸的初步考察与分析 [J]. 广西民族大学学报（自然科学版），2009，15（4）：59-63+69.

[13] 吴琼，刘泽华 . 涂布白板纸生产中的常见纸病分析及对策 [J]. 天津造纸，2015，37（1）：10-14.

[14] 叶明荣，段成学，何大智，姚泳冠 . 纸和纸板翘曲原因和解决方法 [J]. 国际造纸，1993，(3)：16-18.

第八章

纸张化学品检验技术

第八章 纸张化学品检验技术

第一节 荧光增白剂

人们总是觉得纸越白质量越好。荧光增白剂（FWA）可以有效提高纸张白度，很多厂家在纸张生产中添加荧光增白剂，以吸引消费者。然而，一些与人体接触的纸和食品包装用纸中的荧光增白剂会被人体吸收，可能会对健康带来不利影响，因此，国内外均对荧光增白剂的使用严格限制[1,2]，并制定了相应的法律法规、国家标准、行业标准，相关文献、报道也较为丰富。

一、部分国家标准和相关行业标准

（一）《纸和纸板　可迁移性荧光增白剂的测定》（GB/T 27741—2018）

2011 年发布的《纸和纸板　可迁移性荧光增白剂的测定》（GB/T 27741—2011）是我国首个对纸张中荧光增白剂的测定方法，2018 年发布了新版[3]。该标准规定，先将试样剪成约 $5mm^2$ 小块并混合均匀，用 pH 为 7.5～9.0 的萃取液（氨水溶液）提取，使用盐酸溶液将滤液的 pH 调至 3.0～5.0，然后把无荧光纱布放入滤液中吸附，在波长 254nm 和 365nm 紫外灯下观察纱布是否有荧光，以此来判断纸张中是否有可迁移性荧光增白剂。

定量分析可采用紫外可见分光光度法，样品经 80℃水浴振荡萃取过滤，使用紫外可见分光光度计测定试样滤液中荧光增白剂的吸光度，对照荧光增白剂 VBL 标准溶液工作曲线，可测得样品荧光增白剂含量。高效液相色谱（HPLC）方法可以同时定性定量检测，推荐的色谱条件如下：

（1）色谱柱：C18 色谱柱，5.0μm，4.6mm×250mm 或相当者。

（2）流速：1.0mL/min。

（3）柱温：40℃。

（4）进样量：1μL。

（5）检测器：荧光检测器（FLD）。

（6）激发波长：350nm。

（7）发射波长：430nm。

（8）流动相：A——甲醇，B——8mmol/L 四丁基溴化铵甲醇水（5:95v/v）溶液。

（9）梯度洗脱程序如表 8-1 所示。

表 8-1　HPLC 梯度洗脱程序[1]

时间 /min	流动相 A/%	流动相 B/%
0	55	45
10	72	28
12	55	45
20	55	45

通过与标准样品保留时间进行对照可以定性，标准中给出了 7 种标样，如表 8-2 所示。

表 8-2　部分荧光增白剂[3]

序号	名称	染料索引号	CAS 号	分子式
1	荧光增白剂 BSU	C.I.264	76482-78-5	$C_{40}H_{38}N_{12}Na_6O_{22}S_6$
2	荧光增白剂 BBU	C.I.220	18470-24-9	$C_{40}H_{40}N_{12}Na_4O_{16}S_4$
3	荧光增白剂 MST	C.I.353	55585-28-9	$C_{40}H_{38}N_{12}Na_6O_{22}S_6$
4	荧光增白剂 SH	C.I.210	28950-61-0	$C_{42}H_{42}N_{12}Na_4O_{14}S_4$
5	荧光增白剂 VBL	C.I.85	12224-06-5	$C_{36}H_{34}N_{12}Na_2O_8S_2$
6	荧光增白剂 VBA	C.I.28	4404-43-7	$C_{40}H_{44}N_{12}O_{10}S_2$
7	荧光增白剂 CXT	C.I.71	16090-02-1	$C_{40}H_{38}N_{12}Na_2O_8S_2$

使用外标法可以定量，配制标准物质的系列标准工作溶液，获得工作曲线，对照可以得到样品中荧光增白剂的含量。

（二）《出口食品接触材料　纸和纸制品　荧光增白剂的测定　液相色谱法》（SN/T 2901—2011）

《出口食品接触材料　纸和纸制品　荧光增白剂的测定　液相色谱法》（SN/T 2901—2011）[4] 对 VBL 的检验方法进行了规范。样品剪成 $5mm^2$ 以下，混匀后称取 0.5g，放于 25mL 甲醇中浸泡，50℃超声萃取 40min，氮吹浓缩至 2mL，转移至 5mL 容量瓶定容，摇匀后离心，取上清液进行液相色谱分析。色谱条件如下：

（1）色谱柱：Diamonsil C18 色谱柱，5.0μm，4.6 mm×250mm 或性能类似的分析柱。

（2）柱温：30℃。

（3）激发波长：358nm；发射波长：430nm。

（4）流速：1.0mL/min。

（5）进样量：20μL。

（6）流动相及梯度洗脱条件如表 8-3 所示。

表 8-3　梯度洗脱程序 [4]

时间 /min	流动相 A（水）/%	流动相 B（甲醇）/%
0.00	75.0	25.0
3.00	35.0	65.0
4.00	35.0	65.0
5.00	5.0	95.0
10.00	5.0	95.0

（三）《荧光增白剂荧光强度的测定》（GB/T 21883—2016）

荧光增白剂荧光强度的测定也有相应的国家标准。2016 年发布的《荧光增白剂荧光强度的测定》（GB/T 21883—2016）[5] 对此做出了规定。

对水溶性样品，将标样 m_1 用水或者稀碱溶液（0.3g/L 无水碳酸钠溶液）溶解，必要时可先使用有机溶剂溶解，定容摇匀。以溶剂作为参比溶液，使用分光光度计在最大吸收波长处（如 VBL 为 348nm）测定溶液吸光度值 A_1，以同样方法测得试样 m_2 的吸光度值 A_2。

对水不溶性样品，可使用甲醇、乙醇、丙酮、DMF（N，N—二甲基甲酰胺）、三氯甲烷、N- 甲基吡咯烷酮等有机溶剂溶解，使用同一溶剂作为参比溶液，测量方法同前。

结果按下式计算：

$$F=\frac{A_2 m_1}{A_1 m_2}\times 100$$

式中　A_2——试样溶液的吸光度值；

m_1——标样的质量，单位为克（g）；

A_1——标样溶液的吸光度值；

m_2——试样的质量，单位为克（g）。[5]

两次平行测定结果之差应不大于两次测定结果算数平均值的 3%，取其算数平均值作为测定结果。

需要注意的是，该标准仅涉及荧光增白剂纯品，未涉及纸张，其仍可为法庭科学的纸张检测提供借鉴，可对荧光增白剂成分相同但含量有明显差异的纸张进行比对，也可为不具备液相色谱条件的实验室借鉴使用。

二、文献报道方法

目前，文献报道常用的荧光增白剂检测方法有紫外灯照射法[6]、荧光分光光度法[7]、紫外分光光度法[8, 9]和高效液相色谱法[10, 11]等。其中，紫外分光光度法和 HPLC 方法已在上节提及，以下仅简单介绍其他几种方法。

（一）紫外灯照射法

紫外灯照射法是一种简单易行的检验方法，紫外光源在法庭科学领域是非常有力的检验工具，可以有效判断纸张荧光的有无和强弱，在文件检验领域已经得到广泛应用。但是，这种方法不能定性荧光增白剂种类，也很难做到定量检验，判断存在一定的主观性。

（二）荧光分光光度法

罗冠中[12]等报道了荧光分光光度方法检验 VBL、CXT、BA。首先制备 3 种物质的梯度浓度溶液（0μg/mL、0.05μg/mL、0.1μg/mL、0.25μg/mL、0.5μg/mL、1.0μg/mL），分别扫描出三种物质标准溶液的激发曲线和发射曲线，并做测定标准曲线，然后将 0.05g 纸裁成 1 ～ $2cm^2$ 碎片，加入 50mL 去离子水，80℃振荡 2h，冷却后过膜测定，荧光激发波长 345nm，发射波长 430nm。经试验发现，三种荧光增白剂标准曲线灵敏度基本一致，VBL 检出限为 4μg/g，定量限为 10μg/g。样品加标回收率均在 90% ～ 103%，相对标准偏差均小于 3%。研究者还发现，自来水或酸性环境都会影响荧光增白剂荧光强度，测定时应当注意。

（三）色质联用方法

质谱可以精确测定化合物的分子量等信息，在色谱后接入质谱，可以极大提高对化合物的定性能力，因此，色质联用方法是强有力的定性方法。

加拿大 Farzad Shadkami[13] 使用 LC-QTOF-MS 分析了四种荧光增白剂（见图 8-1）和三种含有荧光增白剂的纸张。色谱柱选用安捷伦的一种 C_{18}（2.1mm×50mm，1.8μm）柱；流动相为 A——水（5mmol/L 醋酸铵，pH=7.2），B——乙腈 / 甲醇（1:1），流速 0.2mL/min；荧光检测器激发波长 350nm，发射波长 430nm。质谱分析使用电喷雾电离（ESI），分别在正负离子模式下采集。

试验发现，四种标样在正负离子模式下均有较强分子离子峰（$[M+H]^+$、$[M-H]^-$等），在经过一个月日光照射后，DADS 和 HOBA 较为稳定，而 TOBA 和 DOBA 有约 30% 发生了异构，研究者指出，这种异构化需要引起检测者的注意，因为异构产物的荧光性能和原化合物存在差别，通过光学方法测定会导致测量的不准确。

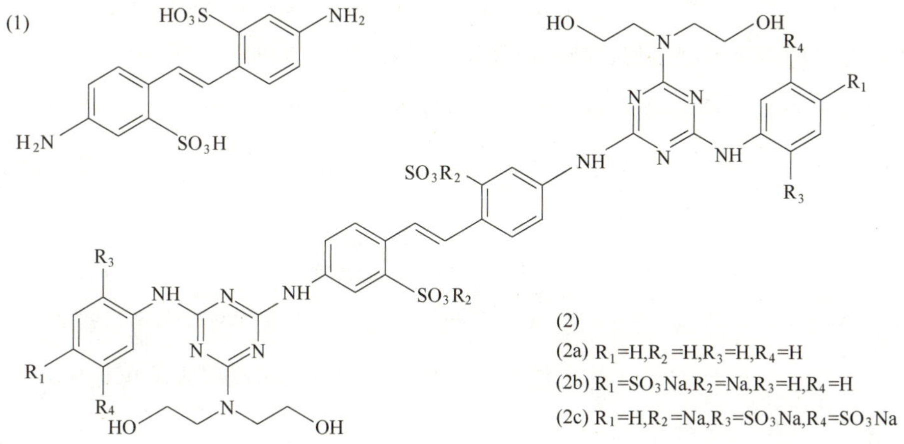

▲图 8-1　四种荧光增白剂结构 [13]

（1）DADS；（2a）；DOBA；（2b）TOBA；（2c）HOBA

试验测试了水、乙醇、乙醇 / 水（50%/50%）、甲醇 / 水（50%/50%）、乙腈 / 水（50%/50%）对纸张中荧光增白剂的提取效率，结果发现强极性溶剂（水）较好。试验发现，样品中的机械浆纸亮度最低，但荧光增白剂含量比其他硫酸盐浆纸要高，因此推断荧光增白剂在化学浆纸中的增白效率比在机械浆纸中要高。纸样同样经过一个月日光照射后，没有检出异构产物。

喻坤 [14] 建立了一种荧光增白剂的高效液相色谱串联离子阱飞行时间质谱（LCMS-IT-TOF）方法。色谱柱选用 waters 的 Xbridge™ Amide（4.6mm×250mm，3.5μm），流动相为 A——水，B——乙酸 + 乙酸铵 / 乙腈溶液（pH=6.0），进样体积 10μL，荧光检测器激发波长 350nm，发射波长 430nm。质谱分析使用电喷雾电离（ESI），首先对 VBL、BBU、SH、CBS-X 四种标样进行了分析，分别考察了正负离子两种模式。

试验发现，在正负电离模式下，CBS-X 碎片离子丰富，其他三种谱图简单，研究者推断原因可能是 CBS-X 是联苯二苯乙烯结构，而其他为三嗪基二苯乙烯结构，裂解行为不同。试剂样品需要进行前处理，将 2g 纸裁成 1 ～ 2cm² 碎片，加入 50mL 去离子水，80℃振荡 2h，避光冷却后过 0.45μm 膜测定，试验选取的两种样品中检出了类似 VBL 结构的其他荧光增白剂。

杜志峰[15]等使用相似技术（LC-TRIPLE-TOFMS）建立了 7 种荧光增白剂的分析方法。色谱柱选用 C_{18} 色谱柱（100mm×2.1mm，2.6μm），流动相为 A——甲醇，B——0.1 甲酸，进样体积 10μL。质谱分析使用 ESI 正模式。试验发现，FWA 52 和 FWA 184 在甲醇和乙醇中有较好的溶解度，FWA 185、FWA 393、FWA 367、FWA 184、FWA 368 在氯仿中溶解度最好，最终选择氯仿为提取剂，浓缩后加入 10% 氯仿复溶，有助于提高回收率。经试验，该方法平均回收率在 81.2% ～ 98.9%，相对标准偏差为 5.2% ～ 9.1%。应用该方法检测的 13 个食品用纸样品中仅有 1 个检出荧光增白剂，为 FWA 184，含量为 287μg/kg。

总体上，荧光增白剂作为一类常见化合物，其检测方法已经较为成熟，可以为法庭科学检验鉴定提供很好的借鉴。值得注意的是，荧光增白剂种类多，结构相近，没有定性很难实现比对区分，因此液相色谱方法尤其是液质联用方法可能成为法庭科学领域最为实用的鉴定方法。

第二节 施胶剂

现代造纸业中施胶剂的使用是非常普遍的。定性纸张中的施胶剂，不仅有助于纸张的比对区分，还可以推断纸张的制作工艺，为纸张溯源提供重要信息。

一、松香

造纸行业较少对成纸中的松香进行定性定量分析，但化工、医药领域对松香的检测方法有较广泛的研究。

1991 年，刘治猛等[16]研究了马来海松酸（MPA）的酯化。研究者分别使用重氮甲烷法和四甲基铵盐法对马来海松酸甲酯化，发现使用重氮甲烷法进行甲酯化后产物结构单一，从质谱结果看仅生成单甲酯的 MPA，通过对 MPA 甲酯化产物的 IR、^{1}HNMR、^{13}CNMR 表征，确认 MPA 的游离羧基被酯化，而酸酐并未开环生成甲酯，是一种理想的甲酯化方法，而四甲基铵盐加热后生成了多种酯化产物，因此最终选用重氮甲烷法进行 MPA 的甲酯化反应。研究者使用气相色谱方法对酯化产物进行分析，选择了去氢枞酸甲酯作为参比物质，并评价了该种松香的定量方法，测得该方法具有较高精密度，测量值相对偏差为 ±0.6%。

段文贵等[17]将特级松香溶解于 200 号油中，在 170℃、6.0MPa 加入雷尼镍做加氢剂，催化加氢 2.0h，过滤后减压蒸馏，得到氢化松香。制得二乙氨基乙基交联葡聚糖凝胶（DEAE-Sephadex）的有机溶剂体系后装柱，首先使用混合溶剂（乙醚、甲醇、水的体积比是 89:10:1）洗去中性物质，然后使用二氧化碳饱和的混合溶剂洗出松香酸，这一过程经过分离氢化松香离子交换柱脱除杂质，得到了较纯的氢化松香主要成分松香酸，将这些组分溶于环己酮中，使用四甲基氢氧化铵甲醇溶液甲酯化，得到松香酸的甲酯化产物，以进行气相色谱 / 质谱分析。色谱选用 DB-5（30m×0.32mm×0.25μm），载气为高纯氦，分流比 50:1，进样量 1.0μL，程序升温，质谱使用电子轰击源（EI），扫描范围 35 ～ 600u。检出了 13 种松香酸加氢产物，含量最高的是二氢枞酸型树脂酸（75.7%），除去氢枞酸不参与反应外，还有少量长叶松酸和枞酸未完全氢化。

李富贤等[18] 建立了一种某药品中松香酸的高效液相色谱检验方法，使用 C_{18} 色谱柱，流动相选用甲醇 -3% 乙酸（95:5），紫外检测器测定波长 241nm，经考察，松香酸进样量在 0.088 ～ 0.528μg 与色谱峰面积呈良好线性关系，因此使用外标法可对样品中的松香酸进行定量，该工作是国内较早开展的松香的高效液相色谱检验方法。随后，我国医药领域陆续有使用液相色谱方法检验松香类化合物工作[19-21] 的报道。

从现有文献看，松香类化合物的检验在技术上完全可实现，气相色谱 / 质谱等方法对该类化合物有较好的分析能力，有望成为法庭科学领域相应的分析鉴定方法。但是，成纸中松香的含量较少，检测可能存在一定困难，相关报道少，需要法庭科学工作者开发高效的分离和提取检测方法。

二、AKD

本书第三章中已经简要介绍了 AKD 的施胶机理。一般认为，纸张中的 AKD 以多种形式存在：部分与纤维素结合形成 β- 酮酯，这已经被多篇文章证实，例如，Bottorff 等[22] 使用 ^{13}C 标记的 AKD 制得纸样品，通过固态碳 NMR 表征，证明了 AKD 与纸上纤维素形成 AKD- 纤维素 β- 酮酯；部分与水反应，生成不稳定的 β- 酮酸，这种不稳定的 β- 酮酸可以自动脱羧形成相应的酮；还有部分 AKD 自身聚合，形成二聚物或低聚物。显然，这些不同形式的 AKD 与纸张的结合强度是不同的，这提示化学工作者可能需要使用不同的方式进行提取。

A.Karademir[23] 等报道了成纸中 AKD 的分离和检测方法：取 1 ～ 2g 纸样剪碎后置入索氏提取器，在提取器中加入二氯甲烷（DCM）100mL，在与提取器相连的圆底烧瓶中加入 DCM50mL，60 ～ 70℃下提取 24h，取出萃取后的纸样，收集全部 DCM 溶液旋蒸。旋蒸残留加入 1mL 甲苯溶解，另加入 1mL 正十六烷作为内标，通过气相色谱方法进行定量分析，即可测得未键合的 AKD 的含量。提取结束后，以上纸样转移入圆底烧瓶中，加入 1/3 体积的 0.4mol/L 的氢氧化钾甲醇溶液，40 ～ 50℃下加热回流 3h，随后，反应液用盐酸中和，加入 50mL 甲苯萃取 AKD，萃取物使用气相色谱方法分析，即得到已键合的 AKD 含量。

Sunil Kumar 等在 2011 年的一篇综述[24]中对纸张中 AKD 的分离分析进行了总结：未键合的 AKD 可使用四氢呋喃（THF）、DCM、正己烷、异辛烷、甲基叔丁基醚等进行萃取，而与纤维素等键合的 AKD 萃取需要更为苛刻的条件，仪器分析方法有气相色谱质谱（GC/MS）、液相色谱－质谱（LC-MS）、核磁（NMR）、傅里叶红外（FT-IR）以及电位滴定和一些光谱方法等。综述中对相关内容进行了较为完整的总结（见图 8-2）。

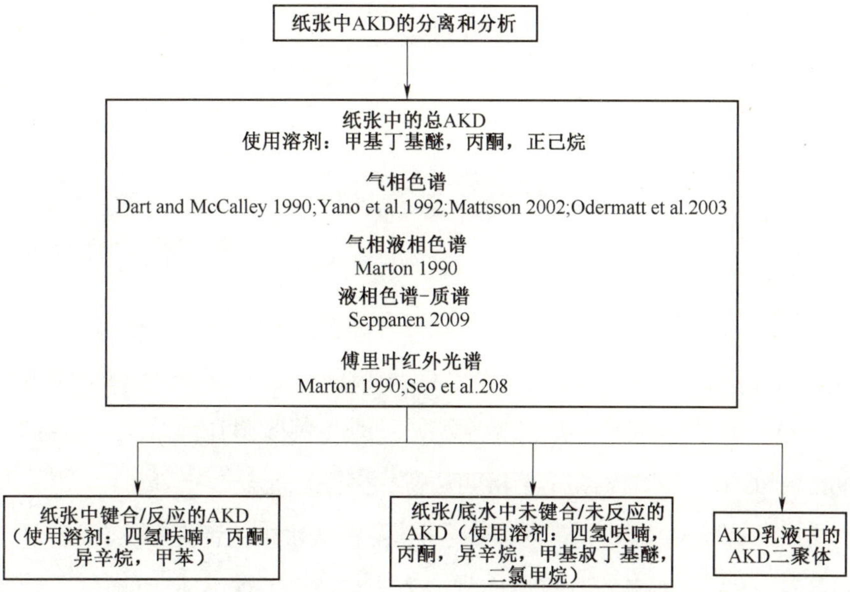

▲图 8-2　纸张中 AKD 的分离和分析方法[24]

从以上研究看，在法庭科学领域使用气相色谱方法分析 AKD 是较为可行的一种方案，可以在前人的工作基础上进行进一步研究，形成相应鉴定方法。此外，研究已经证实 AKD 施胶纸张中 β- 酮酯结构的存在，这提示红外光谱等光谱方法也是一种无损快捷的检验或预检验方法。

三、ASA

纸张中 ASA 的分离和检验也有相关报道。

Mccarthy 等[25]使用 DMF（N，N- 二甲基甲酰胺）作溶剂，将 ASA 与棉纤维反应，通过 IR 检验发现，不论是纯纤维素还是在实际造纸中，都可以在 1735cm^{-1} 和 1750cm^{-1} 附近出现酯键的吸收峰，这证明了纤维素 ASA 酯的存在。研究者在文章中提到，纸页中留存的未固定的 ASA 在 105℃下可以较快蒸发（见图 8-3）。

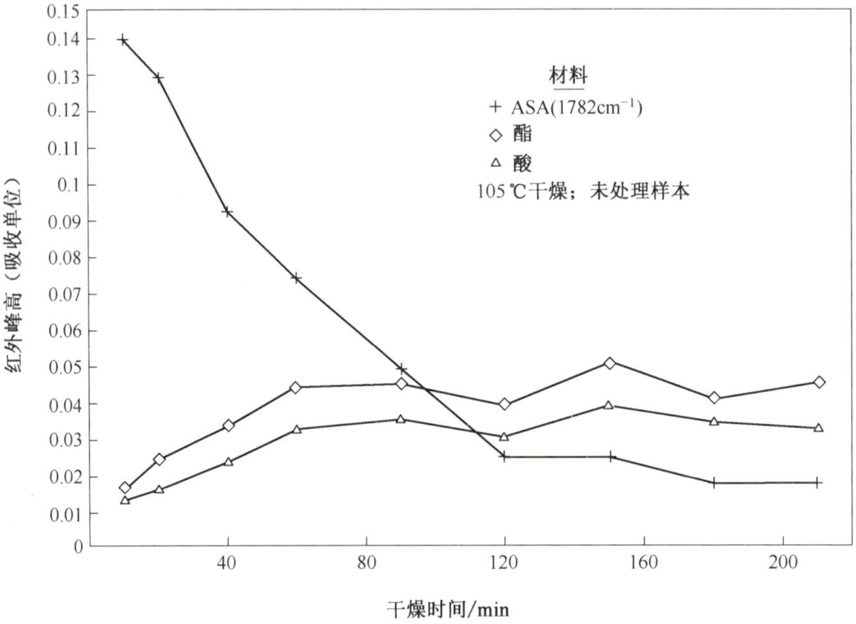

▲图 8-3　ASA 及相关产物随干燥时间的变化[25]

20 世纪 90 年代，有研究人员提出过其他的 ASA 反应理论。Isogai A 等[26，27]人认为 ASA 并未在施胶后形成纤维素酯，而是单纯吸附在纤维上，因将纸页浸泡入水和吐温 80 中，70℃搅拌加热 4h 可去除大多数施胶剂。

王代启等[28]使用红外光谱法监测了 ASA 在纸张中的留存和变化情况，研究者首先制备了 ASA 纤维素酯：将漂白棉浆置于索化提取器中使用氯仿乙醇（氯仿：95% 乙醇 =1:1）抽取 48h，然后用蒸馏水洗涤并烘干。取 2g 处理好的棉浆加入到 60mL DMF 中，加入 15g ASA 及 0.2mL 三乙胺，在 85℃反应 115h，过滤，然后用甲苯进行索式抽提、烘干，即得到 ASA 纤维素酯，FT-IR 测得 1740cm^{-1} 处存在酯的碳氧双键的吸收峰，其红外谱图如图 8-4 所示。

但是，抄造成纸均在 1795cm^{-1} 处出现吸收（见图 8-5），分析者认为，这可能是 ASA 与助剂中的氯离子反应生成的酰氯的吸收峰，这一特征峰不随温度变化，说明温度变化不会对 ASA 施胶成分的结构造成影响。当纸页在空气中长期放置时，1795cm^{-1} 附近的红外峰逐渐减弱，1592cm^{-1} 左右新出现吸收峰，并逐渐增强，而纸页在干燥器中放置则不会出现这一变化，这一现象说明 ASA 形成的酰氯可能在空气中水的作用下形成羧酸盐。研究者还发现，加入一定量 Ca^{2+}、Al^{3+} 可以较明显地提高 ASA 的留着性（见图 8-6），这可能是 ASA 生成了 ASA 的钙盐和铝盐，颗粒较小，可均匀分布于纤维表面，获得更好的施胶效果。

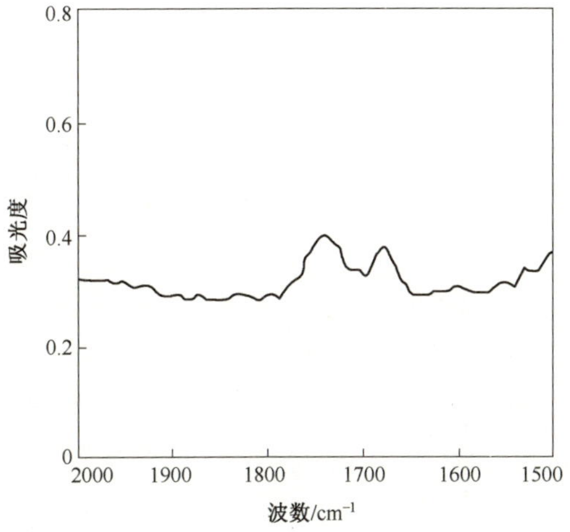

▲图 8-4 ASA 纤维素酯的 FT-IR 谱图[28]

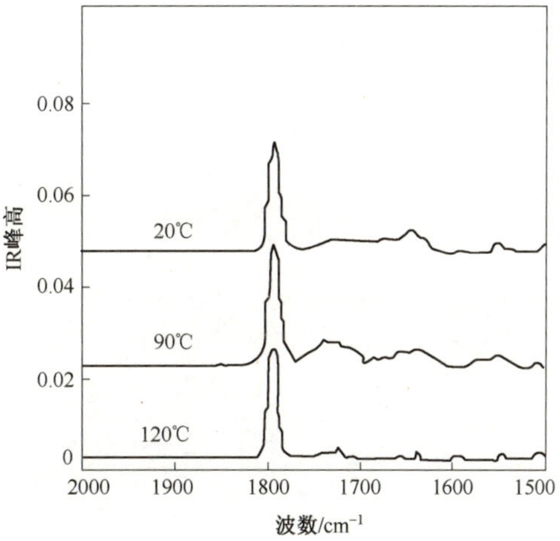

▲图 8-5 不同温度下 ASA 抄纸的 FT-IR 谱图[28]

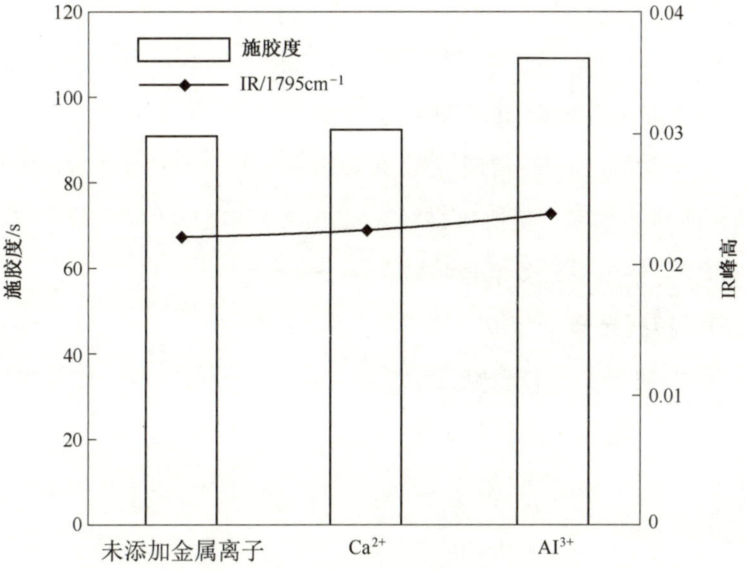

▲图 8-6 浆料中金属离子对施胶度的影响[28]

从文献看，ASA 施胶的反应机理还需要进一步研究论证，相关提取检验方法也有待开发。对法庭科学工作者来说，红外光谱分析方法是一种可行的分析方法，可以在鉴定中作为一种无损检验方法进行使用，而成纸中 ASA 的提取以及其含量是否足以进行气相色谱法检验还需要相关专业更多试验论证。

第三节
矿物填料和涂料

随着地质学、矿物学的发展，矿物的分析已经形成非常成熟的理论和技术，一些分析方法已经或即将在法庭科学领域得到应用，国内近年来有多篇相关研究工作的报道[29,32]，主要是光谱和各种元素分析方法等，其中元素分析只能给出元素种类和含量，不能直接将元素与矿物填料相关联，但这些信息仍然十分重要，结合纸张工艺分析，很多时候可以直接推断矿物成分。

一、红外 / 拉曼光谱

汪聪慧等[33]建立了一种静电复印纸的拉曼光谱分析方法。这种检验基本不需要前处理，剪取小块纸样直接放入固体样品室扫描即可。试验收集了23个品牌的静电复印纸，测得谱图后分别与纯纤维素定量滤纸进行了对照。试验发现，添加碳酸钙填料的纸张在1086cm^{-1}、713cm^{-1}、281cm^{-1}附近出现特征峰，纤维素的1095cm^{-1}最强峰与碳酸钙的1087cm^{-1}最强峰位置很近，有相互重叠的部分。添加滑石粉填料的纸张在676cm^{-1}处出现强拉曼峰，但是，滑石粉的1097cm^{-1}、361cm^{-1}等处的特征峰没有体现，原因可能是滑石粉含量比较低或者与附近的纤维素

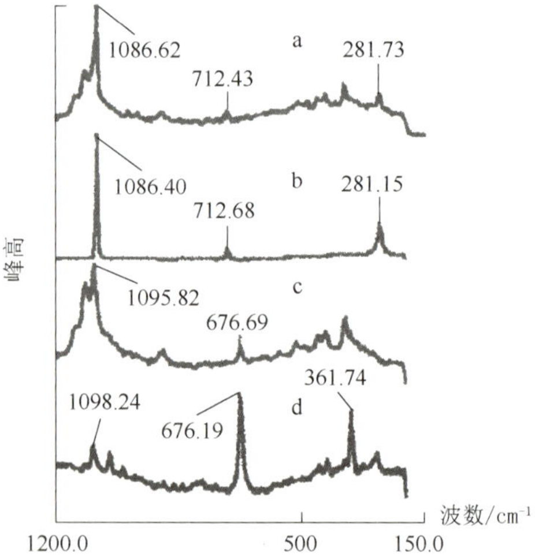

▲图 8-7　复印纸样品及其填料拉曼图[33]

a-1/2 号样品；b- 碳酸钙；c-1/2 号样品；d- 滑石粉

注　1/2 号样品均添加了碳酸钙填料，4 号样品添加了滑石粉

峰位置太近不能被分辨。未添加填料的纸张只出现纤维素和木素（1090cm^{-1}）的拉曼峰。据此，可将收集样本按填料类型和有无分为碳酸钙填料、滑石粉填料、无填料三大类（见图 8-7）。

李玲玲等[34]建立了一种纸张中硫酸钡的红外光谱分析方法。由于纸张中存在的碳酸钙等填料会对 $BaSO_4$ 的红外光谱带来干扰，需要对纸样进行前处理。纸张进行灼烧至恒重后置于烧杯，用 1mol/L 盐酸多次酸洗至无气泡产生，抽滤烘干，然后进行测量，这样处理后可除去碳酸钙和纸张中的有机物以排除干扰，处理后会残存部分高岭土，不影响硫酸钡在波数 610cm^{-1} 处的特征吸收峰的识别（见图 8-8）。

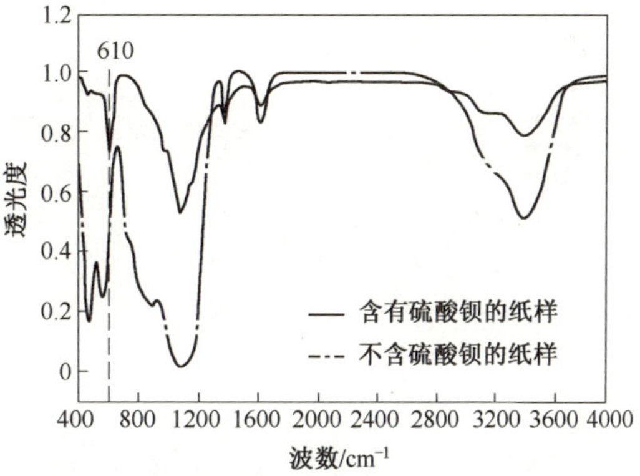

▲图 8-8 复印纸样品及其填料拉曼图[34]

姜红等[35]使用拉曼光谱分析了 33 种香烟内衬纸，发现按照填料有无和类型可将样品分为碳酸钙填料、滑石粉填料和无填料三种。此外，研究者还总结了可供识别的几种无机填料的特征峰，如表 8-4 所示。

表 8-4 几种填料的特征吸收峰[35]

成份	吸收峰
纤维素	169cm^{-1}、382cm^{-1}、378cm^{-1}、434cm^{-1}、457cm^{-1}、896cm^{-1}、993cm^{-1}、1094cm^{-1}、1119cm^{-1}、1292cm^{-1}、1338cm^{-1}、1379cm^{-1}、1409cm^{-1}、1471cm^{-1}
碳酸钙	153cm^{-1}、280cm^{-1}、711cm^{-1}、1085cm^{-1}、140cm^{-1}、393cm^{-1}、636cm^{-1}
高岭土	140cm^{-1}、393cm^{-1}、636cm^{-1}
滑石粉	106cm^{-1}、192cm^{-1}、289cm^{-1}、360cm^{-1}、430cm^{-1}、464cm^{-1}、674cm^{-1}、1048cm^{-1}、1096cm^{-1}
硫酸钡	279cm^{-1}、459cm^{-1}、616cm^{-1}、986cm^{-1}、1085cm^{-1}、1138cm^{-1}
二氧化钛	142cm^{-1}、240cm^{-1}、449cm^{-1}、612cm^{-1}
二氧化硅	126cm^{-1}、203cm^{-1}、262cm^{-1}、352cm^{-1}、400cm^{-1}、463cm^{-1}
氧化锌	330cm^{-1}、436cm^{-1}

二、X 射线荧光光谱 / X 射线衍射

郭洪玲等[36]分别使用 X 射线荧光光谱（XRF）和 X 射线衍射（XRD）对 21 种打印纸样品进行了分析。XRF 分析可以得到不用样品中部分元素的含量，研究者利用皮尔森积矩相关分析和聚类分析检验了试验数据，将铑靶的 Kα 峰作为内标峰，选择 Mg 和 Na 两种元素的强度除以铑靶的强度，得到 Mg 和 Na 元素的相对强度，

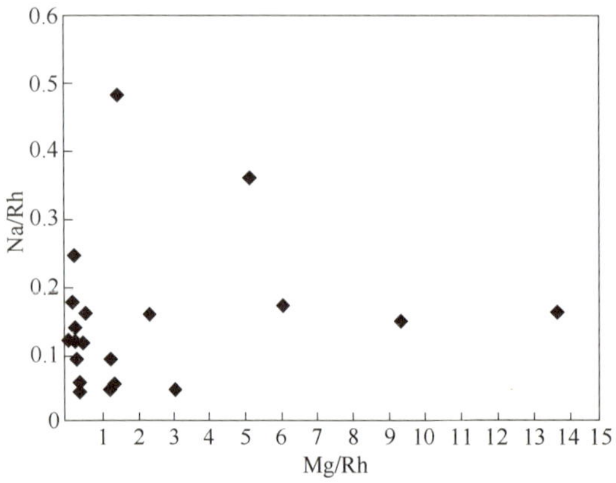

▲图 8-9　21 种打印纸的 Na/Rh ～ Mg/Rh 关系图[36]

依据 Mg 元素的相对强度，可以将样品分为 6 类（见图 8-9）。

研究者在上述 6 类纸样中选取 7 个样品进行了 XRD 分析，从衍射图谱分析，这 7 个样品可被分为 6 类（同类的两个样品衍射图谱相似，与按照 Na/Rh ～ Mg/Rh 关系进行分类的结果基本吻合。据此，研究者提出 XRF 与 XRD 结合对同类纸张的鉴别起到相互印证、相互补充的作用。

尹宝华等[37]使用 X 射线荧光光谱仪对一批案件缴获的纸张样品进行全元素扫描（F 到 U），对纸张中元素的成分及含量进行了分析，结果发现该方法可以测定多种元素，含量较多的元素有 Ca、Mg、Si、Al 等，含量稳定，RSD 值一般小于 0.1%，该方法在一假币案件中得到了应用。

杨明太等[38]报道了 XRF 方法在一例案件中的应用，使用能量色散（ED）XRF 分析两张收条纸张，发现其相关元素基本一致，而其他随机提取的不同厂家 / 批次的纸张元素含量存在明显差异，可以认为两张纸条为同一批次的可能性是很大的。

王欢欢等[39]对甘肃博物馆藏大藏经用纸进行了分析，结合 XRF 和 XRD 数据，发现纸张中含有碳酸钙和高岭土，由荧光光谱分析可知，纸张样品中钙元素约占 60%、钾元素约占 10%，据此推断纸张在蒸煮过程中使用了石灰水，而高岭土应为纸张涂布时使用。

三、其他技术

部分填料可以直接使用显微镜、扫描电镜等观察，从填料形态可以确定填料种类，如碳酸钙、滑石粉等。填料的分析还可以使用化学方法，如使用盐酸检验碳酸盐、使用过氧化氢显色检验二氧化钛等，在此不一一介绍，有兴趣的读者可以查阅相关专业书籍。

第四节
蒽　醌

蒽醌（AQ）及其类似物的使用代表了一类典型的制浆工艺，开发相关检验方法对纸张检验具有一定的价值。

（一）光谱方法

林能镖等[40]开发了一种蒽醌的可见光谱分析方法。AQ 不溶于水，且在可见光谱区域没有吸收，不能直接进行检测，需要将其转化为蒽氢醌（AHQ），AQ 在碱性条件下与 $Na_2S_2O_4$ 反应生成 AHQ。研究者试验发现，为确保 AQ 快速完全的转化为 AHQ，所需 $Na_2S_2O_4$ 的量应超过 AQ 量 3 倍，NaOH 的量应超过 AQ 量 50 倍，反应温度为 80℃，反应时间为 10min。AHQ 在 420nm 和 505nm 波长处有 2 个吸收峰，且在 420nm 处的吸收峰强度约为 505nm 处吸收峰的 2 倍多。因此，在没有其他干扰物质存在的条件下，420nm 和 505nm 均可作为定量测定 AHQ 的检测波长（见图 8-10）。木素在 420nm 处有较明显的吸收，所以为避免木素对定量检测的影响，选择 505nm 为检测波长。

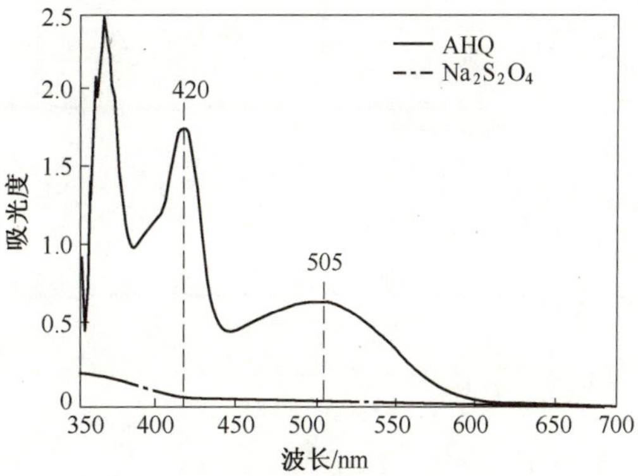

▲图 8-10　AHQ 和 $Na_2S_2O_4$ 的可见光谱[40]

陈启钊等[41]使用硫化钠处理黑液，超声后使用三氯甲烷萃取其中的 AQ，在碱性条件下将其转化为 AHQ，然后使用比色法进行分析，可以测得黑液中的 AQ 含量。

X.S. Chai 等[42]使用一种膜萃取的技术提取黑液中的 AQ，使用了基本相同的光谱测量方法进行测定。

（二）气相色谱 / 质谱

张敏生等[43]翻译了 Currah[44]的文献，其中介绍了纸张中蒽醌的提取和检测，剪取 10g 纸样装入索氏提取器中，使用三氯甲烷抽提（抽提时间可长达 19h），抽出物过滤后浓缩，然后将浓缩液进行气相色谱 / 质谱（GC/MS）分析，目标物特征峰为 208、80、152，通过外标法进行定量。

Ki-Ryeol Yang[45]开发了一种蒽醌及相似结构杂质的 GC/MS 分析方法。将 1g 纸样剪成 $0.5cm^2$ 小块，加入 30mL 甲醇和 0.1mg/L 的内标菲 $-d_{10}$，超声 20min，过膜后蒸干并用 1mL 乙酸乙酯复溶进样。研究者分别实验了普通气相色谱柱 [见（图 8-11（a）]、高温柱 [见图 8-11（b）] 和 TMS 衍生化高温柱 [见图 8-11（c）]，发现普通毛细管色谱无法检测 2- 羟基蒽醌，而其余两种方法可以检测，而从线性关系方面考察，高温气相色谱也有明显优势（见图 8-12）。

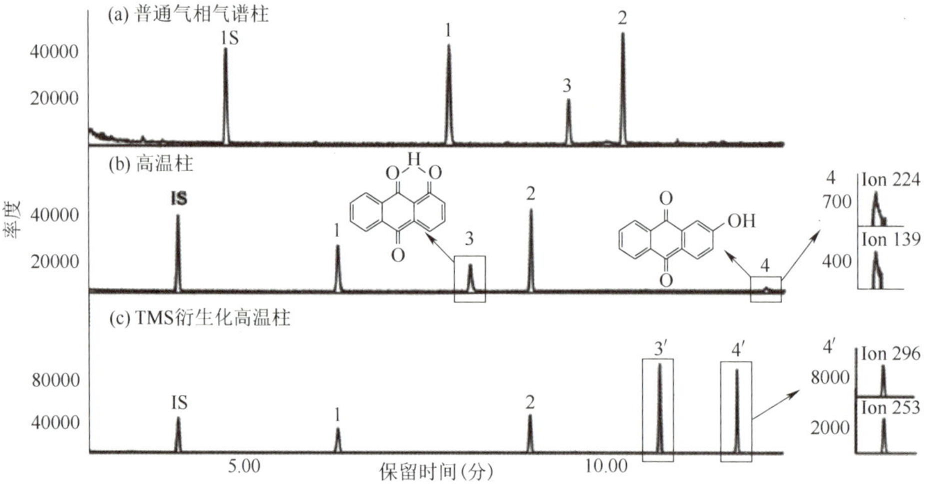

▲图 8-11　三种气相色谱方法的谱图[45]

1—AQ；2—9- 硝基蒽；3′、4′—分别为 3 和 4 的 TMS 衍生物

（三）液相色谱 / 质谱方法

邹良明等[46]建立了一种纸浆中蒽醌和蒽酮的高效液相色谱检验方法，该方法使用 EP-C18 色谱柱，流动相为甲醇 / 水，检测波长 254nm。

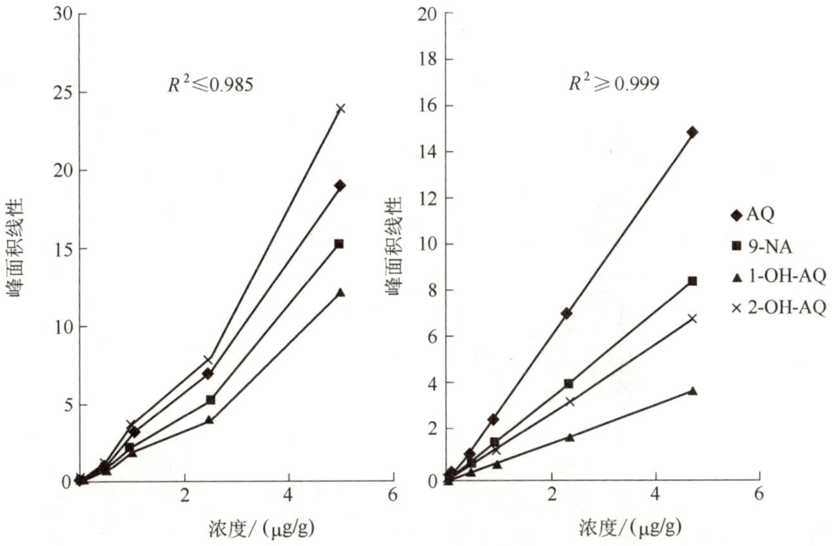

（a）capillary column GC/MS　　（b）HT-column GC/MS

▲图 8-12　两种气相色谱方法的浓度和峰面积线性[45]

M.A.Schneiderman 等[47]研发了纸张和木材中蒽醌的超临界流体萃取方法，使用 8000lb/in^2 的超临界 CO_2 流体在 65° C 萃取 20min。研究者发现，超临界萃取效率远高于传统的索氏提取，萃取 20min 回收率超过 90%，而使用甲醇或乙腈的索氏提取在 5h 后也只能达到 83%。提取物使用配备有电化学检测器的液相色谱进行分析，得到较好效果，通过对比发现，该方法比 GC 方法（见图 8-13）具有更高的准确度和灵敏度。

总体上，蒽醌类物质的检测已有可行方法，气相色谱 / 质谱、液相色谱 / 质谱方法都可以成为法庭科学领域的鉴定方法。不同于纸浆，成纸中蒽醌含量较少，且可能与纤维存在吸附作用，提取较为困难。索氏提取需要较高温度且持续较长时间，超临界萃取需要专业设备，对法庭科学实验室具有较高要求，因此，需要对纸张中蒽醌的提取进行进一步研究，探索高效、快捷、实用的提取方法。

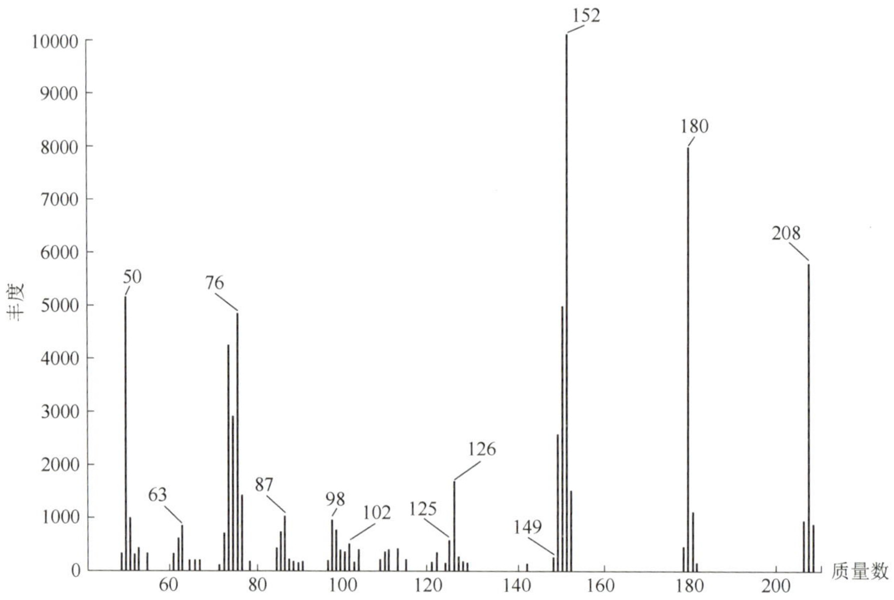

▲图 8-13　气相色谱中蒽醌的质谱图 [47]

第五节 相关技术应用展望

法庭科学工作者关注各种可用于纸张比对的理化分析手段，毫无疑问，纸张中的化学品是重要的比对区分依据。但是，不同于纸张物理参数检验，纸张化学品的检验技术相对滞后，法庭科学领域尚未形成系统方法。这种现象出现的原因可能有以下两方面：

一方面是可参考借鉴的方法少。在造纸业中，纸张成品制作出来以后，生产者会对产品质量进行检验。生产者关注纸张的克重、白度、厚度、韧度等，这些物理参数直接决定了产品质量，这种需求推动形成了科学成熟的物理参数检验方法，可以直接被法庭科学领域借鉴引用；除极少数情况外，生产者不关注纸张中的化学品，也就没有现成方法可供借鉴。

另一方面是存在一定的检验难度。纸张的生产过程中加入了各类化学品，如蒸煮助剂、消泡剂、脱墨剂、施胶剂、分散剂、色料、涂布助剂，但是，这些化学品的检验具有一定难度。有些化学品在生产过程中被去除或者消耗，存在于纸张中的含量很少，难以检出；有些化合物与纸张纤维存在较强作用，提取困难；还有些化合物成分发生了变化，检验目标物难以确定等情况，对检验设备和技术提出了更高的要求。

目前，一些纸张化学品的定性定量分析已有了相应方法，技术已经较为成熟，如在司法鉴定领域开展应用，可以成为一种强有力的文件检验方法，为许多疑难问题的解决提供新思路、新方法。大多数没有现成检验方法的化学品检测技术难度并不大，深入开展相关研究后，也有望迅速获得进展。本章中简要地对几类物质进行了介绍，但限于水平，这些介绍和建议有待进一步实验研究，仅供广大法庭科学工作者参考，希望能起到抛砖引玉的作用。

参考文献

[1] 中华人民共和国工业和信息化部 . 食品包装纸（QB/T 1014—2010）[S]. 北京：中国轻工业出版社，2010.

[2] The authority of the Standards Policy and Strategy Committee. Paper and Board Intended to Come into Contact with Foodstuffs-Determination of the Fastness of Fluorescent Whitened Paper and Boards：BS EN 648：2018[S]. British Standard Institution，2018.

[3] 纸和纸板　可迁移性荧光增白剂的测定（GB/T 27741—2018）[S]. 北京：中国标准出版社，2018.

[4] 出口食品接触材料　纸和纸制品　荧光增白剂的测定　液相色谱法（SN/T 2901—2011）[S]. 北京：中国标准出版社，2011.

[5] 荧光增白剂荧光强度的测定（GB/T 21883—2016）[S]. 北京：中国标准出版社，2016.

[6] 屈鹏峰，傅武胜，刘文菁，等 . 纱布吸附 - 紫外灯照射法测定食品接触纸及其制品中荧光增白剂 [J]. 中国食品卫生杂志，2016，28（3）：352-355.

[7] 刘峻，秦紫明，左莹，等 . 荧光分光光度法检测食品包装用纸中荧光物质迁移 [J]. 纸和造纸，2011，30（3）：57-60.

[8] 刘荣琴，高磊红，王未肖，等 . 紫外分光光度法测定食品包装用纸中的荧光增白剂 [J]. 广州化工，2013，41（15）：135-137.

[9] 曾远娴，李依洁，谢丽欣，等 . 紫外分光光度法测定卫生巾中可迁移性荧光增白剂 [J]. 广东化工，2018（10）.

[10] 王艳，姚孝元，韩云辉，等 . 卷烟接装纸、成形纸中荧光增白剂 ABP、VBL 的 HPLC 测定 [J]. 烟草科技，2007（11）：40-44.

[11] 叶玲，陈树东，区硕俊，等 . 高效液相色谱法同时测定纸制包装材料中的 11 种荧光增白剂 [J]. 应用化工，2015（10）：1949-1952.

[12] 罗冠中，刘祥，汪晓冬，等 . 荧光分光光度法测定生活用纸制品中的荧光增白剂 [J]. 中国测试，2009（4）：68-71.

[13] Shadkami F，Helleur R，Sithole B B. The Analysis of Optical Brightening Agents in Paper Samples Using Liquid Chromatography with High-Resolution Mass Spectrometry[J].JOURNAL OF WOOD CHEMISTRY AND TECHNOLOGY，2011，31（1）：42-57.

[14] 喻坤 . 人体接触纸质材料中荧光增白剂分析方法研究 [D]. 昆明：昆明理工大学，2013.

[15] 杜志峰，冼燕萍，刘付建，等 . 液相色谱 - 高分辨飞行时间质谱法测定食品接触纸包装材料中的 7 种荧光增白剂 [J]. 分析化学，2014，42（5）：636-642.

[16] 刘治猛，梁志勤，王定选 . 气相色谱法测定马来松香组分的研究 [J]. 林产化学与工业，1991（4）：279-287.

[17] 段文贵，陈小鹏，周永红 . 自制氢化松香主要化学组成的 GC-MS 法测定 [J]. 分析测试学报，2003，22（1）：5-8.

[18] 李富贤，米彩峰，石会丽 . RP-HPLC 测定清毒素胶囊中松香酸的含量 [J]. 中国中药杂志，2008，33（9）：1086.

[19] 刘伟华 . 松香药材中松香酸的含量测定方法 [J]. 医药论坛杂志，2011（24）：46-47.

[20] 王英锋，魏小燕 . HPLC 测定枫香脂碱提物中脱氢松香酸和松香酸的含量 [J]. 中国中药杂志，2013，38（1）：57-59.

[21] 王晓萍，崔小敏，李富贤，等 . 不同产地松香药材中松香酸的含量测定 [J]. 陕西中医，2017，38（2）：259-261.

[22] Bottorff. New insights into the AKD sizing mechanism[J].Nordic Pulp & Paper Research Journal，1993（01）：086-095.

[23] Karademir A，Chew Y S，Hoyland R W，etal. Influence of Fillers on Sizing Efficiency and Hydrolysis of Alkyl Ketene Dimer[J].Canadian Journal of Chemical Engineering，2010，83（3）：603-606.

[24] Kumar. S，etal. Separation and analysis techniques for bound and unbound alkyl ketene dimer（AKD）in paper：A review. Arabian Journal of Chemistry（2012），http：//dx.doi.org/10.1016/j.arabjc.2012.04.019.

[25] Mccarthy W R，Stratton R A. Effects of drying on ASA esterification and sizing[J].1986，70（12）：117-121.

[26] Nishiyama M，Isogai A，Onabe F. Roles of Reactive Alkenyl Succinic Anhydride（ASA）in Paper Sizing[J].Fiber，1996，52（4）：189-194.

[27] Isogai A. The reason why the reactive chemical structure of alkenyl succinic anhydride is necessary for efficient paper sizing[J].Sen i Gakkaishi，2000，56（7）：334-339.

[28] 王代启，胡开堂，宋诗莹 . ASA 在施胶过程中的化学行为 [J]. 中国造纸，2006，25（1）：12-16.

[29] 姜红 . 纸张微量检材的仪器分析方法 [J]. 中华纸业，2004，25（11）：32-33.

[30] 崔连义 . 法庭物证中纸张检验的仪器分析法研究进展 [J]. 光谱实验室，2012，29（3）：1486-1490.

[31] 尹宝华 . 纸张物证检验技术的现状及展望 [J]. 河南警察学院学报，2011（5）：124-126.

[32] 刘猛，余静，王继芬，等 . 纸张物证的分析检验方法 [J]. 化学通报，2013，76（7）：612-616.

[33] 王志国，汪聪慧，孙素琴，等 . 静电复印纸的 FT-Raman 光谱检验 [J]. 刑事技术，2001（04）：17-19.

[34] 李玲玲，柴欣生，田迎新，等 . 样品预处理结合红外光谱分析鉴定纸张中的硫酸钡 [J]. 中国造纸，2015，34（4）：39-42.

[35] 郭鹏，姜红 . 拉曼光谱检验烟用内衬纸的研究 [J]. 中华纸业，2016，37（12）：53-58.

[36] 郭洪玲，权养科，陶克明，等 . X 射线荧光光谱法检验打印纸张的结果分析 [J]. 刑事技术，2008（5）：6-9.

[37] 尹宝华，郭洪玲，林雷祥，等 . 基于理化检验的纸张物证的比对和分类研究 [J]. 刑事技术，2017，42（2）：124-128.

[38] 杨明太，袁莉，戴长松 . EDXRF 法检测纸张及其墨迹微量元素 [J]. 核电子学与探测技术，2012，32（12）：1353-1355.

[39] 王欢欢，程爱民，王治涛，等 . 甘肃武威博物馆馆藏大藏经用纸的相关工艺研究 [J]. 中国造纸学报，2014，29（2）：33-37.

[40] 林能镖，胡会超，柴欣生 . 一种快速测定蒽醌含量的可见光谱方法 [J]. 中国造纸，2012，31（6）：14-18.

[41] 陈启钊，张桂兰 . 用比色法测定麦草烧碱——蒽醌法黑液中残留蒽醌 [J]. 中国造纸，1989（01）：33-36.

[42] Chai X S，Yang X T，Hou Q X，etal. Spectroscopic Determination of Anthraquinone in Kraft Pulping Liquors Using A Membrane Interface[J].Journal of Pulp and Paper Science，2003，29（9）：299.

[43] 张敏生 . 蒽醌含量的测定——用气相色谱 / 质谱法对浆型纸型材料及制浆液的分析 [J]. 西南造纸，1980（4）：124-129.

[44] CURRAH J E，Determining anthraquinone content. Analysis of pulp and paper-type materials and pulping liquors by gas chromatography/mass spectrometry[J].Tappi [Technical Association of the Pulp and Paper Industry]（USA），1979.

[45] Yang，Ki-Ryeol Seo，Hee Seung Lee，etal A HT column GC/MS method for the determination of anthraquinone and its toxic impurities in paper products[J].Anal. Methods，2015，7（15）：6060-6065.

[46] 邹良明，刘延岭，邹堰柯 . 纸浆蒽酮及蒽醌的 HPLC 分析中色谱条件的优化 [J]. 纸和造纸，2014，33（7）：56-58.

[47] Schneiderman M A，Sharma A K，Locke D C.Determination of anthraquinone in paper and wood using supercritical fluid extraction and high-performance liquid chromatography with electrochemical detection[J]. Journal of Chromatography A，1987，409（1）：343-353.

第九章

纸张的同一比对技术

第九章 纸张的同一比对技术

第一节 纸张的物理性能检验技术

一、纸张的结构特征

（一）纸张是多相复合体

我国现在基本上都是采用机器生产纸张。以化学浆造纸为例，其生产过程，简单地说，就是先将造纸原料切成一定长度，放到蒸煮器内，再加入化学试液，并用蒸汽进行处理，把原料煮成纸浆，然后用清水洗涤。通过筛选，再按照生产不同纸张的要求，用漂白剂将纸浆漂白到一定程度，经过打浆，最后送到造纸机上抄纸。通过滤水、压榨脱水、烘缸干燥和压光卷取，制成纸张。

纸张是一种非常独特的材料，由于植物纤维素存在许多羟基，在干燥过程中能显著地形成氢键结合，使纸张中的纤维在没有黏合剂的情况下，也能互相结合而使纸具有一定的强度。

纸张是个立体形态，纸张表面的扫描电镜显微照片如图 9-1 所示。

▲ 图 9-1　纸张表面的扫描电镜二次电子图像

纸张是一种多相的复合体。在纸的组分中，既有较长的纤维，也有较短的纤维，它们是组成纸张结构的基础，还有各种不同的胶料、填料和染料粒子以及微量组分。此外，还存在若干水分、空气等液相和气相组分。它们构成了一个整体，各自影响着纸的性质。当然，其中主要组分纤维起着纸张架构的作用。

（二）纸张是非均态结构

纤维之间的交织状况是非均态的。这与打浆方式有关，也与抄纸设备有关。大部分纤维是平行于纸面的。还有一部分纤维与水平面呈一定的角度，于是就构成了纸张的三维空间结构。长网造纸机抄造出来的纸张，多数纤维按纸的纵向排列。一般说来，薄型纸为单层，厚度大的则成两层甚至更多层，而且同幅面的纸，中间纤维层有可能比两边少，如果采取网部加振动器或是多道压榨处理，则可以使纸的结构层趋向均一。

（三）纸张各向不同性

由于在纸内三个相互垂直方向上，纤维和其他成分分布不同、排列不同、取向不同，因而导致纸的性质呈各向异性，也就是纸张的纵向性质、横向性质有差别，甚至竖向性质也不一样。

正因为各向异性，也随之出现了纸幅的两面差。在抄纸机上与网面接触的纸层与离网面的纸层，其纤维及其他粒子的分布状态不完全一样。于是使纸页正面的表面性质与反面的表面性质也不同。一般来说，正面比较平滑，反面比较粗糙。同时，正面的纤维尤其是较长纤维分布多，而反面的细料或其他辅助粒子较多。

（四）纸张具有吸水性、透气性和变形性

在纸内交织的纤维，因为尺寸长短不一，虽有氢键形成，也难免有空隙，而且即使有一些细小的粒子填充到空隙之间，也会形成许多毛细孔。在毛细孔里或是充满空气，或是吸附着水分子。这样就造成了纸张的吸水性、透气性和变形性。[1]

二、纸张外观检验

（一）正反面识别技术

一般来说，当用长网机或圆网机造纸时，靠成形网的一面为反面，而另一面则为正面。但夹网纸机是在两张网之间形成纸幅的，它的正反面区别只能是朝上的一面为正面。

判断一张纸的正反面也可以根据纸的两面差别来辨别，在纸张抄造过程中，由于纸料中的水是从纸的正面向网面方向运动，加之网面的脱水只有网子起过滤作用，浆料中部分填料和细小纤维将随着脱除水而流失，所以反面相对比较粗糙，结构也比较疏松。

对于正面来说，由于沉积在网子上的纸胎本身和网子一并起过滤作用，细密的纸胎对细小纤维和填料粒子发生阻流和助留，所以正面填料和细小纤维留着较多，结构比反面紧密，纸面也较平。

纸张两面性的差别突出地表现在平滑度方面。一般来讲，正面平滑度高于反面（但有时也有例外）。

此外，由于填料粒子、细小纤维和胶料、颜料在反面流失较多，所以正面施胶度、白度高于反面，但吸收性却不如反面，这种差别称为纸张的两面性。

其测定方法如下：显微镜下观察样品纸张两面的平滑性，有纸网印者为反面（网面），反之为正面。

（二）网纹比对技术

1. 长网和圆网工艺的识别

长网抄纸机抄造纸张的纤维分布呈交叉网状分布，强度高（耐破、环压、断裂长、耐折度）。

圆网抄纸机分两种，其中喷浆式圆网抄纸机生产的纸张的纤维分布部分接近交叉网，而浸浆式圆网抄纸机生产的纸张的纤维基本成规则性顺向分布。

2. 相同工艺网纹的区分技术

均为圆网或均为长网条件下，网纹的区分技术可采用显微镜的透光放大技术进行观察比对，也可采用图像采集比对法进行比对。[1]

（三）纸病比对技术

1. 纸病的产生

为了满足纸张使用的要求，不同纸张应具有不同的质量标准。但由于原料处理不当、操作掌握欠佳、生产规程不严、包装运输疏忽等原因引起的纸张残损和缺陷，统称为“纸病”。也就是说纸张有缺点，不符合使用要求。因为有些缺点是肉眼可见的，故又称为外观纸病。

2. 纸病的分类

（1）尘埃：用肉眼可见与纸张表面颜色有显著差别的细小脏点均称为尘埃。例如，白纸上的黄、黑点等。单位面积内尘埃的颜色和个数可作为比对检验的指标。

（2）斑点：当平看或斜看时，与纸面色泽明暗和反光不一的细点称为斑点。

（3）透光点和透帘：把纸张迎光照看，会看到一种纤维层比其他部分薄一些而又没有穿破的迹象，小的称为透光点，大的称为透帘。

（4）孔眼和破洞：是指在纸张上完全穿通的窟窿，很容易辨出，小的称为孔眼，大的称为破洞。

（5）折子：即纸张本身折叠或折叠过后产生的条痕。在张力作用下能伸开的（仍有折痕）称为活折子，不能伸开的称为死折子。

（6）裂口：纸张的边部或中间破裂成缝，或者因其他机械损伤形成的破口称为裂口。

（7）皱纹：纸面上出现凸凹不平的曲皱称为皱纹。皱纹破坏了纸张的平滑匀称。

（8）硬质块：指高出纸面的块状物或粗粒，如木屑、草节、纤维疙瘩、沙粒等。

（9）条痕：指纸面光泽或颜色不同的条形痕迹，肉眼可见。

（10）鱼鳞斑：纸面上呈现类似鱼鳞状的亮斑。鱼鳞斑与一般的斑点不同之处在于它以片状存在。

（11）色调不一：同一页纸，白度不一，有亮有暗。

3. 纸病检验方法

除极少数情况外，纸病通常由感觉器官鉴定。检验方法主要包括以下几个方面：

（1）反射光平视检验。反射光平视检验是将纸张平铺在检验台上或桌面上，借反射光用肉眼距离 30cm 左右观察纸张的颜色、白度、平整度和光滑性等。注意检验纸张有无尘埃、斑点、孔眼、破洞、折子、皱纹、破张、裂口、折角、脏点、泡泡纱、浆块和其他硬质块等。观察时目光正对纸面平看，一般在普通的室内光线照射下进行，不宜用强烈灯光或在阳光照射下进行。必要时也可借助放大镜进行观察。

（2）迎光透视检验。迎光透视检验将纸张迎着光源（或放在装有反光灯的玻璃上）照看，让光线透过纸页，用肉眼观察纸张的质量。查看纸张纤维组织的均匀程度和不透明程度，检查纸张有无“云彩花”、透明点、脏点、孔点及透光不均的条痕等。

（3）斜视检验。有些外观纸病，如纸面的有光泽或无光泽条痕、毛巾痕、伏辊影痕等，用平视检验方法不易发现，必须用斜视检验方能看出。斜视检验是用两手把纸张的一边提高一些或放低一些，从不同的角度斜看纸面，观察纸张外观质量的缺陷或不足。例如，有的纸在抄造时由于真空伏辊的真空度或伏辊上的压力不当，伏辊上按规律排列的孔就会反印在纸面上。这种孔的影痕不够明显，平视检验和透视检验都不易发现，只有斜视检验时才能发现。又如，检查纸面是否起毛，一般先用手摩擦纸面，再把纸张的一边提高，眼睛凑近对着光线斜视，如果纸起毛，就可看到纸面上竖立着许多细小纤维。

（4）手摸检验。手摸检验即靠感觉器官的接触感觉反应进行检验，可以发现纸张厚薄不一的毛病，有经验的检验人员还可通过手摸掌握纸张定量偏高偏低的程度。手摸检验还可判断出纸张有无夹在纸页内部的草筋、纤维束和细小沙粒等，从而发现隐蔽的纸病。有些处在纸面的小浆疙瘩和白色的细小沙粒，由于其颜色与纸面一样，单凭肉眼不易发现，但用手摸就能感觉出来。此外，用手适度揉搓或抖动纸张，然后观察揉或抖动后的纸张有无裂口，就可初步判断出纸张是否发脆。

（5）听声检验。听声检验即用手抖动或揉搓纸张，用耳朵听其发出的声音来判断纸张的某些性能。纸张的强韧性通常被称作纸张的“身骨”。“身骨”好的纸，用两手捏住纸张上下抖动时，发出的声响比较清脆；“身骨”差的纸张发出的声响就比较微弱。“身骨”越好的纸响声越大，在张力作用下不容易拉断。不同原料制成的纸张响声也不同。一般木浆纸比较清脆，草浆纸比较混浊，棉浆纸比较柔和。同样原料用不同制浆方法生产出的纸张其响声也不同，一般硫酸盐法浆造的纸比亚硫酸盐法浆造的纸响声要大一些。[1]

三、纸张的常规参数检验

（一）纸张定量检验

1. 纸张定量的定义

纸张定量即每一平方米纸或纸板的重量，记作 g/m^2，俗称“克重”。

印刷纸的各项性能指标，如厚度、抗张强度、耐破度、不透明度等都与纸张定量密切相关。如果纸张定量明显低于标准规定的指标，不但容易发生透印现象，还会因机械强度不足而发生断纸。

定量的高低可以根据使用要求人为地进行控制，在实际生产中各种纸的定量一般按规定允许有 ±5% 的误差。

2. 纸张定量检验的工具

纸张定量检验用到的检验工具包括面积取样工具和重量称量工具。

（1）专用裁切机：为了固定裁切面积，建议使用专用裁切机，亦可直接选用一寸照片的专用裁切机，如图 9-2 所示。

▲图 9-2 照片裁切机

（2）百分尺：当不允许破坏样品，样品又呈规则状态时，可用百分尺测量面积。

（3）电子测量技术：当不允许破坏样品且样品呈不规则状态时，可用扫描法记录纸张外廓，再计算其面积。

（4）天平：万分之一天平，用于称重。

3. 纸张定量的检验方法

纸张定量检验具体操作方法可执行《法庭科学纸张定量测定技术规范》（GA/T 1446—2017）。

4. 纸张定量比对结果的判定

定量标准不确定度主要由重复性（包含天平重复性和纸张均匀性）、天平精度和定量取样器精度决定，其中重复性带来的不确定度主要是由纸张均匀性导致，所以纸张均匀性在定量不确定度的评定中起很重要的作用。天平精度高，定量的不确定度分量会减少。因此，在对纸张定量相关的项目检测不确定度评定中，要重视定量取样的均匀性和天平的精度及定量取样器误差的影响。

综合考虑纸张实测中不均匀性对不确定度的影响，我们倾向于用标准中的变化率 5% 作为比对检验中的主要极限判定指标。也就是说，将两种纸张的定量标准值相差 5% 作为极限判定阈值。以两个样品检测值的最大极差作为判定两个样品定量有无差异的基本判定阈值。以两个样品检测值中较大标准偏差的 3 倍值作为判定两个样品定量有无差异的可选择判定阈值。[2]

（二）纸张厚度检验

1. 纸张厚度的定义

纸或纸板在两测量面间承受一定压力，即可测量出纸或纸板两表面间的距离，其结果以 mm 或 μm 表示。

通过采用标准试验方法，对单层样品施加静态负荷，测量出的纸或纸板的厚度称为单层厚度。也可对多层试样施加静态负荷测量出多层纸页的厚度，除以层数后计算得出单层纸的厚度。

2. 纸张厚度的测量工具

机械式测厚仪是一种接触式测厚设备，多采用高精度传感器，因为它的测试只与微小位移有关，所以对试样没有选择性。机械式测厚仪的测试精度主要取决于位移传感器的精度，环境温度和风速会影响传感器的精度，因此必须在实验室环境内使用。

常见的测量头有两种：平面型测量头和球面型测量头。前者可以使试样的被测区域均匀受力，而后者易于实现上测量切面与下测量面的平行，但测量面积和压强无法控制和量化。多数机械式测厚仪选择平面型测量头，这样测试数据更具有代表性。

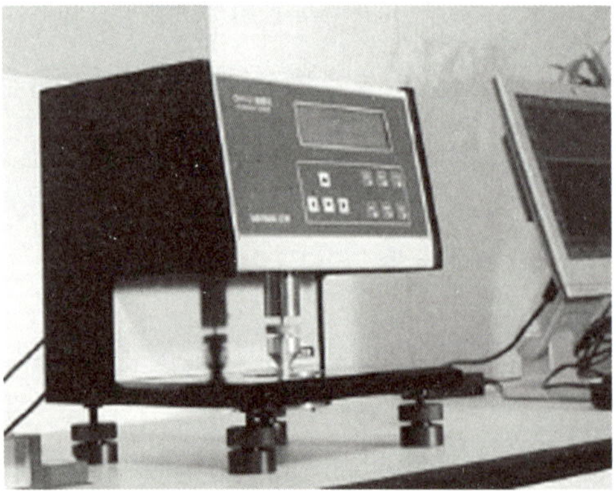

▲图 9-3　Labthink CHY-C1 厚度计

济南兰光机电技术有限公司生产的 CHY-C1（见图 9-3）是我国自主研发的第一款高精度机械式测厚仪，分辨率高达 0.1μm。

3. 纸张厚度的测量方法

纸张厚度的测量方法可执行《纸和纸板厚度的测定》（GB/T 451.3—2002）。亦可采用相同方法进行大于五次单张纸的测定。

4. 纸张厚度比对结果的判定

纸张厚度比对是纸张比对的一个参考项，因为同类纸张中只要纸张定量相同，其厚度也相差无几。因此，纸张厚度比对的判断可以参照定量比对执行。

（三）纸张规格检验

1. 纸张规格检验工具

游标卡尺是一种测量长度、内外径、深度的量具，由主尺和附在主尺上能滑动的游标两部分构成，若从背面看，游标是一个整体。深度尺与游标尺连在一起，可以测槽和筒的深度。

常用游标卡尺按其精度可分为三种，即 0.1mm、0.05mm 和 0.02mm。

2. 纸张规格检验方法

用软布将量爪擦干净，使其并拢，查看游标和主尺身的零刻度线是否对齐。如果对齐就可以进行测量，如果没有对齐则要校准。测量时，右手拿住尺身，大拇指移动游标，左手拿待测样品，使待测样品处于外测量爪之间，当与量爪相贴时，即可读数。

3. 纸张规格比对结果判定

对于两张纸之间的尺寸，一般只能给出一个参考值。只有当 1 张纸与 5 张以上的组合纸进行比对时，才能根据最大极差法判定其尺寸是否一致。

（四）纸张白度检验

1. 纸张白度

纸张白度是纸张一个重要技术指标，通常把完全反射漫射体（标准白）的白度规定为 100%，将纸样与标准样在白度计上进行比较，反射率小的白度低。白度高的纸，可增加墨迹与纸张的反差，使图文更清晰。用白度高的纸张印刷彩色图文，可增加颜色的鲜艳程度，彩色印刷时纸张白度越高色彩越真实。一般书刊纸白度要求为 55% ～ 75%，新闻纸要求白度为 45% ～ 52%，胶版彩印纸白度要求为 77% ～ 87%，彩印铜版纸要求白度为 80% ～ 85%。

2. 纸张白度检验工具

白度检测仪（hollow cone）又称为反射光度计、白度计，适用于非彩色表面平整的物体或粉末的白度测量，可以准确地得出与视感度相一致的白度值。对于经荧

▲图 9-4 国产手持白度计

光增白剂处理过的物体，可以定量反映荧光增白后的白度值。如果实验室资金不充足，可以配备一台国产的手持白度计，如图 9-4 所示。

3. 纸张白度检测方法

原始的白度测定方法是以纸样对照标准白度板以目测比较白度值。因误差太大，这种目测方法已被白度计测试法所取代。纸张白度计的测试原理：在一定几何条件下，把标准光投射于试样表面，再用光敏元件接收纸面漫反射的主波长 457nm 的蓝色光。以所接收的纸样漫反射光量与同样条件下标准白色物漫反射的主波长之比（%）表示白度测定值。现代白度计采用电子校准仪器，从而大大提高了测试精度。有条件的情况下，可执行《纸和纸板　CIE 白度的测定，C/2°（室内照明条件）》（GB/T 22879—2008）。[3]

4. 纸张白度比对结果的判定

该判定采用最大极差法。

四、纸张的紫外荧光检验

（一）紫外光源

紫外光源是以产生紫外辐射为主要目的的非照明用电光源。紫外辐射是波长小于紫色光波长的一定范围的电磁辐射，波长为 1 ～ 380nm，可划分为长波（代号 UV-A，波长 315 ～ 380nm）、中波（UV-B，280 ～ 315nm）、短波（UV-C，200 ～ 280nm）、真空（UV-D，1 ～ 200nm）四个波段，相应的紫外光源分别称为长波、中波、短波和真空紫外光源。紫外光源具有荧光效应、生物效应、光化学效应和光电效应。

（二）检验原理

由于纸张中所加入的荧光增白剂的化学组成和分子结构不同，或纸张中的纤维种类不同，或加入胶料、填料、色料不同，纸张的颜色反应和荧光反应会有所不同。因此，不同的纸张在紫外光源下也就呈现不同的颜色。

（三）检验方法

（1）至少选用 365nm 和 254nm 两个激光波长进行检验。

（2）检查时将不同的纸张平整置于紫外灯下，从不同的距离、不同的角度进行对比观察。

（3）对观察结果进行照相固定。

（4）最好用文检仪进行全程操作，这有利于检验数据的储存。

五、纸张的纹理扫描比对法

（一）纸张的纹理特征及其可提取性

纸张是以纤维作为主体构架，佐之填料、胶料以及其他助剂形成的薄片结构体。目前，绝大多数用于造纸的纤维都是植物纤维。不同类型的纸张，因其所使用的原材料成分、制备工艺不同，甚至是实际生产过程中的一些不确定因素，导致纸张纤维的配比、形态特征也存在差异。这种差异具体表现在纸张的纹理特征上，如图 9-5 所示。

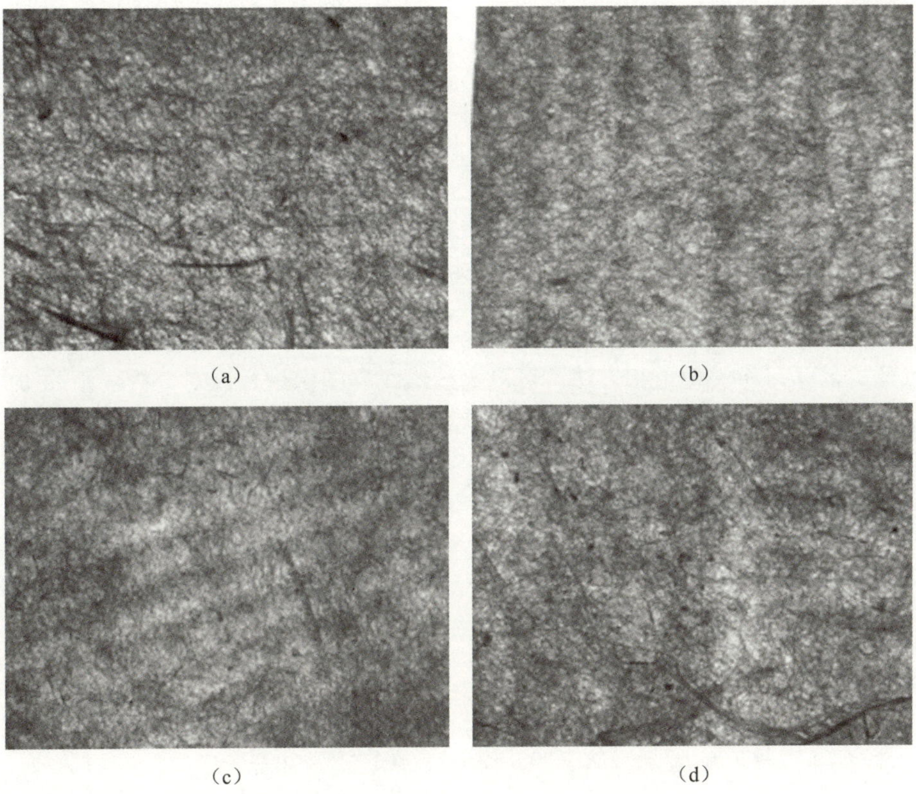

▲图 9-5　四种不同工艺的纸张纹理（放大 32 倍图像）

与纸张的其他物理和化学特征相比，纸张纹理特征稳定性高，不会因为纸张的使用、印刷、褶皱等外界环境因素发生改变。

与任何人为制造的材料或特征不同，纸张的纹理特征是自然形成的，它还具有随机性、唯一性和稳定性。

纹理结构特征可以通过低成本光学传感器扫描快速获取，无须使用高性能的专业仪器设备。因此，利用纸张内部的纹理结构对纸张进行鉴定分析，并以此为基础为案件的分析侦破提供线索，是一种可行的思路。

纹理图像处理与分析是计算机视觉和模式识别领域中一个非常热门而重要的分支方向。在丰富多彩的自然世界里，各种各样的物体表面都表现出一定的纹理特征。人眼可以成功地利用周围环境中物体所表现的纹理特性，获得有用的信息。人类视觉感知系统对外界的感知极大地依赖物体表面所表现的纹理特性，因此对纹理的感知是人类通过视觉系统认识外界的重要方式。

（二）纸张纹理的计算机鉴别

计算机视觉技术诞生以来，人类就希望能利用计算机技术来模拟人类的感知能力，协助人类更好地认识和改造客观世界，特别是近十年来，基于图像纹理特征分析的计算机视觉在工业质量监督与检测、机器人视觉、医学图像处理等诸多领域得到了许多成功的应用，有效地推动了信息科学，特别是计算机视觉和智能系统的发展。图像纹理分析是计算机视觉、模式识别等领域的重要研究方向之一，是当前世界各国相关领域专家和研究人员的热门研究项目。该领域研究过程中提出的相关理论和方法，为基于纹理特征的纸张鉴定分析提供了理论基础和技术支撑。

基于纸张纹理纤维分布的稳定特性，利用计算机视觉技术中的纹理图像分析方法以及机器学习相关理论和方法，可以对纤维纹理图像进行比对分析。相关研究也为纸张溯源提供了一些有效的方法。

第二节
纤维识别与造纸工艺检验技术

一、纸张的纤维识别技术

（一）生物显微镜下纤维识别

纸张中的主要原料是植物纤维，要鉴定这些纤维的种类，必须能对植物纤维形态特征进行辨别。植物纤维是由细胞构成的。由于植物各组织的机能和生理作用不同，细胞的形状也会各不相同。

（1）针叶木：交叉场的纹孔是鉴别针叶木纤维的主要依据。

（2）阔叶木：导管细胞的形态是鉴别阔叶木种属的重要依据，端部形状、穿孔形状、纹孔形状、排列状态以及本身形态大小，均与树种有关。

（3）草类纤维：草类纤维是由纤维细胞、薄壁细胞、表皮细胞、导管和石细胞所组成。纤维细胞一般细而短，两端尖细。薄壁细胞形状和大小不一，有杆状、长方形、正方形、椭圆形等。表皮细胞呈锯齿状，例如，麦草表皮细胞两边锯齿状细胞较粗，稻草表皮细胞两边锯齿状细胞较细，在显微镜下很容易区别。草类纤维中的导管有环状、螺纹状和纹孔状等各种形状，与阔叶木中导管有明显区别。石细胞与薄壁细胞较相似，但石细胞的细胞壁较厚，层次较多。

（4）棉纤维：成细长带状，细胞管腔较大，无杂细胞，在显微镜下很容易识别。[4,5]

更多的纤维识别技术详见本书第六章。

（二）纤维定量分析技术

1. 混浆纤维定量技术

草木混浆对纸张质量的影响与各种浆料在纸张中的配比密切相关。因为抄纸过程中各种浆料的保留率各不相同，使得这一配比又不完全等同于纸厂备浆的配比。比较草木混浆的定量分析结果，可以有效进行纸张区分。

传统的分析技术是利用光学显微镜对染色后的纤维进行分类、点数，然后通过重量因子来计算各种纤维在混浆中的配比，它已成为国际通用的标准方法（参见本书第六章）。这一方法依赖染色的有效性和分析人员对色彩的敏感性以及对各种纤维的分析经验。对一般的浆料，有经验的分析人员其定量分析的偏差可在 2% ～ 5%；而对于同时含有长木纤（主要指针叶木化学浆）、短木纤（主要指阔叶木化学浆）和草类纤维的复杂浆料，其偏差可能加倍或更大。[6]

2. 纤维形态分析技术

除了纤维的种类和定量外，纤维形态分析也是区分不同纸张的重要指标。纤维质量分析仪（FQA）用于纤维形态参数的快速分析与测量，其测量功能有测量纤维长度及其分布、纤维卷曲指数及分布数量和纤维扭结指数等。[7]

二、造纸工艺检验技术

（一）制浆工艺检验

1. 造纸制浆工艺分类

（1）化学制浆法。化学制浆法是指用化学药剂对原料进行处理制造纸浆的方法。工业生产上常用的方法有碱法制浆及亚硫酸盐法制浆两种。20 世纪 80 年代，世界纸浆约 70% 是采用此法生产的。

（2）机械制浆法。利用机械磨解作用制成的纸浆统称为机械浆。机械制浆法几乎不溶出原料中的木素，故制浆得率很高，加之不消耗化学药剂，因而是生产成本最低廉的一种制浆方法。但由于生产过程中纤维受到的摩擦撕裂作用的损伤较大，机械浆的物理强度低于其他浆种，浆中保留了大量木素，因而比较难漂白并易在光、热作用下变黄及发脆。

（3）化学热磨机械制浆法。生产时，先用化学品（一般为亚硫酸钠和烧碱）浸渍木片，然后通蒸汽加热木片，经过磨浆、筛选、漂白、洗涤，即获得漂白化学热磨机械浆。这种浆得率高达 91% ～ 96%（软木）或 88% ～ 95%（硬木），比化学浆高一倍。生产 1t 漂白化学热磨机械浆只需原木 2.8m^3。因此，生产化学热磨机械浆比生产化学浆可节约大量木材。

（4）半化学制浆法。半化学制浆法与化学机械法相似，是先对料片进行化学处理，然后再磨成纸浆。但化学处理程度比化学机械浆剧烈，除去原料中 25% ～ 50% 的木素和 30% ～ 40% 的半纤维素，胞间层物质部分溶出。半化学法制浆的制浆得率在 65% ～ 85%。[8]

2. 制浆方法的染色检验

制浆方法的染色检验采用染色剂法，五种常见染色剂为格拉夫“C”染色剂、赫兹伯格染色剂、舍律格尔染色剂、威尔逊染色剂、亚历山大染色剂。其中前两种是最常用的染色剂，其配方可以查阅本书第六章。

五种染色剂归纳起来分为两类，即碘染色剂和染料染色剂。纤维染色是基于这样的事实，即木素对某些盐类及碱性染料有亲和力，半纤维素对碘具有亲和力（染色剂中的氯化锌能增进半纤维素对碘的吸收），纤维素则对直接染料有亲和力。含木素多的纤维被染成黄色是因为木素不容易吸收碘而阻碍氯化锌对半纤维素的润胀作用，而后者吸收碘呈蓝色。蒸煮过程能降低木素含量，故未蒸煮的浆呈黄色，一般蒸煮的浆呈蓝色，高纯度的浆呈红色。由此可知，磨木浆呈黄色，化学浆呈蓝色，破布浆呈酒红色。

碘试剂明显区分机械木浆与化学浆，但对机械木浆中的针叶木浆和阔叶木浆则不易区分，因而只得依靠染料。其操作为加 2 ～ 3 滴溶剂 A（1g 硫酸苯胺溶于 50mL 蒸馏水中，再加一滴浓硫酸），此时所有的机械木浆呈黄色。用滤纸吸去多余染液，再加 2 ～ 3 滴 B 液（0.1g 甲基蓝溶于 50mL 蒸馏水中），此时阔叶木机械浆呈现浅蓝绿色。[5]

（二）抄纸工艺检验与识别

1. 抄纸工艺分类

（1）手工纸。手工纸是以手工方式抄造而成的纸。手工纸这一名词是在 19 世纪发明了造纸机，纸张大量使用机械化造纸机生产以后，为了区别采用不同方法生产出来的纸张才出现的。传统手工纸和现代手工纸的概念也略有区别。传统手工纸基本上不使用动力机械。而现代对凡是采用竹帘或框架滤网等简单工具，以手工操作抄制而得的纸，都可以称为手工纸，而不管在其他工序中是否使用过动力机械处理。

（2）圆网造纸机。圆网造纸机是以圆网为成形器的造纸机，一般由一道压榨、一道托辊压榨和 1 ～ 2 个直径较大的烘缸组成，多用于抄造文化用纸或包装纸类。圆网造纸机结构简单、造价低，多为一般中小造纸厂采用。图 9-6 为一款国产圆网造纸机。

（3）长网造纸机。长网造纸机是应用最广泛的造纸机。长网造纸机又称为长网纸机，主要特征是具有一个由无端网构成传送带式的成形部。图 9-7 为国内某厂家生产的长网造纸机。

▲图 9-6　泌阳精密圆网造纸厂生产的圆网造纸机

▲图 9-7　长网造纸机

2. 抄纸工艺识别

（1）手工纸与机制纸的特征与区别。

1）看网纹，摸网纹。手工纸的网纹是抄纸的小竹帘造成的痕迹，非常清晰，能看得出但摸不出。机制纸的网纹看得出也摸得出。

2）看正反面。手工纸的里面光滑，外面稍粗糙。机制纸的两面几乎难以分辨。宣纸出售时，一刀纸都是卷起来的，卷在里面的是正面，外面是反面。

（2）圆网纸与长网纸的特征与区别。由于圆网造纸机和长网造纸机在纸张抄造过程中湿纸页形成的机理和对纸张作用都有所区别，即使用完全相同的纸浆生产同一品种的纸张，两种不同的造纸机生产出的纸往往差别很大，无论其物理性能还是外观质量和印刷性能，圆网纸都比长网纸差。比较突出的表现在以下几个方面：

1）在拉伸强度方面，圆网纸的横向与纵向差异较大，而长网纸的横向与纵向拉伸强度接近。

2）在平滑度两面差方面，圆网纸一般比长网纸大。

3）在匀度方面，圆网纸一般比长网纸要差。

4）圆网纸出现纸病比长网纸多，如尘埃、浆块和翘边等。

（三）施胶工艺检验与识别

1. 施胶方法

为了增强纸张的抗水能力，防止或减少墨水在纸面上的渗散，需要用胶料掩盖纤维表面，弥合纤维间的空隙。施胶分为内部施胶和表面施胶两种方法。

内部施胶是将胶料加入纸浆中，再抄成具有憎液性的纸和纸板。常用胶料有松香胶料和合成胶料。

表面施胶是在纸张表面涂上一层薄的胶料，从而使纸张具有憎液性能。

2. 各种胶料的化学分析法

（1）松香胶的检验。松香胶是最普通的施胶物质，由碱和松香制成。当足够碱量使其松香全部皂化后，就形成中性胶或褐色松香胶。若松香部分皂化，则有部分游离松香，此时称为白色松香胶。松香胶用水稀释后再加入纸浆中。

检验是否有松香胶的存在，可采用李普曼－史多希试验或瑞司派尔试验。李普曼－史多希试验是将 1g 纸张剪成小片，放在洁净的试管中，加入 5mL 乙酐，在通风橱内煮沸到体积为 1mL，然后倒入干净的瓷坩埚中，冷却至室温再加入 1 滴浓硫酸，在硫酸和乙酐溶液交界处可形成玫瑰紫红色。瑞司派尔试验是将纸样放在玻璃板或瓷板上，加 1 滴饱和蔗糖溶液于纸表面，5s 后用滤纸吸去多余糖液，再加 1 滴浓硫酸于上述那滴位置上，几秒钟后可变成红色。

（2）淀粉胶的检验。淀粉也是广泛使用的施胶剂，用于内部施胶、表面施胶或是作为颜色涂布的黏合剂。可采用碘染色法试验检验淀粉胶。滴 1 滴碘－碘化钾水溶液在纸上，若有淀粉存在，则几秒后会显蓝色；若淀粉有较大的分解，则为紫色。如果纸上有干扰物质，可以用水提取纸张后，检验水溶液。

（3）蛋白质的检验。各种来源的蛋白质都有可能用于造纸，但最常见的是动物胶、干酪素和大豆蛋白。蛋白质可采用水合茚三酮、缩二脲及米隆检验。

滴 1 滴 0.3% 水合茚三酮的乙醇溶液于纸面上，在 160℃烘箱中加热几分钟，若有动物胶存在则呈现紫色。

米隆试验检验的是酪素和大豆蛋白质。用硝酸汞溶于 10% 稀硝酸中形成米隆试液，在纸样上滴 1 滴米隆试液，用电吹风加热，若存在酪素或大豆蛋白质则会呈砖红色。如果纸上的含量少时，利用 1% 氢氧化钠溶液煮沸小纸片，提取液过滤，再用稀硝酸中和，然后加 2mL 米隆试液和 1mL1% 亚硝酸钠溶液，溶液加热至沸后呈砖红色则表示干酪素或大豆蛋白质的存在。[5]

第三节 纸张的仪器分析检验技术

一、薄层色谱检验技术

（一）薄层色谱法的基本原理

薄层色谱法是一种吸附薄层色谱分离法，它利用各成分对同一吸附剂吸附能力的不同，使在流动相（溶剂）流过固定相（吸附剂）的过程中，连续产生吸附、解吸附、再吸附、再解吸附，从而达到各成分互相分离的目的。

薄层层析可根据作为固定相的支持物不同，分为薄层吸附层析（吸附剂）、薄层分配层析（纤维素）、薄层离子交换层析（离子交换剂）、薄层凝胶层析（分子筛凝胶）等。一般实验中应用较多的是以吸附剂为固定相的薄层吸附层析。

吸附是表面的一个重要性质。任何两个相都可以形成表面，吸附就是其中一个相的物质或溶解于其中的溶质在此表面上的密集现象。在固体与气体之间、固体与液体之间、吸附液体与气体之间的表面上，都可能发生吸附现象。

物质分子之所以能在固体表面停留，这是因为固体表面的分子（离子或原子）和固体内部分子所受的吸引力不相等。在固体内部，分子之间相互作用的力是对称的，其力场互相抵消。而处于固体表面的分子所受的力是不对称的，向内的一面受到固体内部分子的作用力大，而表面层所受的作用力小，因而气体或溶质分子在运动中遇到固体表面时受这种剩余力的影响，就会被吸引而停留下来。吸附过程是可逆的，被吸附物在一定条件下可以被解吸出来。在单位时间内被吸附于吸附剂的某一表面上的分子和同一单位时间内离开此表面的分子之间可以建立动态平衡，称为吸附平衡。吸附层析过程就是不断地产生平衡与不平衡、吸附与解吸的动态平衡过程。

（二）比移值

比移值（R_f）是物质在硅胶层析板上移动的距离和溶剂线的距离的比值。一般物质的 R_f 值都是不同的，可以通过 R_f 值判断是否是目标产物。图 9-8 为 R_f 值计算方法示意图。

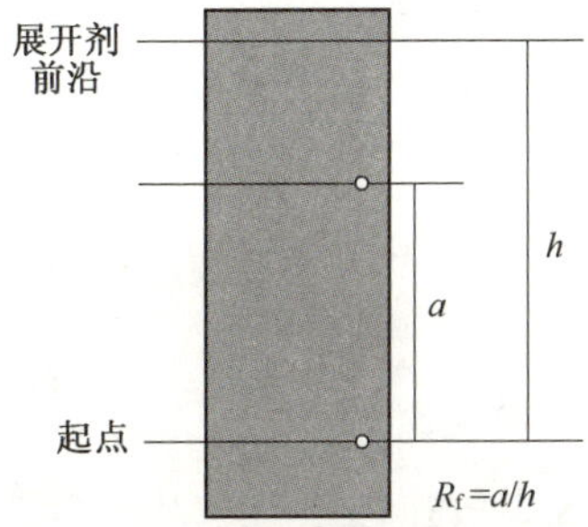

▲图 9-8　R_f 值计算方法示意

（三）薄层色谱扫描仪器

薄层色谱扫描仪是对薄层色谱进行定量检测分析的仪器。图 9-9 是日本岛津公司产薄层扫描仪。

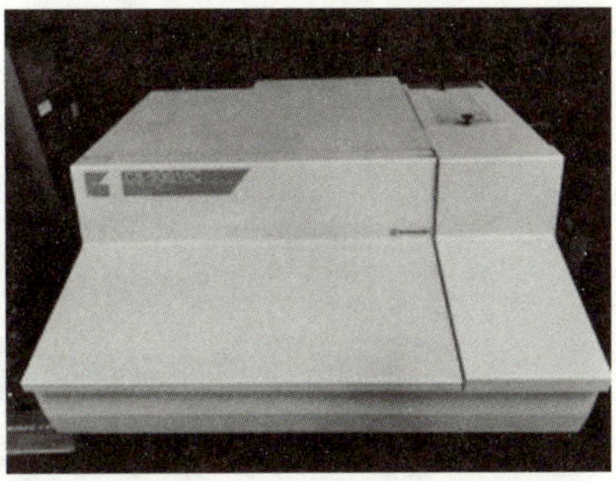
▲图 9-9　日本岛津公司产薄层扫描仪

（1）双波长扫描：两个不同波长的光束交替扫描样品展开的通道区域，波长选择时，一个波长为样品最大吸收位置，另一个是吸收极小值位置。

根据光源大小（扫描精度）不同可将扫描方式分为直线扫描和锯齿扫描。

（2）直线扫描：用可以覆盖样品展开通道的宽光束一次性扫完整个展开通道，即在展开方向上，每个点的数据只是一个扫描数据点。

（3）锯齿扫描：采用点状光源，光点尺寸小于通道宽度，因此在展开方向移动到任何一点时，光源都要逐点沿样品通道方向扫描，即形成“之”形（或锯齿形扫描）。这样，在展开方向上每一点的数据都是多个点扫描结果的累加值。锯齿扫描的精度相对直线扫描明显提高。

当前，在定量分析中，薄层扫描多采用双波长锯齿扫描。

（四）薄层色谱法应用于纸张检验的技术原理

薄层色谱属于一种液相分离技术，可以将纸张中用有机溶剂提取出来的混合物质采用吸附和解吸的原理分离开来，形成不同斑点，再对分离开的各种斑点进行定量检验。

该方法的有效性取决于提取剂的选择以及展开体系的选择。提取不同的组分，应选择不同的提取剂及展开剂。

（五）检验方法

1. 综合组分检验法

（1）样品的提取。

1）提取剂的选择。提取剂的选择应以尽可能多地溶解纸中的有机物为准。常

第九章

用中性溶剂如乙醇或氯仿。有时也用弱酸性的乙醇为溶剂或者苯－乙醇混合溶剂以期望提取更多的有机组分。中性溶剂适于提取松香施胶的纸张。纸张的用量视其厚度而定，对于新闻纸、打印纸、书写纸等以 3cm×6cm 为宜。

2）提取操作：剪取的检材与比对样品纸样分别放于锥形瓶中加入 5mL 提取剂放置过夜（约 20h）。过滤后移至容器中，在 80 ～ 100℃红外灯下浓缩至 0.5mL 备用，或者放在锥形小瓶中在氮气吹扫下浓缩。

（2）层析用的展开剂。有四种展开剂可供比对使用：

1）苯、甲醇的体积比 95:5。

2）苯、石油醚、乙醇的体积比 5:5:1。

3）氯仿、乙醚的体积比 85:5。

4）苯、乙醇、冰醋酸的体积比 45:8:4。

（3）层析。采用德国产莫克板，经过标准的活化处理，点样展开。根据纸的具体情况，选择一种或两种展开剂层析，或者采用双向展开的方式。层析的方法如果用得好，有时能使同一厂家不同批号的纸样得以区分。[5]

2. 色料检验法

除有色纸张外，通常为了调色，会在纸浆中加入品蓝色色料。品蓝又称亚甲蓝，是属于噻嗪类碱性染料。该染料能溶于水、乙醇、氯仿，故使用乙醇溶剂浸泡纸张，然后浓缩乙醇液，可以观察到淡蓝色的溶液；使用可见吸收光谱法可以测得最大吸收峰应在 609nm 和 668nm；使用薄层色谱法测得其 R_f 值，也能作为鉴定数据之一。推荐的展开剂配方有以下三组：

（1）正丁醇、无水乙醇、水、醋酸（36%）的体积比是 6:2:2:1。

（2）正丁醇、丁酮、无水乙醇、氨水的体积比是 10:6:1:5。

（3）正丁醇、无水乙醇、水的体积比是 10:3:4。

这三种展开剂也可以用来层析有色纸中的染料成分。R_f 值与展开剂的性质、层析板的特性以及试验条件有关，故鉴定时必须取已知的标准染料做参比，并同时观察它在薄层板上于白光和紫外光下的颜色。

3. 荧光增白剂检验法

除了品蓝染料外，目前纸张中更多地使用荧光增白剂。它吸收紫外线后会发出蓝色的光，因而显著增加了白度。常见的染料有三种类型，即带有磺酸基团的二氨基二苯乙烯类衍生物、苯骈咪唑类衍生物和咪唑酮类衍生物。下面介绍最常见的二苯乙烯类荧光增白剂的检验方法。

使用丙酮、吡啶 : 水（1:1）、二氧六环 : 水（1:1）等溶剂将纸上的水溶性荧光增白剂提取出来，然后使用正丁醇 : 乙醇 : 吡啶 : 氨水（4:1:3:2），氯仿 : 甲醇 : 氨水 : 水（11:7:1:1），或正丙醇 : 异丙醇 : 乙酸乙酯 : 水 : 氨水（23:23:30:23:1）等展开剂进行分析。分析过程中建议使用增白剂标准品作为参比项。[5]

4. 复印纸单糖定量法

（1）标准溶液的配制。准确称取 D- 葡萄糖、D- 木糖、D- 甘露糖、D- 阿拉伯糖、D- 半乳糖各 3.00g，分别溶于少量蒸馏水中，并定容于 50mL 容量瓶中，摇匀备用，得 5 种单糖的标准储备液。

（2）显色剂的配制。将 0.93g 苯胺和 1.66g 草酸溶于被水饱和的 100mL 正丁醇中得苯胺 - 草酸溶液显色剂。

（3）复印纸样品的水解。将复印纸样品剪碎，风干 24h 后，准确称取干燥的复印纸样品 0.30g 置于 25mL 试管中，用 5mL 移液管移取 3mL72% 硫酸加入试管中，插入尖头玻璃棒搅匀后在 30℃水浴上加热 1h。用 66mL 蒸馏水分数次洗至 200mL 烧杯中，置于高压锅中，在 120℃再水解 1h。冷却后，加入 6mol/L 的 NaOH 溶液调节 pH 为中性，再减压蒸馏，浓缩到一定体积备检。

（4）展开体系。

1）薄层板：硅胶 G（青岛海洋化工厂产）。

2）展开剂：正丁醇、乙酸乙酯、异丙醇、乙酸、吡啶、水的体积比是 7:20:12:7:6:5。

（5）测定波长。测定波长：510nm；参比波长：610nm。

（6）检测过程。纸张水解后的混合样品中含有木糖、阿拉伯糖、甘露糖、葡萄糖、半乳糖成分，其 R_f 值与标准糖样的相同，但各种单糖显色后的颜色深浅不同，说明纸张中含有各种单糖的含量不同。

不同复印纸样品水解后，按照上述条件进行薄层层析，然后进行薄层扫描定量分析，可得到样品的各种单糖的含量。选择含量最高的葡萄糖进行检测，可以获得更好的稳定性。当然亦可选用其他单糖进行定量分析。[9]

二、红外光谱检验技术

（一）红外光谱仪

红外光谱仪是利用物质对不同波长的红外辐射的吸收特性，分析分子结构和化学组成的仪器。红外光谱仪通常由光源、单色器、探测器和计算机处理信息系统组成。根据分光装置的不同，分为色散型和干涉型。对色散型双光路光学零位平衡红外分光光度计而言，当样品吸收了一定频率的红外辐射后，分子的振动能级发生跃迁，透过的光束中相应频率的光被减弱，造成参比光路与样品光路相应辐射的强度差，从而得到所测样品的红外光谱。

傅里叶变换红外光谱仪被称为第三代红外光谱仪，利用麦克尔逊干涉仪将两束光程差按一定速度变化的复色红外光相互干涉，形成干涉光，再与样品作用。探测器将得到的干涉信号送入计算机进行傅里叶变化的数学处理，把干涉图还原成光谱图。

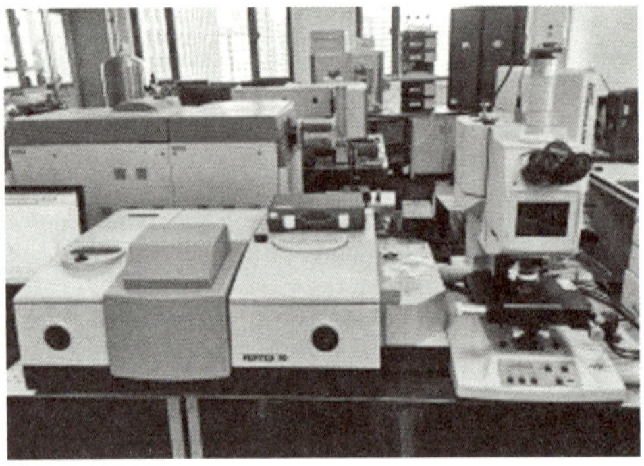

▲图 9-10 傅里叶变换红外光谱仪

传统透射技术中分析固体样品时可采用 KBr 压片法。选用通用的样品夹将锭片固定后，放到样品室的支架上进行测量。而对于液体样品，可采用液体池进行测量。图 9-10 是一台带红外显微镜的傅里叶变换红外光谱仪。

（二）衰减全反射采样技术

常规的透射式红外光谱法以透过样品的干涉辐射所携带的物质信息来分析该样品，该方法要求样品具有很好的红外线通透性。但很多物质如纤维、橡胶等都是不透明的，难以用透射式红外光谱来测量，另外有时人们对分析物表面感兴趣，在这些情况下，红外反射就成为有力的分析工具。

衰减全反射采样技术（Attenua tedtotal reflectance，ATR），是分子光谱尤其是红外光谱重要的采样技术之一。与传统的透射方法相比，ATR 具有无须破坏样品，可直接对样品进行鉴定，以及操作方便等诸多优点。

（三）红外光谱的检测机理

红外光谱可以研究分子的结构和化学键，如分子力常数的测定和分子对称性等，利用红外光谱方法可测定分子的键长和键角，并由此推测分子的立体构型。分子中的某些基团或化学键在不同化合物中所对应的谱带波数基本上是固定的或只在小波段范围内变化，因此，许多有机官能团，例如甲基、亚甲基、羰基、氰基、羟基、胺基等在红外光谱中都有特征吸收，通过红外光谱测定，人们就可以判定未知样品中存在哪些有机官能团，这为最终确定未知物的化学结构奠定了基础。

（四）傅里叶变换红外光谱法检验纸张

1. 采样方法

采用 ATR 采样附件。

2. 红外光谱范围及分析

红外光谱采集的光谱范围是 4000cm^{-1} 到 400cm^{-1}，其中 4000cm^{-1} 到 2000cm^{-1} 范

围中光谱反映的是 O–H 官能团的吸收峰，与样品的含水量及环境有很大关系，这只能反映出检材对水的亲和能力和历史储水情况，利用这些信号峰比对有时会造成误导，除非想分析两种纸的亲水性。图 9–11 是某品牌复印纸经三次实验得到的红外光谱图，可以看到其重性较好。

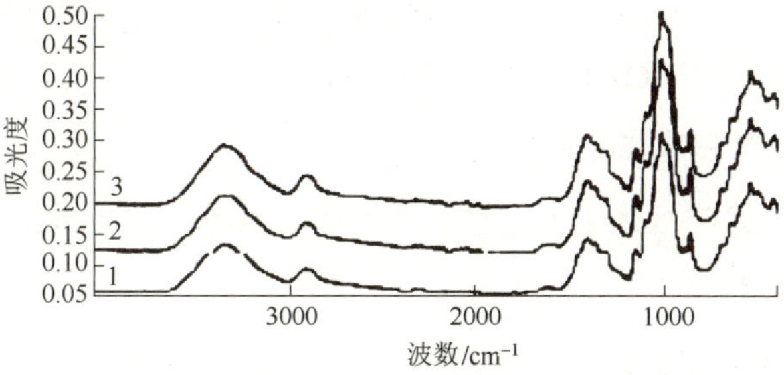

▲图 9–11　某品牌纸张三次重复性实验的红外光谱图

去掉 4000cm^{-1} 到 2000cm^{-1} 波数范围，以复印纸为例，检测到的红外光谱图主要体现的是纤维素和无机填料的吸收峰。由图 9–12 可知，该复印纸中无机填料有碳酸钙特征吸收峰，在 1412cm^{-1}、880cm^{-1} 与 712cm^{-1} 附近，这几个峰分别对应的是 C–O 的非对称伸缩振动，C–O 的对称伸缩振动和 C–O 的面内弯曲振动。纤维素的特征吸收峰由 1050cm^{-1} 附近几个小峰组合而成，1160cm^{-1} 峰对应的是非对称环呼吸振动，1102cm^{-1} 峰对应的是糖苷的 C–O–C 伸缩振动模式，1051cm^{-1} 和 1028cm^{-1} 峰分别对应的是纤维素醇羟基 C–OH 的中等强度和高强伸缩振动模式。

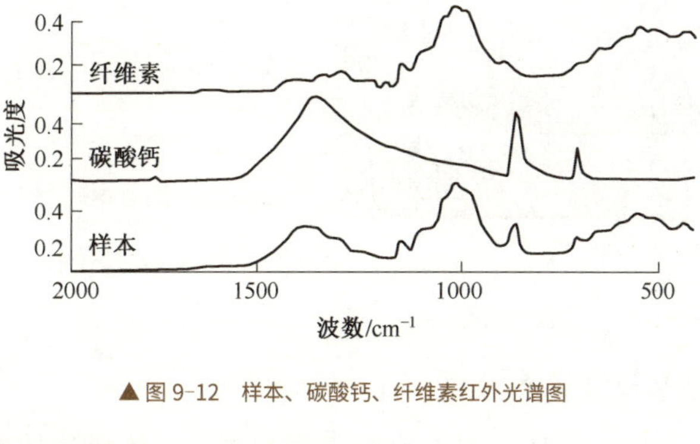

▲图 9–12　样本、碳酸钙、纤维素红外光谱图

3. 不同填料成分的区分

因为不同矿物填料成分不同，红外吸收峰的位置也会不同，所以用红外光谱可以实现不同填料成分的纸张的区分。

4. 相同填料成分的定量比对分析

如果仅仅通过检测纸张的填料成分的不同来区分纸张，那选用 X 射线荧光光谱、ICP 等许多仪器都更有优势。

红外光谱仪检测纸张的一个优势体现在它可以对相同填料成分的纸张进行比对检验。利用纤维素和无机填料峰面积的比值作为区别同类纸的指标。[10, 11]

（五）近红外光谱法测定纸张含水量和施胶度

1. 近红外光谱法测定纸张含水量 [10]

近红外光谱法被用于纸张含水量的测定，具体方法参照《纸张定量、水分的在线测定（近红外法）》（QBT 2812—2006）。

2. 近红外光谱法测定纸张施胶度

纸张近红外光谱与纸张施胶度有较好的相关性，但必须建立测定纸张施胶度的校正模型，建议采用最小二乘法建模。[12-14]

三、拉曼光谱检验技术

（一）拉曼光谱原理

拉曼光谱（Raman spectra）是一种散射光谱。拉曼光谱分析法是基于印度科学家 C.V. 拉曼所发现的拉曼散射效应，对与入射光频率不同的散射光谱进行分析以得到分子振动、转动方面的信息，并应用于分子结构研究的一种分析方法。

▲图 9-13　英国雷尼绍产拉曼光谱仪

光照射到物质上发生弹性散射和非弹性散射。弹性散射的散射光是与激发光波长相同的成分，非弹性散射的散射光有比激发光波长长的和短的成分，统称为拉曼效应。拉曼效应是光子与光学支声子相互作用的结果。

拉曼效应起源于分子振动与转动，因此从拉曼光谱中可以得到分子振动能级与转动能级结构的信息。

英国雷尼绍产拉曼光谱仪如图 9-13 所示。

（二）表面增强拉曼光谱

Fleischmann 等人于 1974 年对光滑银电极表面进行粗糙化处理后，首次获得吸附在银电极表面上单分子层吡啶分子的高质量的拉曼光谱。随后 Van Duyne 及其合作者通过系统的试验和计算发现吸附在粗糙银表面上的每个吡啶分子的拉曼散射信号与溶液相中的吡啶的拉曼散射信号相比，增强约 6 个数量级，指出这是一种与粗糙表面相关的表面增强效应，被称为表面增强拉曼光谱（Surface-enhanced Raman Spectroscopy，SERS）效应。

（三）表面增强拉曼光谱检测复印纸[15]

1. 样品处理

采用瑞源国际公司提供的希格玛-阿尔德里奇公司（Sigma-Aldrich Company Ltd.）产双组分银胶试剂进行表面处理。

取样本 2mm 见方，将其贴在载玻片上，在样本上均匀涂上试剂 1，待其自干后，再均匀涂上试剂 2，待其自然干燥后备检。

2. 试验条件

采用英国雷尼绍公司拉曼光谱仪进行检测，激光光源 514nm；激光效率 10% ～ 50%，狭缝 15μm；物镜 50 倍；采谱时间 20s，累积 3 次。

3. 检测结果分析

图 9-14 是某复印纸表面增强处理前后的谱图对比，下方为未经表面处理的样品的拉曼谱图，上方为经过表面处理的样品的拉曼谱图。

图 9-15 是某复印纸表面增强处理后的谱图再经过 Baseline 处理得到的拉曼光谱图。

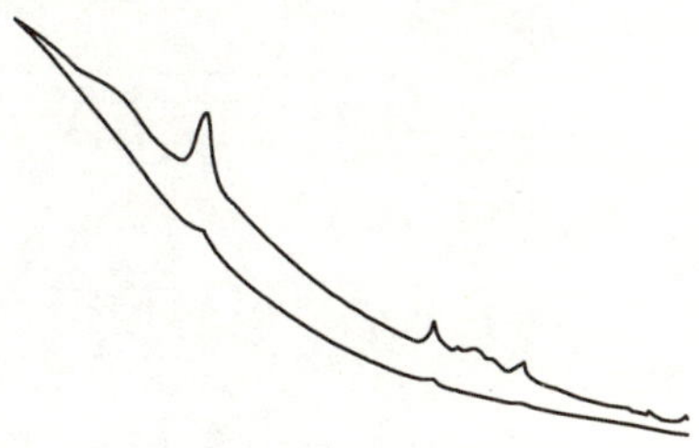

▲图 9-14　某复印纸表面增强处理前后谱图对比

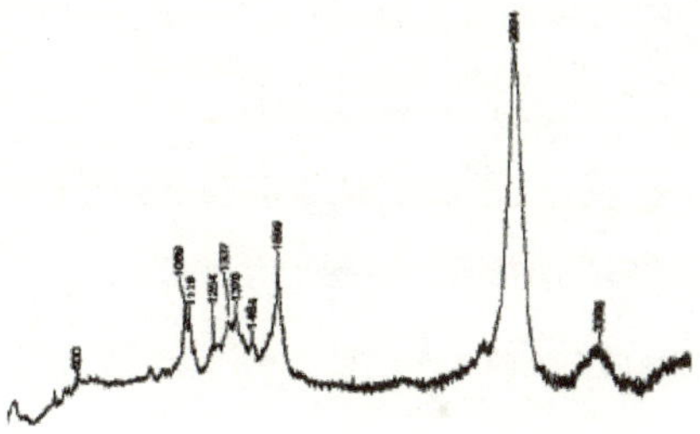

▲图 19-15　某复印纸的拉曼光谱

表面增强后的拉曼光谱图具有丰富的拉曼峰，与其他方法配合使用，可以大大提高纸张检验的区分率。

由于纸张中含有多种施胶剂以及不同染料，成分较为复杂，所以用表面增强法检测到的组分目前只能进行比对检验而未能进行组分分析。

四、扫描电镜 / 能谱检验技术

（一）扫描电镜 / 能谱

1. 扫描电镜

扫描电镜（SEM）是介于透射电镜和光学显微镜之间的一种微观形貌观察手段，可直接利用样品表面材料的物质性能进行微观成像。扫描电镜的优点：有较高的放大倍数，2 倍～ 20 万倍之间连续可调；有很大的景深，视野大，成像富有立体感，可直接观察各种试样凹凸不平表面的细微结构；试样制备简单。

扫描电镜从原理上讲就是利用聚焦得非常细的高能电子束在试样上扫描，激发出各种物理信息。通过对这些信息的接收、放大和显示成像，获得试样的表面形貌。

2.X 射线能量色散谱仪

当 X 射线光子进入检测器后，在 Si（Li）晶体内激发出一定数目的电子空穴对。而一个空穴对的最低平均能量 ε 是一定的（在低温下平均为 3.8ev），由一个 X 射线光子造成的空穴对的数目为 $N=\Delta E/\varepsilon$，因此，入射 X 射线光子的能量越高，N 就越大。利用加在晶体两端的偏压收集电子空穴对，经过前置放大器转换成电流脉冲，电流脉冲的高度取决于 N 的大小。电流脉冲经过主放大器转换成电压脉冲进入多道脉冲高度分析器，脉冲高度分析器按高度把脉冲分类进行计数，这样就可以描绘出一张 X 射线按能量大小分布的图谱。

X 射线能量色散谱仪（EDX）是借助于分析试样发出的元素特征 X 射线波长和强度实现的，根据不同元素 X 射线波长的不同特征来测定试样所含的元素。通过对比不同元素谱线的强度可以测定试样中元素的含量。

▲图 9-16　美国产 SEM/EDX 联用仪

3.SEM/EDX 联用技术

扫描电镜与 X 射线能量色谱仪联用，可以同时进行显微组织形貌的观察和微区成分分析，是当今十分有用的科学研究仪器。图 9-16 为美国产的一种 SEM/EDX 联用仪。

（二）SEM/EDX 进行纸张检验的机理

1. 显微形态的分析

纸张是三维立体结构，由纤维、填料、胶料和其他助剂共同组成。纤维的形态特征和立体尺寸、填料颗粒的形态特征和大小尺寸形成了纸张的微观结构特征。扫描电子显微镜可以清楚地反映和记录这些微观特征，是观察分析样品微观结构方便、易行的有效方法，样品无须制备，只需直接放入样品室内即可放大观察。同时，扫描电子显微镜可以实现试样从低倍到高倍的定位分析，在样品室中的试样不仅可以沿三维空间移动，还能够根据观察需要进行空间转动，以利于使用者对感兴趣的部位进行连续、系统的观察分析。扫描电子显微镜拍出的图像真实、清晰，并富有立体感。

2. 微区成分分析

配有 X 射线能量色谱仪的扫描电子显微镜，可以在观察微观形态的同时进行微区成分的分析，具体到纸张检验，就是直观地把电子束聚焦于填料颗粒上进行填料的无机元素分析。由于纸张不导电，进行微区成分分析时，需要进行导电处理，如果兼顾形态和成分分析，可以在表面进行金离子溅射。

（三）检验方法

1. 截面制样法

将纸张在液氮里浸渍一下然后取出快速掰断（不能用剪刀剪，会破坏截面形貌）；将纸张断面朝上，用导电胶粘在电镜样品台的侧面，喷金后备用。

图 9-17 是一起假币案件中水印纸的横切面对比图（截面是刀切的），左边是真币横切面，右边是假币横切面，可以检测出二者微观形貌存在明显差异。该图片未经过喷金处理，采用环境扫描电镜低加速电压直接测得。

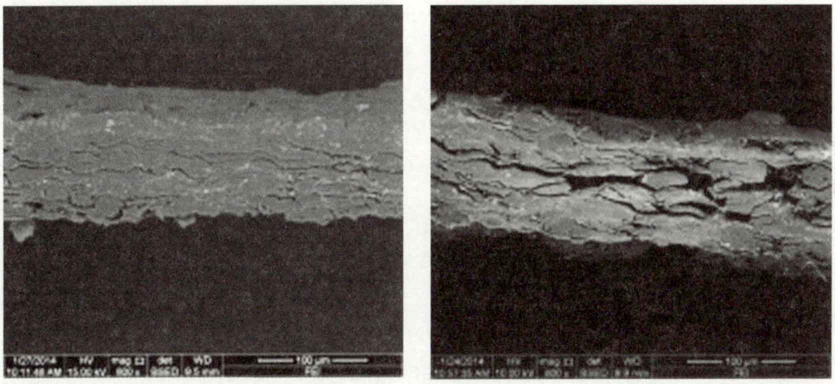

▲图 9-17 一起假币案件的水印切面位置的扫描电镜显微对比

2. 常规制样法

纸张的常规制样可直接用钻孔取样器取两个样，按正反两面放置备检。如果进行 X 射线能量色谱检验则需要进行喷金或喷碳处理。[16，17]

3. 检验条件

放大倍数一般选取 500 ～ 1000 倍，加速电压一般选取 15 ～ 20kV。

（四）比对判断依据

（1）纤维的形态特征以纤维种类和尺寸为依据。

（2）填料成分以元素组成为依据，兼顾填料颗粒的形态、大小以及在纤维中的分布。

（3）表面的平整度可以以显微照片为依据。

五、X 射线荧光光谱检验技术

（一）X 射线荧光光谱检验技术的定义

X 射线荧光光谱检验技术是利用初级 X 射线光子或其他微观离子激发待测物质

中的原子，使之产生荧光（次级 X 射线）而进行物质成分分析和化学态研究的方法。按激发、色散和探测方法的不同，可将其分为 X 射线光谱法（波长色散）和 X 射线能量色谱法（能量色散）。图 9-18 为 X 射线荧光分析仪。

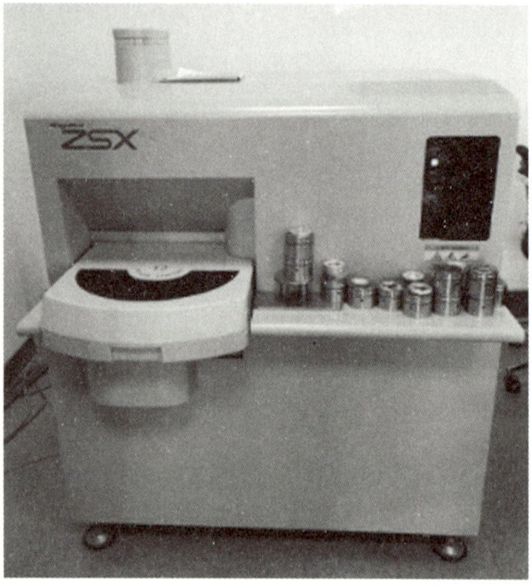

▲图 9-18　X 射线荧光分析仪

（二）X 射线荧光分析仪的工作原理

X 射线荧光就是被分析样品在 X 射线照射下发出的 X 射线，它包含了被分析样品化学组成的信息，通过对上述 X 射线荧光的分析确定被测样品中各组分含量的仪器就是 X 射线荧光分析仪。

根据原子物理学的知识，每一种化学元素的原子都有其特定的能级结构，其核外电子都以各自特有的能量在各自的固定轨道上运行，内层电子在足够能量的 X 射线照射下脱离原子的束缚，成为自由电子，我们就说原子被激发了，即其处于激发态，这时，其他的外层电子便会填补这一空位，也就是跃迁，同时以发出 X 射线的形式放出能量。因为每一种元素的原子能级结构都是特定的，它被激发后跃迁时放出的 X 射线的能量也是特定的，所以称之为特征 X 射线。通过测定特征 X 射线的能量，便可以确定相应元素的存在，而特征 X 射线的强弱则代表该元素的含量。

根据量子力学知识，X 射线具有波粒二象性，它既可以看作是粒子，也可以看作是电磁波。看作粒子时的能量和看作电磁波时的波长有着一一对应关系。这就是著名的普朗克公式：$E=hc/\lambda$。显然，无论是测定能量，还是波长，都可以实现对相应元素的分析，其效果是完全一样的。

（三）仪器分类

根据分光方式的不同，X 射线荧光分析仪可分为能量色散和波长色散两类，也就是通常所说的能谱仪和波谱仪，分别缩写为 EDXRF 和 WDXRF。

通过测定 X 射线荧光的能量实现对被测样品的分析的方式称为能量色散 X 射线荧光分析，相应的仪器称为能谱仪，通过测定 X 射线荧光的波长实现对被测样品分析的方式称为波长色散 X 射线荧光分析，相应的仪器称为 X 射线荧光光谱仪。

（四）X 射线荧光光谱检测纸张中无机元素的方法[18]

1. 仪器及条件设置

日本理学电机株式会社生产的 ZSX100e 型波长色散 X 射线荧光光谱仪，Rh 靶，额定功率 4kW。

2. 样品制备

将样品剪成直径为 20mm 的圆片，安装在透空样品盒中放进样品室。

3. 检测

选用适当的检测条件进行不同元素的检验。检测时注意按纸张相同的正反面放置样品进行检验。

4. 数据处理

进行比对检验时，采用 T 检验法对各组数据进行数据处理，判断其是否具有显著性差异。

六、X 射线衍射检验技术

（一）X 射线衍射仪工作原理

X 射线的波长和晶体内部原子之间的间距相近，晶体可以作为 X 射线的空间衍射光栅，即一束 X 射线照射到物体上时，受到物体中原子的散射，每个原子都产生散射波，这些波互相干涉，结果就产生衍射。衍射波叠加的结果使射线的强度在某些方向上加强，在其他方向上减弱。分析衍射结果，便可获得晶体结构。以上是 1912 年德国物理学家劳厄（M.Von Laue）提出的一个重要科学预见，随即被实验所证实。1913 年，英国物理学家布拉格父子（W.H.Bragg，W.L.Bragg）在劳厄的基础上，不仅成功地测定了 NaCl、KCl 等晶体结构，还提出了作为晶体衍射基础的著名公式——布拉格方程，即 $2d\sin\theta=n\lambda$。

对于晶体材料，当待测晶体与入射光束呈不同角度时，那些满足布拉格衍射的晶面就会被检测出来，体现在 XRD 图谱上就是具有不同的衍射强度的衍射峰。对于非晶体材料，由于其结构不存在晶体结构中原子排列的长程有序，只是在几个原子范围内存在着短程有序，故非晶体材料的 XRD 图谱为一些漫散射馒头峰。

X 射线衍射仪是利用衍射原理，精确测定物质的晶体结构，因而可以精确地进行物相分析、定性分析、定量分析。图 9-19 为 X 射线衍射仪示意图。

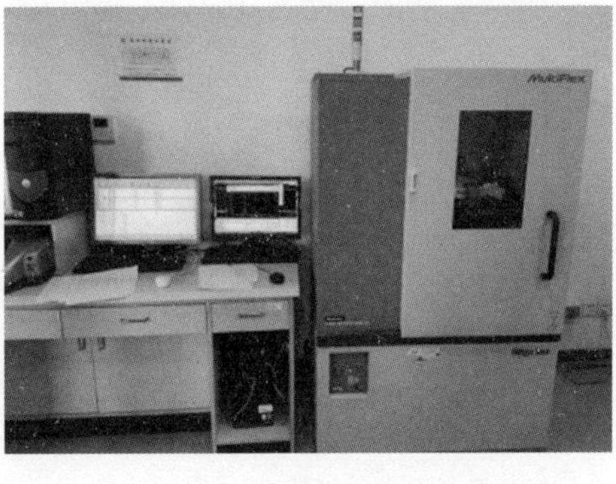

▲图 9-19　X 射线衍射仪

（二）X 射线衍射仪用于纸张检验的原理

每种矿物都具有其特定的 X 射线衍射图谱，样品中某种矿物含量与其衍射峰和强度正相关。在混合物中，一种物质成分的衍射图谱与其他物质成分的存在与否无关，这就是 X 射线衍射进行定量分析的基础。X 射线衍射是晶体的“指纹”，不同的物质具有不同的 X 射线衍射特征峰值（点阵类型、晶胞大小以及晶胞中原子或分子的数目、位置等），结构参数不同则 X 射线衍射线位置与强度也就各不相同，所以通过比较 X 射线衍射线位置与强度可区分出纸张填料中的不同矿物成分。

（三）检验方法 [19]

1. 常见纸张填料样品库的建立

收集纸张中常见无机填料标准品：碳酸钙、滑石粉、高岭土、硫酸钡、氧化锌、二氧化钛。

收集纤维素标准样品。

2. 试验方法

在仪器设定的条件下，首先利用 X 射线衍射仪对碳酸钙、滑石粉、高岭土、硫酸钡、氧化锌、二氧化钛等纸张填料标准品和纤维素标准品进行检测，保存其衍射图谱，以供比对；然后利用 X 射线衍射仪对样本进行检测，取不同检测范围检测三次。

3. 试验数据的处理

通过与标准样品出峰位置的比对，实现对纸张中填料成分的确定。图 9-20 为常见的 7 种打印纸中无机填料的 XRD 比对图。[13]

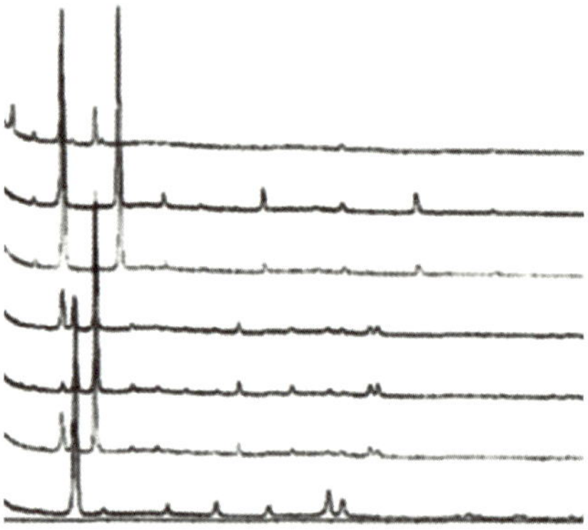

▲图 9-20　7 种打印纸中无机填料的 XRD 比对图

（四）比对判断依据

两个样品的主体出峰位置基本一致，即判定二者填料成分基本一致，含两种以上填料成分时，可增加检验次数，采用测量峰值比的方法进行定量比对。

第四节
其他纸张比对技术

一、整体分离技术

（一）整体分离技术的概念

一般认为，“不具有稳固的空间界限的物体不可能成为犯罪侦查学同一认定的客体”，也有人更直接地说：“除了外表结构外，其他特征都不可能成为物体的同一认定的客体。”也就是说，液体、松散物，由于没有确定的、牢固的形状，所以不能成为同一认定的客体。只有固体物质才能进行整体分离。

例如，玻璃自然掉在地上碎成几块，而拼起来又正好构成原来一块整体玻璃的形状，这种整体分离的方式采用的就是整体分离技术。整体分离技术依据的机理是两个客体的偶然分体不可能完全一致，也就是每一次分离都具有唯一特性。因为整体分离技术可以进行同一认定，所以被使用了相当长的时间。最常见的是断离物的同一认定，因为只对断离物的两边进行分析，比物体分成许多块的分析要简单。[14]

具备整体条件的物体在外力作用下由于断裂或分解而被分离成若干部分，则称整体分离，由断裂或分解面形成的新界面的形态是整体分离痕迹。整体分离痕迹通常可以简称为分离痕迹。在整体物质中，由于连接条件的约束，其原始表面是连续的，当物体被分离后，由于分离作用形成的新界面与原始表面构成若干个独立的客体，可以将这些独立的客体称为分离体。

（二）纸张的整体分离技术检验

由于纸张较薄，可把纸张看成二维整体，在其分离痕迹结构中，分离面可以忽略不计，并且分离面与分离源可重合成一条平面曲线，平面曲线在物体平面内。纸张的这条平面曲线就称为分离线。不同分离体上面的两条相邻的分离线形态完全相同，因此，平面物体上的分离痕迹或者只具有分离线的分离痕迹称为平面分离痕迹。有些纸张被分离后，其分离面内也有一定的面积，但分离面没有明显的凸凹结构，同时分离面与物体的原始表面交角很小，这种分离痕迹也称为平面分离痕迹。纸张的分离面随着环境的潮湿或干燥，自身的膨胀或缩小而变形较小，对平面分离痕迹的影响可以忽略不计，因此纸张的分离痕迹是均匀变形的。

分离方法不同是引起分离痕迹特征变化的主要因素，纸张硬度低、脆性大、弹性小，如果采用徒手分离，其分离特征稳定可靠。采用器械分离，其特征可以产生两种变化，一种是用剪切工具分离，分离线光滑，显微镜下放大100倍观察，分离面上有剪切痕迹，又有断裂痕迹，分离面产生局部变形，而相邻的断裂面具有整体对应的关系。

同一纸张，用不同方法分离，分离痕迹特征可以产生各种各样的变化。例如，用剪、切、裁、撕、划等方法分离，其分离特征表现不同。这也是进行整体分离的判定依据。

对于较厚的纸张，如果进行整体分离，就多一维技术参数，可以得到更好的检验效果。

（三）常见分离特征

1. 剪切分离

剪切变形的受力特征是作用在构件两侧面上的外力的合力大小相等、方向相反，作用线平行且相距很近，作用结果是以两力之间的横截面为分界线，构件的两部分沿该面发生相对错动。用剪刀剪断纸张，分离线光滑，能出现波浪变曲，有时可出现停顿的剪刺。

2. 切断分离

切断分离主要有两种：一种是用一个切刀一个切槽的切断分离，其切断纸张分离线光滑整齐，切割线平直，如相片的裁切；另一种是用多个切刀多个切槽的切断分离，如碎纸机，纸张由于受到张力过大，其分离线变形较大。

3. 裁断分离

将纸张折叠后用刀裁断，分离线沿折叠线分布，分离线边沿粗糙、有纸纤维毛刺，如刀刃的锋利度差，则边缘呈小锯齿状。

4. 撕断分离

撕断纸张，分离线一般都具有不规则形态，边缘粗糙不齐呈不规则锯齿状，有较长的纸纤维毛刺，若将纸张折叠后沿折叠线撕断，则分离线平直，但边缘粗糙不齐，有较长的纤维毛刺。

5. 划断分离

用刀将纸张划断分离，分离线边缘光滑整齐，形态曲折。[20]

二、同刀纸检验技术

（一）同刀纸的定义

一般切纸刀一次可切 1000 页左右，厚度 10 ～ 15cm，一次切成的纸页统称为同刀纸。确定物证纸印品与样本纸印品是否同刀，并进一步推算它们之间的页距有助于查明物证纸印品的来源。不同切刀磨损程度不同、用刀部位不同、操作技术和机械本身误差等因素使不同刀纸印品之间差别较大，而同刀纸的刀花特征、纸页形态、角度大小基本相同。

（二）刀花的定义

刀花是指切纸机的刀刃碰到硬物或磨刀时不慎将刀刃碰损，裁纸时在纸张边缘上留下的凸凹、弯曲等形状不同的刀痕特征。虽然这些特征在各种纸张上所在的位置不尽相同，但却有一定的移动规律。

（三）同刀纸的检验方法

（1）对纸张规格进行严格测量，比对尺寸。尤其是四个角的角度特征，对是否同刀纸的判断也非常重要。

（2）机切纸中出现刀花，是因为刀刃在切纸过程中，常被纸张中夹杂的硬质小颗粒碰成大小不等的豁口，这些豁口在被裁切的纸张上就形成凸凹不整齐的刀花。因此，不同单位或不同的切刀机都会出现不同的刀花特征。但是，这种特征即使是一个单位或同一台切刀机，也只是在一定时间内保持一致，若重新磨刀，其特征也会不同。

（3）确定刀花，一般应有两张以上的纸做比较，仅有一张则比较困难，同时，检验中要注意检材受破坏的程度，对因各种原因（如受粘贴物化验等人为因素影响）受到一定破坏的纸张则应反复观测，全面分析，从中找到真正的刀花并确定其检验价值。

（4）确定同刀纸，其刀花走向应一致，而刀花的大小、形态只能基本相似，由于特征细微，往往容易产生变化，而不能完全相同，但位差必须符合规律。[21]

第五节
纸张的同一比对检验

一、比对检验

比对检验在分别检验的基础上进行。比对和研究的对象，一般是两个客体的外观形态、理化特性、化学组成。有时也可比较被寻找客体的反映形式。通过检验，对同一认定客体特征进行比较和对照，找出相同点和差异点，为同一认定鉴定结论提供根据。比较时，通常从一般特征开始，逐渐发展到对细节特征深入细致的比对。比对的项目主要是客体外表结构的几何特征、客体自身的物质结构和成分特征以及二者结合在一起形成的性能特征。

（一）形态比对检验

1. 外观比对检验

纸张的规格、厚度、纸病、网纹特征、同刀纸、整体分离检验等是通过外观形态比对完成的。

2. 微观形态比对检验

纸张的微观形态比对检验是通过光学显微镜或电子显微镜完成的。

（二）性能比对检验

纸张的光学特征、白度、耐水性、拉伸强度、抗老化性等是通过性能比对完成的。

（三）成分比对检验

成分比对检验主要包括以下几方面：

（1）纤维成分检验。

（2）填料成分检验。

（3）其他成分检验。

（4）组分定量检验。

二、检验方法分类

（一）定性检验

定性检验就是对研究对象进行“质”的方面的检测。其主要任务是识别和鉴定样品中的元素、原子团、官能团或化合物组成，解决样品由什么组成的问题。定性检验是检验方法的一种。

定性检验以样品中是否含有某类或某几类物质为最终目的，有时也以判断是否有某种性质作为检验指标。

（二）定量检验

一般来说，定量检验是测量样品中有关组分的含量，解决样品各组分多少的问题。定性检验常在定量检验之前进行，它为设计或选择定量方法提供有用的信息。但并非所有的定量检验都必须事先进行定性检验，因为有时检验对象中含有哪些组分是已知的。

（三）结构检验

结构检验是研究物质分子结构和晶体结构，解决元素、原子团、官能团怎样组成物质从而具有不同性质。

三、数理统计与比对判断

（一）基本知识

1. 平均值

平均值的计算公式如下：

$$\overline{X}=\frac{X_1+X_2+\cdots+X_n}{n}=\frac{\sum_{i=1}^{n}X_1}{n}$$

2. 标准差

标准差（Standard Deviation）也被称为标准偏差，描述各数据偏离平均数的距离（离均差）的平均数，它是离差平方和平均后的方根，用 σ 表示。标准差是方差的算术平方根。标准差能反映一个数据集的离散程度，标准偏差越小，这些值偏离平均值就越少，反之则越大。标准偏差的大小可通过标准偏差与平均值的倍率关系来衡量。平均数相同的两个数据集，标准差未必相同。

总体标准偏差公式如下：

$$\sigma=\sqrt{\frac{1}{N}\sum_{i=1}^{N}(X_i-\mu)^2}$$

式中　μ——总体 X 的均值。

实标检验过程中，由于检验次数较少，一般采用样本标准偏差。样本标准偏差的计算公式如下：

$$S=\sqrt{\frac{1}{N-1}\sum_{i=1}^{N}(X_i-\bar{X})^2}$$

式中　$\bar{X}$——所采用的样本 X_1，X_2，…，X_n 的均值。

3. 正态分布

正态分布（Normal distribution）也称“常态分布”，又名高斯分布（Gaussian distribution），最早由 A. 棣莫弗在求二项分布的渐近公式中得到。高斯在研究测量误差时从另一个角度导出了它。拉普拉斯和高斯研究了它的性质。它是一个在数学、物理及工程等领域都非常重要的概率分布，在统计学的许多方面有着巨大的影响力。

正态分布图形具有以下特点：

（1）集中性：正态曲线的高峰位于正中央，即均数所在的位置。

（2）对称性：正态曲线以均数为中心，左右对称，曲线两端永远不与横轴相交。

（3）均匀变动性：正态曲线由均数所在处开始，分别向左右两侧逐渐均匀下降。

（4）曲线与横轴间的面积总和等于 1，相当于概率密度函数的函数从正无穷到负无穷积分的概率为 1，即频率的总和为 100%。

（二）t 检验

t 检验，亦称 Student t 检验（Student's t test），主要用于样本含量较小（例如 $n<30$），总体标准差 σ 未知的正态分布。t 检验是用 t 分布理论来推论差异发生的概率，从而比较两个平均数的差异是否显著。它与 F 检验、卡方检验并列。

1. 双总体 t 检验

双总体 t 检验是检验两个样本平均数与其各自所代表的总体的差异是否显著。双总体 t 检验又分为两种情况，一种是独立样本 t 检验（各试验处理组之间毫不相关，即为独立样本），该检验用于检验两组非相关样本测试所获得的数据的差异性；另一种是配对样本 t 检验，用于检验匹配而成的两组样品测试获得的数据或同组测试在不同条件下所获得的数据的差异性，这两种情况组成的样本即为相关样本。

纸张检验中可选用独立样本 t 检验法。

2. 独立样本 t 检验计算公式如下：

$$t=\frac{\overline{X}_1-\overline{X}_2}{\sqrt{\frac{(n_1-1)S_1^2+(n_2-1)S_2^2}{n_1+n_2-2}\left(\frac{1}{n_1}+\frac{1}{n_2}\right)}}$$

式中　S_1^2 和 S_2^2——两样本方差；

n_1 和 n_2——两样本容量。

3. 置信度

在统计学中，一个概率样本的置信区间（Confidence interval）是对这个样本的某个总体参数的区间估计。置信区间展现的是这个参数的真实值有一定概率落在测量结果的周围的程度。置信区间给出的是被测量参数的测量值的可信程度，即前面所要求的“一定概率”。这个概率被称为置信水平。

化学分析中，一般采用的置信度为 95%。

4.t 检验的前提

t 检验的前提：①来自正态分布总体；②随机样本；③均数比较时，要求两样本总体方差相等，即具有方差齐性。理论上，即使样本量很小时，也可以进行 t 检验。（如样本量为 10，一些学者声称甚至更小的样本也行），只要每组中变量呈正态分布，两组方差不会明显不同。

（三）最大极差法

极差又称为范围误差或全距（Range），可以用 R 表示，是用来表示统计资料中的变异量数（measures of variation），是最大值与最小值之间的差距，即最大值减最小值后所得之数据。

在统计中，常用极差来刻画一组数据的离散程度，反映的是变量分布的变异范围和离散幅度，在总体中任何两个单位的标准值之差都不能超过极差。同时，它能体现一组数据波动的范围。极差越大，离散程度越大，反之，离散程度越小。

极差只指明了测定值的最大离散范围，而未能利用全部测量值的信息，不能细致地反映测量值彼此相符合的程度，极差是总体标准偏差的有偏估计值，当乘以校正系数之后，可以作为总体标准偏差的无偏估计值，它的优点是计算简单、含义直观、运用方便，故在数据统计处理中仍有着相当广泛的应用。但是，它仅仅取决于两个极端值的水平，不能反映中间变量分布情况，同时易受极端值的影响。

（四）F 检验

F 检验又称为方差齐性检验。F 检验法是英国统计学家 Fisher 提出的，主要通过比较两组数据的方差 S^2，以确定它们的精密度是否有显著性差异。至于两组数据之间是否存在系统误差，则先进行 F 检验并确定它们的精密度没有显著性差异之后，再进行 t 检验。

（五）聚类算法

聚类分析又称为群分析，是研究（样品或指标）分类问题的一种统计分析方法，同时也是挖掘数据的一个重要算法。

聚类（Cluster）分析是由若干模式（Pattern）组成的，通常，模式是一个度量（Measurement）的向量，或者是多维空间中的一个点。

聚类分析以相似性为基础，在一个聚类中的模式之间比不在同一聚类中的模式之间具有更多相似性。

四、检验结果的判断

（一）同一认定

物证技术学的先驱保罗·柯克说："一个客体只能与其自身同一，因为它是一个独立存在的客体，是区别于所有其他客体的。无论多么相似的客体之间也终有差异。也许，两个客体能够相似到使任何检验都无法区分它们，但它们也绝不能同一。"他认为，如果没有这样一个基本的观点，就不可能正确理解同一认定的含义。

从这套理论来说，一个客体可以和许多客体同类，但只能和自身同一。纸张检验可达到同一认定目标的有两种类型。

1. 同刀纸的判定

同刀纸判定的是两张或多张纸的某一切痕是否来自同一切刀或同一切刀的同一次操作。

2. 同张纸的整体分离

同张纸的整体分离判定的是两张或多张纸是否来自同一大页纸张。

（二）同一比对（比对检验）

1. 比对检验

比对检验是将案件纸与比对纸样进行相互的比较。按照前面提供的一系列检验方法分别进行比对检验，检验过程中要做详细的检验记录，必要时附上照片、图谱等原始数据，找到的相同点和差异点要详细列出，因为它们是综合评断的基础。

2. 综合评断

纸张检验的综合判断是一个由表及里、由浅入深的循序过程。

首先对外观检验结果、常规参数检验结果、纤维及其配方、填料成分检验结果等进行物理性质和化学定性结果综合比对；其次对填料成分的归一化半定量分析结果和纤维种类定量分析结果进行比对；然后比对检测得到的各种微量化学品特征参数，得到一个综合的比对表，依据该比对表，考虑去除可能有来自污染或者测量局限性带来的相关数值干扰；最后得到一个案件纸与样本纸张是否同类纸的综合检验结果。如果得不到一个综合的结果，则在最后的结果表述中分别列出各个检验项目的比对结果。

参考文献

[1] 刘仁庆，黄秀珠．纸张指南，[M]. 第 2 版．北京：中国轻工业出版社，2004.

[2] 万永强，彭春兰，邸锐．纸张定量测量结果不确定度的评定 [J]. 黑龙江造纸，2013，41（1）：56-57.

[3] 张景彦．纸的白度及其测定方法 [J]. 天津造纸，1983（1）：51-59.

[4] 周学之．纸张的显微鉴定法 [J]. 犯罪研究，1985（3）.

[5] 刘文．中国刑事技术大全．理化分册 [M]. 北京：中国人民公安大学出版社，2002.

[6] 张洪敏，喻力，刘丽莎．草木混浆纸样中的纤维分析方法 [J]. 中华纸业，2008，29（18）：58-60.

[7] 崔红艳，刘玉，杨桂花．纸浆纤维表面特性与表面化学成分的研究方法和研究进展 [J]. 造纸化学品，2011，23（1）：3-10.

[8] 刘温海，于得海，李国栋，等．造纸 I—纸料制备与湿部 [M]. 北京：中国轻工业出版社，2016.

[9] 李继民，王彦吉，邹宁，等．薄层色谱扫描法测定复印纸中葡萄糖含量的研究 [M]. 何林涛，王彦吉．公共安全中的化学问题研究进展（第二卷）．北京：中国人民公安大学出版社，2011.

[10] 龙堃．纸质文献无损检测方法的研究进展 [J]. 中国造纸，2019，38（03）：85-88.

[11] 刘猛，申思，李杨勇，等．红外光谱法分析检验复印纸 [J]. 光散射学报，2017，29（3）：257-260.

[12] 陈钰辉，杜树新，袁之报．基于近红外光谱的成品纸张质量参数快速检测 [J]. 分析试验室，2013（10）.

[13] 沈静，刘温霞．造纸浆内施胶剂开发现状及其发展趋势 [J]. 天津造纸，2004，26（2）：18-22.

[14] 陈彪，李金海，张美丽．红外光谱法在纸张分析中的应用 [J]. 光谱实验室，2012，29（2）：825-827.

[15] 梁鲁宁，林雷祥，董永宪．表面增强拉曼光谱法区分不同复印纸的方法研究 [C] // 第十二届全国光散射学术会议．2004.

[16] 姜红，王萍，陶克明，等．扫描电镜 / 能谱法检验热敏纸的研究 [J]. 中华纸业，2016（22）：53-55.

[17] 阎子龙，姜红．扫描电镜 / 能谱法检验无碳复写纸的研究 [J]. 中华纸业，2016，37（12）.

[18] 郭洪玲，权养科，陶克明，等．X 射线荧光光谱法检验打印纸张的结果分析 [J]. 刑事技术，2008（5）.

[19] 王继芬，刘猛，顾昊，等．利用 X 射线衍射技术对纸张中填料的无损检验研究 [M]. 公共安全中的化学问题研究进展（第三卷）．沈阳：辽宁大学出版社，2013.

[20] 冯科举，华小贝．分离方法对纸张分离痕迹的影响 [J]. 速读（上旬），2014（11）.

[21] 接培荣．刀花在纸张检验中的运用 [J]. 刑事技术，1987（5）：20-22.

第十章

纸张断代技术的发展进程

第十章
纸张断代技术的发展进程

第一节
纸张断代技术的理论基础

一、纸张断代技术的提出

古今中外，书画赝品是令收藏家们头痛的难题。对不同的群体，可能有不同的识别方法，传统的鉴定方法多依赖“眼光”和“见识”，更多的是一种经验鉴定法，是专业人士的不传之秘，目前常见于报端杂志、网络媒体的有“三看法”。

（一）看帘纹

帘纹即宣纸中那一条条平行的暗直线纹。宣纸的制作大同小异，帘纹是造纸过程中“抄纸”工艺的体现。各地方造纸中，抄纸所用的竹帘尺寸不一，纸上的帘纹宽窄也不同，经验丰富的专家可根据古纸上的帘纹，判断该纸的产地和性能，甚至能判断其具体的制造年代。

（二）看纸色

不同时代、不同产地制造的纸张颜色不同。古纸因年代久远而呈灰暗的颜色，与人工做旧的颜色不同，人工做旧的纸主要手法是染色和烟熏。经过染色的纸，颜色鲜丽而不沉，表面不一；而真正古纸的灰暗颜色是长年累月自然形成的，“色淡而匀，表旧里新”。经烟熏做旧的纸，粗看似旧，细察可发现其带有焦褐色，不同于古纸的暗灰色，且纸质变脆、易碎裂。

（三）看裂纹

曲折损伤的古纸，其裂口的明暗色泽以及裂纹走向与新纸反复折叠所出现的皱折明显不同。如厚型古纸碎裂成小块，裂纹是斜向的，而伪作的往往碎裂成大块，并且裂纹呈垂直向。

近年来，利用拉曼光谱、红外光谱等分析仪器参与鉴定的“科学鉴定法”慢慢渗透到书画鉴定之中，对行业的科学进步起到了一定的推动作用。

在司法鉴定中，文件的形成年代鉴定同样也是困扰法庭化学家半个多世纪的难题。基于长年在文件书写时间鉴定技术研究中积累的丰富的经验，法庭科学工作者对书画作品以及可疑文件的载体——纸张的研究同样产生了浓烈的兴趣。因此，仅以司法化学鉴定者的视角，试图通过对纸张生产年代的分析，为可疑文件和书画艺术品的断代提供科学依据。

二、物种起源法

利用物种起源法检测的基础，是必须弄清楚造纸过程所用到的纤维材料、工艺环节以及纸张填料和其他化学品在造纸业发展过程中的最早使用年代，并将这个节点当作时间指针。从纸张里检验到的材料和工艺的最早时间指针，将是这种纸张的最早产生年代。例如，发明纸张之前是没有纸张的；唐代以前造的纸是没有加过矿物填料的。

（一）造纸纤维

（1）把每一种不同品类的纤维出现在造纸业中的最早时间标注出来，如果纸张中检出这种纤维，就标志着这种纸是这个时间以后制作的。

（2）把某两种或某几种混合纤维出现在造纸业中的最早时间标注出来，如果纸张中检出这种组合纤维，就标志着这种纸是这个时间以后制作的。

（二）造纸工艺

（1）把每一种不同造纸工艺出现在造纸业中的最早时间标注出来，如果可以判定纸张的造纸工艺，就标志着这种纸是这个时间以后制作的。

（2）造纸工艺可能造成纤维形态和纤维尺寸的差异，同时也伴有一些精细化工原料的变化，所以要与造纸纤维和造纸化学品一起进行综合分析。

（三）造纸填料及其他化学品

（1）把每一种纸张填料出现在造纸工业中的最早时间标注出来，如果检测到纸张中有这种填料，就标志着这种纸是这个时间以后制作的。

（2）把每一种施胶剂出现在造纸工业中的最早时间标注出来，如果检测到纸张中有这种施胶剂，就标志着这种纸是这个时间以后制作的。

（3）把可检测到的其他纸张化学品（如染料、增白剂、变性淀粉等）出现在造纸工业中的最早时间标注出来，如果检测到纸张中有这种化学品，就标志着这种纸是这个时间以后制作的。

纸张化学品品类非常多，变化非常快，所以是纸张断代可以使用的最好的技术参数。许多纸张化学品含量非常小，比较难检测。但随着高科技手段的不断发展，微量化学品的检测技术也会得到突破。

（四）综合分析

综上所述，在纸张纤维、工艺、化学品中可以找到的最晚的一个时间节点，是这种纸的最早制作年代。

其中，造纸纤维和工艺的变化可以在时间上框定一个大致的年代构架，细致的时间节点则需要用造纸化学品去勾勒。

三、数据库定位法

数据库（Data base）是按照数据结构来组织、存储和管理数据的仓库。当今世界经济已经迈进“知识经济”，对于“知识经济”这个新的经济形态，人们的认识正在深化，大数据和数据库已经成为高技术的标准配置，所以也是纸张断代的必然选择。

数据库定位法以物种起源法为基础，并扩展到物种应用的截止点，希望以后能增加空间坐标，形成时空一体的坐标体系。具体来说，就是除了物种起源以外，可增加弃用节点以及再次使用节点，并针对不同地域数据参数建库。以桑皮纤维为例，魏晋南北朝开始使用，但清代以后就很少使用了。以荧光增白剂为例，20 世纪 80 年代初至 90 年代末，中国某造纸厂的粉式增白剂被液体增白剂取代，进入 21 世纪，液体增白剂又出现改进迭代品种，取代了液体增白剂。

数据库定位法的数据来源如下：

（1）造纸业专业期刊：《中华纸业》《中国造纸》《纸和造纸》《造纸科学与技术》《造纸信息》《造纸化学品》。

（2）造纸业各种会议文集。

（3）造纸企业年鉴。

（4）进口纸张纤维及相关化学品名录。

完备的数据库应当包含纸张的各种性能、成分、特征指标产生的林林总总的数据，并可通过软件提供查寻比对功能，供不同需求的专业人士去查找，方便艺术品鉴定专家和法庭化学家去找寻和判断纸张最可能的制作时间范围以及可能的生产厂家。

第二节
造纸纤维和工艺的发展演变

一、古代造纸技术的发展演变

造纸术是我国古代科学技术的四大发明之一，它与指南针、火药、印刷术一起，给我们古代文化的繁荣提供了物质技术的基础。纸的发明结束了古代简牍繁复的历史，大大地促进了文化的传播与发展。

在上古时代，我们的祖先主要依靠结绳记事，之后渐渐形成了文字，开始用甲骨来作为文字载体，后来又利用竹片和木片（即简牍）以及缣帛作为载体。但由于缣帛太昂贵，竹木太笨重，于是便有了纸的发明。据考证，西汉时已开始了纸的制作。1957 年，陕西省博物馆在西安东郊灞桥附近的一座西汉墓中，发掘出一批称为“灞桥纸”的实物，其制作年代不晚于西汉武帝时代。之后在新疆的罗布淖尔和甘肃的居延等地都发掘出了汉代纸的残片。它们的制作年代比东汉建初至元兴年间的蔡伦所造的纸要早 150 ～ 200 年。虽然纸的发明很早，但一开始并没有得到广泛应用，政府文书仍是简牍、缣帛书写。至汉献帝时，东莱人左伯又对以往的造纸方法做了改进，进一步提高了纸张质量。他造的纸洁白、细腻、柔软、匀密，色泽光亮，纸质尤佳，世称“左伯纸”。其中尤以五色花笺纸、高级书信纸为上品。

魏晋南北朝时期，纸广泛流传，为人们所使用，造纸技术也进一步提高。造纸区域也由以前集中在河南洛阳一带逐渐扩展到越、蜀、韶、扬、皖及赣等地。产量、质量与日俱增，造纸原料也更加多样化。纸的名目繁多，如竹帘纸，纸面有明显的纹路，其纸紧薄而匀细；剡溪有以藤皮为原料的藤纸，纸质匀细光滑，洁白如玉，不留墨；东阳有鱼卵纸，又称鱼笺，柔软、光滑；江南以稻草、麦秆纤维造纸，呈黄色，质地粗糙，难以书写；北方以桑树茎皮纤维造纸，质地优良，色泽洁白，轻薄软绵，拉力强，纸纹扯断如棉丝，所以称棉纸；蔡伦造纸的原料极为广泛，以烂渔网造的纸叫网纸，破布造的纸叫布纸，因当时把渔网破布划为麻类纤维，所以统称为麻纸。

为了延长纸的寿命，晋时已发明染纸的新技术，即从黄檗中熬取汁液，浸染纸张。有的先写后染，有的先染后写。浸染的纸叫染黄纸，呈天然黄色，所以又叫黄麻纸。黄麻纸有灭虫防蛀的功能。

隋唐时期，著名的宣纸诞生了。在宣纸的主要产地安徽宣州有这么一个传说。蔡伦的徒弟孔丹，在皖南以造纸为业，他一直想制造一种特别理想的白纸，用来替师傅画像修谱，但经过许多次试验都不能如愿。一次，他在山里偶然看到有些檀树倒在山涧旁边，因年深日久，被水浸蚀得腐烂发白，后来他用这种树皮造纸，终于获得成功。由此可以断定：利用树皮制造宣纸，在唐朝时期就比较盛行了，唐代写经的硬黄纸、五代和北宋时的澄心堂纸等，都是属于熟宣纸一类。此后宣纸一直是书写、绘画不可缺少的珍品。到明清以后，中国书画几乎全用宣纸。

同期，雕版印刷术的发明也大大刺激了造纸业的发展。造纸区域进一步扩大，名纸迭出。例如，益州的黄白麻纸；杭州、婺州、衢州、越州的藤纸；均州的大模纸；蒲州的薄白纸；宣州的宣纸、硬黄纸；韶州的竹笺；临州的滑薄纸。唐代各地多以瑞香皮、栈香皮、褚皮、桑皮、藤皮、木芙蓉皮、青檀皮等韧皮纤维作为造纸原料，这种纸质柔韧而薄，纤维交错均匀。

唐代在前代染黄纸的基础上，又在纸上均匀涂蜡，经过研光，使纸具有光泽莹润、美艳的优点，人称硬黄纸。还有一种硬白纸，是把蜡涂在原纸的正反两面，再用卵石或弧形的石块碾压摩擦，使纸光亮、润滑、密实，纤维均匀细致，比硬黄纸稍厚。另外添加矿物质粉和蜡形成粉蜡纸，在粉蜡纸和染色纸基础上经加工出现金、银箔片或粉的光彩的纸品，称为金花纸、银花纸或金银花纸，又称冷金纸或洒金银纸。还有颜色和花纹极为考究的砑花纸，它是将纸逐幅在刻有字画的纹版上进行磨压，使纸面上产生各种花纹，又称花帘纸或纹纸。此外，还出现了经过简单再加工的纸，著名的有薛涛笺、谢公十色笺等染色纸，以及各种各样的印花纸、松花纸、杂色流沙纸、彩霞金粉龙纹纸等。

五代时期制纸业仍继续向前发展，歙州制造的澄心堂纸，直到北宋，一直被公认为是最好的纸。此纸“滑如春水，细密如蚕茧，坚韧胜蜀笺，明快比剡楮”。长者可五十尺一幅，自首至尾均薄如一。宋代继承了唐和五代的造纸传统，出现了很多质地不同的纸张。纸质一般轻软、薄韧。上等纸均为江南制造，也称为江东纸。

纸的再利用开始于南宋。以废纸为原料再造新纸，人称还魂纸或熟还魂纸，具有省料、省时、见效快的特点。

元代时期造纸业凋零，只有在江南还勉强保持昔日的景象。到了明代，造纸业才又兴旺发达起来。主要名品是宣纸、竹纸、宣德纸、松江潭笺。清代宣纸制造工艺得到进一步改进，成为家喻户晓的名纸。各地造纸大都就地取材，使用各种原料，制造的纸张名目繁多。在纸的加工技术方面，如施胶、加矾、染色、涂蜡、砑光、洒金、印花等工艺，都有了进一步的发展和创新，各种笺纸再次盛行起来。在质地上推崇纸地淡雅的色纸，色以鲜明静穆为主。康熙、乾隆时期的粉蜡笺，如描金银图案粉蜡笺、描金云龙考蜡笺、五彩描绘研光蜡笺、印花图绘染色花笺。三色纸上采用粉彩加研光，再用泥金或泥银画出各种图案。笺纸的制作在清代已达到精美绝伦的程度。

另外，从晋代开始朝廷就从邻国接受贡纸，如南越进贡的侧理纸（或称苔纸、越南纸），以海苔为原料，加上味甘、大温、无毒的侧理制成；朝鲜进贡的高丽纸、鸡林纸，为历代统治者所喜爱。清代则有朝鲜的丽金笺、金龄笺、镜花笺、竹青纸；越南的苔笺；日本的雪纸、奉书纸；西方的金边纸、云母纸、漏花纸、各色笺纸、各色花纸，等等。[1]

关于造纸纤维和造纸工艺的具体种类的发展演变，可参考本书第二章、第五章相关内容。

二、手工纸纤维的形成年代表

图 10-1 是业内专业人士绘制的中国手工纸造纸纤维出现的年代示意图，从中可以清晰地看到从古代造纸到中华人民共和国成立这个时间段中，不同纤维在造纸业中的发展历程。

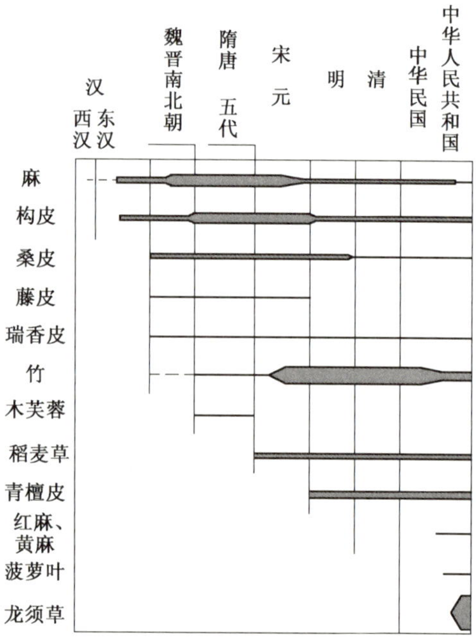

▲图 10-1　中国手工纸原料发展历程

第三节 造纸化学品及其检测技术的发展演变

本书第八章介绍了一些化学品的检验方法。这些化学品的种类和用量随着造纸技术的进步而发生变化，可以作为一种时间指针。对纸张中的化学品进行定性定量分析，依据化学品在纸张工业中使用的上下限年代，可以推断纸张形成年代。

一、荧光增白剂

荧光增白剂是一种重要的功能性助剂，属于染料工业的一个分支。经这类有机化合物“染”过的白色物品能显著提升其“视觉白度”，肉眼看上去更“白”、更“艳”、更“亮”，极大地改善了被处理物的外观，增加其美感，提高其档次，提升了它们的商业价值。因此，荧光增白剂首先在纺织品领域，其后又在洗涤剂、纸张、塑料等领域得到了广泛应用。自 20 世纪三四十年代荧光增白剂开始商业化后，各类荧光增白剂开始广泛应用于造纸工业中。

20 世纪 80 年代初到 90 年代末，为了满足市场上不同用户的不同使用需求，荧光增白剂的商品剂型实现了多样化。供给造纸业使用的荧光增白剂从粉状商品剂型改为液状商品剂型，如荧光增白剂 VBL（C.I.85）、荧光增白剂 SH（C.I.210）、荧光增白剂 BBU（C.I.220）、荧光增白剂 BSU（C.264）、荧光增白剂 MST-H（C.I.353）、荧光增白剂 MST（C.I.357）等，以满足造纸装备大型化、高速化、自动化、连续化生产的要求。

进入 21 世纪后，我国又研制了含四个磺酸基的造纸用荧光增白剂，该品种的特殊功能是不因使用荧光增白剂而增加纸机系统中的负电荷，能改善和提高纸品的质量。另外还研制了环保型含两个磺酸基的造纸用荧光增白剂，该品种的特殊功能

是不因使用荧光增白剂而增加纸厂排出的废水中氨氮的含量。[2, 3]

本书第八章介绍了目前造纸业常用的检测方法，有白度法[4, 6]、紫外灯照射法[7]、荧光光度法[8]、紫外可见分光光度法[9, 10]和高效液相色谱法[11, 12]等。国内外也建立了荧光增白剂的检测标准。《纸和纸板　可迁移性荧光增白剂的测定》（GB/T 27741—2018）[13]提出了荧光增白剂的提取和检测方法，检测方法可以使用紫外可见分光光度法或高效液相色谱法，紫外可见分光光度法使用外标法进行定量，检测波长为348nm；高效液相色谱法使用反相色谱，配备紫外检测器检测，根据出峰保留时间和峰面积进行定性定量。《出口食品接触材料　纸和纸制品　荧光增白剂的测定　液相色谱法》（SN/T 2901—2011）[14]规定，样品中的荧光增白剂使用甲醇萃取，高效液相色谱配备荧光检测器，定量方法与《纸和纸板　可迁移性荧光增白剂的测定》（GB/T 27741—2011）相同。

总体上，荧光增白剂的检测方法已经较为成熟，可以在法庭科学检验中得到应用，可以作为一种时间指针。而荧光增白剂种类较多，结构相近，必须对其准确定性后才能用作时间指针，因此，液相色谱方法尤其是液质联用方法[15, 16]可能是较为实用的鉴定方法。

二、蒽醌及类似物

在化学浆生产中，一般使用蒸煮的方法脱除木素，蒸煮过程中一般添加蒸煮助剂，如蒽醌（AQ）、四氢蒽醌（THAQ）及其钠盐、9-羟基芴等，这些助剂可以保护纤维素和半纤维素，同时可催化木素的降解，提高蒸煮效能。本书第八章介绍了蒽醌的检测方法，如光谱法[17]、气相色谱 / 质谱[18]、液相色谱 / 质谱方法等。张敏生等[19]翻译 Currah[20]的文献中关于纸张中蒽醌的提取和检测方法。唐成国[21]、邹良明等[22]分别建立了纸浆中蒽醌和蒽酮的高效液相色谱检验方法。Sharma A.K. 等[23]开发了超临界流体萃取方法萃取纸张中的蒽醌，发现萃取效率远高于传统的索氏提取，提取物使用配备有电化学检测器的液相色谱进行分析，得到较好效果，通过对比发现，该方法比气相色谱方法具有更高的准确度和灵敏度。

国际上自20世纪70年代开始广泛使用蒽醌，据报道[24, 25]，我国最迟自1978～1979年开始在造纸中推广使用蒽醌及其类似物。

三、施胶剂

为了提高纸张的机械强度、耐渗透性等，需在纸中加入具有抗液性胶体物质或成膜物质（施胶剂），即施胶。1807年，德国 Moritz lllig 发明松香皂硫酸铝施胶体系，自此至1955年，造纸业一直使用皂化松香胶进行内部施胶，20世纪80年代初，我国大多数纸厂仍使用松香加明矾的内部施胶体系。这一时期，国际上开始开发以烷基烯酮二聚体（AKD）、烯基琥珀酸酐衍生物（ASA）为代表的中性施胶剂，美国于1968年发明了ASA，1972年用于纸张施胶，我国在90年代开始推广使用这些新型施胶剂。进入21世纪后，国内一些厂家开始在对张纸进行表面施胶中使用AKD。[26]

文献中查阅到的主要浆内施胶剂的发展历程如表10-1所示。

表10-1 主要浆内施胶剂的发展历程[27]

年份	浆内施胶剂类型	说明
1807年	皂化松香胶	开始使用皂化松香胶，后来逐渐发展了白色松香胶的使用，均为造纸厂自制
1955年	强化松香胶（以顺酐或富马酸改性松香，然后再进行皂化处理）	马来酸酐或富马酸中含有双键，可与含有共轭双键的松香发生Diels-Abder反应得到强化松香
1956年	AKD施胶剂	国际上此时开始投入生产应用，但我国于20世纪80年代才开始研究和应用
1975年	酸性乳液松香胶	首先由美国Hercules公司开发
1978年	合成施胶剂（C_3、C_4低聚物）	使用面不广
1984年	阳离子乳液松香胶	在美国大型纸厂中使用较多，首先由美国Hercules公司开发，1988年开始在造纸工业中广泛使用
1987年	低泡型酸性乳液松香胶	此类施胶剂具有低泡性，更适于实际应用
1991年	松香系新型中性或近中性施胶剂	由日本荒川公司、日本播磨化成公司、奥地利Krems公司开发，而后在日本、欧洲的造纸工业中得到广泛应用

四、矿物填料

造纸中，通常将天然矿物进行机械或化学加工，制成粉体或者浆料加入纸张中作为填料，矿物填料主要起到提高纸张不透明度和白度、平滑纸张表面、降低纸张成本等作用。造纸填料使用的矿物质主要有高岭土、碳酸钙、滑石粉、二氧化钛、硫化锌、硫酸钙、硅藻土、硫酸钡、硅铝酸盐、硅酸钙[42]等。在纸张二次加工时，一些矿物质也可作为涂料、颜料，被涂布于纸张表面，主要作用是提高纸张亮度、平滑度，改善纸张对油墨的吸收性能等。涂料中使用的矿物质主要有高岭土、碳酸钙、二氧化钛、硫酸钡、滑石粉、氢氧化铝等。不同时期和不同工艺的纸张中添加的矿物质不同，因此这些矿物质可以成为一种纸张断代的时间指针。例如，20世纪中期开始使用的碳酸钙填料。因为在20世纪50年代，造纸系统开始从酸性转向中碱性，这使得此前在酸性体系中无法使用的碳酸钙得到了广泛的应用。从那时起，世界对碳酸钙的需求量就一直呈增长趋势。

第四节
纸张断代技术的发展与展望

目前，基于纤维的判定方法是较为成熟的，且随着现代科学技术手段的应用，一些认识有偏差、有争论的问题会得到进一步的解决，纤维年代表将会越来越完善、越来越精细，将会为纸张断代提供准确的判断依据。

基于工艺的判定方法对现当代纸张十分重要。现当代对造纸工艺的记载是详细而准确的，目前亟待开展对更多检验技术的开发，从而为纸张断代提供技术支撑，同时，还需要密切关注造纸工艺的变革，与时俱进。

基于纸张化学品的品类及检测的判定方法有更多数据挖掘价值。中国造纸化学品的开发应用起步较晚，到 20 世纪 70 年代还几乎是空白，所以相当一部分化学品是从 20 世纪 80 年代开始发展起来的。1990 年，原化工部正式批准成立化工部造纸化学品技术开发中心；1995 年，国家民政部正式批准成立中国造纸化学品工业协会，其会刊《造纸化学品》正式出版。也就是说，除了填料外，中国纸张化学品的发展历史较短，史料应该是清晰的，非常适合建立比较完整的纸张化学品档案及数据库。对相当一部分纸张化学品的定性定量分析已经有相应方法，技术已经较为成熟，可以在司法鉴定领域开展应用。定性化学品后，只要能从数据库获得该化学品的准确使用年代，这种化学品就能作为一种准确可靠的时间指针。目前亟待解决的问题是确定不同国家、不同地区的造纸业化学品使用年代区间，形成一份权威、准确的化学品使用年代数据库，需要综合查阅文献、实地走访、专家咨询、样本收集、试验分析多种方式，去伪存真，互相印证。

参考文献

[1] 尹毅，欧阳启明，艺术品鉴定新探 [M]. 北京：国家图书馆出版社，2010：112-114.

[2] 张红杰，胡惠仁，李群，等 . 造纸用荧光增白剂的结构特点及其影响因素 [J]. 天津造纸，2007（3）.

[3] 范约明，张瑞合，竹百均，等 . 走向世界的我国荧光增白剂工业——我国荧光增白剂工业五十年发展历程回顾 [J]. 乙醛醋酸化工，2010（5）：14-21.

[4] 钱荣敬，文明，刘钊，等 . 纸张用荧光增白剂的国内外标准及检测方法概述 [J]. 纸和造纸，2015，34（3）.

[5] 隆言泉．制浆造纸工艺学 [M] . 北京：轻工业出版社，1980：250-252.

[6] 郭仁宏，周颖红 . 纸巾纸中荧光增白剂迁移性快速检测方法的研究 [J]. 中国造纸，2007，26（10）：33-35.

[7] 屈鹏峰，傅武胜，刘文菁，等 . 纱布吸附 - 紫外灯照射法测定食品接触纸及其制品中荧光增白剂 [J]. 中国食品卫生杂志，2016，28（3）：352-355.

[8] 刘峻，秦紫明，左莹，等 . 荧光分光光度法检测食品包装用纸中荧光物质迁移 [J]. 纸和造纸，2011，30（3）：57-60.

[9] 刘荣琴，高磊红，王未肖，等 . 紫外分光光度法测定食品包装用纸中的荧光增白剂 [J]. 广州化工，2013，41（15）：135-137.

[10] 曾远娴，李依洁，谢丽欣，等 . 紫外分光光度法测定卫生巾中可迁移性荧光增白剂 [J]. 广东化工，2018（10）.

[11] 王艳，姚孝元，韩云辉，等 . 卷烟接装纸、成形纸中荧光增白剂 ABP、VBL 的 HPLC 测定 [J]. 烟草科技，2007（11）：40-44.

[12] 叶玲，陈树东，区硕俊，等 . 高效液相色谱法同时测定纸制包装材料中的 11 种荧光增白剂 [J]. 应用化工，2015（10）：1949-1952.

[13] 纸和纸板　可迁移性荧光增白剂的测定（GB/T 27741—2018）[S]. 北京：中国标准出版社，2018.

[14] 出口食品接触材料　纸和纸制品　荧光增白剂的测定　液相色谱法（SN/T 2901—2011）[S].2011：1-3.

[15] 杜志峰 . 食品包装材料荧光物质检测技术研究 [D]. 广州：华南理工大学，2013.

[16] Helleur R. The Analysis of Optical Brightening Agents in Paper Samples Using Liquid Chromatography with High-Resolution Mass Spectrometry[J].Journal of Wood Chemistry & Technology，2011，31（1）：42-57.

[17] 林能镖，胡会超，柴欣生 . 一种快速测定蒽醌含量的可见光谱方法 [J]. 中国造纸，2012，31（6）：14-18.

[18] 陈启钊，张桂兰 . 用气相色谱法和高压液相色谱法测定 麦草烧碱 - 蒽醌法黑液中残留蒽醌 [J]. 中国造纸，1989（6）：43-46.

[19] 张敏生 . 蒽醌含量的测定——用气相色谱 / 质谱法对浆型纸型材料及制浆液的分析 [J]. 西南造纸，1980（4）：124-129.

[20] Currah J E. Determining anthraquinone content. Analysis of pulp- and paper-type materials and pulping liquors by gas chromatography/mass spectrometry[J].Tappi [Technical Association of the Pulp and Paper Industry] (USA)，1979.

[21] 唐成国 . 气相色谱 - 质谱联用分析蒽醌工作液的组成 [J]. 化学研究与应用，2000，12（3）：278-281.

[22] 邹良明，刘延岭，邹堰柯 . 纸浆蒽酮及蒽醌的 HPLC 分析中色谱条件的优化 [J]. 纸和造纸，2014，33（7）：56-58.

[23] Schneiderman M A，Sharma A K，Locke D C. Determination of anthraquinone in paper and wood using supercritical fluid extraction and high-performance liquid chromatography with electrochemical detection[J]. Journal of Chromatography A，1987，409（01）：343-353.

[24] 佚名 . 烧碱 - 蒽醌法制麦草浆 [J]. 科技简报，1978（12）：23-25.

[25] 杨凤清 . 蒽醌——亚铵法制浆造纸的初步实践 [J]. 西南造纸，1981（4）：24-28.

[26] 刘忠 . 造纸湿部化学［M］. 北京：中国轻工业出版社，2017：136-165.

[27] 沈静，刘温霞 . 造纸浆内施胶剂开发现状及其发展趋势 [J]. 天津造纸，2004，26（2）：18-22.

下篇

印刷及检验技术

第十一章　印刷基础知识
第十二章　平版印刷文件检验
第十三章　凸版印刷文件检验
第十四章　凹版印刷文件检验
第十五章　丝网印刷文件检验
第十六章　喷墨打印文件检验
第十七章　激光打印文件检验
第十八章　其他数字印刷文件检验
第十九章　印刷文件来源鉴别

第十一章

印刷基础知识

第十一章
印刷基础知识

印刷是将文字、图形等制成印版，并通过油墨或墨粉等成像介质将其转印到承印物上的过程，是按原稿复制文件的主要手段。印刷文件是指采用各种印刷方法制成的文件，包括各种版型的专业印刷设备印制的文件，如书刊、货币、证券、格线纸、信函纸、商标、宣传品等；现代办公设备印制的文件，如打印文件、复印文件、油印文件、传真文件等；盖印文件，如印章盖印、戳记盖印、打号机盖印的文件等。

印刷文件检验是检验人员运用印刷技术知识，通过对印刷文件的特征进行分析或者与样本材料进行比较，从而判定文件的印刷方法和印刷机具，查明文件来源，鉴别可疑文件真伪的一种技术手段。印刷文件检验主要是对文件特征进行比对检验。文件检验人员只有了解了印刷原理，才能正确地认识印刷文件的特征，了解其形成原因，进而提高对印品的同一认定及来源性鉴别的能力。

第一节 印刷原理及工艺

一、印刷五要素

传统的模拟印刷必须具有原稿、印版、油墨、承印物、印刷机械这五大要素，才能生产印刷成品。

现代的办公印刷机具采用的是数字印刷技术，不需要物理印版，所以现代办公印刷机具也被称为无版印刷机。

（一）原稿

原稿是制版、印刷的基础，其质量的优劣直接影响印刷成品的质量。因此，必须选择或设计适合印刷的原稿，并在整个印刷过程中，应尽量保持原稿的格调。原稿的分类如图 11-1 所示。

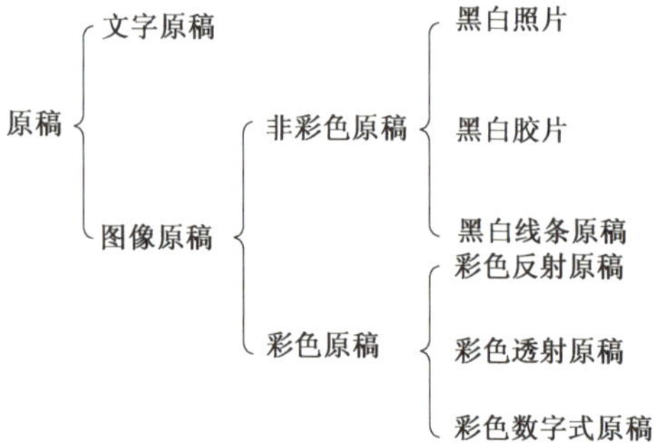

▲图 11-1　原稿的分类

（二）印版

印版是传递油墨至承印物上的印刷图文载体。原稿上的图文信息，传递到印版上，印版的表面就被分成着墨的图文部分和非着墨的空白部分。印刷时，在压力的作用下，图文部分黏附的油墨便被转移到承印物上。印版按照图文部分和空白部分的相对位置、高度差别或传递油墨的方式，被分为凸版、平版、凹版和孔版等。

（三）油墨

油墨是由颜料、联结料、填充料和辅助料按照印刷工艺与承印材料的适性要求，根据配方调制而成的一种有色的胶黏状悬浮体混合物。在印刷过程中，被转移到承印物上形成印刷图文。

颜料是油墨中的固体成分，为油墨的显色物质，一般是不溶于水的色素。油墨颜色的饱和度、着色力、透明度等性能与颜料的性能有着密切的关系。

联结料是油墨的液体成分，颜料是载体。在印刷过程中，联结料携带着颜料粒子，经墨辊、印版，辗转至承印物上形成墨膜，固着、干燥并黏附在承印物上。墨膜的光泽、干燥性、机械强度等性能与联结料的性能有关。

填充料通常用着色力较好的白色颜料，调节墨的色调，用来改善油墨性能使印刷生产顺利进行。

油墨中添加的辅助剂，是为了改善油墨的印刷适性，如黏度、黏着性、干燥性等。

油墨的配比工艺比较复杂，一般是将颜料、联结料以及各种添加剂按照一定的比例，先在调墨机中混合成油状膏剂，再在辊式研磨机中反复碾磨，从而使颜料以微细的粒子均匀地分散在联结料中形成油墨。

油墨按印刷方式可以分为凸版印刷油墨、凹版印刷油墨、平版印刷油墨、孔版印刷油墨和特种印刷油墨。

（四）承印物

承印物是能够接受油墨或吸附色料并呈现图文的各种物质的总称。随着印刷品种类的增多，印刷中使用的承印物包罗万象，有纸张、塑料、金属、玻璃、陶瓷、木材、织物等。目前，用量最大的是纸张和塑料薄膜。

（五）印刷机械

印刷机械是生产印刷品的机器、设备的总称。传统印刷机一般由输纸、输墨、印刷、收纸等装置组成。印刷机可以按以下几个方面来分类：

（1）按照版面形式分为凸版印刷机、平版印刷机、凹版印刷机、孔版印刷机。

（2）按照纸张的尺寸规格分为平版纸或单张纸印刷机、卷筒纸印刷机。

（3）按照印刷色数分为单色印刷机、双色印刷机、多色印刷机。

（4）按照印刷幅面分为八开印刷机、四开印刷机、对开印刷机、全张印刷机、超全张印刷机等。

数字印刷机没有传统意义上的印版，是用数字信号直接控制呈色剂在承印物上显示图文。数字印刷机具备拼版、校正、装订等全过程的自动化功能。数字印刷机主要有静电数字印刷机、喷墨数字印刷机。承印材料的范围更加广阔，如金、银、铜、铁、铝板，水晶，木板，玻璃板，皮革，布料，石材，手机以及电话机等。

随着现代科技的发展，除了以上的传统印刷设备之外，还增加了新型的印刷设备，如特种印刷机，其采用特别的制版、印刷、印后加工方式和材料，用于生产特殊用途的产品。

二、印刷原理

印刷可分为模拟印刷和数字印刷。传统的模拟印刷需要物理印版，常见的有平版、凸版、凹版和孔版。数字印刷又称直接印刷，因其可将数字形式描述的版面直接转换成印刷品而得名，它是电子印前系统和数字硬拷贝技术结合的产物。数字印刷最显著的特点是将印前、印刷和印后一体化，从系统控制的角度来看，它又是一个无缝的全数字系统。当今比较盛行的打印、复印等快速印刷设备都是数字印刷的典型代表，它主要应用在短版印刷、按需印刷、可变数据印刷等方面。

（一）平版印刷原理

平版印刷是利用油水相斥的原理实现图像的转移。因为平版印刷印版上的图文部分与空白部分几乎处于同一个平面上，图文部分是亲油疏水的，而空白部分是亲水疏油的。首先，由印版部件的供水装置向印版上供水，印版的空白部分吸附水，由于油与水不相溶，从而保护了印版的空白部分不受油墨的浸湿。然后，由印刷部件的供墨装置向印版供墨，由于印版的空白部分受到水的保护，油墨只能供到印版的图文部分。最后，将印版上的油墨转移到橡皮布上，再利用橡皮滚筒与压印滚筒之间的压力，将橡皮布上的油墨转移到承印物上，完成一次印刷。平版印版如图 11-2 所示。

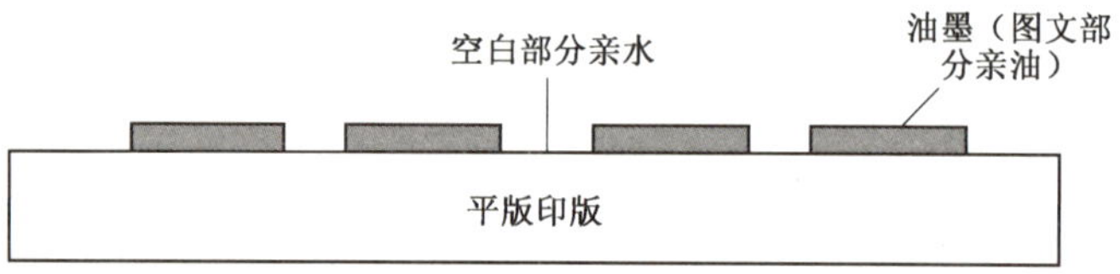

▲图 11-2　平版印版

（二）凸版印刷原理

在凸版印刷中，印刷机的给墨装置先将油墨分配均匀，然后通过墨辊将油墨转移到印版上，由于凸版上的图文部分远高于印版上的空白部分，并且凸起部分在同一平面内，因此，墨辊上的油墨只能转移到印版的图文部分，而空白部分则没有油墨。在印版装置和压印装置的共同作用下，印版图文部分的油墨则转移到承印物上，完成一次印刷。凸版印版如图 11-3 所示。

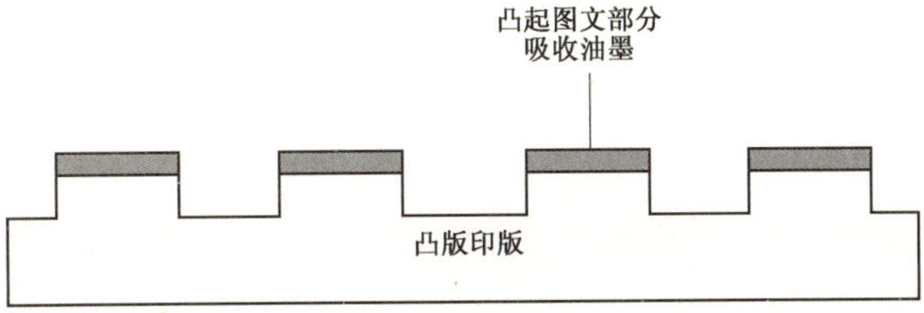

▲图 11-3 凸版印版

（三）凹版印刷原理

凹版印刷的过程与凸版印刷正好相反，印版的着墨部分凹下，着墨量不同，凹下的深浅不同，而空白部分则处于同一平面内。凹版滚筒表面覆盖一层低黏度的油墨，并采用刮刀刮去空白部分的油墨，只留下凹陷部分的油墨。在滚筒表面对承印物施压，使承印物吸附凹槽中的油墨，完成一次印刷。凹版印版如图 11-4 所示。

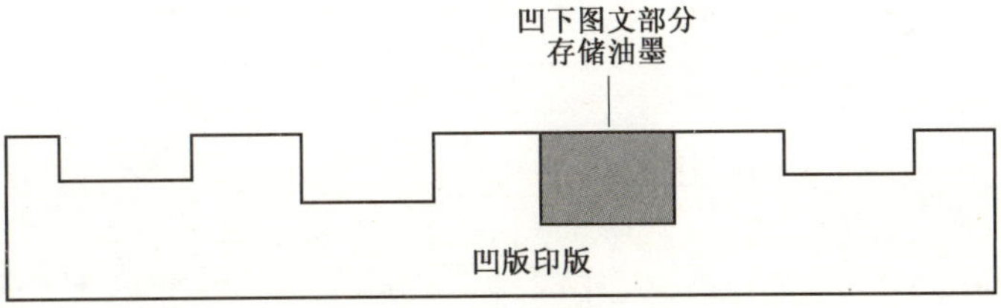

▲图 11-4 凹版印版

（四）孔版印刷原理

最常见的孔版印刷为丝网印刷，其印版由一些细小的筛孔构成（如尼龙）。在制版过程中，空白部分的筛孔被涂布的感光涂层封住。印刷时，在孔版上涂墨，用橡皮刮板在孔版上轻刮，油墨穿过孔版被转移到放置在孔版下的承印材料上，完成一次印刷。孔版印版如图 11-5 所示。

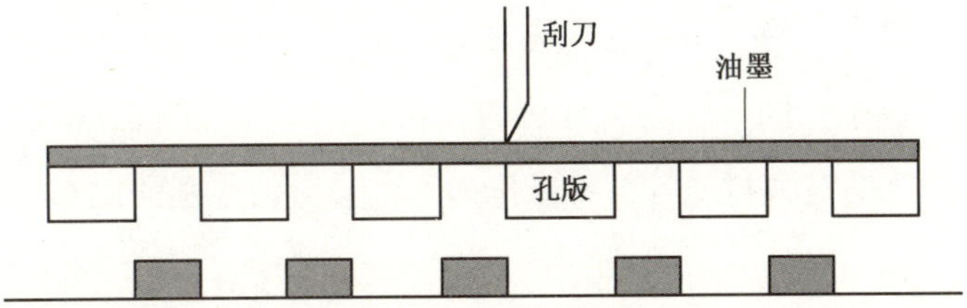

▲图 11-5 孔版印版

（五）数字印刷原理

1. 电子照相式数字印刷原理

电子照相复制技术采用了一种带电的光导表面，由计算机控制的激光或发光二极管阵列扫描后，这种表面可以有选择地放电，从而把文字信息转移到光导鼓上，即完成打印。光导鼓表面相当于印版，因此电子照相复制技术又被称为“电子照相制版印刷”。激光打印机、静电复印机都是采用电子照相复制技术。

2. 喷墨成像式数字印刷原理

喷墨印刷（Ink Jet Printing，简称 IJP），是通过计算机控制将油墨滴从喷嘴射在承印物上，从而获得文字和图像的无压印刷。与传统印刷不同，喷墨印刷采用的是一种非接触式的无版成像复制技术，即利用计算机存储信息，不必将图文信息记录到印版上。喷墨方式分为连续式喷墨和随机式喷墨。

三、印刷工艺过程

一件印刷品的完成，无论采用哪一种印刷方法，一般都要经过原稿分析、印前图文信息处理、制版、印刷、印后加工整饰等过程，其工艺流程如图 11-6 所示。

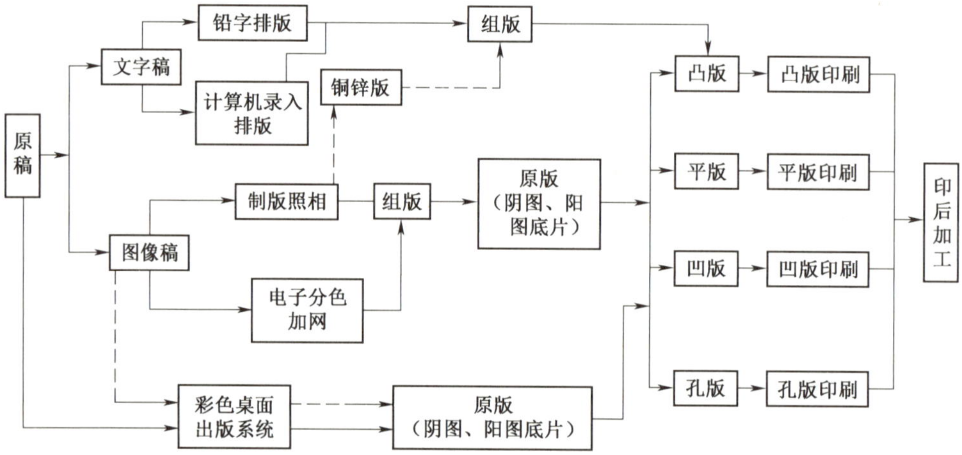

▲图 11-6　印刷工艺流程

从印刷技术来看，整个印刷过程包含制版技术、印刷技术、印后加工技术。

印刷过程的复杂性同时也为文件检验人员提供了检验的思路和对象，例如，印刷方式、印后加工的覆膜材质等都可以作为印刷品真伪鉴别的比对检验特征。

第二节 印刷色彩学简介

印刷色彩学是以色度学理论为基础的一门应用性学科。色彩是印刷的基本要素，印刷离不开色彩。印刷色彩学的研究对象是以颜色理论为主，兼顾色彩在印刷中的应用，偏重于色彩科学性的同时，也涉及色彩的艺术性。

一、三原色原理

让一束太阳光射进暗室，通过狭缝照射到玻璃三棱镜上，透过玻璃，再投射到白色的屏幕上，便显示出一条如图 11-7 所示的由红、橙、黄、绿、青、蓝、紫组成的光带，这条光带叫作光谱。在色散试验中可以得出，可见光谱中红、绿、蓝三色光所占区域较宽，且分布均匀，当色散不充分时，红、绿、蓝三色光最突出，其余色光几乎消失。色光混合试验证明，红、绿、蓝三种单色光可以混合出自然界中所有的色光，其他任何光以各种不同方式混合，均不能混合出红光、绿光和蓝光，因此称红光、绿光和蓝光为色光的三原色。

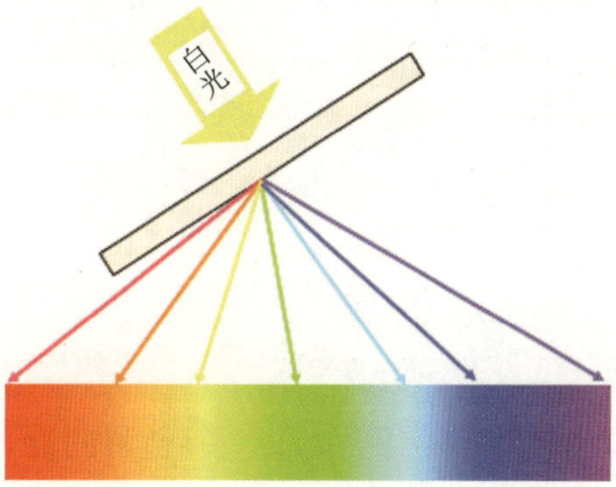

▲图 11-7 色散光谱

二、加色法与减色法原理

（一）色光加色

若将三原色光，每两种或三种相叠加，可以得到下面的色光（见图 11-8），即

红（R）+绿（G）=黄（Y）

红（R）+蓝（B）=品红（M）

蓝（B）+绿（G）=青（C）

红（R）+绿（G）+蓝（B）=白（W）

▲图 11-8 色光加色

以上各式表明，色光的相加（混合）所获得的新色光其亮度增加，故称色光的混合为加色法。改变三原色光中任意两种或三种色光的混合比例，可以得到各种不同颜色的色光。如果把红、绿、蓝三原色光，分别和青、品红、黄三种色光等量混合，可以得到白光，即

红光+青光=白光　绿光+品红光=白光　蓝光+黄光=白光

当两种色光相加，得到白光时，这两种色光互为补色光。因此，红光与青光互为补色光，绿光与品红光互为补色光，蓝光与黄光互为补色光。

（二）色料减色

油墨中的色料以颜料为主。颜料不溶于水、油或其他有机溶剂。若将黄、品红、青色料每两种以适当的比例混合，又可以得到色光三原色的颜色（见图 11-9），即

▲图 11-9 色料减色

黄+品红=红

黄+青=绿

品红+青=蓝

品红+青+黄=黑

改变黄、品红、青三种色料的混合比例，选择性地吸收和反射色光，便可以获得各种不同的颜色。然而任意两种或两种以上的色料混合，均不能得到黄、品红、青色，因此称黄、品红和青为色料的三原色。

从色光补色的关系可知，色料三原色呈现的色相是从白光中减去某种单色光，得到另一种色光效果。从白光中分别减掉光的三原色红光、绿光、蓝光，便得到了被减色光的补色光，即青光、品红光、黄光，故把黄称为减蓝、品红称为减绿、青称为减红，因此，黄、品红、青也可以叫作三减色。色料的相加（混合）所获得的颜色明度降低，故称色料的混合为减色法。

色料减色法的呈色原理也可以用下式表达：

$$Y + M = W - B - G = R \qquad Y + C = W - B - R = G$$

$$C + M = W - R - G = B \qquad Y + M + C = W - B - G - R = BK$$

黄、品红、青三种色料混合在一起，蓝光、绿光、品红光分别被黄、品红、青色料吸收故呈现出黑色。从图 11-9 可以看到，黄色料和蓝色料相混合得到黑色，品红色料与绿色料相混合得到黑色，青色料与红色料相混合也得到黑色。凡是某种色料与另一种色料相混合呈现黑色，这两种色料即互为补色色料。所以，黄色与蓝色互为色料补色、品红色与绿色互为色料补色，青色与红色互为色料补色。色料补色混合后呈现黑色，色光补色混合后呈现白光，两者恰好相反，但是，光的三原色的补色是色料的三原色，色料三原色的补色又是光的三原色，因此，光与色之间存在着相互联系，这种联系已经被人们巧妙地应用在彩色原稿的颜色分解之中。

第三节
印刷网点的种类

有明暗层次（阶调）变化的图像称为连续调图像。连续调图像的明暗层次在印刷品上可以通过两种方法来表现。一种是利用墨层厚度的变化，如凹版印刷；另一种是利用网点覆盖率，如凸版印刷、平版印刷、孔版印刷等。

一、印刷网点的种类

（一）网点

印刷过程实际就是颜色还原过程，在制版过程中将印版上的图文部分分割成无数个小点，小点的面积不同，分布不同，着墨的多少就不同，在视觉效果上就可以表现出不同的阶调层次。同样，着墨的多少也反映出了色彩的千变万化，这些小点在印刷上称为网点。印刷中一般使用放大镜来观察网点，如图 11-10 所示。

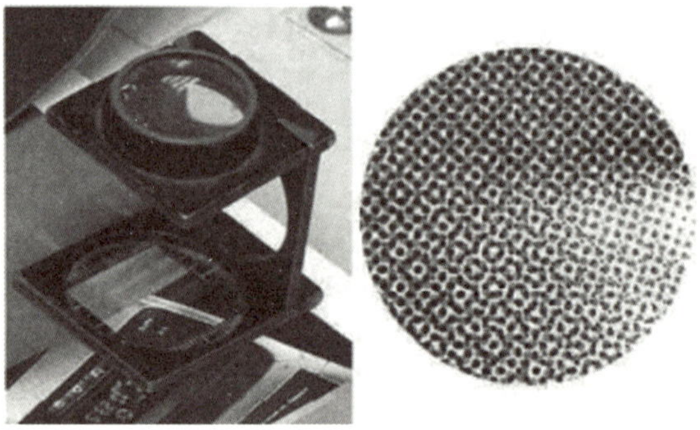

▲图 11-10　放大镜下的网点

网点是印刷复制过程的基础，是构成连续调图像的最基本单位，网点的作用主要有以下几方面：

（1）在印刷效果上担负着呈现色相、明度和饱和度的任务。

（2）是感脂斥水的最小单位，是图像传递的基本元素。

（3）在颜色合成中是图像颜色、层次和轮廓的组织者。

（二）网点的种类

在印刷过程中，连续调和半色调图像都是由网点的疏密来进行调整表现的。而通过将 CMYK 四色的网点混合，则可以表现出无穷多的颜色。目前，在印刷工艺中使用的网点主要有两种不同的类型，即调幅网点（AM）和调频网点（FM），如图 11-11 和图 11-12 所示。

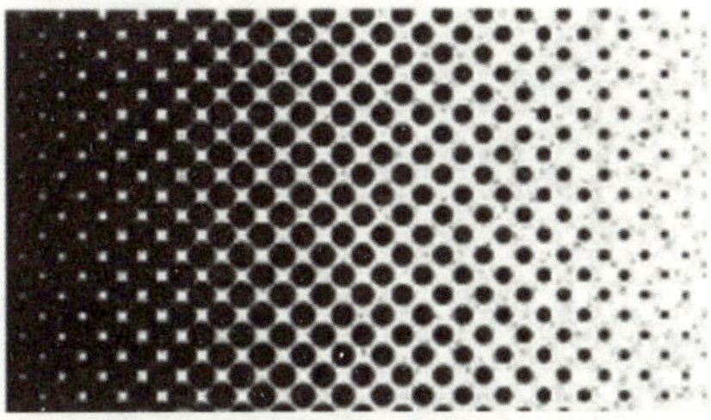

▲图 11-11　调幅网点

▲图 11-12　调频网点

调幅网点的网点密度是固定的，通过调整网点的大小来表现色彩的深浅，从而实现了色调的过渡。调频网点的网点大小是固定的，它是通过控制网点的密集程度来实现。

调幅网点和调频网点都属于面积调制式网点，但是调幅网点因存在角度问题，会出现有损印刷美感的“龟纹”，如图 11-13 所示；而调频网点是随机的，没有角度问题，故不会产生龟纹。

▲图 11-13　龟纹现象

二、印刷网点的特点

调幅网点是目前使用最为广泛的一种网点。在印刷中，调幅网点的使用需要考虑网点大小、网点形状、网点角度、网点线数等因素。

（一）网点大小

网点大小是由网点的覆盖率决定的，也称着墨率，习惯上用“成”作为衡量单位，例如，覆盖率为 10% 的网点就称为“一成网点”，覆盖率为 20% 的网点称为“二成网点”。此外，覆盖率为 0% 的网点称为“绝网”，覆盖率为 100% 的网点称为“实地”。印刷品的阶调一般划分为三个层次，即亮调、中间调、暗调。亮调部分的网点覆盖率为 10%～30%；中间调部分的网点覆盖率为 40%～60%；暗调部分则为 70%～90%，如图 11-14 所示。

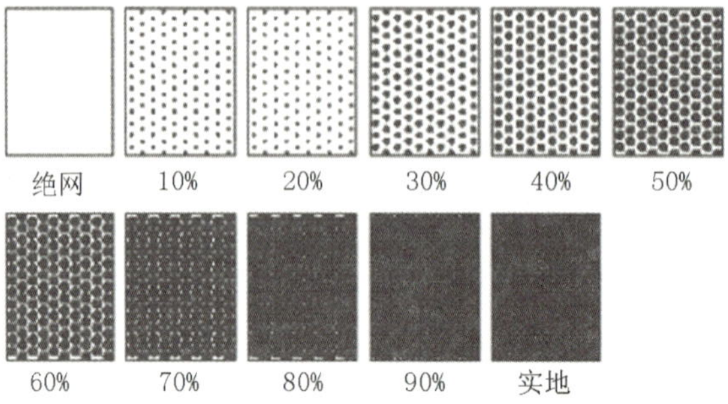

▲图 11-14　网点覆盖率

（二）网点形状

印刷中的网点形状是 50％的网点覆盖率时网点所表现出的形状，最常见的有正方形、圆形、菱形三种，如图 11-15 所示。

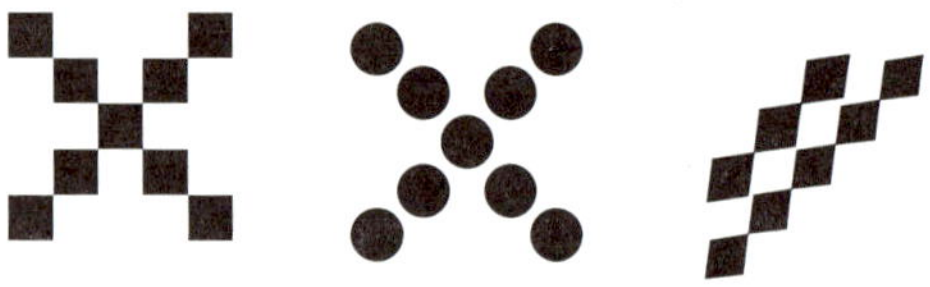

▲图 11-15　网点的形状

（三）网点角度

相邻网点中心连线与基准线的夹角称为网线角度，又称网点角度。基准线既可以是水平线，也可以是垂直线。

印刷制版中，网点角度有着至关重要的作用。如果网点的角度错误，将会出现干涉条纹。常见的网点角度有 90°、15°、45°、75°。其中，45°的网点表现最佳，稳定而又不显得呆板；15°和 75°的角度稳定性要差一些，不过视觉效果不呆板；90°的角度是最稳定的，但是视觉效果太呆板，缺少美感。常见网点角度如图 11-16 所示。

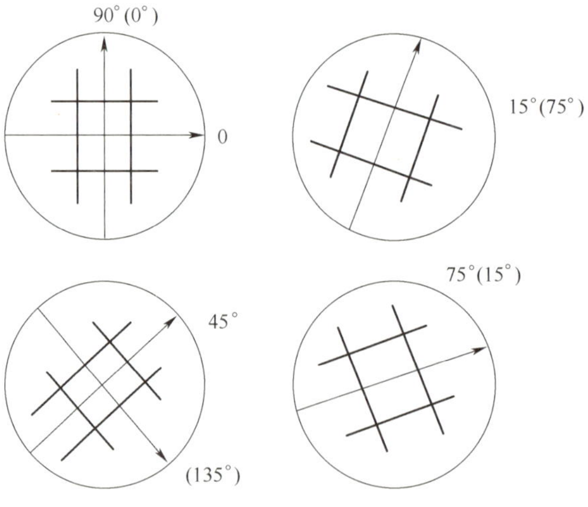

▲图 11-16　常见的网点角度

两种或两种以上的网点套在一起，会相互干涉，当干涉严重到影响图像美观时，就会出现俗称的“龟纹”了。

当两种网点的角度差在30°或60°时，整体的干涉条纹比较美观；其次为45°的网点角度差；当两种网点的角度差为15°和75°时，干涉条纹就有损图像美观了。网点叠加效果如图11-17所示。

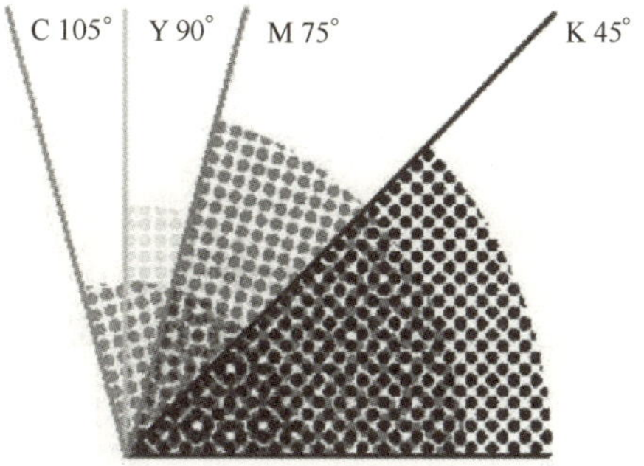

▲图11-17 网点叠加

（四）网点线数

网点线数是指单位长度内所容纳的相邻网点中心连线的数目，单位为lpi（line per inch）。常用的网点线有60lpi、80lpi、100lpi、120lpi、150lpi、175lpi、200lpi和300lpi。

网点线数越高，单位面积内容纳的网点个数越多，阶调再现性越好（见图11-18）。例如，10～120lpi适用于低品质印刷，如远距离观看的海报、招贴等面积比较大的印刷品，一般使用新闻纸、胶版纸印刷。一般普通四色印刷都采用150lpi，适用于各类纸张；175～200lpi适用于精美画册、画报等，多数使用铜版纸印刷；250～300lpi适用于最高要求的画册等，多数用高级铜版纸和特种纸印刷。

（a）70lpi　（b）10lpi

▲图11-18 网点线数不同的印刷效果比较

第四节
印刷油墨

一、油墨的种类

油墨根据印刷方式和印版特点，主要可分为凸版油墨、平版油墨、凹版油墨、网孔版油墨、特种油墨、喷墨墨水和墨粉等。油墨的种类如表 11-1 所示。

表 11-1　印版类型及油墨种类

印版类型	油墨种类
平版	胶印亮光油墨、胶印树脂油墨、胶印轮转油墨、胶印四色版油墨、平版印铁油墨、平版光敏印铁油墨、珂罗版油墨、胶印热固油墨
凸版	铅印书刊油墨、凸版轮转印报油墨、铅印彩色油墨、铅印塑料油墨、橡皮凸版塑料油墨、凸版水型油墨、凸版轮转书刊油墨、橡皮凸版油墨
凹版	影写版苯型油墨、影写版水型油墨、影定版汽油型油墨、凹版塑料薄膜油墨、凹版（糖果纸）醇溶油墨
网孔版	油型誊写油墨、水型誊写油墨、线网塑料油墨、丝网油墨
专用	软管油墨、印铁滚涂油墨、制版墨、玻璃油墨、标记油墨、盖销油墨、喷涂油墨、复印油墨、号码机油墨

二、油墨的印刷适性

油墨的印刷适性是指油墨与印刷条件相匹配，适合于印刷作业的性能，主要有流动性、转移性和干燥性等。

（一）油墨的流动性

油墨的流动性是指其在印刷过程中的流动与变形性能，包括黏度、屈服值、触变性及流动度等。

油墨的黏度是指油墨在流动过程中表现出来的内部阻力。随着油墨黏度的增加，油墨的转移率下降。油墨的黏度可以用调墨油或油墨稀释剂进行调整。

油墨的屈服值是指使油墨开始流动时最小的力。屈服值大的油墨流动性小，胶印的油墨不易从储墨机构中向外传递，使墨色不好；而屈服值过小的油墨流动性大，在丝网印刷中易产生印迹铺展的现象。因此，在印刷过程中需要选择合适屈服值的油墨。

油墨的触变性是指油墨在外力搅动作用下流动性增大，停止搅拌后流动性逐渐减小，最后恢复原状的性能。触变性过大，影响流动性，在墨斗中油墨容易脱离墨辊，造成不下墨现象；触变性过小，则会出现图文细线变粗，网点不结实的现象。为了防止上述故障的发生，需用墨铲经常搅拌墨斗中的油墨或在墨斗中安装油墨搅拌器来不时搅拌油墨。

（二）油墨的转移性

油墨的转移性能主要由油墨的黏性来表现。

油墨从墨斗向墨辊、印版（橡皮布）、承印物表面转移时，油墨薄膜先是分裂，而后转移，墨膜在这一动态过程中表现出来的阻止墨膜破裂的能力，称为油墨的黏性。

印刷过程中，如果油墨的黏性和承印物的性能、印刷条件不匹配，则会发生纸张的掉粉、掉毛、油墨叠印不良、印刷版脏污等印刷故障。油墨的黏性可以用撤黏剂进行调整。

（三）油墨的干燥性

油墨的固着阶段和彻底干燥阶段统称为油墨的干燥，主要有渗透干燥、氧化聚合干燥、挥发干燥、紫外线干燥、红外线干燥、热固化干燥等。印刷过程中，如果油墨的干燥不良，将会引起印张背面蹭脏、粘页、墨膜无光泽、油墨“晶化”等印刷故障。

为了加快油墨的干燥速度，可以在油墨中加入催干剂。常用的催干剂有钴燥油、锰燥油、铅燥油等。为了降低油墨的干燥速度，可以在油墨中加入干燥抑制剂。

第五节
字体字库的演变及特点

一、字体字库的发展

世界上有超过十万种字体[1]。汉字的起源和发展经历了甲骨文、金文、篆文、隶书、草书、楷书、行书七个阶段。总的来说，汉字字体可分为三大类型：一是从宋代活字印刷术发展起来的宋体、黑体等；二是书法演变而来的字体，如楷体、仿宋、行楷、隶书、魏碑等；三是美术字体，如综艺、琥珀等。据不完全统计，现在计算机汉字字体也有200多种，仅方正书版系统字体就有100多种，还有维思、飞腾等排版系统。此外，字体本身也是一种文化和传承的象征，如启功体、徐静蕾体等其他人名字体。

在1984年麦金塔[2]计算机出现之前，早期的计算机通常只提供一种字体，若能碰巧碰上一台支持斜体的计算机，那简直就是太幸运了。从麦金塔开始，计算机上才出现了多种可供选择的字体样式，并且还尽可能地复原那些人们习惯的字形样式。[3]对于连接Windows或Mac系统的激光打印机这种非击打式打印系统来说，打印机的字体有两个来源：一是Windows系统自带，二是计算机程序转换到系统的字体[4]。

汉字的点阵字模是怎样设计的呢？所有字符在纸面上的表现形式都是由笔画组成的，而笔画又可由若干个点来表示，点和点相连组成线性笔画。每个汉字，无论笔画多少都可以放在一个固定大小的方格中，计算机中把每个汉字都看作同样大小的图形。将这些图形分解为像点，像点在栅格中的密度、位置直接关系到汉字的形态。英文通常有7×7、9×9的点阵规格，汉字有16×16、24×24（见图11-19）、

32×32、48×48、64×64 等几种点阵规格。字库里有哪些字符就决定了打印机能打印出哪些字符；字符点阵信息采用的点阵规格数据集，决定其打印出的字符形态。

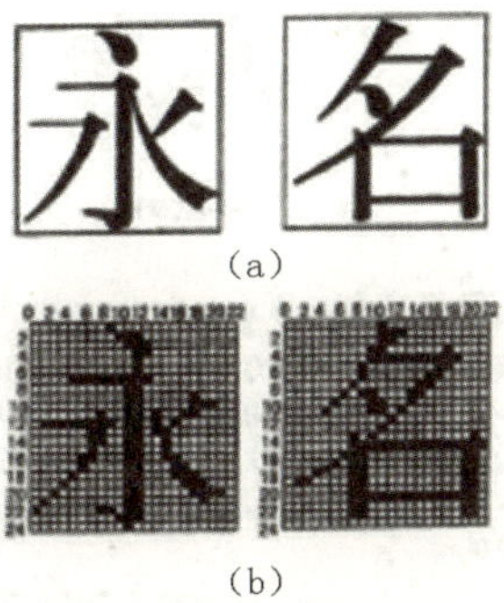

▲图 11-19　汉字数字化处理过程示意

字库的发展经历了三个阶段[4]，即点阵字库、矢量字库、曲线字库。点阵字库字体放大后可发现打印出的斜向笔画边缘会出现阶梯状。矢量字库，也称为矢量轮廓字，是一种最简单的轮廓字体，它采用直线的方式来描述字形轮廓，打印出的字符斜向笔画边缘是平直的，无阶梯形状，但弯曲笔画的边缘会有折线感。曲线字库是在矢量字库基础上发展起来的另一种轮廓字库，打印出的字符斜笔画边缘既无阶梯形态，弯曲笔画边缘也无折线感，完全反映了汉字原形的笔画边缘形态。从使用时间上看，曲线字体是从 Windows 95 版本才开始使用，也就是 1995 年。1995 年之前的计算机字体不会有曲线字体。Windows 95 之前使用的 Windows 3.1 版本使用的是汉化字符，属于矢量字库，再早就是点阵字库。字库出现或使用的时间同样也能为文件形成绝对时间的定性提供很好的参考。

目前，Windows XP 系统或者 Windows 7 系统自带字体里包括宋体、宋体 18030、新宋体、新宋体 18030、黑体、楷体、楷体 _GB2312、仿宋、仿宋 _GB2312、隶书、华文仿宋、华文楷体、华文行楷、幼圆等常见字体。宋体、仿宋、楷体和黑体已是当今最为主要的印刷字体。

二、常用六种宋体字体的比较研究

（一）六种宋体字体的应用时间及授权对象的调查研究

宋体字来源于宋朝发明的汉字印刷字体。宋体字方正稳重，笔画横平竖直，横细竖粗，棱角分明，横画的右端及横竖转角处有装饰角，结构严谨，有极强的笔画规律性，秀丽清晰，阅读醒目。宋体字笔画的特征可概括为：点如垂露撇似刀，钩似鹅头捺如扫，口子上下多一段，横尾有山弯带角。

宋体是现今 Windows 系统必带的字体。计算机系统上的宋体即中易宋体，英文名为 simsun。计算机系统、Office 中文版中常见的还有新宋体、宋体 18030 和新宋体 18030。经了解，四种字体均是 TrueType 字体，它们的字库容易存在差异。现在 Windows 7 中还安装有 OpenType 字体，这种字体比 TrueType 字体更为强大，可以把 PostScript 字体嵌入进去。

宋体最早版本创建于 1995 年 11 月，中易公司签约微软 Windows 95（共两款字库，即宋体、黑体），收录汉字 20902 个；宋体 18030 是在《信息技术　信息交换用汉字编码字符集基本集的扩充》（GB 18030—2000）的基础上，收录汉字 27484 个，最早版本于 2001 年 8 月被微软签约使用，最早被 Windows XP 系统收录是在 2003 年，2006 年装入 Vista 系统，直至 Windows 7 和 Windows 8 系统皆被采用。宋体 18030 是在宋体的基础上对某些字的造字结构进行局部调整，大部分字体没有改变，增加了部分少数民族字体。宋体和新宋体在汉字结构特点上没有区别，只是汉字数量的差异，新宋体在宋体的基础上增加了 1000 多个生僻字，在字符磅数为 12 磅以下时，两者未见明显差异，但是在 12 磅以上时，新宋体的边缘会更加圆滑，并且不失棱角分明[5]；宋体 18030 和新宋体 18030 在汉字结构特点上也没有区别，同样也只是汉字数量的差异。

华文宋体是常州华文印刷有限公司（简称华文公司）设计创建的字体，英文名为 STsong。华文公司是 1991 年成立，华文字库 1998 年成为 WPS 配装字库，1999 年成为 Microsoft Office 2000 配装字库（共配装 10 种华文字体，分别为华文宋体、华文仿宋、华文中宋、华文楷体、华文行楷、华文细黑、华文隶书、华文彩云、华文新魏等），2000 年 IBM 公司选定其为系统级字库。

宋体 _ 方正超大字库集，简称方正宋体，是北大方正电子有限责任公司设计的字体，该字库内含 6 万多汉字，1999 年完成字库的设计，最早从 2000 年开始授权在 Microsoft Office 2000 版本使用（共三种字体，分别为方正姚体、方正舒体、方正宋体），也就说 Microsoft Office 2000 以后的版本，均自带方正宋体。宋体 _ 方正超大字库集与中易宋体的最大区别是笔画要细一些。

常用六种宋体字体的比较如表 11-2 所示。

表 11-2　宋体字库的比较

字体	宋体	新宋体	宋体 18030	新宋体 18030	华文宋体	方正宋体
设计公司	中易	中易、微软	中易	中易、微软	华文	方正
设计完成时间	1995	—	2001	—	1996	1999
最早使用时间	1995	晚于 1995	2003	晚于 2003	1996/1998/1998	2000
最早使用对象	Win95	未知	Win XP	未知	Adobe/WPS/Office 2000	Office 2000
嵌入对象	操作系统	操作系统	操作系统	操作系统	Office	Office

（二）六种宋体字体结构特点的比较研究

通过笔者研究发现，不同 Windows XP、Windows 7 系统对文本文件文字打印特征没有影响。经过前期的试验研究也发现，同样一款字库在不同的 Windows XP 系统和 Windows 7 系统下，经相同的办公软件和打印机输出后，字体的形态及结构特征未见差异。

经过笔者研究发现：

（1）宋体、新宋体在常见 1000 汉字、阿拉伯数字、字母、常用标点的形态、结构上未见差异。列举部分字的重合情况如表 11-3 所示。

表 11-3　宋体与新宋体字的重合比对

汉字	的	年	元	方
宋体	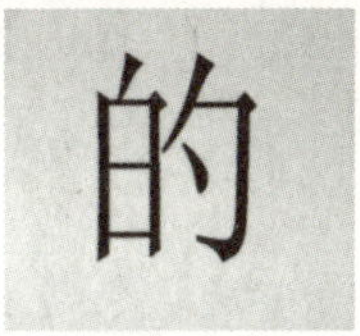	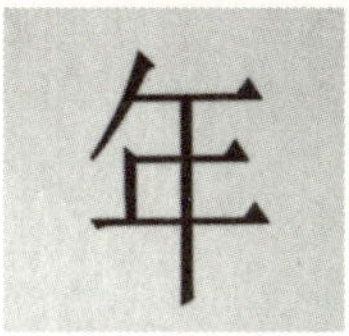		
新宋体				
重合				
汉字	，	1	%	a
宋体			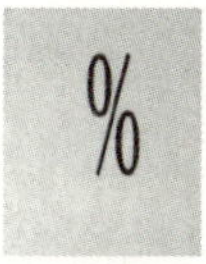	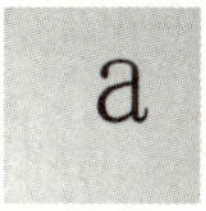
新宋体			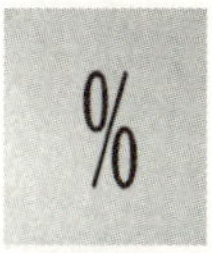	
重合				

（2）宋体 18030、新宋体 18030 在常见 1000 汉字、阿拉伯数字、字母、常用标点的形态、结构上未见差异。列举部分字的重合情况如表 11-4 所示。

表 11-4 宋体 18030 与新宋体 18030 字的重合比对

汉字	的	年	元	方
宋体 18030				
新宋体 18030				
重合			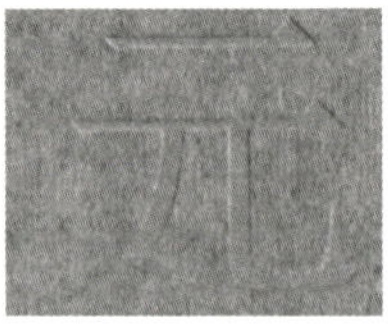	
汉字	,	1	%	a
宋体 18030				
新宋体 18030				
重合				

（3）宋体和宋体 18030 在阿拉伯数字、字母、常用标点上未见差异，但在常见 1000 汉字的形态、结构上存在明显差异。逐字比较常见 1000 字，发现“的”“是”“个”“不”“人”等 270 个汉字未见差异；730 个汉字在形态、结构上存在差异，其中“着”“些”“了”“会”等 561 个汉字存在微小差异，“在”“为”“责”“心”“几”等 169 个汉字存在明显差异。比例分布如图 11-20 所示。

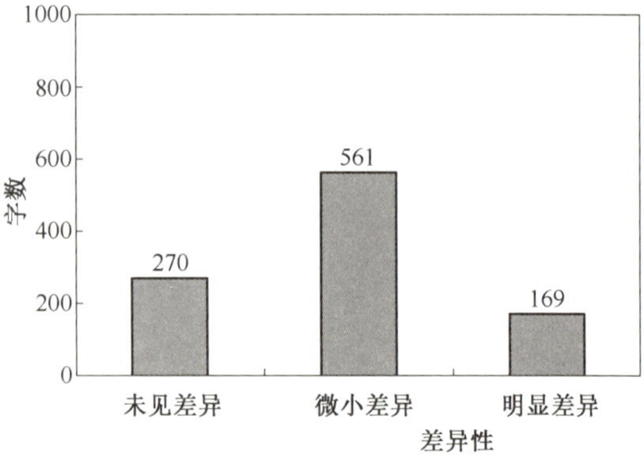

▲图 11-20 宋体和宋体 18030 常用汉字差异性比较

微小差异，是指在笔画长短、撇捺笔画、宽度搭配相对位置上存有微小差异，重合时大部分能够重合，只有局部笔画形态上存在差异，主要表现在横竖笔画的长短、撇捺笔画的方向上。列举部分微小差异性汉字如图 11-21 所示。

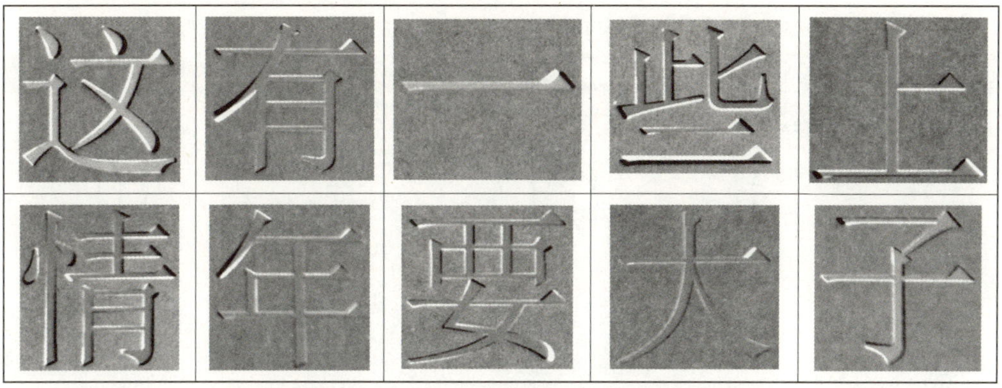

▲图 11-21　宋体与宋体 18030 部分微小差异性汉字比较

明显差异，是指在字符的形态、结构形态上存在明显差异，这些字反映了宋体和宋体 18030 的特点，在检验过程中是要重点关注和进行比对的，此处全部列举 169 个汉字如下：心、前、为、天、自、我、所、只、想、说、在、然、起、行、总、现、意、老、已、经、其、进、回、身、信、真、力、做、新、向、物、几、却、听、先、应、至、再、色、拉、直、书、字、万、原、神、告、妈、像、门、写、性、友、笑、解、通、许、象、思、题、今、语、制、提、怎、元、近、条、喜、决、房、坐、巴、战、空、深、医、兴、双、影、城、谈、整、志、爸、容、史、计、越、照、您、演、装、刻、系、联、热、丽、统、尽、示、句、议、义、息、商、务、举、细、土、居、苏、究、引、显、赛、突、虽、育、纳、忘、际、致、阳、丈、烟、区、普、奥、责、修、资、闻、速、泪、族、舞、追、托、坚、云、戏、窗、态、汽、肉、散、遗、卫、药、疑、阵、承、洛、势、乡、置、童、恋、杂、素、状、琴、熟、农、忍、纮、济、听。列举部分明显差异性汉字的重合如图 11-22 所示。

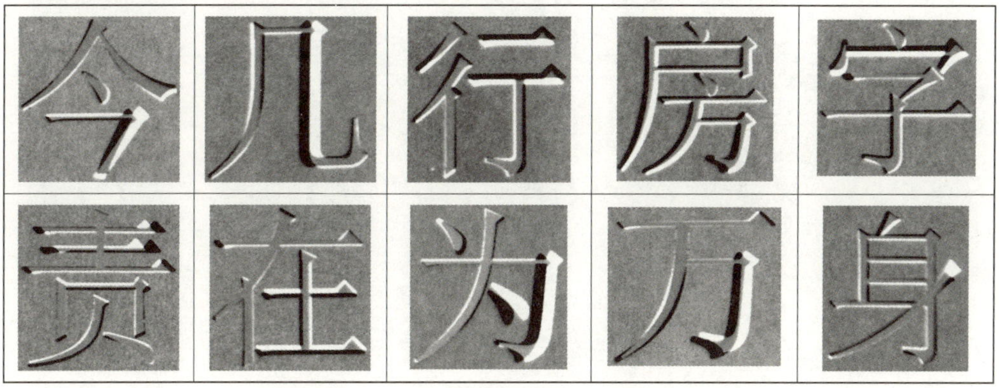

▲图 11-22　宋体与宋体 18030 部分明显差异性汉字比较

（4）宋体 18030、华文宋体、方正宋体与宋体在阿拉伯数字、字母、常用标点、常见 1000 汉字的形态、结构上均存在明显差异，列举部分常见字与宋体字的重合比对，如表 11-5 所示。

表 11-5　宋体、宋体 18030、华文宋体与方正宋体的重合比对

字体		宋体	宋体 18030	华文宋体	方正宋体
的	单字	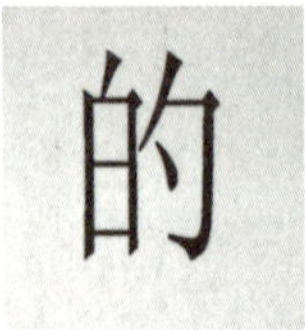			
	重合				
年	单字				
	重合				
元	单字	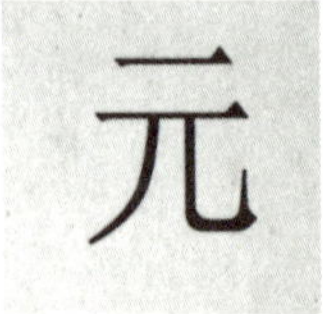	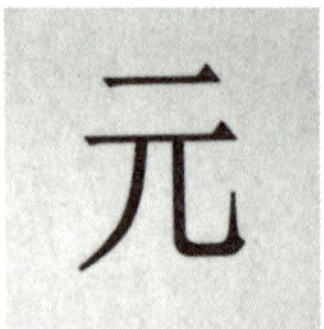	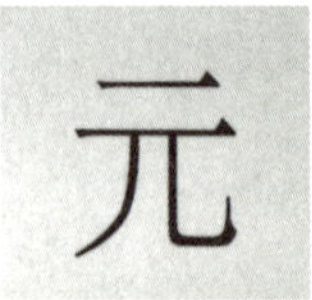	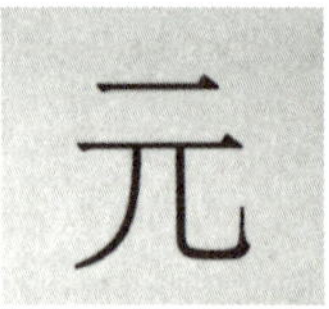
	重合				
方	单字			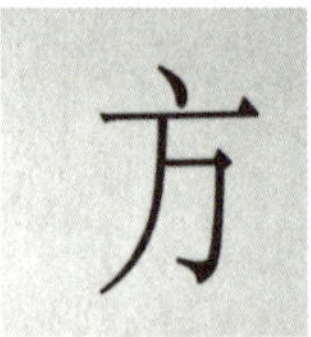	
	重合				

续表

字体		宋体	宋体 18030	华文宋体	方正宋体
,	单字				
	重合				
1	单字				
	重合				
%	单字			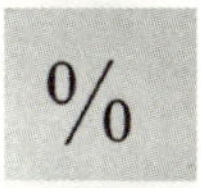	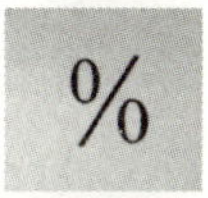
	重合				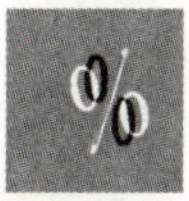
a	单字	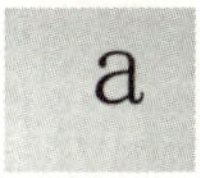	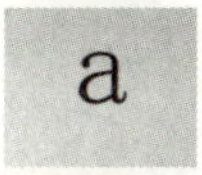		
	重合				

由表 11-5 可以看出，方正宋体字迹要细、宽一些，竖笔的“顿压”形态比较明显，如“的”字的竖笔、第一撇笔，“年”字的第一撇笔、竖笔；点的形态比较细长，如“的”字的最后点笔、“方”字的第一点笔。华文宋体比宋体字体也要细、宽一些，撇笔画的弧度也有差异，如“的”“方”字。华文宋体、方正宋体在阿拉伯数字、字母、常用标点、常见 1000 汉字的形态、结构上均存在明显差异，两者重合比对如图 11-23 所示。

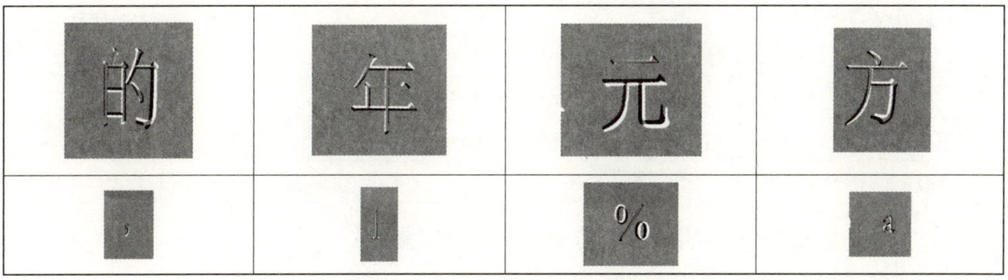

▲图 11-23　华文宋体和方正宋体的差异性比较

从图 11-23 可以看出，华文宋体和方正宋体在字的结构、形态、搭配位置、笔画长短等特征上存在明显差异。

三、常用五种仿宋字体的比较研究

（一）常用五种仿宋字体应用时间及授权对象的调查研究

仿宋字体是在宋体的基础上，模仿宋体的结构、笔意，改成笔画粗细一致、秀丽狭长的印刷字体。仿宋体兼具宋体的结构和楷书笔画，笔画横竖粗细均匀。

仿宋字体从 Windows 95 开始应用于计算机操作系统，最早是 1994 年北京长城电脑公司的专利，微软与该公司签约两种字体，即仿宋 _GB2312 和楷体 _GB2312，仿宋 _GB2312 内含 6763 个汉字，应该说仿宋 _GB2312 最早的使用时间为 1995 年。

仿宋字库（或仿宋常规字库）是北京中易中标电子信息技术有限公司设计的产品，2003 年开始装入 Windows XP 系统，2006 年装入 Windows Vista 系统，直至 Windows 7 和 Windows 8 系统。

华文仿宋是常州华文印刷有限公司设计发明的字体，英文名为 STfangsong，1998 年成为 WPS 金山的字库，1999 年成为 Microsoft Office 2000 配装字库，2000 年被 IBM 公司选定为系统级字库。

方正仿宋是北大方正电子有限责任公司设计的字体，有两款：第 1 款为方正仿宋简体，1986 年完成，最初为矢量字库，主要用于激光照排等出版系统，1992 年初曲线字体完成，1995 年开始使用，收录字体较少，共 6763 个汉字。第 2 款为方正仿宋 _GBK，共收录 21003 个汉字，两者共有的汉字在结构及特点上相一致，唯一的差别就是收录汉字的数量不一致。

关于微软简仿宋字体的介绍很少，只能从系统字体中了解到该款字体的最早版本出现于 1997 年。

仿宋字库的比较如表 11-6 所示。

表 11-6　仿宋字库的比较

名称	仿宋	仿宋 _GB2312	华文仿宋	方正仿宋	微软简仿宋
设计公司	中易	长城	华文	方正	微软
设计完成时间	2001	1994	1996	1992	未知
最早使用时间	2003	1995	1996/1998/1998	1995	1997
最早使用对象	Win XP	Win 95	Adobe/WPS/Office 2000	Win 95	未知
嵌入对象	操作系统	操作系统	Office	操作系统	操作系统、Office

（二）五种仿宋字体的结构特点的比较研究

经过比对五种常用仿宋字体，发现其在阿拉伯数字、字母、常用标点、常见 1000 汉字的形态、结构上均存在明显差异。列举部分汉字五种仿宋字体的重合比较如表 11-7 所示。

表 11-7　五种仿宋字体的比较

汉字		仿宋	仿宋 _GB2312	华文仿宋	方正仿宋	微软简仿宋
的	单字	的	的	的	的	的
	重合		的	的	的	的
年	单字	年	年	年	年	年
	重合		年	年	年	年
元	单字	元	元	元	元	元
	重合		元	元	元	元
方	单字	方	方	方	方	方
	重合		方	方	方	方
，	单字	，	，	，	，	，
	重合		，	，	，	，

续表

汉字		仿宋	仿宋 _GB2312	华文仿宋	方正仿宋	微软简仿宋
1	单字					
	重合					
%	单字			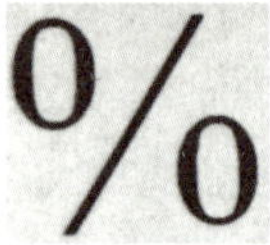	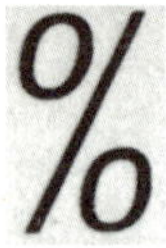	
	重合			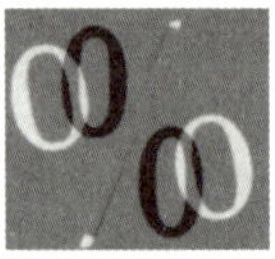	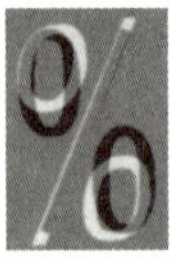	
a	单字					
	重合					

由表 11-7 可以看出，五种仿宋字体里的“的”字的“勺”部的第一笔“丿”和最后一笔在运笔趋势、形态上存在明显差异，仿宋、仿宋 _GB2312、华文仿宋的“丿”收笔较粗，方正仿宋、微软简仿宋收笔较细；仿宋、仿宋 _GB2312 的“的”字最后一笔的起笔较粗，华文仿宋、方正仿宋、微软简仿宋起笔较细，且微软简仿宋运笔呈现一定的弧度。再看“1”，五者在笔画的大小、粗细、运笔方向等形态特征上均存在明显差异，微软简仿宋的竖笔较粗，方正仿宋的竖笔最细、最长，起笔方向上华文仿宋角度最小。

不同字体字库之间的差异为二次添加文件的检验提供了一定的检验依据，同时也为“字体、字库识别系统”的建立奠定了很好的研究基础。根据实际案件检验需要，“字体、字库识别系统”能够为二次添加打印文件的检验、文件的制成时间（结合字库开始使用时间）提供直接的技术支撑。

参考文献

[1][英] 西蒙·加菲尔德（Simon Garfield）. 字体故事——西文字体的美丽传奇 [M]. 北京：电子工业出版社，2003：5.

[2] [英] 西蒙·加菲尔德（Simon Garfield）. 字体故事——西文字体的美丽传奇 [M]. 北京：电子工业出版社，2003：3-4.

[3]Jay Levinson. Questioned Documents：A Lawyer's Handbook[M].USA California：Academic Press，2001：81-84.

[4] 姚海根 . 数字印刷技术 [M]. 上海：上海科学技术出版社，2001：56-58.

[5] 宋体和新宋体的细微区别你知道吗？ [EB/OL].（2013-12-11）http：//www.pgos.cc/winblog/302.htm.

第十二章

平版印刷文件检验

第十二章 平版印刷文件检验

第一节 平版印刷种类及印刷原理

平版印刷是使用石版、珂罗版、蛋白版、平凹版、多层金属版、预涂感光版等印版，利用油水不相溶的原理进行印刷的方式。平版印刷起源于石版印刷，它是一种直接印刷，现在所说的平版印刷多是指间接印刷的胶印，因此本章主要介绍胶印的相关理论知识及检验鉴定方法。

一、石版印刷

（一）起源及发展

石版印刷是 18 世纪印刷业最具重大意义的发明。1796 年，德国人阿罗伊斯·塞尼菲尔德（Alois Senefelder，1771 ～ 1834 年）在德国发明了石版印刷技术，清代道光初年由传教士引入我国，并且迅速发展起来。这一技术的传入和使用，一方面打破了原有的单一使用雕刻凸版的印刷格局，全新的制版方式使人们耳目一新；另一方面石版印刷快捷的制版方式也大大地提高了生产效率，因此很快得到印刷业的青睐（见图 12-1）。

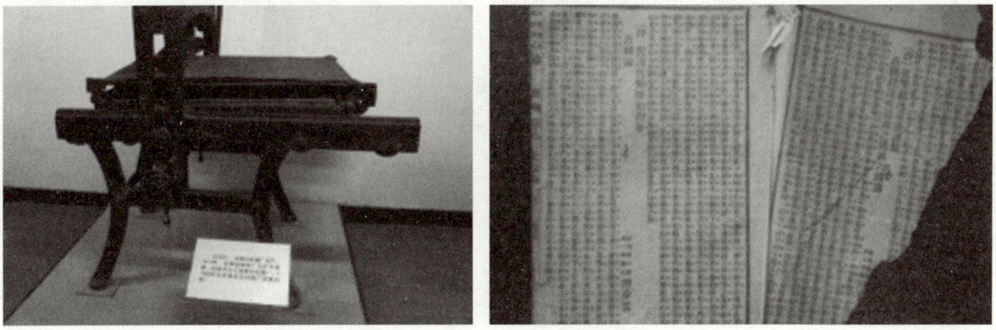

▲图 12-1　石版印刷机及石版印刷书籍

但是，随着铅印、珂罗版和胶印等技术的广泛采用，石版印刷技术受到了巨大冲击。在清末，石版印刷已经失去了行业龙头的地位，除了古籍复制之外，绝大多数出版物都由铅印完成，甚至在古籍出版领域，铅活字排印本也占有很大的市场份额。到了民国期间，铅印几乎垄断了书刊出版市场，最终导致石版印刷彻底退出了历史的舞台。

（二）印刷原理

石版印刷的过程其实非常简单，就是利用油和水不相容的原理，首先用油性的笔把作品画在光滑的石版上，这种笔可以是油性蜡笔、油性铅笔或者其他的油性笔，然后把水淋在石头的表面，除了油性笔画过的部分以外，其他部分都变湿了，有油性油墨层覆盖的部分沾上了浓淡不等的油墨，水覆盖的部分则没有油墨，再把纸压在上面印刷，就可以得到非常细腻的印刷效果。

二、珂罗版印刷

（一）起源及发展历史

珂罗版印刷是一种传统印刷技术。1852 年，英国科学家塔尔博特发现经过铬酸盐处理的明胶膜层曝光后表面会发生硬化现象。1867 ～ 1871 年，德国慕尼黑摄影师阿尔贝特根据这一原理，把玻璃版基用于实际印刷，从而发明了珂罗版印刷，后于清光绪初年传入我国。1876 年，上海有正书局首先采用此项技术印刷纸制品，之后，珂罗版印刷技术在印制手稿和书画作品方面，逐渐显示出独特的魅力。为保护那些具有高度艺术价值、历史价值或科研价值的书法和绘画作品，文物保护部门常常组织专业人员从事书画复制工作，书画作品的复制有的采用珂罗版印刷（见图 12-2）。

▲图 12-2　早期珂罗版印刷设备及珂罗版印刷书籍

（二）印刷原理及工艺流程

珂罗版印刷是把要复制的字、画的底片，晒制在涂过感光胶层的玻璃片上而完成。珂罗版的制作过程是利用经重铬酸盐处理过的明胶曝光后发生化学反应的原理，曝光的部分会变硬，易于吸收油墨，没有曝光的部分不吸收油墨，主要的工艺流程有研磨玻璃、涂布感光液、接触曝光、显影和润湿处理、印刷。

（1）研磨玻璃：把厚度约为 10mm 的平板玻璃用适量的金刚砂覆盖，再覆以同样厚度的玻璃板，使其相互进行研磨，玻璃板光滑的表面变粗糙后，经清洗、干燥，再涂布一层硅酸钠混合液（硅酸钠和蛋白液的混合物）作为底层，涂布底层是为了防止玻璃表面弄脏，也可使感光膜牢固地黏附在玻璃板上。

（2）涂布感光液：在暗室中，将一定量的经加湿后的重铬酸盐明胶感光液涂布到玻璃板上，平放在 40 ～ 60℃的烘箱内烘干，烘干时温度太高会产生气泡，感光膜一经干燥，其表面就会产生细微的皱纹，温度较高时形成的皱纹较粗，温度较低时形成的皱纹较细。

（3）接触曝光：将连续调阴像底片与感光版紧密贴合并曝光，因版面各部分受光量的不同，感光膜产生不同程度的硬化反应，因光照射而硬化的部分变得难于吸收水分而易吸附油墨，图文曝光后，再从感光版背面进行全面曝光，使胶膜紧密附着在版基上。

（4）显影和润湿处理：用水对曝光后的感光版显影，未受光部分的胶层吸水膨胀而溶解，受光作用部分的膨胀度较小，根据底片密度的大小吸水，密度大的部分吸水多，反之吸水少，显影后将其自然干燥。用以甘油为主的润湿剂，对版面进行润湿处理。目的是使水分能充分保持并防止水分散失。

（5）印刷：印刷在专用的珂罗版平台式印刷机上进行，结构为圆压平型，用手工揩水、滚墨和摆纸，要求油墨的流动性和黏性小些，联结料的抗水性能良好，颜料容易分散而结构软，以免损坏印版。着墨时用反应辊着黑墨，胶辊着色墨，由于版面胶层膨胀了的部分吸水多，难以吸收大量油墨，版面的凹部则着有较多油墨，可以进行较高浓度的印刷。印刷时对环境的温湿度要求较严。

三、胶版印刷

（一）起源及发展历史

1904 年，德国的卡斯帕·赫尔曼尝试对石版印刷技术进行改进，试图通过试验找到一种新的生产方式。美国人艾拉·华盛顿·鲁贝则是偶然间介入这一研究工作，在一次印刷工作中，艾拉·华盛顿·鲁贝注意到有一张纸在印刷过程中没有按正常路线行进，图像先从印版传到压印滚筒的橡皮布上，再印到纸上，他发现这种间接压印方式产出了更高印刷质量的产品，充满弹性的橡皮布将油墨更加均匀地传递给纸张。之后，由卡斯帕·赫尔曼和艾拉·华盛顿·鲁贝发明的印刷方式诞生了，这就是常说的胶版印刷的由来。他们分别设计了单张纸胶版印刷设备，但并没有立刻商品化。直到1912年，世界上第一台轮转胶版印刷设备Universal面世，速度达到8000印张/h，胶印机真正为世人认识。

1911年，当时已有着几十年凸版印刷、凹版印刷生产经验的高宝和曼罗兰研制出各自的第一台胶印机，从此，他们在印刷领域开始了更多的尝试。20世纪20年代，曼罗兰、高宝、小森等公司都推出了各自的单张纸、卷筒纸胶版印刷设备，并与相关公司通力合作，研制了各种带有递纸单元、制冷单元、折页和滚筒干燥等组件的自动化印刷设备。

20世纪50年代，印前技术层出不穷，并快速发展，照排机的出现，首次打破了活字排版几百年的印刷局面而出现了数字图文排版形式，尤其是1954年，第二代照排机的出现，使排版技术再上一个台阶。1956年，预涂感光版（PS版）和制版设备的出现，使胶版印刷技术如鱼得水，同时胶版印刷技术的需求显著增长。20世纪50年代，曼罗兰、高宝、小森、秋山等相继研制出自己的双色和四色胶版印刷设备。

进入20世纪90年代，计算机直接制版系统（CTP）的诞生对胶版印刷技术来说意义重大，它使胶印机的工作效率和应用程度达到前所未有的水平。胶印机自动化程度更高，数字技术的应用也更加广泛了（见图12-3）。

▲图12-3　胶印机

（二）印刷原理及工艺流程

胶版印刷是目前最常用的工业印刷方法，广泛应用于书报、杂志等各种印刷品的印刷。胶版印刷品阶调丰富，色彩柔和。近年来，随着电子、激光等新技术的迅速发展，胶版印刷与电子分色机、彩色桌面出版系统、计算机排版相结合，不仅能复制高质量的彩色印刷品，而且印刷的书刊、报纸字迹清晰醒目，也逐渐成为复制文字印刷品的重要手段。

胶版印刷的印版上，图文部分和空白部分几乎在同一平面上，但是通过物理、化学、电学方式可在版面建立起具有亲油性的印刷部分和亲水性的空白部分。印刷时，利用油水相斥原理，先在版面湿水，使空白部分润湿，再往版面滚墨，只有印刷部分着墨，当纸张或其他承印物与印版接触，并加以适当压力，图文部分的油墨就可转移到承印物上。现代胶版印刷多采用间接印刷方式，即印版上的图文首先被转移到橡皮布上，然后再从橡皮布转移到承印物上而成为复制品（见图 12-4）。

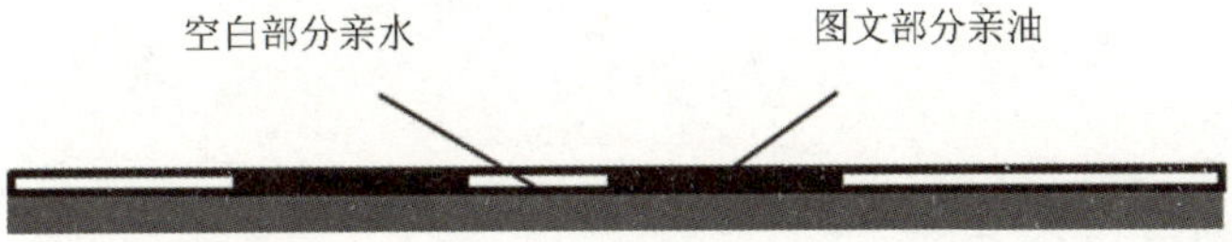

▲图 12-4 胶版印刷的印版

胶版印刷的工艺流程：印前准备（包括纸张调湿处理、油墨调配、印版检查、润湿液配置、包衬确定、色序确定、印刷机调节等）—安装印版—试印刷—正式印刷—印后处理。

第二节
平版制版

一、平版制版

平版制版就是要制出图文部分具有良好的亲油性，空白部分具有稳定的亲水性的印版，即在印版版材的同一平面上建立牢固的亲油和亲水基础。

常见的平版有蛋白版、平凹版、多层金属版、预涂感光树脂版（PS 版）、计算机直接制版（CTP 版），现代平版印刷工艺使用的 EP 版主要是 PS 版和 CTP 版。

预涂感光版（pre-sensitized plate，PS 版）是指预先在铝版上涂布了感光层，然后销售给印刷制版厂使用的印版。它是用重氮或叠氮、硝基等感光剂与树脂配置成的感光胶，涂布在版基上，干燥后存放备用。PS 版的亲油部分是高出版基平面约 3μm 的重氮感光树脂层，是良好的亲油疏水薄膜，油墨很容易在上面铺展，重氮感光树脂层还具有良好的耐磨性和耐酸性，所以 PS 版具有很高的耐印力。

计算机直接制版（Computer to plate，CTP 版）也是在经过砂目处理的铝版基上涂布感光材料，这层材料分为热敏型的和光敏型的。计算机排版后，连接制版基，可直接制成所需的印版，省去了 PS 版复杂的制胶片、曝光等工艺过程。

二、预涂感光版的制版

（一）PS 版的类型

PS 版有阳图型 PS 版和阴图型 PS 版两种，它们分别使用阳像底片和阴像底片晒版，且所涂布的感光液及其感光原理不同。

1. 阳图型 PS 版

阳图型 PS 版使用的感光剂是光分解性重氮化合物，晒版底片为阳像底片。如

图 12-5 所示，晒版时重氮化合物见光后分解，生成极易溶于稀碱溶液的化学物质，然后用稀碱溶液显影而被溶解，露出铝版基，形成印版的空白部分；而未见光部分的感光层未发生任何变化，也不被稀碱溶液所溶解，仍留在版面上，构成印版的图文部分，可直接亲油墨。此外，也有用叠氮化合物分解出氮烯基或通过氢原子转移等改变溶解性，在这种感光液中加有线型酚醛树脂等高分子化学物，使图文基础牢固，而不需要加亲油性基漆补强。

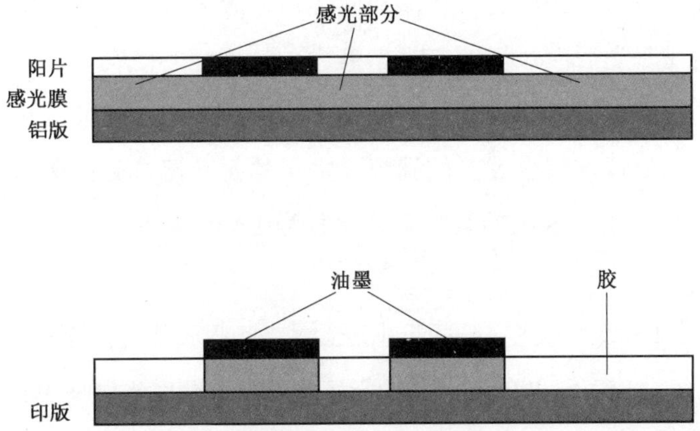

▲图 12-5　阴图型 PS 版晒版原理

2. 阴图型 PS 版

阴图型 PS 版使用的感光剂为光聚合或光交联型重氮化合物，晒版底片为阴像底片。如图 12-6 所示，晒版时重氮化合物见光后产生交联或聚合反应，成为不溶于显影液的物质，而未见光部分的感光剂保持原有可溶性，可溶于显影液。因此，曝光后通过显影，除去未感光层，露出版基，构成亲水性的空白部分；而见光部分的不溶性物质具有亲油性，成为图文部分。该部分耐磨性小，耐印力较低，为了改进这一缺点，在图文部分上涂布补强基漆。

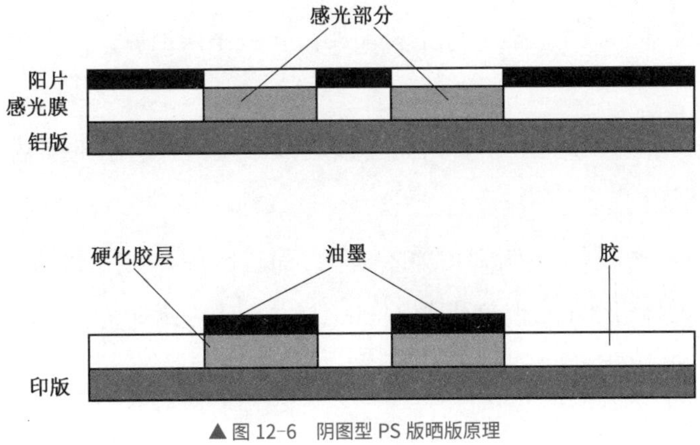

▲图 12-6　阴图型 PS 版晒版原理

（二）PS 版晒版工艺

PS 版版材是由 PS 版生产厂家对铝版进行电解、阳极氧化、封孔等处理后，再涂布重氮型感光液而制成的。去油之后的铝版基，经电解粗化，建立了纱目。为了进一步增强纱目的耐蚀、耐磨性，还需要将铝版放入注满硫酸电解液的氧化槽中氧化。待氧化的铝版为阳极，另一铝版或其他金属版为阴极，通上直流电。铝版表面经氧化后即可生成硬度高、亲水性好的氧化层。阳极氧化后的版面，氧化膜呈多孔性，具有极强的吸附能力，若直接涂布感光液，版面就会将感光物质极其牢固地吸附住，致使在曝光后应该溶解在显影液中的树脂也不能彻底脱离版面，在印刷中造成上脏的后果。所以阳极氧化后的铝版还需在专门可结晶的溶液中浸泡一段时间，进行封孔处理，减少过多的孔隙，常用的封孔溶液为硅酸盐溶液。最后涂布感光液，烘干即可。PS 版的晒版工艺流程为曝光—显影—停显—上墨—除脏—烤版。

（1）曝光。PS 版的曝光在晒版机中进行，将晒版底片与预涂感光版接触曝光，由于重氮感光剂对 350 ～ 400nm 波长的光感光，所以晒版光源使用具有近紫外光谱范围的光源，一般为金属卤化灯、碘镓灯、超高压水银灯等。

（2）显影。显影是用显影液对曝光后的 PS 版进行显影处理，将溶于显影液的感光层从印版表面除去，形成亲水的空白部分；不溶于显影液的感光层则保留在版面上，形成亲油的图文部分。显影可用手工显影，也可用 PS 版显影机进行显影。手工显影时用长绒刷，将显影液倒在版面上均匀刷显，并不断更换新鲜药液；用 PS 版显影机显影时，将晒好的印版送入机器，印版自动前进，边移动边自动喷液进行显影，进而用水冲洗，晾干后的印版输出机器。

（3）停显。在显影完成后用水冲洗印版，防止显影液继续显影。

（4）上墨。若晒制的印版不立即上机印刷，则需上墨，以避免室内光线太强而引起印版图文部分感光。若立即上机印刷，一般不用上墨。上墨的方法可以是圈墨或墨辊滚墨。

（5）除脏。除去版面上不要的图文或脏点，操作时用小毛笔沾上除脏液在版面上擦涂，然后用水冲洗干净。

（6）烤版。烤版是为提高印版的耐印力而进行的，一般 PS 版的耐印力为 10 万印张左右，如经过 230℃温度烘烤 10min 左右，印版耐印力能提高 4 ～ 5 倍。烤版使用专用的 PS 版烤版机。[1]

三、胶版印刷机的印刷过程及油墨传递过程

（一）印刷过程

通常所说的平版印刷多就胶版印刷而言，因此习惯称平版印刷机为胶印机。胶印机使用间接印刷结构，即通过一个中间体——橡皮滚筒把印刷图文转印到纸上。除打样机外，胶印机都是圆压圆式印刷机。使用平版纸的胶印机主要由以下五部分组成：给纸机构、印刷机构、供墨机构、供水机构、收纸机构，它比凸版印刷机多一个橡皮滚筒和一个供水机构，如图 12-7 所示。

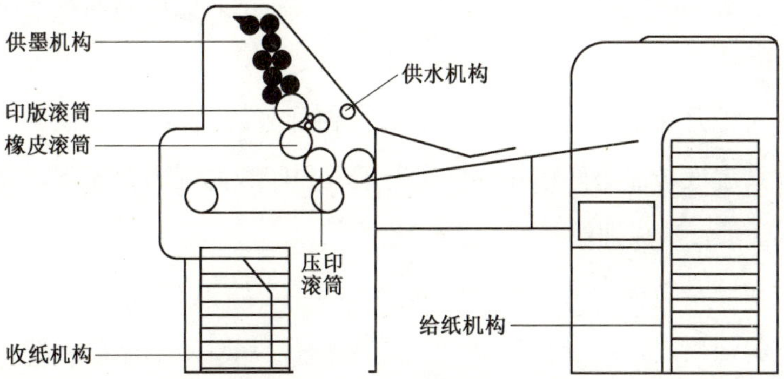

▲图 12-7　胶印机结构示意

胶印机种类较多，按照给纸方式，分为手工给纸机和自动给纸机；按照单双面印刷，分为单面印刷机和双面印刷机；按照印刷幅面尺寸，分为全开、对开和四开印刷机；此外，还有卷筒纸轮转机。胶印机印刷时首先对印版滚筒涂水，使空白部分沾上水，再涂墨，使图文部分着墨，随着印版滚筒、橡皮滚筒、压印滚筒的同步旋转，图文先转印到胶辊上，再印到纸张上，即完成一次单面单色印刷。由于橡皮滚筒的弹性作用，印在纸上的图像很均匀。但由于油水交替涂于版面，图文部分与空白部分的交界处就是油水界面，印到一定程度时，在压力作用下，油水界面会产生乳化，使印迹边缘发花。此外，印版滚筒、压印滚筒、橡皮滚筒的直径不一致也会使印迹重影发虚。

（二）油墨传递过程

胶印印刷机的输墨装置由墨斗、墨斗辊、串墨辊和着墨辊组成；输水装置由水斗和着水辊组成。当胶印机合压印刷时，着水辊、着墨辊和印版的空白部分、图文部分存在 A、B、C、D 四种辊隙状态，如图 12-8 所示，油墨、水（润

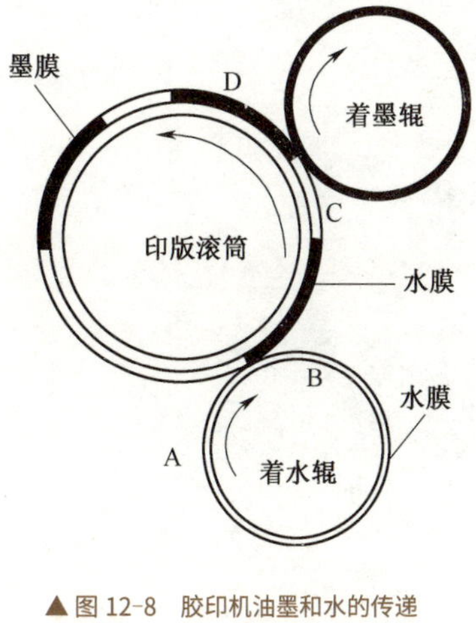

▲图 12-8　胶印机油墨和水的传递

湿液）在各个辊隙之间被强制混合，然后分开。

第一种辊隙是着水辊与印版空白部分的间隙。如图 12-9（a）所示，辊隙间有润湿液。着水辊与印版分离后，空白部分的表面被润湿液所润湿，留下薄薄的一层水膜。如果使用涂料纸印刷，采用普通的酸性润湿液，试验表明，当印版上需要 3μm 的墨膜时，水膜有 1μm 厚才足以阻止油墨在印版空白部分上的扩展。

第二种辊隙是着水辊与印版图文部分的间隙，如果 12-9（b）所示，辊隙间既有润湿液，也有油墨，两相并存。在着水辊和印版的强力挤压下，少量的润湿液被挤入油墨，造成油墨的第一次乳化。供水量越大，挤入油墨的润湿液越多，油墨的乳化越严重。

第三种辊隙是着墨辊与润湿过的印版空白部分的间隙，如图 12-9（c）所示，辊隙间也是润湿液与油墨两相并存。在着墨辊和印版的强力挤压下，又有少量的润湿液被挤入油墨，造成油墨的第二次乳化。

第四种辊隙是着墨辊与印版图文部分的间隙，如图 12-9（d）所示，辊隙间存在着乳化了的油墨，以及附着在印版图文部分时，润湿液的微珠被挤入油墨，造成油墨的第三次乳化，着墨辊与印版分离后，印版的图文部分便得到了含有相当数量润湿液的乳化油墨。[2]

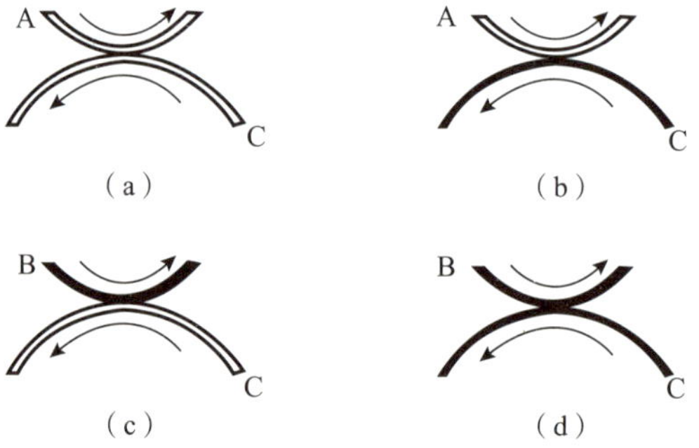

▲图 12-9　着水辊、着墨辊与印版的间隙

A- 着水辊；B- 着墨辊；C- 印版辊

第三节
平版印刷文件检验

一、平版胶印印件的基本特征

（一）表观特征

图文部位纸页的正反面均平整，无凸凹的压印痕迹（见图 12-10）。这是因为印版是平的，经过转印，不会像凸版那样将凸起的笔画压得很深。

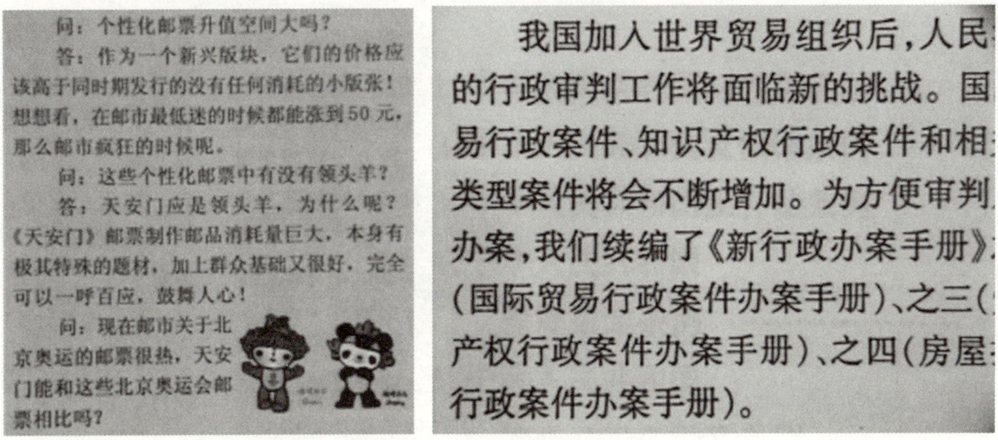
问：个性化邮票升值空间大吗？
答：作为一个新兴版块，它们的价格应该高于同时期发行的没有任何消耗的小版张！想想看，在邮市最低迷的时候都能涨到50元，那么邮市疯狂的时候呢。
问：这些个性化邮票中有没有领头羊？
答：天安门应是领头羊，为什么呢？《天安门》邮票制作邮品消耗量巨大，本身有极其特殊的题材，加上群众基础又很好，完全可以一呼百应，鼓舞人心！
问：现在邮市关于北京奥运的邮票很热，天安门能和这些北京奥运会邮票相比吗？

我国加入世界贸易组织后，人民
的行政审判工作将面临新的挑战。国
易行政案件、知识产权行政案件和相
类型案件将会不断增加。为方便审判
办案，我们续编了《新行政办案手册》
(国际贸易行政案件办案手册)、之三(
产权行政案件办案手册)、之四(房屋
行政案件办案手册)。

▲图 12-10　平版印刷的表观特征

（二）印迹墨色特征

印迹墨色均匀，光滑平整，无挤墨现象。与凸版相比，墨迹有时显得浅淡不实，边缘发虚（见图 12-11）。由于经过胶辊转印，胶辊具有一定弹性，所以墨色很均匀。但局部压力较小，有时有乳化作用的影响，因而会显得浅淡不实，给人一种笔画边缘发虚的感觉。

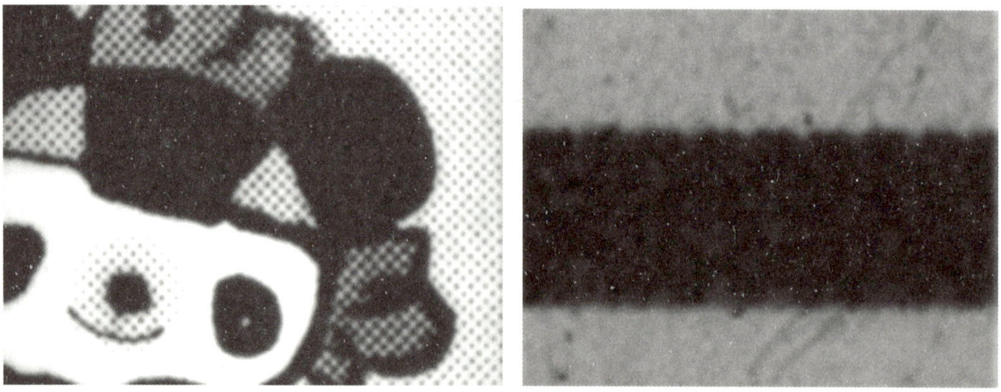

（a）墨迹均匀特征　　（b）笔画线条边缘发虚特征

▲图 12-11　平版印刷文件

（三）图文细节特征

图文易出现点状露白，空白部位常见脏版墨点，且墨点形状小、数量多（见图 12-12）。这是由于版面图文部分的亲油膜层不很牢固，印刷过程中会因为磕碰损坏而漏出金属面，先附着了水，这样就会形成明显的露白；印刷过程中空气中的杂质、纸毛沾到印版上，油墨的飞溅也会在版面的空白部分形成着墨点，所以容易形成数量较多的油墨疵点。

（a）油墨疵点特征　　（b）露白特征

▲图 12-12　细节特征

（四）网点形态特征

平版印刷最常见的加网方式是调幅［见图 12-13（a）］，不同的调幅加网又会有不同的加网角度［见图 12-13（c）］，但也常见调频加网［见图 12-13（b）］，加网形态特征也是区分同版印刷的重要依据特征之一。

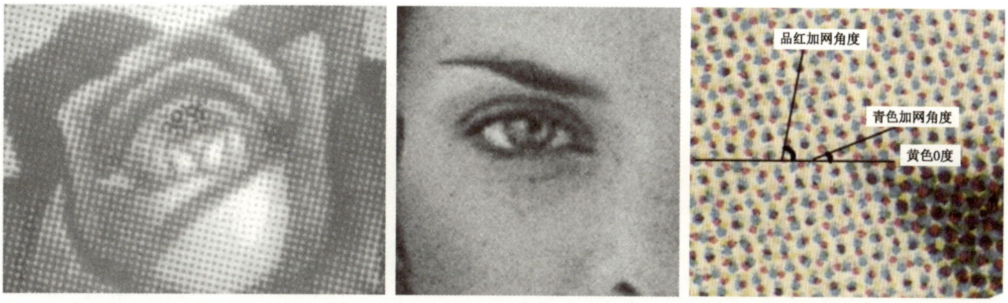

（a）调幅网点特征　（b）调频网点特征　（c）彩色图像调幅网线方向特征

▲图 12-13　平版印刷彩色图像文件的网点特征

二、同版同阶段印刷品的鉴别

同一块印版印出所有产品的基本印迹特征相同，但并不是所有细微的印刷加工特征完全一致。在整个印刷加工过程中，由于印版的磨损、老化以及印刷机的工作状态不同，总会使同版印刷品的某些细微特征消失、出现或发生变化。导致同版印刷品之间出现细微印刷加工特征的差异。这些细微特征在整个印刷加工进程中按一定的规律逐渐变化，根据印刷品上某些细微特征的出现或消失时机以及特征变化的幅度，可以把全部印刷品按印刷加工的时间顺序分成若干个区段。属于某块印版在某一时间区段连续印出的产品就是同版同阶段印刷品。因为同版同阶段印刷品的分布空间相对集中，所以通过寻找与物证同版同阶段的样本，鉴别样本与物证是否为印刷次序接近的同版印品，对划定物证来源的具体空间、缩小侦查范围具有重要意义。

（一）同版印刷品的鉴别

收集大量与物证同版的印刷品是分析印刷阶段性特征变化规律的基础。在印刷品来源调查的初期，首先要从大量与物证内容相似、相同的同类印刷品中，筛选出与物证属于同一印刷厂印刷的同批印刷品，然后再进一步鉴别出与物证同版的印刷品。同版是唯一的，即同版印刷品只特指同一块印版印出的所有印刷品。区别同版与不同版印刷品的基本步骤如下。

1. 观察版面内容是否一致

直接观察印刷品的版面图文内容，看文字、线条的选择和格式安排有无差别。例如，同是方格稿纸，不同印刷厂或同一印刷厂不同批印出的产品，由于设计上的差别会选用不同的印刷材料或不同的搭配组合来构成版面；方格以外有无边字以及边字的内容是否相同。同版印刷品的版面内容基本相同。

2. 测量版面的几何规格是否相同

通过对版面规格、文字线条的间距和相对位置以及某些条件下的双面印刷图文重合情况的测量，可以发现不同来源或同一来源不同版印刷品之间的区别。例如，由于不同印刷厂采用的印刷材料标准不同，使按同一设计要求排出的版面大小不同；不同操作人员排版习惯不同或同一人排不同版的时间不同，使边字与主题内容的距离和相对位置不同；不同印刷厂在对同一幅照片进行照相制版时的放缩倍率不同，使印出插图的规格不同。在使用卷筒纸的轮转印刷机上印报刊时，同版印刷品的双面版位的对位情况是固定的，不同机台的印品或同机台的不同版印品双面图文的错位程度不同。

具体测量时，根据比对面积的大小，可以用不同的测量工具选择印刷品上的相同部位进行测量比对。常用的测量工具有读数放大镜和阿贝测长仪。如果不具备大范围测量工具，可以用普通直尺加读数放大镜代替，用读数放大镜的测量标尺读取毫米刻度的余数。对于用平版纸多色套印的彩色印品，要在同种颜色图文间（即同一版的印迹）进行比对，因为使用平版纸的印刷机在套印过程中会出现套印误差，使不同时间区段套印的同版印品上各色图文的相对位置不同。

3. 检查细节形态特征是否相符

直接观察或显微观察印迹的分布及具体形态。例如，比较相同部位笔画的长短、端部形态、搭配比例、固定缺陷；比较同部位线条的长短、粗细、端部形态、接口特点、边缘缺陷（见图 12-14）；比较加网照相制版印刷的连续调图像的网点或影写版印刷图像的网格的方向、密度和形态；比较拼版痕迹、版边位置、版底上脏等版面缺陷。

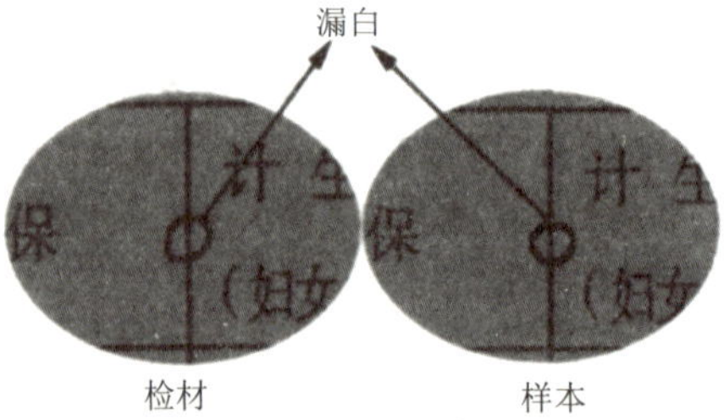

▲图 12-14　印件同版特征

引起不同版印品间细节特征差别的原因很多，例如使用印刷专用字（专门设计的宋二体、宋三体）与使用普通字排版印出的同体同号字形态不同；不同排版人的习惯不同或随机因素的影响，使不同人排制的同规格印版或同一人排制的同规格不同印版印品出现细节特征的差别；复制多块版的过程中，由于各种偶然因素的影响，使不同版印品之间图文的缺陷、搭配、固定上脏、图像露白的具体部位和形态不同；

照相制版过程中，由于曝光、显影、修版、加网线等工艺条件的不同，使不同版印刷品表现出网线的密度、形态、同部位的网点成数及笔画的粗细、边角形态的差别。

上述特征可以通过放大镜、显微镜对印刷文件的同部位分别检验来发现，或通过比对显微镜和各种比对投影仪器来鉴别。对连续调图像网点的检验可以使用印刷行业专用的网目角度测量器测量网线方向和网线密度；也可以利用量角器测量网线方向，利用显微测量标尺在显微镜下对单位长度内的网点数计数来测量网线密度。同版印刷品的稳定细节特征完全相同。但检验时需要注意，印刷过程中的压印力大小、着墨量的多少、印版的磨损、附着油墨的污迹都会形成同版印刷品的局部差异；铅活版在印刷过程中可能因更换某一损坏的铅字或线条，造成同版印刷品的明显差别。在这些情况下，不能以此为依据否定同版，而应全面发现各类细节特征，结合对制版印刷方法的分析，根据稳定的符合点认定同版。

因为不同类型的印刷品的制版、印刷方法各不相同，进行同版鉴别时，在特征的选取上各有侧重。

常见的信稿纸类书写纸印品都是用铅活字、锌线手工排制的铅活版印刷的，不同版间的纹线形态特征差别明显，除根据内容、规格鉴别外，更重要的是依据线条的端部形态、拼接形态、缺口和变形的位置与形态特征来确定是否同版。

彩色票券、商标、书刊封面等多为胶版印刷，相同内容的不同版是由同一原稿照相连晒制得，各版印品的图文结构、几何规格均无差别，区别同版与否的主要依据是制版过程中偶然因素造成的图文边角残缺变形及版面缺陷。

书刊内页在同一印刷厂多以同一套版印刷，如果有不同版印品，只能是不同印刷厂的印品，其制版的具体过程不同。可以根据线条形态、拼接方式、位置关系、印刷体文字的形态特征来鉴别是否同版。

对于各类报纸，无论是凸版印刷还是胶版印刷，都是由轮转机印刷的，发行量大的报纸常常是多个印刷厂同时印刷，所以既有同机不同版报，又有不同机不同版报和不同印刷厂的不同版报。各印刷厂为便于报纸的质量检查，都在凸版轮转机两个 4 开版之间（对开报的中缝位置）加有印版标记。所有轮转机在印刷过程中的双面版位相对位置也是固定的。因此，检查报纸的印版标记和双面图文的重叠情况即可以确定是否同版。

（二）同版同阶段印刷品的鉴别

在整个印刷过程中，印版不是一成不变的。由于印版的磨损、老化和杂质的附着，印刷图文会从清晰到模糊逐渐变化，印刷质量越来越差，直到印版不能使用。由于不同时期印版所处的工作状态和印刷加工过程中各机械的工作状态不同，使同版印品表现出细微特征的差别，在客观上可以把它们分成不同印刷阶段的印品。通过比对样本与物证的印刷阶段性细微特征，可以筛选出与物证最近似（印刷次序最接近）的样本。

1. 印版磨损特征

胶印版的图文部分是由各种高分子膜层所构成，很容易被损坏。即使采用胶印方式也无法避免印版图文的磨损，因而随着印刷的进程，印品上的图文露白和纹线、网点的变形现象会越来越多。此外，由于胶印过程中油、水交界处的乳化作用，细小纹线会越来越模糊。

2. 油墨疵点特征

油墨疵点属于不应出现在印刷品上的油墨印迹。它们有的是在制版过程中形成，其印迹的形态、数量和出现的位置相对稳定；有的是在印刷过程中形成，形态、数量和位置也都不固定，有的呈规律性变化，有的变化无常。但随着印刷的进程，印刷品上的油墨疵点总是越来越多。印刷阶段相近的印刷品上油墨疵点特征相似。[3-5]

参考文献

[1] 刘全香. 图像复制原理 [M]. 武汉：武汉大学出版社，2006.

[2] 冯瑞乾. 印刷原理及工艺 [M]. 北京：印刷工业出版社，1999：84-87.

[3] 王世全. 印刷文件检验 [M]. 北京：中国人民公安大学出版社，2001：48-57，96-109.

[4] 韩星周，黄建同，韩元利. 直接书写与平版印刷字迹的区分检验研究 [J]. 中国司法鉴定，2015（1）：59-61.

[5] 韩星周，郝红光，王锦生. 平版印刷的同版认定 [J]. 证据科学，2008（1）：117-120.

第十三章

凸版印刷文件检验

第一节　凸版印刷原理与发展历史

第二节　凸版印刷技术与工艺

第三节　凸版印刷的特点及文件检验

第十三章
凸版印刷文件检验

第一节
凸版印刷原理与发展历史

一、凸版印刷的概念

凸版印刷是使用凸版（图文部分凸起的印版）进行的印刷，简称凸印，是历史最悠久、应用最广的一种印刷工艺，并且在长期发展过程中不断得到改进。先秦时代的印章、印文便属于凸印；唐代初年发明了雕版印刷技术，该技术是将文字或图像雕刻在木板上，剔除空白部分使图文凸出，然后涂墨，覆纸刷印，这是最原始的凸印方法。现存有年代可查的最早凸版印刷物《金刚经》，已是雕版印刷相当成熟的印品。宋代毕昇发明了活字印刷术，活字印刷术流传至欧洲后，古登堡又发明了铅字印刷术。至20世纪50年代，古登堡的铅字印刷术一直是主流的印刷技术。随着近代科技的进步，20世纪初又出现了柔性版印刷。

凸版印版上的图文均为反像，着墨的图文部分凸起于印版的同一平面上，不着墨的空白部分凹下。印刷时，凸起部分着墨，与纸张接触，借助一定压力将图文线条转印于纸面而获得正像图文印刷品。凸版的版面凹凸甚为明显，易于表现油墨。凸版印版也可用于烫金、压凸等工艺。按照凸印的印刷版材划分，主要有木雕刻版、活字版、铅版、锌版、铜板、感光树脂版等。目前，部分书刊、票据、信封、名片等还在使用凸版印刷，需特殊加工的烫金、银以及压凹凸等，一般也使用凸版印刷。凸版印刷示意如图13-1所示。

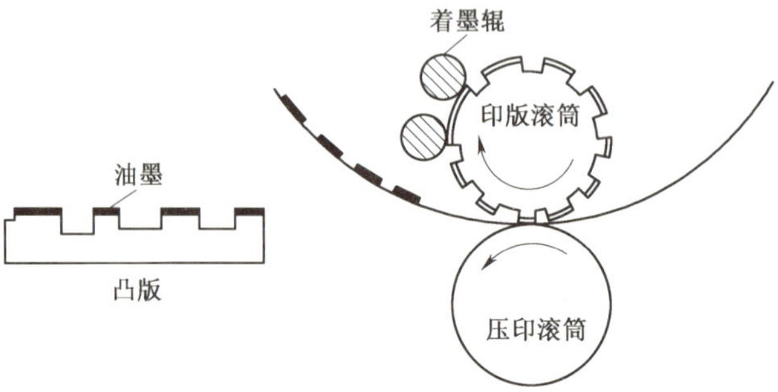

▲图 13-1　凸版与凸版印刷示意

二、凸版印刷的历史

（一）印章 / 盖印

印章在先秦时就有，一般只有几个字，表示姓名、官职或机构。印文均刻成反体，有阴文、阳文之别。传说秦始皇最早拥有玉玺，也就是最早的印章了。汉代普遍使用印章，各级官衙往返公文需盖以关防以资识别，故对印刷术的兴起有一定的影响。印章不过是利用凹凸不平的纹路在纸面上印颜料而已，其原理不复杂，当原始人用凹凸不平的石板、木板在泥巴上留下印记时，很容易就能想到印章的制作方法，因此，印章在中国历史上出现的时间很早，《周书》里有“汤放桀，大会诸侯，取玺置天子之座”的说法。这个说法不排除有夸张的成分，结合现代考古学的发现，一般认为，春秋时期中国人就把印章当作一种常规物品来使用了。

宗教的传播对于印章印刷的发展有很大影响。中国道教相信一些特殊图案拥有神奇的法力，这种图案称为“符箓”。一些道教信徒认为，使用符箓可以趋吉避凶，譬如挂在家中可以辟邪，烧成灰和水服下可以治病。对他们来说，符箓是一种消耗品，使用量大。可这种图案画起来太麻烦了，怎么能又快又好地多画一些呢？道教信徒们用木头制作一些大号的印章，把符咒图案雕刻在印章上，模仿印章的方式来印刷符箓，这样只要有足够的印泥和纸张，就可以大量生产了。中国古代的佛教徒们相信，大量复制佛像能够增加自己的福报，携带佛像还拥有护身保佑的效果。和道教的符箓一样，佛像在当时也是需求量很大的。为了加快复制速度，佛教信徒们把佛像雕刻在木质印章上，就可以又快又好地复制出很多佛像了。这些宗教图案的尺寸很大，所用的印章自然也庞大笨重。印刷时，一次又一次地举起、放下非常费力。印刷者劳动时间长了，就在如何更加省事、快速上动起了脑筋。举起印章太累，那不如就把印章放在桌面上，用轻便的纸主动去覆盖印章。当人们想到这一步时，雕版印刷就诞生了。

（二）雕版印刷

雕版印刷术在古代又称为“刻版”“梓行”“雕印”等，通过将印刷的文字或图像书写于薄纸上，经校对后再反贴于木板表面，由刻版工匠雕刻成反体凸字，即成印版，印刷时先在印版表面刷墨，再将纸张覆于印版，用刷子均匀刷过，揭起纸张后，印版上的图文就清晰地转印到纸张上，从而完成一次印刷。

雕版印刷的发明者难以考证，它的发明时间也一直是个存在争议的问题。其中有东汉、魏晋、南北朝、隋代、唐代、五代等几种说法。雕版印刷产生于隋代以前的几种说法，已经基本被否定了，现存比较可靠的记载说明，825 ～ 883 年，也就是中唐穆宗到晚唐僖宗这半个世纪里，已经出现了早期的雕刻印版。

例如，唐代的元稹在他的《白氏长庆集序》中说，白居易的诗歌当时十分受喜爱，人们把他的诗“缮写模勒，炫卖于市井”。这里的“缮写”就是传抄，而“模勒”指的就是刻印。这篇序作于唐代长庆四年冬，也就是 825 年，这说明当时民间已经用雕版来印刷流行的诗篇，不过还不是整部的书籍。又如，《旧唐书·文宗记》和《册府元龟》中记载，因为剑南道、淮南道等地总是在朝廷正式颁布历法之前就私自印卖新年的新日历，因此在大和九年十二月，东川节度使冯宿上奏朝廷，请求禁止民间私印历书。大和九年是 835 年，这说明当时民间刻印历书已经非常普遍。再如唐代的司空图在《为东都敬爱寺讲律僧惠确化募雕刻律疏》中提到，唐武宗会昌五年，下令毁天下佛寺，勒令僧尼还俗，经过这次打击，“印本渐虞散失，欲更雕镂”，佛经的许多印本都散失了，需要重新雕版。会昌五年是公元 845 年，这说明在此之前，已经有许多雕版印刷的佛教典籍。

这些记载都说明，9 世纪上半期雕版印刷已经相当普遍，但并不能说刚刚出现。雕版印刷开始出现应该比这个时间更早一些。只是这个时期的雕版印刷品还仅限于民间日用的历书、字书、宗教诵读用书等，即使有一部分诗歌，也是当时流行适合大众口味的个别篇章，正式的儒家经典、史书和完整的诗文集都还没有用雕版印刷。这也正是一种新兴事物刚刚出现时的正常表现，唐咸通九年（868 年）王玠为二亲敬造普施的《金刚经》，是现存最早的标有年代的雕版印刷品。它由七张纸粘成一卷，全长 488cm，每张纸高 76.3cm，宽 30.5cm。经卷前边有一幅题为《祇树给孤独园》的图画，内容是释迦牟尼在祇园精舍向长老须菩提说法的故事。卷末刻印有“咸通九年四月十五日王玠为二亲敬造普施”的题字。经卷首尾完整，图文浑朴凝重，刻画精美，文字古拙遒劲，刀法纯熟，墨色均匀，印刷清晰，表明这是一份印刷技术已臻成熟的作品，已不是印刷术初期的产物。1907 年英国人斯坦因第一次来到敦煌即将其掠去，至今收藏在英国伦敦大英博物馆。

唐代上承隋代，结束了数百年的分裂和战乱，统一了国家之后，对图书的收集和收藏十分重视。据开元时期的图书目录《古今书录》记载，国家藏书达到3060部，51852卷，另外还有佛家的经律论疏和道家的经戒符箓2500多部，共9500多卷。长安、洛阳两都的藏书都按照经、史、子、集四库收藏，而且每部都抄写了副本。社会的安定、经济的发展和文化的繁荣，使得唐代的文学艺术、科学技术都取得了重大成就，新的作品不断涌现。

文化的迅速发展和繁荣，更加刺激了社会广泛、快速地传播科学文化知识的需要和欲望。文化的繁荣也暴露出书籍流通传播方式靠抄写的落后，在社会迫切需要和已具备的物质条件和历史背景之下，雕版印刷在唐代得到了应用，并且有了初步的发展。唐代刻书的地点，除长安和洛阳两都外，以长江流域为最盛。从文献记载和现存实物可以看出，唐代的印刷品内容已经十分广泛，包括与农业生产密切相关的历书、宗教宣传品（其中又以佛教方面的为数最多）、流行的诗文等。唐代雕版印刷的发展虽然已经具有了一定的规模，但是毕竟处于初期阶段，尚未得到全面推广。既没有出现正统书籍的刻印，从事刻书的人也不普遍。当时社会上从事印刷活动的主要有两种机构，即寺院和民间刻印坊。没有实物或文献记载唐代有正统书籍的雕刻活动，这不仅是因为统治者的不关注和手抄这种习惯的顽强，更重要的原因恐怕是当时雕版印刷还是初创时期，技术简易，印刷品的质量还不能与手抄本相比。

五代十国时期，政权更迭、战乱频繁，但是在雕版印刷发展上，确是一个极其重要的时代。五代时期雕版印刷的地点更加扩大，除了唐代几个传统地区外，几乎遍及当时较为安定的区域，包括北方的青州地区、江南的吴越地区甚至较为偏远的河西地区。在印刷品的内容上，也有了重大突破。从后唐长兴三年（932年）至后周广顺三年（953年），由后唐宰相冯道主持，以唐代《开成石经》为底本，刻印了儒家经典的九种经书。雕版印刷技术应用到当时被奉为经典的儒家书籍，具有重大的历史意义。自此以后，雕版印刷应用的范围不再只是一些民间日用的杂品或宗教宣传品，印刷术开始得到政府的重视。

经过五代的积累和发展，雕版印刷在两宋进入了黄金时期。刻书的内容和范围更加广泛，不仅刻印儒家经典著作，还刻印正史、诸子、医书、字书、算书、类书、名家诗文等。宋代刻书的地点遍布全国，北宋时期形成了浙江杭州、四川眉山两大中心，到了南宋，福建建阳又成了另一个刻书中心。此外，江苏、安徽、江西、湖南、湖北、广东和广西也是印刷业比较集中的地区。北宋刻书继承了五代的传统，以官方刻书为主。官刻又有中央和地方官刻。中央官刻书籍以国子监刻书为主，国子监所刻的书籍，称为“监本”，包括儒家经典著作、正史史书、医书、诸子等一大批种类丰富的书籍。宋代中央政府的其他部门，如崇文院、司天监、太史局等，在国子监的影响下也都刻印了一批与其专职相关的书籍。

明代的印刷技术同宋代相比，整体上没有太大差别，依旧以雕版印刷为主。雕版印刷制版劳动繁重、雕版积压过多的弊病也没有得到解决。明朝永乐年间，朱棣组织了一支强大的文人班子，编纂了堪称明代规模最大的类书《永乐大典》。《永乐大典》的编成是史无前例的文化盛事，当时朝廷计划做一份刻版进行雕版印刷。但《永乐大典》一共约有 3.7 亿字，要刻出的雕版将会是一个天文数字。庞大的工作量让朝廷最终放弃了这个方案。为了提高印刷效率，明代的印刷工匠们还改进了印刷字体。宋代印刷，一般选用舒展大方的楷体，一则楷体结构端庄，易于辨认；二则楷体字形方正，容易排版。随着印刷产业规模不断扩大，竞争越来越激烈，印刷商越发注重降低制作成本。在雕版印刷中，刻板是最耗时的一道工序。为了提高刻版效率，刻版工人逐渐找到了一种容易识别又容易雕刻的字体，这种字体因最早模仿宋代的字体，因此被称为“宋体字”。宋体字线条方直、棱角分明，把毛笔字中的转折化为直角，把起笔、顿笔化为三角，这些改变便于工匠下刀刻字，提高了篆刻文字的效率。

清朝因为严酷的文字狱，民间印刷业大为倒退，不复明朝的精彩。明朝时中国的印刷技术还领先于欧洲，到了清朝末年，再看西方就望尘莫及了。清朝末年，照相锌版和照相铜版印刷术传入了中国。这两种印刷技术先把印刷对象用相机照下来，再把照片复制到印版上。锌版和铜版印刷的做法是，先在金属版上涂一层感光层膜，然后把黑白照片放到金属版上暴晒，暴晒后就会形成要印刷的图案。在图案上进行防腐蚀处理，再用化学试剂腐蚀金属版表面，就能制成凹凸不平的印版了。锌版和铜版印刷技术，相当于一种快捷方便的雕版印刷技术，最终制成的印版和雕版一样耐用，而且在制作印版的时候，不需要人工雕刻，就能精确地复制出照片上的图案信息。制版速度快，图案精美准确，也具有缩印的功能。因为兼有照相印版和雕版印刷的优点，锌版和铜版印刷在非活字印刷中很有竞争力。直到现在，经过改进的铜版和锌版印刷技术仍被广泛使用。在清政府洋务运动中成立的江南制造总局，也试验过此项技术。

（三）活字印刷

最早的活字印刷思想可以追溯到东周时期所铸的“秦公簋”。秦公簋是一件青铜器，按说铸造它的“范”应该是一次性成形的，但是考古学家发现，秦公簋上面有12处文字一模一样地重复出现了两次，而且字符排列不够整齐，因此人们推测，秦公簋上的文字是用类似活字一样的印戳在“范”上印出来的。用活字铸“范”的办法，可以少雕刻十二个字的模型，节省了工匠的劳动力。

宋朝印刷业发达，但主要是雕刻印刷，这种方法也有很大缺陷，即印一种书就要雕一次版，有的书字数很多，常常要雕好几年甚至十几年才能做好雕版，大量的雕版，占用的存储空间大。耗时长、费木板、占空间、难修改等成为雕版印刷的几大缺点。北宋仁宗庆历年间（1041～1048年），有位叫毕昇的印刷工匠，在长期雕版工作中，发明了活字印刷术。宋朝沈括所著的《梦溪笔谈》中记载了毕昇的活字印刷术，详细介绍了毕昇泥活字的制作、排版、卸版的整个过程。这就是最早发明的活字印刷术，与今天的印刷方法比起来，虽很原始，但是活字印刷术的三个主要步骤——制造活字、排版和印刷都已经具备。毕昇在印刷方面做出了巨大贡献，活字印刷术实现了印刷技术的飞跃，无论后人怎么改进，毕昇都是无可撼动的活字印刷鼻祖。此后，南宋时期的著名大臣周必大也依照此法印刷了书籍《玉堂杂记》。然而，在毕昇发明泥活字初期，由于人们的传统习惯，活字版这一新技术还未能引起重视，也因其自身不成熟，所以未被普遍采用。

元代著名的农学家、农业机械学家王祯（1271～1368年）认真研读毕昇的活字印刷术，发现泥活字有不耐用、不易转印的缺陷，他还找到了毕昇木活字失败的原因，毕昇的木活字刻在薄木片上，见水后就容易变形。王祯总结了毕昇的经验教训，改进了木活字，把木活字加高，底板上不粘松脂，而用挤紧的方法来固定活字。由于木活字加高了，印刷时印墨只涂在活字表面，对活字整体变形几乎没有影响。王祯把制作活字、排版、印刷的方式方法写成详细的《造活字印书法》，附撰于其著作《王祯农书》末，分为木料的选用与处理、写韵刻字、镂字修字、作盔嵌字、造轮转、检字、排版、印刷等步骤，王祯不断制作使用木活字，还设计了转轮排字盘和按韵分类存字法，方便了排版，使活字排版的技术与工艺又大大向前推进了一步。从技术角度来看，王祯的木活字印刷术已与现代的活字印刷术相差无几，后世的木、泥、锡、铜等活字印刷术虽然在材料使用及制作技术上有所改进，但基本上依然是王祯木活字印刷模式的延续。

从北宋庆历年间活字版的发明到明代末年止，活字版技术经历了5个世纪的发展。这期间虽然活字的材料、活字的制作工艺以及活字的存放和排版工艺等都在进行着不断的改进，但这种发展却是很缓慢的。更为突出的是，活字排版工艺虽已十分成熟，但其使用率一直很低，即使到明代后期，虽然木活字和铜活字都在使用，但也只有为数不多的几家，而占主导地位的仍是雕版印刷。

清朝康熙、雍正年间，陈梦雷、蒋廷锡等人编成了一套规模宏大的类书《古今图书汇编》，整套书一万余卷，约 1.6 亿字，如果都刻成雕版，数量将非常庞大，于是采用了铜活字印刷的方法。由于文字数量特别巨大，即便耗时数年，也只印刷了 60 部。印刷《古今图书集成》的这套铜字，堪称中国古代金属活字印刷的精品，但是在印完《古今图书集成》等几部书以后，因为“所费工价较之刊刻木板所差无多”，铜活字被收藏起来，乾隆十年被铸造成铜器，这批精美的铜活字从此消失。乾隆三十九年（1774 年），乾隆要选一批有裨益于世道人心的书籍印发流通，负责此事的大臣金简建议采用活字印刷，由于重新铸造铜字耗费巨大，决定采用木活字印刷，前后共刻成 25 万个活字，印刷了《武英殿聚珍版丛书》。金简在主持这套丛书的印刷过程中，改进了活字制作、排版方式、印刷过程、检字程序等流程，把自己在印刷中取得的经验写成《武英殿聚珍版程式》，这本书在社会上公开发行，大大提高了活字印刷技术，也促进了民间活字印刷业的繁荣发展。可惜的是，这批珍贵的木活字也在《武英殿聚珍版丛书》印刷完成之后，被人当作木材盗卖和烧火取暖。清朝民间的活字印刷业并未完全禁绝，尤其到了清朝后期，文字狱逐渐松弛，民间印刷业开始复兴。乾隆五十六年（1791 年），萃文书屋用活字印刷高鹗续一百二十回《红楼梦》，印完后供不应求，第二年又再次校订排印，因主事者是程伟元，两次印本分别被称为“程甲本”和“程乙本”。

国内的活字印刷发展虽然缓慢，但它也在通过各种渠道向外传播，并沿着丝绸之路传到西方，外国人如获珍宝，纷纷效仿，并将其发扬光大。在毕昇发明的泥活字传入欧洲 400 多年以后的 15 世纪中叶，德国的约翰·古登堡（又译作“古腾堡”，1398 ～ 1468 年）开始致力于活字印刷的发明研究，发明了西方活字印刷术，他的发明引发了一次纸质媒体革命，迅速推动了西方科学和社会的发展。古登堡用铅、锡、锑三种金属按一定比例配比形成的既硬又易熔化的合金制作活字，其铅活字的印刷流程包括制作字模、铸造铅字、检字排版、装版、印刷等步骤。为探索更加快速的印刷方式，古登堡把用于压榨葡萄的立式压榨机改制成世界上第一台印刷机，这种木质垂直螺旋式手扳凸版印刷机的结构虽然简单，但却沿用了 300 多年。制作了印刷机后，古登堡又针对金属活字印刷改进印墨。他将亚麻仁油煮沸，冷却后再以少量蒸馏松树脂得到的松节油与炭黑搅匀，做成了适应金属活字印刷的油性墨。1455 年，古登堡开办了印刷厂，印制了 180 本《圣经》，每本 1282 页，每页分 42

行，排作两栏，边框和栏之间都彩绘着装饰物，十分精美华丽，这部圣经又叫作《古登堡圣经》《四十二行圣经》，也被认为是西方活字印刷生产的第一本书。古登堡把活字、油墨、印刷设备变成一种有效的生产系统，形成了完整的印刷生产流程，在随后的500年间，印刷技术虽然不断改进，基本工序却与当初大同小异。

（四）柔性版印刷

柔性版印刷（Flexography），或称为弹性凸版印刷、苯胺印刷、橡皮版印刷，也常被简称为柔版印刷或柔版，属于凸版印刷的一种，是一种常用的印刷方式。第一台柔版印刷机于1890年在英国利物浦问世，20世纪初发展于德国和美国，因其使用油基苯胺染料作为印刷油墨，也被称作苯胺印刷。有毒的苯胺油墨成为柔性版印刷发展道路上的主要障碍，为此，更安全的柔印油墨得以研发和推广使用。1952年10月，在美国第14届包装研讨会上提议并正式将苯胺印刷更名为柔性版印刷。

柔性版印刷是在聚酯材料或其他柔性材料上制作出如橡皮图章的凸出的所需图像镜像的印版。油墨转到印版（或印版滚筒）上的用量通过网纹辊进行控制。印刷表面在旋转过程中与印刷材料接触，从而转印上图文。由于印刷机械、印刷油墨及版材的改良，印刷品质已经媲美平凹版印刷及凹版印刷。因兼具经济效益与环保优势，柔性版印刷在全球的印刷工业迅速发展。

早期的柔性版印刷采用手工雕刻的橡皮、染料油墨印刷，在德国称为橡皮版印刷。20世纪20年代，虽然出现了层叠式单、双色印刷机，但版材和油墨却没有大的突破，几乎只用于纸袋和简单印刷。20世纪30～40年代，柔性版印刷进入了试验和进一步发展的阶段，新型油墨的开发、印刷机干燥装置的改进、网纹辊的出现以及制版、装版技术的提高，使柔性版印刷发展到可在透明薄膜及普通纸上印刷，并在包装领域应用。20世纪50年代，聚乙烯的出现推出了一种新树脂，即长期在柔印油墨领域保持主导地位的聚酞胺树脂，使柔性版印刷技术得到进一步发展。1958年，美国柔性版印刷协会（FTA）成立，标志着柔性版印刷技术进入新的历史发展阶段。20世纪70年代，由于材料工业的进步，特别是高分子树脂版材和金属陶瓷网的问世，美国杜邦（DuPont）公司于1974年推出CYREL感光树脂版，大大提高了解像力和网点再现性（可达1%～95%），使柔性版的彩色套印成为现实。网纹辊采用电子雕刻并配以反向刮墨刀，共用压印滚筒（卫星式），使柔性版印刷技术达到新水平。20世纪80年代，柔性版印刷技术更趋完善，计算机及程序控制开始应用于柔性版印刷，设备性能进一步提高。20世纪90年代，印版和套筒技术发生重大技术变革，打样技术也随之发生变化。随着橡皮凸版逐步被感光树脂替代，以及数字印前软件的出现，柔性版 CTP 应运而生，标志着柔性版印刷步入数字化时代。步入 21 世纪，由于不断采用现代技术，柔性版印刷已成为一种成熟的印刷工艺。

柔性版印刷正在向世界各地普及，目前主要应用于包装印刷方面。从印量上来看，包装柔性版印刷品占柔性版印刷品的 90% ～ 92%，其余不到 10% 的印量分布在证券印刷、医药品印刷以及电子元器件印刷等领域。随着柔印机、柔印油墨、印版等技术的不断提高，在世界各地，柔性版印刷都在争占凹印市场份额。近年来，随着柔性版印刷印前工艺的数字化和印刷设备的不断完善，以及柔性版油墨的绿色化水平的不断提高，使得柔性版印刷在未来全球印刷行业的发展具有广阔的前景。

第二节
凸版印刷技术与工艺

一、雕版印刷技术

所谓雕版印刷，就是将文字或图像雕刻在平整的版上，在雕版上刷墨，再将纸覆盖在上面，将印版上文字和图像完整清晰地印下来。雕版印刷是我国古代应用最早，也是应用时间最长的印刷技术。雕版印刷自唐朝初年产生以后，主要采用木质雕版，近代随着照相、化学等技术的发展，又产生了铜版、锌版等不同的材质版，印刷工艺也在不断改进。

（一）手工雕版印刷

古代手工雕版以木板为雕版主体，枣木、梨木、梓木、黄杨木、银杏木、皂荚木等纹理细密、质地均匀、便于加工并且来源较广的木材是雕版最理想的材料。由于水土气候不同，我国南北方常用木材也不同。北方多选用梨木、枣木等，南方则多选用黄杨木和梓木等。枣木、黄杨木的质地较硬，多用来刻较精细的书版，而梨木、梓木等硬度较低的木材是刻版更常选用的材料。将木板劈削成形之后，还要对制成的板材进行浸泡或蒸煮，再在阴凉处晾干，最后刨光磨平，这样处理过的木板不易开裂变形，能够反复使用，可以长时间保存，甚至可达数百年之久。使用过的书版如图 13-2 所示。

▲图 13-2　书版

（二）照相制版

除了手工雕版，近代随着技术的发展，铜锌版和感光性树脂凸版成为两种主要的凸版印版的制版方式。

1. 铜锌凸版制版

铜锌凸版是用铜或锌版作为版基，利用一定方法在其上制出浮雕状图文的印版，其制版工艺流程为版材准备→晒版→腐蚀→整版。

（1）版材准备。首先根据复制图像的质量要求选择铜版或锌版，铜版适合于制作质量要求较高、较精细的图像或图案。然后将选择好的铜版或锌版裁切成需要的尺寸，用木炭研磨，去除版面的油渍、脏物后，将版放在烘版机内涂布聚乙烯醇铬胶感光液，并烘干形成感光层。

（2）晒版。晒版在晒版机中进行，使涂有感光层的表面与阴像底片密接曝光，感光版上对应于底片透明部位的感光层见光硬化。将曝光之后的感光版用水冲洗显影，未见光部位的感光层被水冲去，裸露出金属版材的表面；见光部位的感光层硬化后不溶于水，仍保留在版材的表面，形成与原底片阴阳相反的抗蚀膜影像。显影之后的印版需经烘烤处理，增加硬化胶层的耐腐蚀能力，防止在腐蚀过程中产生脱胶现象。

（3）腐蚀。腐蚀是为了使有硬化胶层保护的图文部分保持原状，而无胶层的空白部分下凹，从而形成凸版，腐蚀铜版使用三氯化铁溶液，腐蚀锌版使用稀硝酸溶液。

（4）整版。腐蚀后的版还要用钻头将腐蚀下凹部分继续钻深，以避免印刷时沾墨起脏。

2. 感光树脂凸版制版

感光树脂凸版是以合成高分子材料作为成膜剂，不饱和有机化合物作为光交联剂而制得的具有感光性能的凸版材。感光树脂在紫外光的照射下，分子间产生光交联反应，从而形成具有某种不溶性的浮雕图像。感光树脂凸版的版材种类很多，从树脂成形前的形态上看，可分为液体固化型和固体硬化型两大类。

（1）液体固化型感光树脂版。液体固化型感光树脂（见图 13-3）是利用液体固化型感光树脂在感光前为液体而感光后变成固体的性质制成

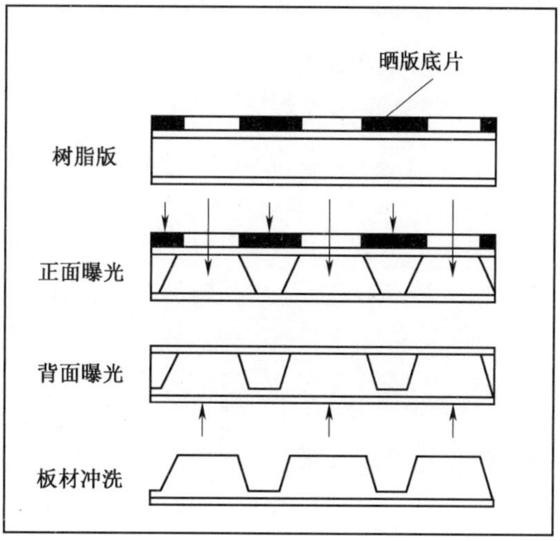

▲ 图 13-3　液体固化型感光树脂制版工艺

的。其制作过程为铺流→曝光→冲洗→干燥与后曝光。

1）铺流。铺流在曝光成形机中进行。先将配制好的感光树脂液注入曝光成形机的料斗中，再从料斗中流出进行铺流。料斗顶端的刮刀将流出的感光树脂液刮成一定的厚度。

2）曝光。在感光树脂液上覆以透明薄膜，再在其上放置阴像制版底片进行曝光。曝光分两次进行，首先从正面透过底片对版材进行曝光，曝光固化的树脂形成影像，然后对版材的背面进行全版曝光，形成印版的底基。

3）冲洗。把曝光后的树脂版放入冲洗机内，用温度为35℃左右、浓度为3%～5%的稀氢氧化钠溶液冲洗。经冲洗后，未受光作用的树脂被溶解，接着用水冲洗，片基上留下感光硬化的图文部分。

4）干燥与后曝光。用红外线干燥器将洗净的树脂凸版干燥，再对印版进行一次曝光，目的是增强感光树脂版的版面强度，提高耐印力。

（2）固体硬化型感光树脂版。固体硬化型感光树脂版是利用固体硬化型感光树脂在感光前为硬度较低的可溶于水的固体，而感光后固体的硬度大幅度提高的性质制成的。其制版工艺过程为曝光→显影→干燥与后曝光。

1）曝光。在晒版机中，将阴像制版底片与树脂版密接曝光，见光部外的树脂硬化形成图文。

2）显影。用45～50℃的热水显影，见光部分硬化的感光树脂不溶于水，而未见光部分树脂仍保持很好的水溶性而溶于水。

3）干燥与后曝光。冲洗完的感光版经热空气干燥，再送入晒版机内进行曝光，以增强印版的版面强度，提高耐印力。

二、活字印刷技术

（一）泥活字法

中国宋代著名的印刷工匠毕昇在1041～1048年发明了胶泥活字（见图13-4）印刷技术，北宋时期科学家沈括在他所著《梦溪笔谈》中对此有翔实的记载。按照沈括所记，毕昇发明的胶泥活字印刷技术，可分为以下三个主要步骤：

（1）制活字。用一种质地细腻的黏土即胶泥制成活字，先制成一个个像铜钱那样薄的小泥块，再像刻图章一样在每一块上刻一个字，放在火上烧过就成了坚硬的活字。每字都刻好几个，对于“之”“乎”“者”“也”这些常用字，每字要刻20多个，以备排版时一字重复出现时使用。

▲图 13-4 胶泥活字

（2）排版。先预备一块铁版，上面铺上一层松脂、蜡和纸灰一类的东西，再用铁做一个书版大小的铁范即铁框。印书时，先把铁范放在铁版上，依照书稿把所需要的活字排在范内，排满版后，就把铁版放在火上烘一下，使松脂和蜡稍稍熔化，再用平板按压一下，使字平整。等到松脂和蜡凝固了，这活字就牢固地附着在版面上，排版的工序就完成了。

（3）施墨印刷。将排好的印版刷上油墨就可以印刷了，印刷完毕，再把铁版放在火上烘一下，等松脂和蜡熔化后就可以把活字取下来，以备下次使用。

（二）木活字法

王祯把制作活字、排版、印刷的方式方法写成详细的《造活字印书法》，附撰于《王祯农书》末，其步骤如下。

（1）木料的选用与处理。木活字的选料与雕版相同，多用梨木、枣木或其他木质硬度适中、纹理较为细腻、易于刻制的木材，制作时将木料锯成厚薄相同的木板，阴干后刨至厚度一致。

（2）写韵刻字。先按照监韵内可用字数，分为阳平、上平、上、去、入五声，按照各个分韵选择要用的字，校勘字样并抄写下来。选书法好的人根据活字的大小，将挑选出的字样分门别类地抄写好。将抄写好的书样用糨糊平整地反贴在刨平的木板上，令工匠刊刻。刊刻时每字之间预留出锯缝，以备将来锯截。活字版韵轮图如图 13-5 所示。

（3）镘字修字。刊刻之后，用细齿小锯沿着每个字的四周小心地锯成一个个独立的木活字，然后用小裁刀将每个活字的其他 5 个面修理平整。修理之前先设立一个检测木活字大小的标准物——“准则”，将修理好的木活字一一放在这个准则内进行测量，凡经检验符合要求后再放在字柜或字盘中，也就是每个木活字都是统一的标准件。

▲图 13-5　活字版韵轮图

（4）作盔嵌字。将刻好的木活字按照原先的监韵分为不同门类，分装在木盘内。每行字之间用竹片夹住，木盘摆满之后用木榍销紧。然后将木盘放在检字的转轮上，依照监韵分作五声，在转轮上用醒目的大字标记出来以便查找。

（5）造转轮。检字用的转轮一般选用杉木、桐木或柳木等材质较轻且不易变形的木料，轮轴与底座可用橡木、檀木、枣木、棠棣等硬木制造。转轮的直径约为七尺（约 2.33m），轮轴高约三尺（约 1m）。底座直接在大木砧上开凿出圆形的轮臼，上面安装中间开有圆孔的支架。取硬木制成轮轴，轮轴的下端安放在大木砧的轮臼内，中间固定在支架的圆孔中，整个轮轴与轮臼可用木工旋床加工成正圆，这样不但可使轮轴与轮臼配合紧密，而且转动时平稳灵活。在转轮上铺一层竹笆，竹笆上安放装木活字的木盘，木盘按板面上标记的号码依次摆好。检字人坐在两个转轮之间，根据要求推转左右两个转轮，便可以很方便地寻找到所需要的活字。

（6）检字。把从监韵上抄写下来的字另外抄写一册，册中每面各行各字都标有号数，与转轮上的门类相同。检字时，一人根据声韵喊出号数，一人从转轮的字盘内依号将字取出，放在排版刷印用的木盘内。若遇到原字盘内没有的字，则可让刻工随手刊刻添补。这种在活字上标出数码按号检字的方法，与后来使用的电报码或区位码的汉字编码检字方法完全一致，这种分类法使得数码与汉字一一对应，没有重码，相当于现代的汉字拼音码的分类检字法，速度更快、准确率也更高。

（7）排版（作盔安字）。准备一块干燥平直的木板，根据书面的长宽，用木条围成方框。将检出的字按顺序一行行地排布，待整块版排满后，在右边放上竹或木制的界栏，用木榍销紧，使盘内的活字成为一块整版。为了保证印版的平整，每个活字都要修理得高低相同。再将事先削出的许多厚薄不等的小竹片盛放在容器内，遇到版面内活字有倾斜低矮时，将小竹片衬垫在该活字下面，就可使该活字平稳而有利于刷印。

（8）刷印。用棕刷蘸墨，沿着界行竖直在版面上将墨刷匀，不可横刷。印版刷好墨后，将印纸平铺在版面上，用干净的棕刷顺着界行刷印，待印版上的墨迹全部清晰地转印到印纸上，将印纸揭起，放在一边晾干。

这就是王祯木活字（见图 13-6）印刷的整个过程。王祯的木活字技术和毕昇的泥活字技术不同。木活字足够结实耐用，能反复印刷，也非常容易制作，只要有一定的木工技术，配合廉价易得的木料就能随时制造。古代民间书坊、私人印刷时，如果采用活字印刷，大多使用木活字。木活字技术也因为广泛使用变得越来越成熟。王祯不但制作、使用了木活字，还设计了转轮排字盘和按韵分类存字法，方便了排版，使活字排版的技术与工艺又大大向前推进了一步。

▲图 13-6　木活字

（三）铅活字印刷

中国古代的活字主要以泥活字、木活字为主，虽然也曾出现过铜字等金属活字，但是由于成本、技术等原因，没有流行起来。15 世纪中叶，德国的约翰 • 古登堡开始进行活字印刷的发明研究。

古登堡的父亲是当地造币厂的一名职工，铸币材料有黄金，也有其他金属。受其父亲影响，古登堡幼年便擅长冶炼、金匠手艺，更熟知铸币的钢模和铸币的工艺流程，就像做月饼、糕点的模具，把金属熔化倒入模具，冷却后就成形了，且把图案也印在了上面。为什么不用这种方式来制印刷版呢？但如果整版浇铸又和雕版一样字都连在一起，就不是活字了，每个字母必须要分开、能移动、能耐压又不可用柔软的木材，要具备这些前提条件只有一个办法，制作金属活字。鉴于当时的金属冶炼技术已经成熟，而泥、木活字又有不耐用、易破损等缺点，同时，古登堡发现把铅、锡、锑三种金属按一定比例配比形成的合金很硬又易熔化，他遂尝试选用这种合金材料制作活字。他为每个字母与每个符号制作一个钢模，压在软铜块上形成

▲图 13-7　铅字

铜模，如此每个字模都可重复制造铅字（见图 13-7）。为此，古登堡还发明了一种手铸工具，将铜模放置其中，只要倾入熔化的合金液体，字母与符号即可产生，金属单字就制作好了。

铅活字印刷的工艺流程如下。

1. 制作字模

字模是用铜或其他金属制成的，一般是凹型字符的铸字模具。制造字模的方法主要有冲压字模法、电镀字模法和雕刻字模法。

2. 铸造铅活字

铸制活字（包括符号、花饰、图案）、空铅、铅条、书边线的工艺，简称铸字，所用材料为熔点较低的铅合金。形成活字字面的字模（旧名钢模）上的字形是凹下的正字。活字以铸字机铸造。

3. 拣字排版

汉字所使用的单字一般有 7000 多个，分成常用字和部位字，分别放入字盘内，存放在字架上。拣字是根据原稿和设计要求将活字排成毛条，把需要的文字、标点及符号从字架的字盘中拣出，按照先后次序放在手盘中，拣集成完整的词句和文章。再将拣完的毛坯移放到铁盘，待装版用。

4. 装版

装版也称拼版或组版，是制版中的一个重要环节。装版是将拣好的毛坯、插图版，依照原稿及设计的版面规格要求，将汉字、外文、公式、表格、插图、专名线等组成一定大小尺寸完整的活字版。

5. 印刷

利用铅活字印刷机在纸上将模板印刷成成品。铅字印刷如图 13-8 所示。

▲图 13-8　铅字印刷

三、柔性版印刷技术

（一）柔性版印刷原理与特点

1. 柔性版印刷原理

柔性版印刷使用柔性印版，通过网纹传墨辊传递油墨，其核心是简单而有效的供墨系统，墨斗中的油墨经墨斗辊传递给油墨定量辊（网纹辊），网纹辊通过反向刮墨刀刮墨后，将网穴中的油墨传递给印版滚筒上的印版，印版滚筒和压印滚筒进行压印，使油墨转移到承印材料上，最后经干燥而完成印刷过程，可见，柔性印版直接通过网纹辊供墨，墨路相较平版印刷要短得多。柔性版印刷原理如图 13-9 所示。

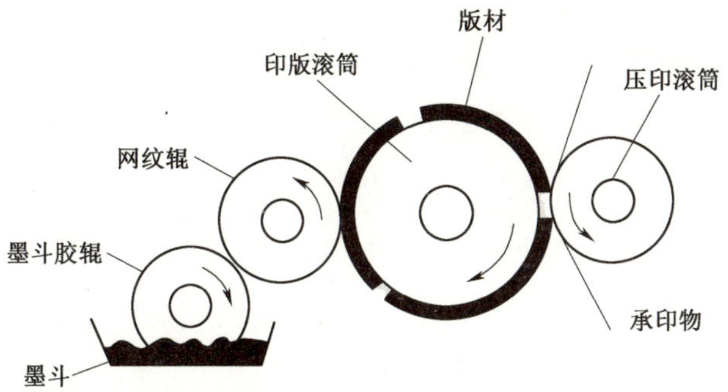

▲图 13-9　柔性版印刷原理

2. 柔性版印刷特点

柔性版印刷兼有凸印、胶印和凹印三者之特性。从印版结构来说，其图文部分凸起，高于空白部分，具有凸印的特性；从印刷适性来说，它是柔性的橡胶面与承印物接触，具有胶印特性；从输墨机构来说，它的结构简单，与凹印相似，具有凹印特性。归纳起来，柔性版印刷具有如下特点：

（1）制版周期短，费用低，印版耐印力高。一般情况下，制作一套多色凹印滚筒的周期为 5 ～ 10 天，而柔性版印版制作周期为 5 小时左右，制版费用大约是凹印制版费的 1/10，耐印力高达几百万印。

（2）承印材料广泛。柔性版印刷工艺几乎不受承印材料的限制，光滑和粗糙表面、吸收性和非吸收性材料、厚与薄的承印物均可实现印制，可承印不同厚度（28 ～ 450g/m^2）的纸张和纸板，也可承印瓦楞纸板、塑料薄膜、铝箔、不干胶纸、玻璃纸、金属箔等。

（3）水性油墨无污染、干燥快、效益高。柔印水墨是目前所有油墨中唯一经美国食品药品监督管理局（Food and Drug Administration，FDA）认可的无毒油墨，柔性版印刷又被称为绿色印刷，广泛用于食品和药品包装领域。水性墨耗墨量低、干燥快，节省用电，废品率低，能够降低生产成本，提高经济效益。

（4）机器结构简单、造价低，效率高。柔性版印刷机通常采用卷筒型材料进行双面和多色印刷，构造相对简单，价格为相同色组规模胶印机的 40% ～ 60%，为凹印生产线的 1/3。一般机组式窄幅柔印机印刷速度可达 150m/min，卫星式宽幅柔印机印刷速度可达 350m/min，凹印仅为 90 ～ 130m/min。特别是柔印机可与上光、烫金、压痕、模切等印后加工装置相连接，进行印后连线加工，避免了工序之间周转的浪费，生产周期比其他印刷工艺短，生产效率得以提高。

（二）柔性版制版技术

1. 感光树脂版的制作

柔性版印制版材以感光树脂版为主，由光敏树脂制成，用感光性制版方法进行制作，制版材料经紫外线直接曝光，使树脂硬化。

感光树脂版有固体和液体两种，其版材的成分、性能和制作工艺不尽相同。液体感光树脂版在柔性印刷中使用不多。固体感光树脂版是柔性印刷中主要的版材，由预制的固态感光树脂制成。

固体感光树脂版由以下结构构成（见图 13-10）。

（1）表面薄片。表面薄片主要用于保护感光树脂版材。

（2）保护层。保护层为磨砂片基，处于表面薄片及感光树脂之间，在表面薄片撕开后，可允许良好的接触及在底片曝光时提供良好的真空吸气，在洗版过程中，保护层会即刻被溶解掉。保护层的作用是防止感光树脂层被擦坏，并阻挡光线照射树脂层而发生光化学反应，造成废版。

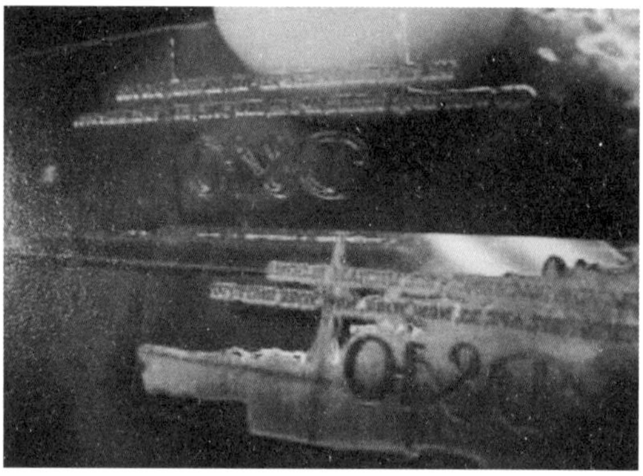

▲图 13-10　感光树脂版

（3）黏合层。黏合层涂布在保护层和感光树脂层之间，但不能过分黏结牢固。

（4）感光树脂层。它是版材的主体，在感光后成形硬化，并可洗去不需印刷的未硬化部分。其质量要求是，感光性能应保证稳定可靠，涂布均匀，厚度一致，平整度好。

（5）版基。版基是固体版的基础，一般为聚酯薄片，其作用保证感光版尺寸稳定，在背面曝光后树脂被束缚于此基底胶膜上，保证版材保持尺寸稳定，没有伸缩性，包括版基自身的平整度、厚度一致。此外，在树脂层底部和版基之间涂有黏结剂，主要作用是使二者牢固黏结，不易分开。

固体感光树脂版是一种预涂版，与常见的 PS 版一样，平时储存于避光的硬纸盒内，使用时，按照制版尺寸，从盒内取出裁切，比较方便。对于新购进的版材，存放时要注意一定要平放在架子上，不能重压，不能竖直放，否则会产生变形。开料操作时，要在黄色灯光的室内工作，一定要避免太阳光或不安全光线的照射。开料时用直尺和锋利刀裁切，要防止版面折痕或版基的脱壳。裁切后的小块版子放入盒内，也要单块平放，不要搭边放，防止出现废版。印刷后必须把版面清洗干净，扑上滑石粉，用黑纸或避光物包扎好，存放在干燥和避光的地方，防止版面发硬、发脆或产生裂痕。

目前，质量较好的柔性固体感光树脂版材有美国杜邦公司的赛丽（CYREL）版、德国的巴斯夫（BASF）版、美国的保利发版、日本的共荣版和我国的GS版等。这些版材均有系列产品，有着不同的规格、厚度和硬度等。它们的版材结构相同；曝光机、洗版机相同；洗版溶液相同；操作工艺相同，都要经过同样的工序等共同的特点。

2. 柔性版印刷的制版

柔性版印刷的制版工艺过程一般为准备正像阴片→裁版→背曝光→主曝光→显影冲洗→烘干→后处理→后曝光→防粘处理→检查。

柔性版印刷的制版工艺简要介绍如下。

（1）准备正像阴片。准备复制图文的大小是否是符合要求的正像阴片，为了在曝光时负片能与版面贴合紧密，一般要使用磨砂胶片。阴片是保证制版质量的前提，它控制着版上图文形成的质量，因此对阴片质量的检查非常重要。检查阴片是否正像，即胶片药膜面朝上，胶片密度一般要求大于3.5（透明部分小于0.06），要保证阴片图文清渐，负片平整，图文整齐无扭曲现象，版面无折痕、划伤、毛刺、脏污等，图像网点清晰结实，高光暗调网点符合制版要求，有条件的可用密度计测量，若用目测，可把胶片朝向太阳光或日光灯进行，若并不透明处无光线透过来即为合格。若阴图片密度不符合制版要求，则会使制出版上的图文不清晰，制出版上的图文达不到足够的深度，甚至版面晒不出图文；如果阴片有灰雾或脏点，会造成细线弯曲，文字断笔缺画等瑕疵。

（2）裁版。根据阴片大小裁切相应的版材。为了避免版材浪费，在裁版前应先量一下阴片图文大小，然后把版放到裁版台上（正面朝下）根据阴片大小裁切出合适的尺寸。但要注意，版面四周应比阴片尺寸略大一些，一般预留12mm夹持余量，主要为装版后印刷时，防止油墨溶剂浸入双面胶而使印版脱离版滚筒（即作为封边）的作用。

（3）背曝光。背曝光（见图13-11）的作用主要是增加版基厚度，形成均匀的厚度和可以支持整个版面的基础，并保证版面浮雕有一定的深度，提高耐印力。其方法是将裁切好的版材放入曝光装置内，感光膜面朝下放在晒版架上吸紧，不用胶片和抽真空，开启光源，预热大约5分钟后进行曝光，曝光量的大小要根据版材型号、光源强弱、文字粗细及图像复杂程度等来控制。曝光量越多，即曝光时间越长，版基越厚，版面浮雕越浅，印版厚度越大。由于不同版材的感光度、曝光光源的新旧程度都会影响曝光量，因此成批曝光前要先做预测试验。特别是印版厚度改变时，一定要进行曝光试验，曝光试验可取一小长条版材，先整块版面曝光 10s，然后划分为 1 ～ 5 段，做好标记，用一张黑纸先遮住 2 ～ 5 段，再曝光 10s，然后遮 3 ～ 5 段，再曝光 10s，依次推行，最后则第 1 ～ 5 段的曝光时间为 50s、40s、30s、20s、10s。此版经显影冲洗烘干后，就可用测厚仪测量版基 1 ～ 5 段的厚度，作为确定曝光量的依据。

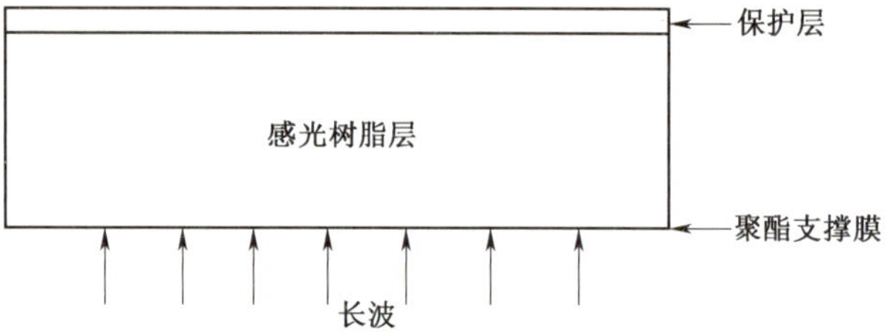

▲图 13-11　背曝光

（4）主曝光（见图 13-12）。主曝光即正面曝光，是制版的关键。将背面曝过光的版材翻过来，把版材正面向上放在真空晒版台上，撕去版面保护膜，注意不要弯曲印版，以免大的印刷面制版印刷时出现橘皮状的现象，在抽真空的晒版机上，将正像阴图片的乳剂面与版面感光层紧密贴合，用抗静电刷子把版面和负片清扫干净，把带状的聚酯（或醋酸纤维素膜）放在负片没遮住的版材上（主要作用是避免最上层的盖膜粘到发黏的版材上并为抽真空创造通气条件），盖上透明磨砂抽气薄膜，调节定时器，抽真空进行主曝光。

主曝光时间的长短应根据版材的型号、光源强弱、阴片密度、图文粗细等因素来确定，如细线条和网点的曝光量要比实地阴文大，一般厚度为 2 ～ 4mm 的版，曝光时间在 20min 以内。掌握好主曝光时间，是保证制版质量的关键。主曝光时间长短与版面浮雕深度、字体侧面坡度大小有关。

曝光过度，会因光的散射形成侧面底大上小的梯形坡度过大，版面浮雕深度变浅，字图间孔隙变小而使印刷时产生糊版或图文中出现反白字、空心线等现象，此外，曝光过度还会使版材硬度过大，弯曲时图文和实地会产生破裂等。

曝光不足，感光层底部不能充分交联固化，会使版面浮雕过深，同时没有通过光的散射而形成底大上小的梯形，显影冲洗时，这种梯形细小文字、线条、小点等很难保持，就会产生掉字、线条呈波形（版材或水温原因，造成洗版时间过长，也会产生此故障）等现象，或者在实地面上出现线渣、针孔、凹坑等问题而造成废版。

此外，由于不同型号的版材，其性能（尤其是曝光时间的宽容度）存在差异，以及光源使用老化等，因此，对不同的版材要进行主曝光时间的测试，曝光测试可用胶片上设置粗细阴阳图线条或文字等方法进行，以确定合适的主曝光时间。

要保证底片符合要求并使药膜与版面紧贴，还要注意光源的选择，一般树脂版材感光波长区域在 300 ～ 400nm，要选择发射波长在此区域内的光源。若底版放反、质量不良，会使图像网点和文字线条之间膨胀，洗不出来而糊死，甚至不能显影。若光源选择不当，即使曝光时间很长，也仍会因曝光不足而产生掉字、线条弯曲，曝光后使字线出现“肩台”现象而糊版。这些在制版中都要十分注意。

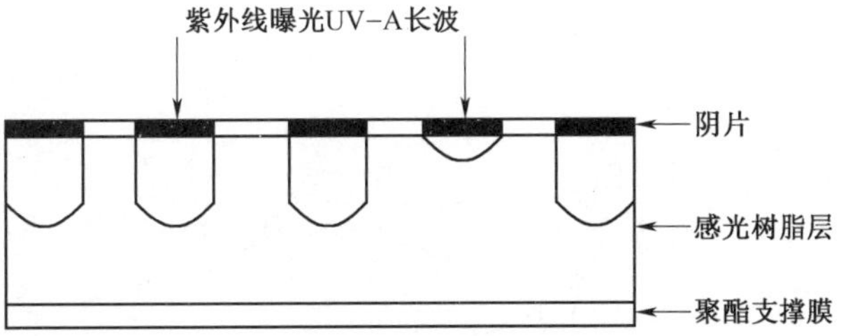

▲图 13-12　主曝光

（5）显影（见图 13-13）冲洗。版面曝光后，受光部分硬化，在印版上留下图文的潜影，要经过显影冲洗，把未曝光硬化部分除去，用显影液并经特制的毛刷刷洗，把未受光硬化的感光树脂层洗刷溶解掉、受光图文部分的感光树脂层聚合硬化，不被有机溶剂溶解，使版面呈现凹凸。

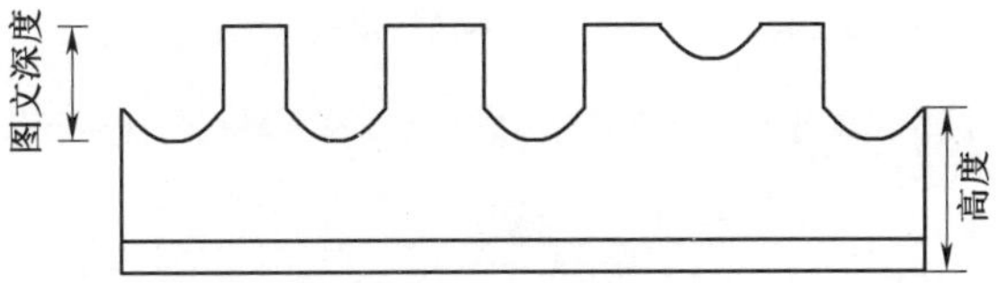

▲图 13-13　显影

（三）柔性版印刷工艺作业流程

柔性版印刷设备的种类和型号较多，有机组式（见图 13-14）、卫星式（见图 13-15）、层叠式（见图 13-16）等，尽管它们的结构各不相同，但其印刷工艺流程基本相同，即印前准备→上料→试印→印刷→烘干→后处理→收料。柔性版印刷过程中的油墨转移线路简单，低黏度、高流动性的油墨填充到网纹辊的细小网穴中，多余的油墨先行被刮墨刀刮除，留在网穴中的油墨随后转移到柔性版浮雕状的图文上，当印版上的油墨区和承印物接触时即完成了油墨的转移任务，其作业流程如下。

第十三章

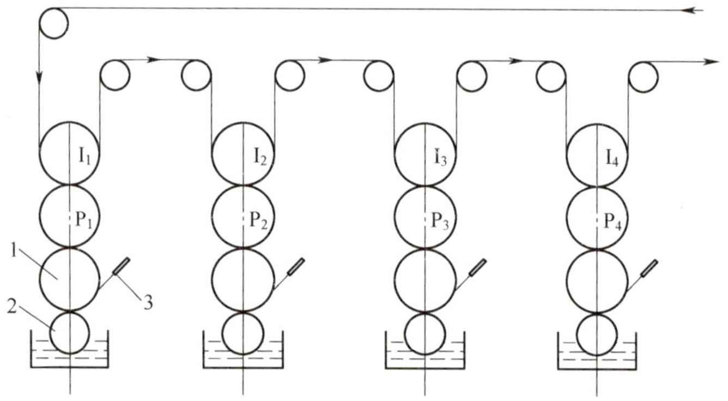

▲图 13-14　机组式柔性版印刷机排列形式

1- 网纹辊；2- 墨斗辊；3- 刮墨刀

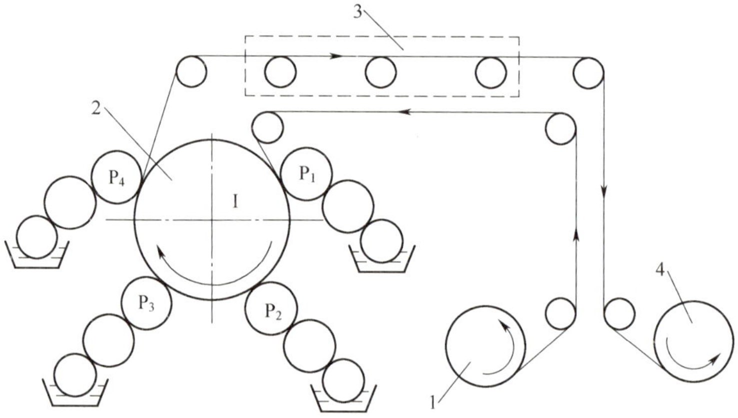

▲图 13-15　卫星式柔性版印刷机的排列形式

1- 输纸部分；2- 印刷部分；3- 干燥部分；4- 收纸部分

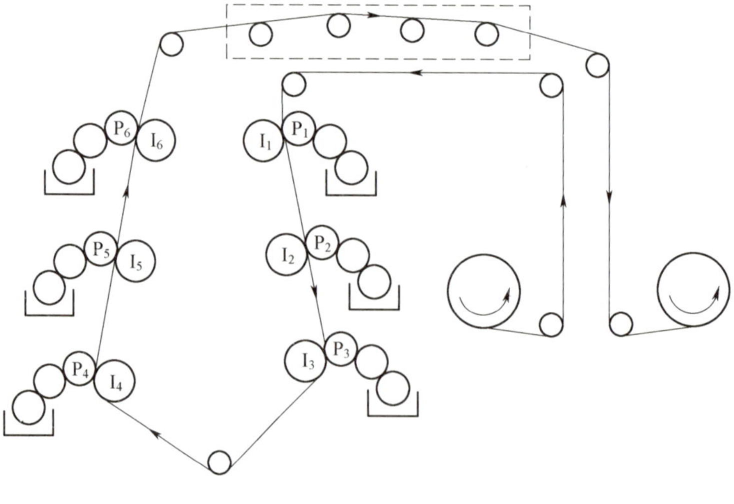

▲图 13-16　层叠式柔性版印刷机示意

1. 印前准备

印前的准备工作较多，如熟悉工艺文件，了解各种印刷材料、调试印刷机（包括擦洗）、印品试印及检查等，总体包括两个部分，一是印刷使用的印版和印刷材料的准备，二是正式印刷前上墨盒、网纹辊、刮墨刀、印版的安装及设备的调整等工作。

（1）熟悉印刷工艺要求。包括熟悉标准样本，掌握和了解印刷材料的性能特点与熟悉版面设计、尺寸、位置关系，了解套准、压力要求等，其中较为重要的是安排印刷色序。在印前确定印刷色序时，要对印刷品的图像质量要求进行具体的分析，以此获得最佳色序，对于一般的包装装潢印刷品，可以先印网线版，接着印实地，再印金银色，最后上光，这样有利于油墨的干燥，四色网线版印刷的常用色序为 YMCK 或 YKMC。专色版印刷先浅后深，叠色印刷先副后主。

（2）准备工作的检查。包括印版、印版滚筒、承印材料、油墨与助剂的检查，确保它们完全符合印刷要求，并检查轴承间隙是否在规定的范围内，轴承表面是否清理并添加润滑油。

（3）设备的检查清理。对印刷设备的检查清理，分两类情况，一类是印刷机刚印完一批活件，还未完全清理干净；另一类是已清理过的设备，这里主要介绍前一类设备的清理检查过程，已清理的设备除清理程序少一些外，检查内容也应是一样的。具体包括卷筒料轴破损检查，墨盘、墨斗余墨检查，墨泵、软管清洁检查，墨辊、印版和网纹辊清洗检查与料卷确认检查。

（4）机器调整。当把机器各部分都清洗检查完后，可按照印品要求对机器各部件进行调整，具体包括第一印刷机组的印版滚筒与压印滚筒、印版滚筒与网纹辊、网纹辊与墨辊间的平行度调整，印刷机滚筒的套准调节，墨辊的工作状态调整与承印物的张力调节，若采用柔性版水基油墨印刷薄膜、铝箔等非吸收性材料，要注意水基墨的附着能力。一般情况下，塑料薄膜的表面张力达到 3.8×10^{-2}N/m 即可用于印刷，张力测试可采用达因值测试笔和表面张力测定液。

2. 物料选用

（1）正确选用网纹辊。首先根据印制品的各色图文着墨面积情况，凭经验选用网纹辊线数；其次按照承印材料的吸墨情况，在初步校版套印过程中，观察每色印迹的色相、饱和度等，选择合适的网纹辊线数。

（2）合理选择油墨。柔性版印刷中选择的油墨应具有用基本色和混合色的印刷来达到所需的印刷结果，与承印材料相适应的黏度和表面张力，足够高的油墨固体颜料含量，能保证油墨的强度且不褪色的溶剂，以及与印刷速度相适应的干燥速度。

（3）刮墨刀的选择与调节。为保证供墨效果，提高网纹辊、刮墨刀的使用寿命，必须调整好刮墨刀与网纹辊之间的角度，其大小与网纹辊线数和刮墨刀的压力有关，会影响到油墨的供给效果，一般控制在30°～40°，刮墨刀的压力调节以网纹辊表面多余油墨全部刮除干净为准，压力不宜过大，以免损伤网纹辊，对于已经磨损的刮墨刀片应及时更换，否则无法保证传墨质量。

（4）双面胶带的选择。通常各柔性印版由一种专用的双面胶带粘贴在滚筒表面，组合形成一个完整的印版滚筒，目前普遍使用的双面胶带是一种具有弹性的压敏性黏结材料，在聚乙烯发泡基材两面涂有不同黏性的丙烯酸胶黏剂，由单面或双面剥离纸保护，柔性印版常用的双面胶厚度为0.38mm、0.50mm两种规格。以3M双面胶为例，按基材密度种类划分为三种：低密度1115型，适合网线版和细线条印刷；中密度1015型，适合文字、线条和实地印刷；高密度411DL型，适合实地印刷。

3. 试印

试印过程如下：开动印刷机，进行第一次试印→根据试印样张对印刷机做进一步调整，保证套准→开动油墨泵，对墨辊进行送墨→进行第二次试印→根据第二次试样中的色差及其他有关缺陷做出相应调节→当印出合格的产品后，可少量印刷后再做一次检查→直至印刷品符合质量要求，再继续进行正式印刷。印刷过程应密切关注套准、色差、墨量、干燥情况、张力大小等的变化状态，一旦发现问题应及时进行调节和修正。

4. 正式印刷

印刷工序中，走纸、调压、张力控制等是操作要点。

（1）走纸。走纸要求平稳，具有合适的张力控制（既不出现断纸也不出现纸张起皱现象）。纸张纠偏处理，让承印物边缘经过探头传感器的中心部位，调整时应该使纠偏器处于左右摆动的中间位置，以确保纠偏动作准确无误。

（2）调节三滚筒压力。

1）调节要求：三滚筒平行度良好，滚筒两端压力相等。

2）调节方法：先调好印版滚筒与压印滚筒之间的压力，再将网纹辊靠向印版滚筒。观察网纹辊对印版滚筒图文表面的传墨情况和印迹转印情况，调节相应滚筒的两端压力，由轻到重微调螺杆。柔性印刷是一种轻压力印刷工艺，无论是网纹辊对印版还是印版对承印材料的压印力，都要求以小为好，尤其是印刷网线版，印刷中的各种工作压力应使印版压缩量控制在 3 ～ 5mm 以内，当印版压缩量大于 5mm 时，会对印品的质量产生影响，同时对印版的耐印力有不同程度的影响。

（3）张力控制。为保证图文的套印精度，使承印材料获得合适恒定的印刷张力是必需的，需根据承印材料的厚薄、质地、质量要求、印刷速度等合理调节。

5. 烘干

柔性印刷速度较快，印刷过程中油墨来不及干燥，必须进行烘干处理，包括色间烘干和后烘干两部分，烘干装置应设定合理的烘干温度，烘干温度的设定主要取决于印刷速度、承印物表面性能、油墨种类及各色组印刷图文状况，既要防止干燥不足，又要避免干燥过度。烘干过程中溶剂的排放常用的是热气流法。在后干燥器上配置排气系统，可以防止溶剂挥发后气体的聚集，防止发生爆炸，若设置色间热空气干燥器，应保证排气量大于热空气的供应量，否则热风吹向传墨辊和印版滚筒会导致干燥过快，影响印刷效果。

6. 印后加工处理

印后加工处理分脱机和联机两种形式。脱机加工由配备简单、专用的印后加工设备组成，成本低，但是效率也低，累积误差较大。现代柔印机配置有联机印后加工装置，可以形成一条完整的印刷综合加工生产线，包括上光、覆膜、烫金、模切成形等。

7. 收料

（1）复卷。壁纸印刷、塑料薄膜印刷等一般采用复卷方式收料，复卷时应严格控制承印物纵向张力变化和横向纠偏装置的工作状态，以确保复卷紧度均匀，端面整齐。

（2）单张收料。印刷后通过分切装置将印刷品按一定规格分切成单张输出。

（3）模切收料。在包装、商标印刷中，印刷后往往要进行压痕、模切等印后加工，以输出合格成品。

第三节 凸版印刷的特点及文件检验

一、凸版印刷的特点及应用

凸版印刷是最古老的一种印刷方法，经过长期的发展，目前我们常见的凸版文件主要由两大类印刷方式形成，一类是使用刚性印版和高黏度的胶体油墨的印刷，包括铅活字版印刷和锌版印刷；另一类是使用感光树脂版和低黏度油墨的印刷，即柔性版印刷。20 世纪 50 年代，几乎所有的印刷品都是用铅活字版印刷的。由于铅活字版在制版时产生的废气污染环境，正规印刷厂已禁止使用，但铜锌版和感光树脂版印刷仍在广泛使用。印刷方法鉴别是印刷文件检验工作的首要环节。不同印刷方法的印版结构、着墨过程和印刷原理不同，印刷品上表现出的图文墨迹形态及其他印刷加工特征也不同。通过观察文件上的墨迹特征，可以识别文件的印刷方法。

1. 凸版印刷的特征

由于凸版印刷版面的印纹部分与非印纹部分有显著的高低差别，印刷时凸起部分处于明显的受压状态，因此，受压的边缘即产生较中心多的油墨，故边缘显露油墨较厚现象，所以印刷成品在单位面积里均可以看到边缘受压状况，此种状态称为外缘带。凸版印刷色调浓厚，油墨表现力约为 70% ～ 80%。

凸版印刷的优点如下：

（1）便于校版和改样。印小批量小幅面任务时，不仅方便，而且成本低廉。

（2）使用活字凸版可以制成纸型浇铸铅复制版或塑料复制版，从而达到同时在多台凸版印刷机上印刷，而且可以制成弧形版装在高速轮转机上进行印刷。

（3）由于凸版印刷在印刷过程中油墨被压挤入纸张表面的细微空隙内，使比较粗糙的纸张亦能印出轮廓清晰、墨色浓厚的效果，因此凸版印刷能够使用比较低级的纸张。

凸版印刷的缺点：制版较复杂，费用高，印刷不当时字体及线条易粗化，不适合大版面印刷物，彩色印刷成本较高。

2. 凸版印刷的应用

凸版印刷的应用范围较广，可以印制的内容包括：信封、信纸，名片、标签、请帖，事务表格，教科书，包装纸、包装盒、包装箱，烫金，压凸，松香版印刷，塑料袋、热缩膜等。具体来说，铅活字版一般用于印刷书刊、证件、表格、书写纸印品等；照相腐蚀凸版用于印刷书刊插图、封面、特形标题字和包装、商标纸等；凸版复制版和感光树脂版用于印刷大量书刊；手工雕刻凸版主要是印章盖印。目前，柔性版印刷工艺已突破了传统包装印刷的市场界限，开始应用于报纸、书籍、杂志、商业票据等领域，其印刷质量可与凹版印刷相媲美。

二、凸版印刷文件检验

（一）墨迹总观特征检验

墨迹总观特征检验采用直观检验方法。对于凸版印刷文件，当油墨量不是特别稀少时，墨迹通常表现为比较实、重。

曾经在一段时期内，我国常见的印刷方法就是铅活字版印刷和胶印两种。铅活字版印刷是凸版中的一种制版印刷方法，胶印是平版中的一种制版印刷方法。与胶印相比，铅活字版印刷文件印迹实、色调重。此处所称的“印迹实”，是缘于凸版印刷过程中转印瞬间，由于压力作用，图文笔画外侧墨多，导致墨色较重，直观感觉印迹实、墨色重。感光树脂印版（柔性版）虽然也是凸版中的一种制版印刷方法，但是由于印版材料由高分子材料构成，本身具有一定弹性，转印时印版与载体之间的压力得到缓解，墨迹看起来不像铅活字版那么实、重，印迹比较均匀。

（二）墨迹细节特征检验

1. 挤墨特征检验

挤墨特征（见图 13-17）检验采用显微检验方法。观察凸版印刷文件，其文字笔画、数字、标点符号和线条或多或少都会反映出墨迹浓淡分布不均的挤墨特征，这是识别凸版印刷文件的关键特征。

▲图 13-17　挤墨特征

在印刷过程中，压印物体在纸的背面施加压力的瞬间，印版凸起的图文部分印面各部位所承受的压力不均匀，油墨又是黏稠状的液态物质，压力的不同造成印面油墨重新分配，油墨由受力大的部位向受力小的部位移动，导致文件图文上的油墨分布不均匀，通常把这种现象称作挤墨现象。挤墨现象在文件上的具体表现为图文印迹边缘有油墨向外溢出的痕迹，比较窄的线条印迹中间墨色浅淡，比较宽的线条印迹内部靠近线条边缘处墨迹较浅淡。一般情况下，铅活字版印刷文件的挤墨特征比感光树脂版的挤墨特征反映点数量多、特征反映明显；油墨量大的凸版印刷文件的挤墨特征比油墨量小的凸版印刷文件明显；油墨调和较稀的凸版印刷文件，笔画、线条内部油墨浅淡的特征明显，笔画、线条外侧油墨堆积的特征不明显；油墨调和较黏稠的凸版印刷文件，笔画、线条外侧油墨堆积特征明显，笔画、线条内部油墨浅淡的特征不明显。

2. 糊版特征检验

糊版特征（见图 13-18）检验采用直观检验方法。凸版印刷文件有时会在个别文字内部发现糊版特征反映。

▲图 13-18　糊版特征

凸印版的版面图文是凸起于不着墨的印版空白部分的。在文字内部笔画和笔画之间的空隙通常比较浅，对于笔画较多的汉字，相邻笔画间的空隙不仅浅而且空间也很微小。在印刷过程中，纸张受掉毛或空气中杂质、灰尘的影响，印版上凸起的文字内部笔画间微小空隙处易黏附异物，从而形成一定的印面，经过着墨和转印后，原本应该分立的笔画墨迹连成一体，使纸张上出现多余的印迹，即糊版现象。

（三）压痕特征检验

压痕特征检验采用侧光检验方法。对于保存状态较好的凸版印刷文件，图文笔画处通常会观察到正面凹下、背面凸起的压痕。

凸印版的版面上着墨的图文部分是凸起的，压印物体表面具有一定弹性，印刷过程中在油墨转印时，印版表面凸起部位会对纸张产生一定压力形成正面凹下、背面凸起的压痕。对于压痕的检验，用手触摸即能感觉到压痕的存在，侧光检验也很容易观察到。对于磨损较严重的印刷文件，手触摸和侧光检验无法检出压痕特征时，可采用显微检验方法。

需要注意的是，凸版印刷文件上压痕的有无及其明显程度取决于印刷时印版与压印物体之间压力的大小及印件的新旧程度。当未检出压痕特征时，不能轻易否定，要结合其他特征进行分析判断。

三、凸版印刷文件制版方法检验

凸版印刷使用的印版有铅活字版、铜锌版和感光树脂版，这三种印版印刷出的文件图文墨迹均具有上述特征，但是由于印版种类不同，各印件特征也不尽相同。根据凸版印刷文件上的具体特征的反映，可以进一步对其制版方法进行分析判断。

（一）文字特征检验

文字特征检验采用直观检验和显微检验方法。铅活字版印刷文件，文字笔画边缘清晰，笔锋尖锐，棱角分明；铜锌版印刷文件，文字笔画边缘不整齐，尖角圆钝；感光树脂版印刷文件，有可能出现铅活字排不了的字形、字体和不可能出现的缺陷现象。

铅活字版由于是从字模铸出的铅活字字面直接与纸面接触形成印刷文件上的文字，没有经过任何复制，所以笔画边缘清晰，尤其在细笔画和尖角部位表现明显。对于正常印刷、销售、流通的印刷品，在印刷排版时，铜锌版是对铅活字版的一种补充，用于排制铅活字版无法排出的文字和图像等。铜锌版的文字是经照相腐蚀制版形成，由于化学腐蚀的不均匀性，易使笔画出现多笔、断笔及边缘不齐现象，在腐蚀过程中，线端、棱角处易腐蚀，而笔画交叉处腐蚀不彻底，使其印迹不像铅活字版印迹那样清晰、整齐。热光树脂版，有可能出现铅活字排不了的斜形字、五花八门的字体和不可能出现的缺陷现象。铅活字印刷品和铜锌版印刷品如图 13-19 所示。

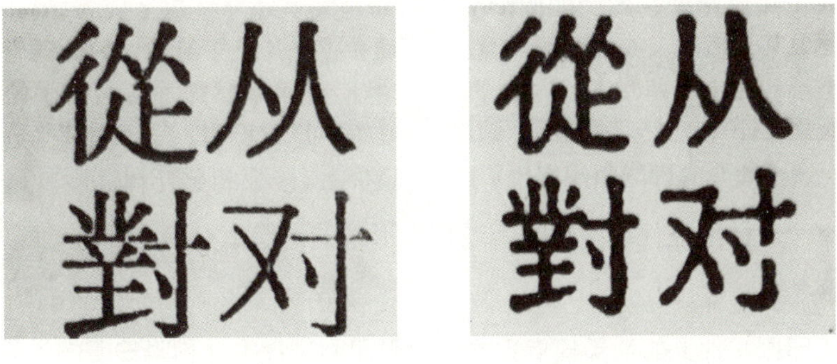

（a）铅活字印刷品　　（b）铜锌版印刷品

▲图 13-19　铅活字印刷品和铜锌版印刷品

（二）表格线条特征检验

表格线条特征检验采用直观检验和显微检验方法。铅活字版印刷文件的表格线条存在水线拼接和裁断特征；铜锌版印刷文件的表格线条有时特征表现与铅活字版相同，有时则表现为手绘的特征；感光树脂版印刷文件的表格线条有时表现为连排特征，有时表现为手绘特征，有时是非常平齐的直线条。

铅活字版中的格线是使用水线材料经裁剪成需要长度后拼接而成的，在排印表格时，如有交接，必须将一根水线截断，从而留下断口。因此，铅活字版印刷品上的线条交叉部位搭接不严，有断口，线条端部偏斜或弯曲，反映截断特征。铜锌版中的格线，如果不是经铅活字打样而成，则格线没有水线拼接的特点。因为有时腐蚀凸版中的格线不用水线排版，而是用手工描画，这样线条在搭接、交叉点处可以严密连接，线端也无弯曲痕迹，表现的是手绘线条的特征，感光树脂版中的格线，无水线拼接的形态。如果其底片是手动照排机排版的，其线条有可能是利用字模版上长为5mm的短线连续拍摄在感光片上形成，亦有可能是直接在感光片上手绘的，因此通常会表现出衔接对位不准的选排或线条粗细不均匀的手绘特征。如果其制版底片是计算机排版输出的，则线条平直、均匀，线条端部平齐，但在特殊情况下，也可能有个别线条表现出手绘特征。

（三）禁则处理特征检验

禁则处理特征检验采用直观检验方法。如果印刷文件上表现的禁则处理特征是间断出现数个字符之间字间距突然变化，应为活字版印刷品；如果表现为字间距的弹性变化，应为感光树脂版印刷文件。

活字版、手动照排机排版、计算机排版都需要对禁则进行处理，三者的处理方式有些是相同的，有些则是各自所独有的。感光树脂版晒版所需的底片通常是利用手动照排机排版和计算机排版获取的。因此，当印刷文件上出现能够反映文字排版方法特征时，可以帮助判断凸印版的类型。

（四）油墨疵点特征检验

油墨疵点特征检验采用直观检验和显微检验方法。铅活字版印刷品的油墨疵点只出现在纹线附近，且印迹不实，无挤墨现象。铜锌版和感光树脂版的油墨疵点可以分布在整个版面的任何位置，制版过程中形成的油墨疵点，在版面上的位置固定，且有挤墨现象。

活字版印刷文件上的油墨疵点主要是由于印刷过程中异物附着所产生的。如果异物附着于靠近笔画的斜面上，则着墨时能够沾染到油墨，并将墨迹转印到载体纸张上形成疵点，所以活字版的油墨疵点易出现在文字笔画附近，且印迹不实，形状不定。

铜锌版的油墨疵点主要是缘于化学腐蚀过程中残留在印版空白部位的金属材料，可以出现于版面的任何位置，且是印版的组成部分之一，因此形成的油墨疵点在版面上位置固定且表现出挤墨特征。感光树脂版的油墨疵点也是由印版上残留在空白部位的材料形成，所以油墨疵点特征表现与铜锌版相似，但是油墨疵点数量要比铜锌版少。

（五）总观特征检验

总观特征检验采用直观检验方法。铅活字版和铜锌版印刷文件印迹比较实，色调比较重，挤墨现象明显。感光树脂版印刷文件图文墨色均匀，近似于平版印刷文件，挤墨现象没有铅活字版和铜锌版印刷文件明显。

铅活字版和铜锌版因属刚性版材，印刷时，油墨量较大且黏稠，印刷压力也较大，故印迹比较实，色调比较重，挤墨现象明显。感光树脂版（柔性版），因印版具有一定弹性，油墨黏性较低，且采用带孔穴的金属网纹辊定量供墨，着墨更易均匀。虽然仍有挤墨现象，但不如钢版印刷明显。而且，因为感光树脂版中细笔画的印面也是平面，挤墨的部位只在笔画的边缘，这与铅活字版印刷时细笔画的“中淡边浓”现象明显不同。

参考文献

[1] 崔雁南 . 雕版印刷 [M]. 济南：泰山出版社，2012.

[2] 崔岚 . 印刷文件检验技术规范 [M]. 北京：中国人民公安大学出版社，2012.

[3] 邢洁芳，等 . 绿色包装印刷 [M]. 北京：科学出版社，2019.

[4] 周世生 . 卫星式柔版印刷机原理与结构 [M]. 北京：文化发展出版社，2017.

[5] 辛德勇 . 中国印刷史研究 [M]. 北京：生活 • 读书 • 新知三联书店，2016.

[6] 刘昕 . 印刷原理 [M]. 北京：科学出版社，2016.

[7] 王一赫 . 印刷述要 [M]. 赤峰：内蒙古科学技术出版社，2018.

[8] 谷舟 . 文明之光：中国印刷史话 [M]. 北京：九州出版社，2018.

[9] 周明，李文静 . 印刷工艺 [M]. 北京：文化发展出版社，2019.

[10] 黄颖为，等 . 特种印刷 [M]. 北京：化学工业出版社，2017.

[11] 刘全香，朱元泓 . 图像复制原理 [M]. 武汉：武汉大学出版社，2006.

[12] 冯瑞乾 . 印刷原理与工艺 [M]. 北京：印刷工业出版社 1999.

[13] 符马活 . 汉字简史：从文字诞生到印刷历变 [M]. 北京：朝华出版社，2017.

[14] 金银河 . 柔性版印刷 [M]. 北京：化学工业出版社，2001.

[15] 唐万有 . 印刷设备与工艺 [M]. 北京：印刷工业出版社，2007.

第十四章

凹版印刷文件检验

第十四章
凹版印刷文件检验

第一节
凹版印刷原理与发展历史

一、凹版印刷简介

凹版印刷（recess printing）是印版的图文部分低于空白部分的印刷方式[1]。

凹版，是指印版着墨的图文部分是在印版平面以下的，即凹陷于平版之下，同时其空白部分是平整光滑的版面。印刷时，全版涂布油墨后，用刮墨刀刮去版面上（即空白部分）的油墨，使油墨只保留在版面凹陷处的印刷版上，再在版面上放置承印物，施加较大的压力，版面上印刷部分的油墨就转移到了承印物上，再通过干燥过程，使油墨快速干燥，从而获得印刷品。用这种印版印刷的方法称为凹版印刷，[2-5]如图 14-1 所示。

有别于凸版印刷和平版印刷，凹版印刷是以图像的墨量厚度来表现原稿图像的色调层次的。凹版印刷版面上凹陷深浅程度不同，凹陷处的油墨量就不同，从而转印到承印物上的油墨厚度也会不同。凹陷程度随图文的色调层次有深浅变化，图文色调层次越暗，凹陷程度越深，转印到承印物上的油墨越厚，颜色就越浓；图文色调层次越淡，凹陷程度越浅，转印到承印物上的油墨越薄，颜色就越浅。

凹版印刷的优点是印刷质量精美、层次丰富清晰、墨层厚实，能印制高档次的印刷品，主要用于包装装潢印刷领域，如精美的书刊封面、期刊、杂志、画册以及有价证券等的印刷。缺点是制版工艺复杂，成本高、污染大，一次性资金投入大。目前，全国有近 7000 家凹版印刷企业分布在广东、浙江、上海、江苏、河南、河北等省市，主要应用于包装印刷和特种印刷两大领域，是包装印刷产业中使用最普遍的印刷方式。[6]

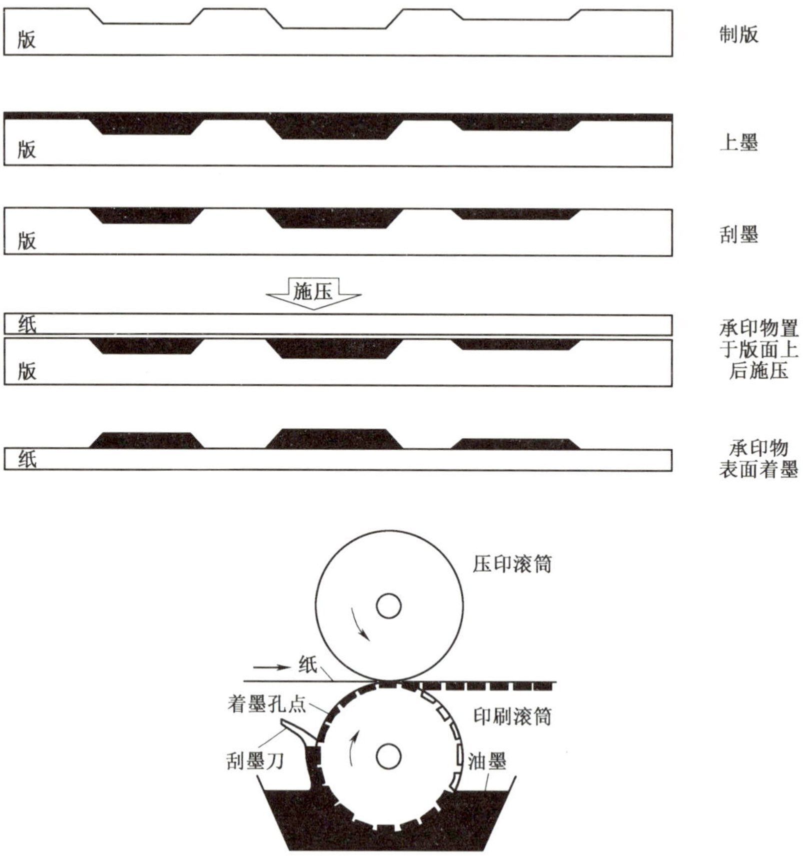

▲图 14-1　凹版印刷

二、凹版印刷的历史演变

凹版印刷大约产生于 15 世纪的欧洲，当时是以手工在金属板上雕刻出下凹的图文，印刷时在雕版上涂布油墨，把板上空白部分的油墨去除干净，只让留在下凹部分的油墨转印到纸张上。在随后的漫长岁月里，凹版工艺又发展到照相腐蚀凹版（旧称影写版）及电子雕刻凹版、激光雕刻凹版等。凹版印刷印版的形状也由平面发展为弧形。现代凹印多为卷筒式（轮转）印刷。版材由以金属铜（辅以镀铬、镍等）为主，发展到如今的塑料套筒技术。[5-10]

（一）凹版印刷技术的起源与发展

1446 年，年代清晰可查的最古老的雕刻凹版问世，这是现存于德国柏林的“基督笞刑图”。凹印当时被叫作 intaglio，原是意大利文，意思是刻入或雕刻出来的。1460 年，意大利金饰雕刻师 M. Fingguerra 发明了雕刻金属凹版印刷法（Intaglio Printing Process）。这种以手工雕刻的凹版制作一直沿用到 16 世纪初。

1504 年，有人发明了化学腐蚀制铜版的方法，其中包括 Danisel Hopfer 及 Franco

Mazzuoli 等。1513—1532 年，德国人 W.Graf 发明了化学腐蚀制版法。这种制版法出现后，虽仍无法应用于当时较发达的凸版印刷机上，但是以凹版印制画页，贴于凸版印制的书册内的形式日益增多，1751—1765 年出版的全套法国百科全书的插画均采用凹版印刷。凹版印刷还被广泛用于书籍封面的装饰性印刷、复制乐谱以及地图的印刷。

1611 年，德国人 L.Van Siegen 发明了网点（Mezzotint）版技术，有了此种技术，才可使铜版雕刻复制出灰阶调。1720 年，法国人 J.K.Blon 发展了这项技术，推出三色人造网点（Mezzotint）凹版，使这项技术更为实用。

1680 年，平版雕刻转为滚筒雕刻的尝试是由纺织行业开始的。根据 1874 年出版的法国制造艺术词典记载，在当年就开始了用雕版滚筒来印制连续的花布。

1768 年，意大利人 J.B.Le Prince 在法国完善了撒粉法（Aquantint）凹版工艺。但这项技术步骤多、耗费时间长，稳定性、重现性均很低。

1826 年，法国人 J.N.Niepce 把原图像转移到凹版时，发现了某种化合物的感光性能，到 1838 年，不论是凸版、平版还是凹版都开启了拍摄文字和图像的新方法。感光性能与印版的结合对印刷业来说有很大的促进作用。

1836 年，俄国人 Jacabi 与英国人 T.Spencer 同时发表了用电镀法（Electro Plating）由雕刻制版制出复制凹铜版的制版方法。

1852 年，英国人 W.H.F.Talbot 获得含铬胶体带感光性的英国专利。他把加有重铬酸盐的明胶涂在铜版上，然后在其上放些树叶之类的东西，暴露于日光下，见光部分的明胶硬化后，以冷水冲洗，感光硬化的明胶层被保留下来即成为耐蚀剂，露出的铜面就受酸蚀而下凹，被称为“照相雕刻法”。

1860 年，英国人 W.H.F.Talbot 研究出网屏的原理，他把黑布放在涂布有感光剂的金属版上，曝光后版面上留下了大小不同的点；于是，他把网格放在投影镜头与涂布有感光剂的金属版之间，发现连续调的稿子被分隔成大小不同的点，看上去几乎完全再现了原稿的全部阶调。网屏加网法开启了照相加网制版法的大门。19 世纪 80 年代，玻璃网屏的问世使加网制版工艺实用化，平版、凸版大量采用，但凹版方面仍用连续调阳图及撒粉法复制阶调凹版。

1862—1864 年，另一位英国雕刻师 J.W.Swan 发明了有感光性的碳素纸法。Swan 对 Talbot 的方法做了改进。他把含重铬酸钾的明胶涂在纸基上，曝光后，将其转移到另一纸基上或另一种材料上，使可溶的胶层朝上，将纸基剥离然后用热水把可溶性胶层洗去。这样就可通过一次腐蚀获得深浅不同的滚筒。1891 年，英国人

Autotype 发明照相凹版用的碳素纸（Carbon Tissue）。照相凹版制作方法一直沿用至今。

1879 年，捷克人 K.Klietsch 发明了撒粉式照相凹版制作方法。

1894 年，捷克人 K.Klietsch 开始使用卷筒式凹印机印刷，他被称为现代凹印工艺的开发人。

1903 年，英国人 D.Klimch 改良卷筒式照相凹版印刷方法。

1910 年，德国人 D.Mertensf 在 K.Klietsch 的凹版制作方法基础上发明了网目照相凹版。使照相制版方法更加完善。

1930 年，美国拔脱立克图书公司成功地研究出彩色照相凹版制版工艺。此后，欧美各国对此颇为重视，并竭力推广。

1937 年，美国人 A.Doltgen 发明了道尔金照相加网制版法。1938 年，张伯伦公司（后来属博斯特集团）为美国一家公司制造了两套四色凹印机，成为美国最早、规模最大的彩色折叠纸盒的印刷、模切联动生产线。该生产线一直用到 1987 年。

1937 年，电子套准控制用于凹印机上，张伯伦公司是首创者。

1960 年，美国杜邦公司制作出了使用银盐类胶片的 Rotofilm，用来取代碳素纸，并投入实际应用。

20 世纪 60 年代，直接感光腐蚀法获得应用，如今已成为使用最广泛的腐蚀制版法。

1966 年，美国凹印研究所（现在美国凹印协会的一部分）推出了静电移墨器。这种装置能帮助凹印网穴中的油墨充分转移到印张上，从而改进印刷质量。

1968 年，德国赫尔（HELL）公司制作出了电子雕刻照相凹版制版机。

20 世纪 70 年代，英国克斯菲尔公司开始研究激光雕刻凹版辊筒，并取得了成功。

1985 年，德国赫尔（HELL）公司试制成功电子束雕刻机。

1995 年，在德鲁巴会议上首次展出了激光凹版电子雕刻机，用激光雕刻铜锌滚筒，雕刻频率在每秒 3.5 万～ 7 万个。

随着机电一体化的发展，凹印机向着多色化、高速化、自动化的方向不断迈进。多工艺（凹、柔、丝印等）、多工序联机生产线也随着各种用户的要求而问世。

（二）凹版印刷在我国的发展

1888 年（光绪十四年），王肇宏赴日学习雕刻凹版，归国后撰写《铜刻小记》一书。

1905 年（光绪卅一年），商务印书馆聘请日本雕刻铜版技师和田满太郎、三品福三郎和角田秋成教授雕刻凹版。

1908 年（光绪卅四年），财政部印铸局聘请美国技师 L.J.Hatch 指导使用万能雕刻机、凹印大电机等印制有价证券。

1911 年（宣统三年），沈逢吉赴日研究学习凹版技术，尽得其老师日本专家细贝为太郎之真传。

1920 年初，上海英美烟草公司因欣赏羡慕欧美彩色照相凹版印刷品的精美悦目，于是派遣照相师 Austin 等三人赴荷兰来丁，在荷兰照相凹版印刷公司学习彩色照相凹版技术，并购入照相凹版设备，拟开设照相凹版印务。

1923 年，商务印书馆聘德国技师 E.Heinicker 传授照相凹版法，并于次年购入上海英美烟草公司的凹版设备。

1935 年，中华书局自德购入轮转凹印机，从事钞券印制。

1940 年，中信局成立印制处，与四川省财政厅印刷局一起成立重庆印制厂，专印有价证券。四年后，成立中央印制厂。

20 世纪 50 年代初，为了提高《人民画报》的印刷品质，出版总署决定把上海商务印刷厂的部分凹版制版、印刷设备及技术人员调到北京美术印刷厂（后又合并到北京新华印刷厂）。50 年代，北京新华印刷厂、一二〇一工厂以及北京邮票厂等印刷厂，相继建立了照相凹版制版、印刷车间。

20 世纪 60 年代以后，北京的外文印刷厂也开始筹建凹印车间。其他省、自治区、直辖市也先后安装凹版制版、印刷设备。玻璃纸凹印技术得到了很大发展，之后，尼龙薄膜、聚酯薄膜、聚丙烯薄膜凹印得到了应用和普及。

20 世纪 70 年代初期，我国开始研制和生产软包装凹印机，但是机型只限于低速的卫星式和回转机型。

20 世纪 80 年代，印刷卷烟包装纸。20 世纪 80 年代以来我国基本已进入了电子雕刻凹版印刷时代。在这个时代，凹版印刷所采用的印刷设备基本都是圆压圆的凹印机。这些凹印机的主要特征是自动化程度高、印后加工联机性强、印刷色组多等。在进口凹印设备方面，1982 年，我国从意大利引进了第一台机组式凹印机，即云南玉溪烟厂引进的意大利多色单元式凹印机。后来又先后从瑞士、德国、日本、美国等国引进的数百条凹印生产线，发挥了巨大的推动作用。与此同时，国产凹印机迅速崛起，功能不断完善，自动化程度不断提高。较高的性价比也使其竞争优势日益明显，新技术和新系统的采用明显缩短了我国与发达国家之间的差距。

20 世纪 90 年代，凹印纸张印刷主要印刷铝箔和纸张，用于生产复合方便面包装基材，方便面盖材结构为纸 / 铝 / 塑 / 胶复合材料，最外一层为彩印铜版纸凹印。

随着印件的长版活越来越少，短版活逐渐增加，卷筒纸印刷机失去了优势。1999 年有 5 家生产厂家开始研究单张纸凹印机。单张纸凹印机解决了卷筒纸凹印机不太合适印刷短版活件的问题，其印刷材料可用于胶版纸、铜版纸、白卡纸、金卡纸、银卡纸等单色或多色套印印刷，也能用于水性或溶剂性上光或局部上光。因此，目前凹版印刷市场是单张纸凹印机与卷筒料凹印机共存的市场，但卷筒料凹印机还是处于绝对地位。

2003 年以来，安全、环保、节能、人性化等功能性技术取得突破，独立驱动传动技术得到广泛应用，实现了国产凹印机的全面升级换代，标志着我国印刷设备融入了国际凹印技术的潮流。

三、凹版印刷的种类

凹版印刷通常是按版面结构形成的方式来分类，分为雕刻凹版和照相凹版[5, 7, 8, 14]，如图 14-2 所示。

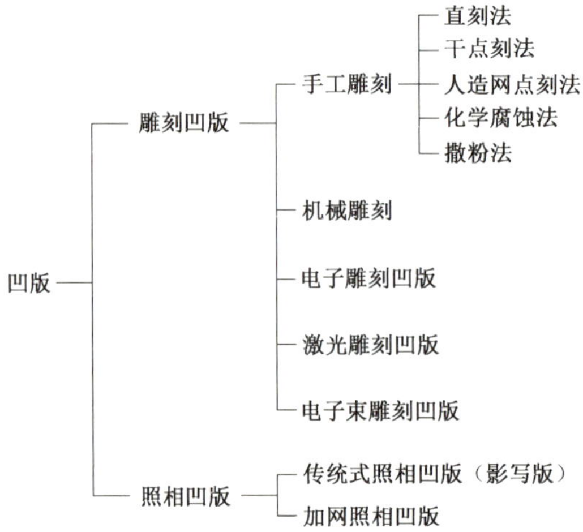

▲图 14-2　凹版印刷的分类

此外，凹版印刷还可以按照印刷机（见图 14-3）分类，分为手工凹版印刷、平面凹版印刷、轮转凹版印刷等。

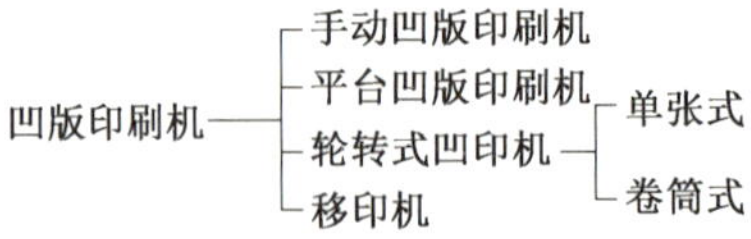

▲图 14-3　凹版印刷机分类

四、凹版印刷的应用

综合印刷的结果及性质，凹版印刷可分成两大类，一类为雕刻凹版印刷类，另一类为照相凹版印刷类。[8]

（一）雕刻凹版印刷

雕刻凹版因雕刻、制版都需特殊的技能，人才培养十分不易，并且印制方法和印刷机械也不普遍，印刷机成本高昂，因此不适于商业印刷。但是雕刻凹版的印刷品格调高雅，表现能力强，均具有相当的艺术价值及保存性，但其印刷品本身印价高昂，故不如平印或凸印的普遍。且因其印刷物难以仿造、伪造等特殊理由，世界各国常常用来印刷有价证券等（见图 14-4）。

- 雕刻凹版印刷
  - 有价证券
    - 钞票
    - 邮票
    - 债券、股票
    - 支票、税票
    - 车船票、入场券、商品券
  - 证明文件
    - 身份证明文件（身份证、护照等）
    - 资格证件（毕业证书、受训证件等）
    - 权利证件（产权证、核准证件、受益凭证等）
    - 鉴定证书
  - 一般文件
    - 个人名片
    - 个人信封信笺、名人专用笺
    - 机关单位、公司、酒店用笺
    - 特殊纪念用笺、高级贺卡、年历
  - 其他
    - 艺术作品（铜版画，名画复制）
    - 标签（高档化妆品标签等）
    - 移印印刷（玩具、日用品等）

▲图 14-4 雕刻凹版印刷的用途

（二）照相凹版印刷

虽然不同制版方法有不同程度的制版难度，但印刷方法相当简便则是照相凹版的最大优点。照相凹版印刷的印刷品色彩丰富、层次清晰、墨层厚实，同时卷筒式的印刷方式使印纹设计可以做完全连续的图案，这是其他印刷版式及单张纸印刷难以做到的。因此照相凹版在出版领域、包装领域、纺织领域和装饰领域都占有相当的市场地位（见图 14-5）。[8]

- 照相凹版印刷
  - 一般印品
    - 书籍、杂志、期刊印刷
    - 名画复制
    - 报纸印刷
    - 广告招贴印刷
  - 卷筒印刷
    - 食品包装袋印刷
    - 日用品包装袋印刷
    - 布匹印刷
    - 壁纸印刷
    - 转写纸印刷
    - 包装纸印刷
    - 装饰版印刷
    - 建材印刷
    - 塑胶印刷
  - 有价证券
    - 邮票
    - 税票
    - 入场券
    - 通行券（桥梁收费券、公路收费券）
    - 车船票
  - 凹版移印
    - 玩具
    - 零机件、配件
    - 礼品
    - 纪念品
    - 装饰品
    - 特殊封口条

▲图 14-5　照相凹版印刷的用途

第二节
凹版印刷工艺

一、原稿

原稿是印刷的基础，是制版、印刷最基本的条件，也是印刷被复制的对象，没有原稿，印刷就无法进行。原稿的质量优劣直接影响到印品的质量。一般原稿都是文字和图案并存的、彩色的。因此，必须审核原稿图文质量，用符合印刷要求的原稿进行制版，在印刷复制过程中（生产过程中），产品效果应尽量达到原稿的标准。

凹版印刷中的原稿多为连续调原稿，即调值呈连续渐变的原稿。[2，5，7]

二、油墨

油墨是印刷过程中用于形成图文信息的物质，因此油墨在印刷中的作用非同小可，它直接决定印刷品上图像的阶调、色彩、清晰度等。凹版印刷使用的油墨与其他印刷方式使用的油墨一样，也是在印刷过程中被转移到承印物上的成像物质。[5，7]

由于凹印机印刷速度快，也要求墨膜干得快。而凹版印刷图层又十分厚实（凹版印刷墨膜厚度一般为 9 ～ 20μm，平版墨膜厚度仅为 4μm 左右），单靠氧化结膜无法达到快干的目的，所以凹印油墨大多数采用高挥发快干性油墨。

凹印油墨主要由颜料、固体树脂、挥发性有机溶剂、填充和辅助剂等组成。这些主要成分在凹版印刷油墨中所占的百分比大体如下：颜料（染料）占 10% ～ 15%，固体树脂（连接料组分）占 25% ～ 35%，有机溶剂（挥发性组分）占 40% ～ 60%，填充料占 0 ～ 15%，辅助剂占 0.5% ～ 4%。

凹印油墨的性能首先要满足凹印工艺的需要，同时，油墨转移到纸张或其他材料上的膜层，在印品使用期间还需要能满足后续工序和各种使用条件。这些性能包括流动性能、光学性能、耐抗性能和干燥性能。

油墨的流动性是印刷油墨的一个主要特性，包括黏度、黏性、黏弹性。在印刷过程中，油墨的黏度与油墨的转移有着密切的关系，一般机速越高，油墨分离速度越快，要求油墨的黏度越低，否则转移效果就不理想。另外，纸张表面强度越低，同样要求油墨的黏度越低，否则易出现拉纸毛的现象。因此，在凹印生产过程中，必须严格控制好油墨的黏度，以保证印刷效果。所谓油墨的黏性就是墨层在剥离转移时的阻碍能力，黏度大的油墨其黏性也大。黏性大的油墨不仅不易转移到纸张表面，而且还容易将纸张表面的纸毛拉出，造成质量问题。油墨的黏弹性也就是油墨的内聚力的大小。油墨的拉丝短，断裂后回缩快，则黏弹性强，使于高速印刷，图案清晰、飞墨少。油墨的黏弹性好坏与联结料的黏弹性有很大关系。

油墨的耐抗性能表现为油墨在使用期间是否能保持原有色彩，这是印刷品质量好坏的表现，也是印刷油墨性质好坏的表现。因此，为保证印品质量，特别是一些特殊用途印品的质量，必须改善油墨相应的耐抗性。大多数颜料在日光、温湿度、酸碱度的影响下，其分子结构或晶体结构易改变，从而导致颜色变化。一般有机颜料的耐抗性能较无机颜料的耐抗性差。因此，凹印油墨中必须适当地对耐抗物质进行调整，以改良其耐抗性能。

凹印油墨属易挥发性油墨。凹印油墨印刷之后，要求墨层内的溶剂在瞬间从体系内逸出，使印品图文快速干燥，才能进入下道工序。而干燥速度对印品的阶调、堆积、气味均有决定性影响。但是干燥过快时，经刮拭残留于凹版凹坑中的油墨在到达承印物的瞬间，溶剂挥发过快，黏度上升而影响油墨转移，产生高光部分欠墨，暗调部分油墨流散不良，甚至造成糊版；同时，叠色印刷中会产生剥皮现象。干燥过慢时，虽然转移性不会产生问题，但下道工序无法进行，套印也难以进行。油墨干燥的快慢取决于油墨溶剂的挥发速度，同时还与树脂及颜料对溶剂的释放有关。纯溶剂挥发快，树脂液挥发慢，加入颜料后就更慢。控制凹印油墨的挥发速度，针对不同的颜料制定不同的干燥速度指标，是保证印刷顺利进行的重要条件。

凹印油墨按照承印材料，可以分为纸张凹印油墨、塑料凹印油墨、铝箔凹印油墨；按照用途，可分为出版凹印油墨、包装凹印油墨、特种凹印油墨；按照连接料的不同，还可以分为溶剂型凹印油墨和水基型凹印油墨。[5]

三、印版

与凸印、平印先在版材上制版，再经上版将印版固定在印版滚筒上的过程不同，一般情况下，凹版制版都是直接制在印版滚筒上。

腐蚀制版首先是通过照相或激光刻蚀的方式建立保护部分的抗蚀膜层，而露出制版铜层的图文部分经过化学腐蚀或电解腐蚀获得凹下的载墨网穴。

雕刻制版一般是在印版滚筒上直接进行雕刻，其中电子雕刻制版是在电子雕刻机上采用钻石雕刻刀直接在滚筒上雕刻，可以得到凹下深度和开口面积都可变的网穴。

激光雕刻制版使用高能激光束作用于凹版滚筒表面的镀锌层，镀层熔化和汽化形成网穴，其网穴属于凹下深度可变、开口面积不变的类型。

电子束雕刻制版采用直能电子束对镀铜的凹版滚筒进行雕刻，所形成的网穴凹下深度和开口面积都可变。[2，5，7]

（一）照相凹版的制版

1. 影写版的制版

传统照相凹版俗称影写版，是凹版印刷中使用较多的一种，其制版的基本原理是以明胶为载体，以重铬酸盐为感光剂，感光后产生的有机化合物因感光程度不同而具有不同的溶解度，形成具有不同抗蚀能力的抗蚀膜，腐蚀剂透过抗蚀膜在制版铜层表面腐蚀出不同深浅的网穴。它根据图文部分在印版上凹下的深度与墨层厚度成正比的关系，呈现原稿的阶调层次，再现不同的明暗层与色彩。

影写版制版工艺流程如下：

连续调阳图底片
↓
碳素纸敏化→晒网线→晒阳图
↓
凹版滚筒制备→过版和显影→填版→腐蚀→脱膜→镀铬

影写版的制作如下：

（1）连续调阳图底片的制作。用于制凹版的原稿，无论是图像稿还是文字稿，都需要制成与原稿相反的连续调阳图底片才能晒版。图像阳片的拍摄方法与凸版、平版的照相方法相同。文字阳片常采用照排和活字打样法制成底片，然后按版面的设计要求进行拼版，供晒制凹版。

（2）凹版滚筒的制备。凹印版是在空心的生铁或钢质的圆柱体滚筒的表面镀一层铜壳作为版基，再通过晒碳素纸和腐蚀的方法制成的。

现在的凹版滚筒一般都是钢管表面镀铜后经电雕、镀铬、抛光而成。制造凹版滚筒的材料大致可分为有色金属和黑色金属两大类。有色金属材料有铜和铝合金，铜又分为铸铜和冷拔铜等。铸铜管有紫铜和铜锡合金，但由于铜的价格较高，来源较为紧张，且在铸造时容易产生气泡，在制滚筒时滚筒表面容易出现凹坑和砂眼，所以，铜材质被逐渐淘汰。铝合金是被国外普遍采用的一种材料。其特点是制成的滚筒重量轻、材料来源较广，价格便宜。滚筒重量轻对印刷机械和电雕机的使用寿命很有好处。但由于在铝合金上进行电镀工艺较为复杂，故国内现在还未采用此种方法，目前国内多采用的是黑色金属，即钢铁材料。

凹版印刷用滚筒的结构由基础钢辊、镍层、铜层和铬层组成，制作工艺是采用电镀的方式将其他镀层镀到钢辊的表面。滚筒的剖面如图 14-6 所示，其中，钢辊是整个滚筒的基础和载体；镍层（厚度为 1 ～ 3μm）是结合层，能使铜层与钢辊牢固地结合在一起，不至于在制版印刷的过程中脱落；铜层（厚度为0.12～0.15mm）是滚筒中最重要的部分，所有的雕刻操作即制版过程都是在铜层中进行的；铬层（厚度为 5 ～ 8μm）是保护层，由于金属铜材质较软，而凹印滚筒在印刷的过程中要经受不锈钢刮刀的刮磨，因此只有足够的硬度才能保证版辊耐印力的要求，在完成制版之后，也要在整个滚筒的表面镀一层金属铬。根据凹版制版工艺的要求，凹版制版之前必须进行滚筒的制备，滚筒制备的质量对制版质量有很大的影响。

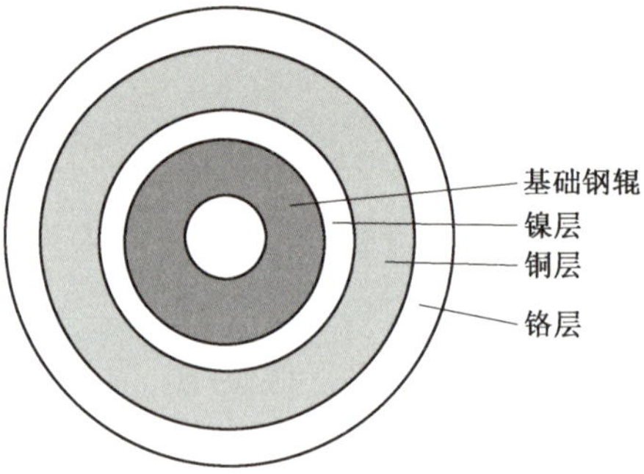

▲图 14-6　滚筒剖面

（3）晒碳素纸。与平版、凸版不同，影写版不是在金属版材的表面涂布感光液，用阳、阴图片晒版，而是先把拼排好的阳图图像晒在特制的碳素纸上，然后再转移到印版滚筒表面。碳素纸的晒制过程要经过敏化处理、晒网线、晒阳图来完成。

1）碳素纸敏化处理。碳素纸是在纸基上单面涂有动物胶、色素和一些附加剂组成的胶层较牢固的卷筒纸，碳素纸的胶层作为晒版感光层和抗蚀膜层。碳素纸本身并不具有感光性，在晒制碳素纸之前，必须先对其进行敏化处理，使其具有感光性。一般在晒前 24h 进行敏化处理，即把碳素纸放在浓度为 2.5% ～ 3.0% 的重铬酸钾溶液内，浸泡 3 ～ 4min 取出晒干，以使其具有感光性能。

2）碳素纸的曝光。碳素纸曝光分两次进行，第一次晒网线，第二次晒连续调阳图，次序不能颠倒。

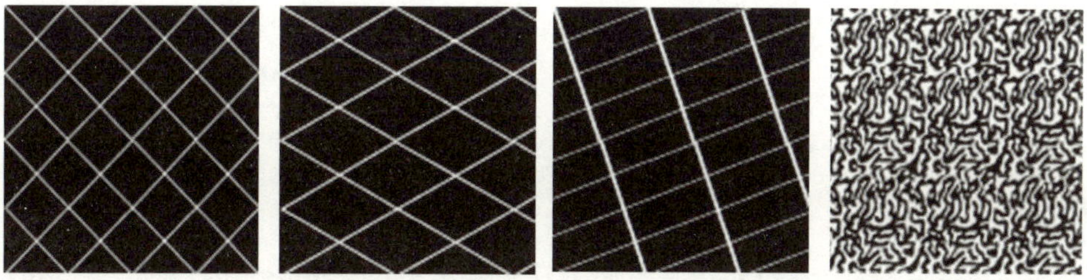

▲图 14-7　白线网屏

a. 晒网线。如果印刷部位（即图文部分）的面积较大，必须有相应的支撑体，才能避免刮墨时把印刷部位（即图文部分）的油墨也刮掉，而这种支撑体的表面又必须与空白部分在同一个表面上，同时它的表面应当很小，不应影响图像层次的转移、再现。制造这种支撑体的方法，就是在碳素纸上晒网线。

晒网线时，将白线网屏（黑底透明白线，见图 14-7）和敏化后的碳素纸的感光面完全密合，进行曝光。晒网线的结果是：在印版的表面形成由透明线网墙与不透明网穴组成的网目“墙”，而这“墙”就将成为印刷时顶住刮墨刀的支撑体，便于刮墨。其透明线越细，晒版之后的着墨面积就越大，在纸上印出的图像再现性也就越好。网屏一般采用正方形、菱形和长方形。

b. 晒阳图。晒碳素纸必须使用阳图分色片，图文部分需是连续调阳图片，将经过晒网线后的碳素纸与连续调阳图片安置在晒版机的版架上，抽气密合进行用紫外线光源的第二次曝光，使碳素纸原来未受光部分感光而硬化，原来受光部分再次感光，提高了胶层的硬化程度。由于各部位的受光量不同，从而在碳素纸胶层内形成不同厚度的硬化胶层，暗调部分胶层硬化程度低，而亮调部分胶层硬化程度高。

（4）过版（碳素纸的转移）。将碳素纸上经曝光后的胶层转移到凹版印版滚筒上的工艺称为过版。过版有湿法和干法两种。

1）湿法：将曝光后的碳素纸放入水槽内浸湿，然后把涂有胶层的表面对着印版滚筒，使其贴在印版滚筒的表面。湿法过版中，由于预先湿水，碳素纸发生膨胀，从而使图像变形，影响精度，所以目前已几乎不采用此法。

2）干法：干法是在专门的过版机上进行。将清洗好的铜滚筒放在过版机上，将碳素纸涂有胶层的表面对着印版滚筒，对好规矩线，过版机的压纸橡皮辊紧压碳素纸，使其与印版滚筒密附。在碳素纸与版面间浇蒸馏水，边浇水边转动滚筒，由于橡皮辊的压力和滚筒的转动，碳素纸紧贴于印版滚筒的表面。

（5）显影、干燥。将黏附着碳素纸的滚筒，置于 32 ～ 45℃的热水中，轻轻旋转，进行显影处理。印版滚筒经显影后，未感光的胶膜被溶解，只留下硬化感光的胶层，其表面形成了厚薄不同的抗蚀膜，对应于阳图上阴暗的地方，抗蚀膜薄；对应于阳图上明亮的地方，抗蚀膜厚。同时，在印版表面覆盖着“+”字形的网屏线条抗蚀膜。

（6）填版。用保护剂将不需要腐蚀的部分保护起来，即用沥青漆等将不需腐蚀部分涂盖。

（7）腐蚀。对显影后的印版滚筒进行腐蚀是决定印版质量的关键。凹版的腐蚀不同于铜锌版的腐蚀，原因有二：第一是被腐蚀的部分是印刷部分而不是空白部分；第二是腐蚀溶液不是直接作用于版材表面，而是先透过不同厚度、已硬化了的胶膜，然后才与金属版材表面相接触而腐蚀。所以，凹版腐蚀溶液应具有仅能溶解金属版材，而不使硬化胶层受到破坏的性质。常用的凹版版材是铜，腐蚀液是三氯化铁溶液。

将填版后的印版滚筒放入三氯化铁溶液中进行腐蚀，让三氯化铁溶液渗透过硬化的抗蚀胶膜，使铜外层溶解，因抗蚀膜的厚度不同，控制三氯化铁溶液渗透速度不同，从而腐蚀深度不同。如果胶层较薄腐蚀深度就大，如果胶层较厚腐蚀深度就浅。腐蚀深的地方印刷时容纳的油墨多，印刷品上得到浓的图像；反之，腐蚀浅的地方，印刷品上得到较淡的图像。

腐蚀的结果不仅与抗蚀膜的厚薄有关，而且与腐蚀液的浓度有很大关系。腐蚀液浓度大，渗透抗蚀膜的能力弱，但一经接触铜层，腐蚀却很剧烈；腐蚀液浓度小，渗透能力强，但腐蚀却相对平缓。因此，如果只用高浓度的腐蚀液腐蚀，在抗蚀膜薄的部位，它较易穿透，腐蚀很深，而对于抗蚀膜厚的部位，它却很难穿透，甚至完全不能穿透，造成腐蚀结果反差很大。如果只用低浓度的腐蚀液腐蚀，不仅抗蚀膜薄的部位它可渗透，对抗蚀膜厚的部位，它亦能渗透，致使腐蚀结果反差过小。

为了获得反差合适、层次丰富的图像，在实际腐蚀中常采用交换使用不同浓度腐蚀液的多液腐蚀法。

多液腐蚀法通常准备波美度 36 度～ 44 度六种浓度不同的腐蚀液，腐蚀从使用高浓度腐液开始，依次递减，边腐蚀边观察，直到认为满意为止。

凹版腐蚀的质量和速度不但与腐蚀液的浓度有关，而且与温度、湿度和腐蚀的时间等也有关。

（8）脱膜。腐蚀结束后，用凉水冲洗版面，在洗版槽内将滚筒上的胶膜和保护层用有机溶剂去除，然后再用混合酸（盐酸 + 氯化钠 + 醋酸）和糊状碳酸钙粉末擦洗滚筒表面，以彻底剥离耐蚀胶膜及凹穴内的杂质，最后用清水冲洗滚筒。

（9）镀铬。印版经除胶脱膜后，完成镀铬工序即可上机印刷。

影写版制版工艺复杂、周期长，且影响印版质量的不稳定因素很多，如碳素纸的伸缩变形，感光胶易受温度、湿度影响等，因此这种制版方法现已逐渐被淘汰。

2. 直接法制版

直接法制版是在滚筒表面涂布感光胶后，把加网阳片包裹到滚筒表面上直接晒版，再进行显影、腐蚀的一种制版方法。其工艺过程如下：

加网阳图底片
↓
凹版滚筒制备→涂布感光胶→晒版→显影→填版→腐蚀→脱膜→镀铬

（1）涂布感光胶。直接法制版感光液通常采用聚乙烯肉桂酸酯类。涂布方法有两种，即喷枪涂布法和环状涂布法。喷枪涂布法是靠马达带动印版滚筒等速转，旁边的喷枪在齿轮带动下与印版滚筒配合作等速水平移动，把感光液均匀涂布到印版表面，根据调节喷射量来控制感光胶层的厚度。环状涂布法是将滚筒直立，在滚筒表面套上带橡皮环的存储器，存储器内装满感光胶，涂布时，存储容器自上而下匀速下降进行涂布。它根据改变环状存储器的移动速度来控制胶层的厚度。

（2）晒版。由于印版是曲面，曝光时，用两根胶辊把网目阳片压住，包卷在涂布感光胶的印版滚筒上，使阳片药膜面与感光膜面充分密接。

（3）显影。曝光后应立即显影，显影方法可采用流布法或盆浸法。流布法是将显影液均匀流布在印版滚筒表面 2 ～ 3min；盆浸法是将印版滚筒半泡在显影盆中，并均匀转动进行显影。

（4）腐蚀。通过电解腐蚀机，对滚筒进行蚀刻，形成印刷图像。腐蚀时滚筒作阳极，不锈钢板作阴极。电流接通阳极铜失去电子，变成二价铜离子进入电解液，二价铜离子在阴极上得到电子，在不锈钢板上析出铜。

与三氯化铁化学腐蚀工艺比较，电解腐蚀工艺简单、稳定、易控制，电解液耗尽后排放物容易中和，污染较少，价格便宜。

（5）脱膜、镀铬。相比于影写版制版，直接法制版工艺简化，印版再现性好，是仅次于电子雕刻制版的第二大凹版制版方法，尤其在中、小型企业采用较多。

（二）雕刻凹版的制版

1. 手工雕刻法

手工雕刻凹版是采用手工刻制和半机械加工相结合，按照尺寸要求把原稿刻制在印版上。印版使用的材料是钢，但也有使用铜版和锌版的。这种制版的方法主要用于券（钞票、邮票等）的凹版印刷。其制版工艺如下：

凹版滚筒制备
↓
雕刻版材前处理→勾描原稿→手动雕刻→修版→过版→镀铬

（1）雕刻版材前处理。版材的加工处理就是将钢版退火处理，用木炭轻轻磨光版面，或经短时间酸洗处理版材。

（2）勾描原稿。勾描原稿有不同的方式，一种方式是把透明薄膜覆于原稿上，按照图形位置用刻针进行勾绘，以点和线表现原稿的轮廓范围，并在刻出的轮廓刻划里涂上红粉（氧化铁），再把薄膜上轮廓线里的红粉转印到已处理好的版材上。还有一种方式是用软铅笔或蜡笔直接在版材上描绘出反像的图形，或者在底图和版材之间衬以复写纸，进行转印。

（3）手动雕刻。把版材放在皮制的枕垫上，一边顺着线条方向转动版材一边用不同的雕刻刀刻出凹下的点或线，雕刻时，按照轮廓线，对照原稿直接在金属版材上雕刻，将原图的层次以雕刻线的粗细、深浅、疏密、长度、宽度、方向的变化和雕刻点的形状、排列与线的协调等进行表现。

雕刻版主要有直刻法、干点式法、人造网点法。

1）直刻凹版。用表面磨光的钢版、铜版、锌版作版材，一般多用铜版。使用的雕刻刀断面为正方形或菱形的钢棒，前端斜向磨成刀刃，雕刻时，先将光滑的钢版放在皮制的砂枕之上，以利于铜版变换方向；然后用雕刻刀沿着划线的方向回转雕刻。

2）干点式凹版。在金属铜版和钢版上，用坚硬锐利的针头进行雕刻，制成凹版。制作方法虽然和直刻凹版相似，但直刻凹版的线画是用雕刻刀直接刻出来的，而干点式凹版的线画只不过是划刻的划痕，针尖或多或少地深入铜面，掘起粗犷的边缘，形成线屑。雕刻的线画深浅与线屑的粗细，不仅和用力的大小有关，还和雕刻针与版面的角度有关。当雕刻针与版面垂直时，其线画刻痕浅，生成的线屑少；雕刻针与当版面倾斜时，线画刻痕深，生成的线屑多。生成的线屑有时保留在版面上可增强线画的情调。

3）人造网点凹版。它与直刻法相反，不是在空白的版材上雕刻线画，逐渐加入阴影，而是在全黑的背景上，由线画的暗部开始描刻直到高光部分。雕刻之前，先处理钢版，使其表面呈粗糙状态，加满油墨之后版面呈黑色，然后把雕刻刀垂直对向版面，经过纵横及偏斜多次有规则的振动，依照原画的线条，在版面上划出刻痕，印刷时油墨填入凹隙之内，线屑部分亦可含藏油墨，使产品阶调柔和细腻。

（4）修版。对一些突出于雕刻线两侧的线屑，用刮刀切削或用压光板磨修。

（5）过版。由于是手工顺刻，其难度可想而知，即使是手工工艺高超的雕刻师想手工雕刻相同的一块雕刻版，也非常难做到。因此，手工雕刻的凹版在印刷时通常不会使用原版来印刷，一般都是采用复制版进行凹版的印刷。手工雕刻工艺中的过版实际上就是利用原版进行复制版的制作，即复制凹版。

复制凹版的制版方法有多种，如机械过版法、电过版法、塑料过版法等。目前我国多采用的是机械过版法。该法是将刻好的原版作为雕刻凹版的原版（称为原钢版），用它再去复制印刷用的印版。在制作印版时，先要将原钢版进行热处理，加强其硬度，然后放在特制的过版机上，通过机械的挤压，将平面原版上深浅不一的图文转移到一个钢轴上面，得到凸形的图文；钢轴也经过热处理后放在过版机上，经挤压将上面的图文以整版的规格转移到表面镀有电解铜层的印刷滚筒上，得到凹形的图文；再经镀铬，印刷滚筒即可上机印刷，这样复制凹版的制版就完成了。

2. 腐蚀雕刻凹版

腐蚀雕刻凹版制版工艺流程与手工雕刻凹版的工艺流程基本一致，不同的是对版材的处理不同。腐蚀雕刻凹版在处理版材后，在经过仔细研磨的铜版表面涂布一层以蜡为主要成分的抗腐蚀薄膜，用蜡烛将薄膜熏黑，使描绘的线画容易被观察。再用尖硬锐利的钢针加以描画，让蜡质薄膜的表面出现花纹刻痕，使所描画过的花纹线条下方裸露出铜金属面。之后在版面上注入金属腐蚀液进行腐蚀，即可获得凹画线条构成的图案。因腐蚀时间长短不一，从而使线条有深有浅，制成腐蚀雕刻凹版。

3. 机械雕刻凹版

机械雕刻凹版制版工艺流程与手工雕刻凹版的工艺流程基本一致，不同的是利用机械作业代替了手工作业，用雕刻机直接雕刻。其基本原理是利用精密的雕刻机械，让描写针在原稿上移动，通过机械性的移动，使雕刻针在版材上刻制平行线、彩纹（由波状线、弧线、圆、曲线、椭圆等组合成的花纹）等几何花纹的凹版。雕刻机是通过钻石刻针或钢刻针与金属版材或涂布在版材上的防蚀膜直接接触刻绘的。

机械雕刻凹版主要采用彩纹雕刻机、浮雕雕刻机、平行线凸刻机、伸缩绘图器来进行雕刻。[5, 7]

（三）电子雕刻凹版

20 世纪 90 年代以来，由于电子和计算机技术的发展，凹版印刷主要使用电子雕刻凹版。电子雕刻凹版是通过雕刻机的扫描头把原稿的浓淡层次转换成大小不同的电信号，钻石雕刻针按电信号的强弱振动，依次在印版滚筒上雕刻。由于图像的层次再现通过网点的大小和深浅的变化来达到，所以电子雕刻凹版能够真实反映原稿的层次，用它印出来的图文非常清晰。电子雕刻制版与腐蚀法制版相比，具有制版重复性好、质量稳定性高及层次复制质量好等优点，是应用最为广泛的一种凹版制版方法。

电子雕刻制版又分为有软片电子雕刻制版和无软片电子雕刻制版。

1. 有软片电子雕刻制版

有软片电子雕刻制版是使装有原稿的扫描滚筒在扫描头前方旋转，扫描头将记录原稿密度的光信号转化为电信号，并以数字化的形式存储起来，通过雕刻部分的放大器控制并驱动雕刻刀对印版滚筒进行雕刻。

有软片电子雕刻制版的工艺过程如下：

原版软片的制作

↓

印版滚筒制作→安装软片→测试→雕刻→镀铬

（1）原版软片的制作。凹版电子雕刻机用的原版为连续调反射阴图，采用伸缩小的白色不透明的聚酯感光片拍摄制成。如果是彩色连续调原图，需经分色制成单色连续调反射阴图，方可作为凹版雕刻机的制版底片。

（2）印版滚筒制作。电子雕刻印版滚筒的制作与照相凹版印版滚筒的制作相同，在雕刻前将制好的印版表面的油污、灰尘及氧化物等清除干净，安装在电子雕刻机的规定位置上。

（3）安装软片。将原版阴图软片平整地粘贴在印版滚筒上。

（4）测试。对原版阴图的高光、中间调等各个层次进行测试，确定雕刻层次曲线，此外，还要确定网屏线数和网穴形状、角度。

电子雕刻机通过控制滚筒转动的速度和雕刻头的横向进给速度，与雕刻频率相匹配，即可正确控制所需的加网线数与加网角度。

1）网穴形态。电子雕刻制版时，钻石雕刻刀的一次雕刻动作就生成一个倒金字塔形的网穴，网穴的形态取决于雕刻刀的角度、滚筒的转速和雕刻头的横向进给速度。

改变滚筒转速及雕刻头水平进给速度，即可获得被压扁或拉长等不同开口形状的网穴，如方形网穴、长菱形网穴和扁菱形网穴（见图 14-8）。

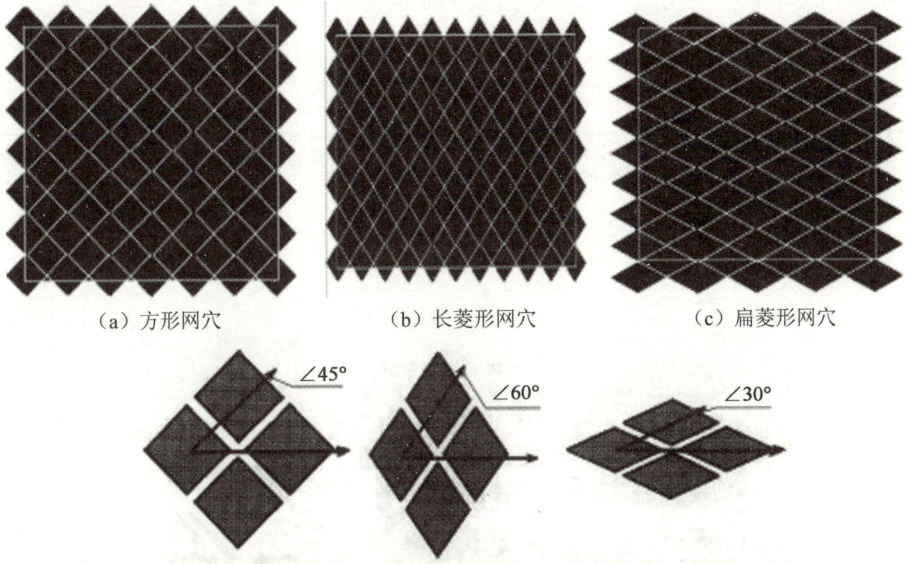

（a）方形网穴　（b）长菱形网穴　（c）扁菱形网穴

（d）常见网穴角度

▲图 14-8　电子雕刻制版的网穴形态及角度

2）网穴角度。电子雕刻凹版网穴的网穴角度为通过水平网穴最大宽度的直线与通过距离最近的两个网穴中心的直线之夹角（锐角）。电子雕刻出的网穴必须交叉排列，才能形成连续的网墙来支撑刮墨刀，如果用一种网穴角度雕刻彩色图片的 4 个色版，理论上会得到最佳的印刷效果，但由于材料设备及工艺技术等多方面的影响因素，套印时网点不能完全重合，从而出现龟纹和偏色。因此，采用长菱形或扁菱形的网穴形状，改变了网穴的排列角度，把 4 种网穴角度用于不同的色版，或采用 4 个色版用 3 种角度（其中 2 个色版合用 1 种角度），以消除龟纹和偏色。如图 14-9 所示，网穴角度由水平网线数与垂直网线数的比例来决定。正常网穴的网角为 45°，其水平网线数与垂直网线数相同。压扁网穴如 30° 网穴，其水平网线数大于垂直网线数；拉长网穴如 60° 网穴，其水平网线数小于垂直网线数。不同开口形状的网穴得到不同加网角度：方形网穴角度是 45°，长菱形网穴角度是 60°，扁菱形网穴角度是

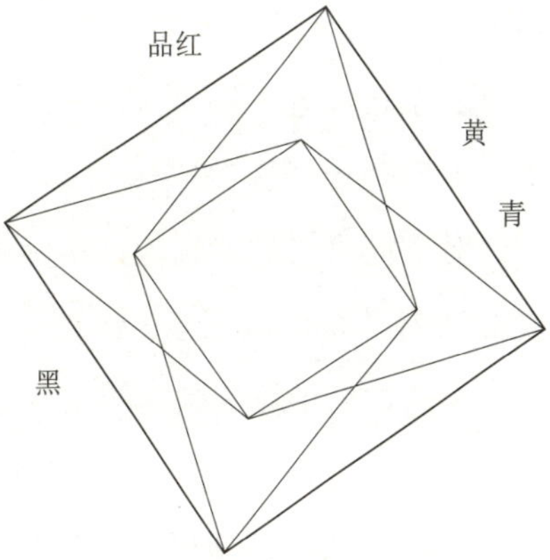

▲图 14-9　网穴角度和印版的颜色

30°。由于电雕网穴是一次成形，网穴角度只能通过改变网穴的长短轴的长度来实现，目前电雕网穴角度只能在 30°～60°变化。在电子雕刻凹版制版中，网穴角度的安排为黄版、白版（塑料印刷）和黑版一般采用 45°网角，青版一般采用 30°网角，品红版一般采用 60°网角，金版、专色版一般也采用 45°网角。对于雕刻网线数高、网穴质量要求好而精细的产品，一般会采用 38°网角（见表 14-1）。

表 14-1　网穴形状与网屏线数的组合

凹版的颜色	网穴形状	网屏线数
黄	方形	60 线 /cm
品红	拉长形	70 线 /cm
青	压扁形	70 线 /cm
黑	方形	100 线 /cm

注　以风景或冷色调为画面时青版可用 30°，以人物或暖色调为主画面品红版可用 30°。黑版要兼顾文字时常用高线数雕刻，常用 38°。专色版用 30°以保证专色密度。在有文字情况下应结合文字粗细考虑文字版网线数，一般文字笔画中最细的地方应不小于一个网穴的大小。

3）雕刻线数。雕刻线数是指在网穴角度重合的直线上分布的网穴数。随着网穴角度的变化，垂直方向的网穴数和水平方向的网穴数也随之变化。

（5）雕刻。启动雕刻机，扫描头对原版进行扫描时，和扫描头同步的雕刻针便在铜滚筒表面上进行雕刻。

（6）镀铬。印版滚筒表面铜层无论通过腐蚀还是通过雕刻方法建立网穴后，都要镀上一层铬。镀铬层可以大大提高印版表面的硬度、耐磨性、化学稳定性等印刷适性，从而提高印版的耐印力。铬层质量主要取决于电镀时的电流密度和电镀液温度，电镀液温度一般控制在 55～65℃。

凹版滚筒镀铬之后，还要送到抛光机上进行抛光，以进一步提高印版表面的洁度。

2. 无软片电子雕刻制版

无软片电子雕刻制版就是电子雕刻机根据彩色桌面出版系统所产生的数字信息，对滚筒直接进行制版，实际是凹版直接制版工艺，它是所有印刷中最先全面实现 CTP 技术的制版工艺。

无软片电子雕刻制版的工艺过程如下：

拼版→参数测定→试雕→雕刻→镀铬

（1）拼版。根据凹版印刷的要求，按版式将印前处理好的单元页面拼成用于雕刻的大版文件，同时在拼好的版面上放置用于下道工序的控制标记。控制标记主要有控制准确套印的套准标记、控制裁切的分切标记等。

（2）参数测定。在电雕刻控制工作站设定雕刻参数、网穴角度、网线数等。

（3）试雕。在正式雕刻之前，要进行试雕。试雕的具体方法是雕刻较短的试雕文件（专门用于试雕的小图或参数文件），通常包括几行高光点，几行实地点及几行中调点。排列方式有横向的也有纵向的，一般都较短，长度为 5 ～ 10mm。试雕一次后，用网穴测量仪器测量高光、暗调和通沟的大小，根据前述规律，调整相应的电流值，经反复试雕及测量调整，直至达到工艺要求。

（4）雕刻。经过试雕，将雕刻电流调整到合适值后，即可设定雕刻起始位置并开始正式雕刻。

（5）镀铬。与有软片电子雕刻制版相同，也需要进行镀铬。

（四）电子束雕刻凹版

电子束雕刻机与上面的制版方式相比，只是输出方式或手段不同而已。

电子束雕刻机是根据数字式存储的图像和文字信息信号控制电子枪发射电子束，电子束在镀好的凹印滚筒上产生高速熔融和蒸发，形成网穴。在滚筒表面上，电子束的动能转化为热能，将滚筒表面的铜熔化或气化，残留在网穴边缘的熔化物，可以用刮刀刮去。电子束雕刻凹版雕刻出的网穴既有开口的变化，也有深度的变化。

电子束在电磁场装置下会受到会聚作用，在 1μs 的时间内使电子束会聚为所需要的直径，电磁场的会聚作用又会受到图文信息的控制，从而达到控制网穴直径大小的作用。同时电子束作用在铜滚筒表面的时间长短可以控制网穴的深浅。

电子束雕刻凹版的每一个网穴的时间不长于 6μs，因此，电子束雕刻凹版的速度可达 15 万个 /μs 的高频率。

电子束凹版雕刻机能够借助电子束的偏转性能实现实时图像处理技术，改善文字和图像的质量。但是由于空气中的粒子对电子束的能量造成损失，因此，电子束雕刻凹版技术必须在真空装置中来完成，使用电子束生产装置和真空仓，造成了电子束雕刻凹版系统成本高昂，最终导致了这种凹版制版技术难以实用。

（五）激光雕刻凹版

激光直接雕刻凹版制版工艺与电子机械雕刻凹版工艺相比，其图文信息的采集与处理基本相同，只是输出雕刻凹版的网穴的方式不同。

激光雕刻凹版的基本原理是，使用高能射线束作用于凹版滚筒表面的镀层，使镀层熔化和部分气化以形成下凹的网穴。其过程是激光发生器发出强度恒定的激光，激光受到激光调制器的调制，而激光调制器受印前系统传送来的图文信号的控制，根据图文信号调节激光的通过程度，再通过光导纤维传递到聚焦透镜，透镜将不同强度的激光聚焦在表面镀层上。由于表面镀铜层对光线有较强的反射能力，进行镀铜雕刻需要高强度激光的支持，因此在激光雕刻凹版系统中，大都采用锌作为凹版滚筒的表面金属，以便激光直接雕刻。选择锌是因为它的物理特性（熔点、沸点、硬度）和反射特性比铜更适合激光烧蚀。在锌层上进行雕刻，激光束射向镀锌层表面，使其部分熔化成液滴，部分汽化成金属蒸汽而逸出。雕刻完成后，剩余的氧化物用刮刀刮除，形成网穴。

在雕刻过程中，激光发生器发出强度恒定的激光，激光受到调制器的调制，而调制器受图像信号的控制，根据电信号值调节激光的通过强度。这样就可以使雕刻每个网穴的能量随图像明暗的变化而不同，借此雕刻出深度不同的网穴。

目前，因为光学聚集透镜无法以很高的频率调节激光光斑的直径大小，这种激光雕刻机还不能雕刻出开口面积和凹下深度同时可变的网穴。就激光雕刻凹版网穴结构、凹版网穴的类型而言，只能雕刻出大小相同，深浅不同的网穴。

激光雕刻的网线范围可扩展到 5 ～ 250lpc，加网角度可在 0° ～ 360° 的任一角度，能够更好地防止因网穴角度错不开而造成的龟纹现象，激光雕刻凹版雕刻的最大网点开口可达 140μm、深度可达 35μm，主要用于烟包和防伪印刷。

激光烧蚀技术在凹版的广泛应用会随着激光技术的发展而迅速普及，它无须机械调整细线和文字，比腐蚀更容易控制层次。

四、承印物

承印物是承受印版油墨、形成印刷图文的材料。印刷生产要求承印物具有一定的印刷适性。

凹版印刷承印材料范围很广，几乎所有的软材料都能成为凹版印刷承印材料（如纸、塑料、薄膜、软片、箔类、复合材料等，特别对于易延伸变形的材料有很好的适应性），这是平、凸版印刷所不能相比的。

五、印刷机械

凹版印刷目前基本都是采用圆压圆式轮转机，属于直接方式印刷。在印刷过程中，图形图像直接从印版转移到承印物，能保持高速且不间断，印刷质量前后一致。印版空白部分在刮墨刀的作用下能够保持清洁，因此不存在需要清洗印版的问题。由于印版制作精细化和凹版印刷技术的特色，在高速印刷过程中，凹印复制连续调次图像也非常精确，稳定性好。其印刷机结构比胶印机简单，印刷速度快，印版滚筒耐印力高，操作维护也很简便，是高质量、高速度、大批量图像复制生产的首选印刷方式。

凹版印刷机是由给料部分、给墨部分、印刷部分、干燥部分和收料部分等组成。

凹版印刷机的分类，按压印形式，可分为圆压平式（很少用）、圆压圆式（很常用）；按印刷给料方式，可分为单张纸凹印机和卷筒料凹印机；按印刷色数，可分为单色、多色凹版印刷机，又有单面和双面凹版印刷机之分；按印刷品用途，可分为书报凹版印刷机、包装材料凹版印刷机等。[2-5，7，8，11-31]

第三节
凹版印刷的特点及文件检验特征

凹版的版面结构与凸版印刷、平版印刷和丝网印刷方式一样，印版的版面上也只有两个元素，即印版的图文部分和印版的空白部分。但与凸版印刷、平版印刷和丝网印刷方式不同的是，印版的图文部分是下凹的，印版的空白部分是凸起的，且必须要保持在同一平面上或同一圆周上。其版面结构如图 14-10 所示。

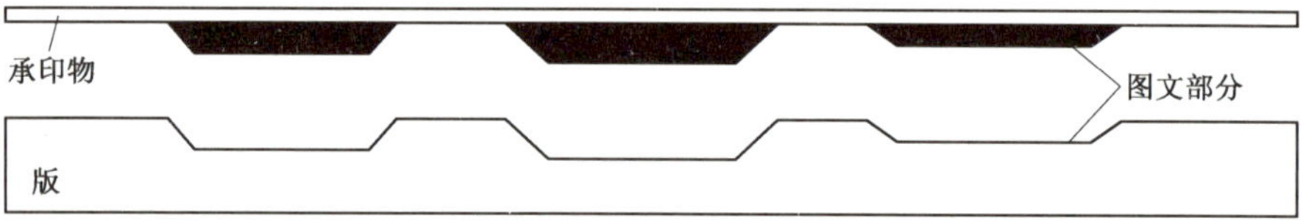

图 14-10　凹版版面结构

凹版印刷墨层厚实。一般来说，印刷的油墨层厚度：平印约 2μm，凸印约 7μm，而凹印可达 9 ～ 20μm，仅次于丝网印刷。墨层厚实可产生许多特殊效果，如立体感强，能在大幅面的粗质纸、塑料薄膜和金属箔上印刷，尤其适用于有价证券的印刷，可提高印刷品的防伪性能。[2-5，7，11-31]

一、雕刻凹版

雕刻凹版的沟纹较深（暗调部位最深可达 1mm），又无支撑线，在印刷图文部位正面会形成明显的凸起、背面有凹入的压痕；文字、图案都是由宽窄、疏密、长短不同的清晰、有光泽的条纹组成的，并且由于油墨干燥前沿纸张纤维的渗散，使图文纹线边缘有羽化现象（见图 14-11）；由于雕刻凹版印刷机良好的除墨方式，印刷品空白部位无油墨疵点；图文纹线墨层较厚，有明显的立体感。

手工雕刻凹版印刷的图文线条形态、长短、宽窄、墨层薄厚均不一致，内容多为人像、风景图案。机械雕刻凹版印刷的图文线条均匀，结构规则，内容多为有规律的线条花纹图案。

由于手工和机械雕刻凹版印刷图文凸出于纸面，在侧光下直接观察或放大观察可见墨迹凸出于纸面，也有明显的手感（见图 14-12）。伪造凹印的图文，一般是使用模具压制形成。在放大镜下侧光观察，印刷油墨没有凸起，并可见模具在纸张上（或其他承印物上）冲压的凹凸压痕。

▲图 14-11　凹版的羽化现象

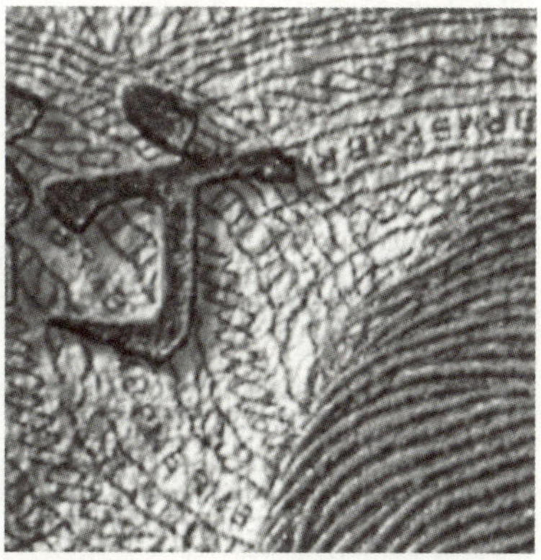

▲图 14-12　在纸张上可见凸出的图文

二、照相凹版

从制版来看，照相凹版（影写版）的图文是由大小相同、深浅不同的网格组成的。其图文部分在版面上是下凹的，但由于细密网格的支撑作用，印刷品上图文部分没有明显的压痕；版面印刷体部分是由深浅一致、大小相同的网格方块组成的，印刷品的图文形态也反映出相应的特征，横、竖笔画边缘呈锯齿状，细笔画呈现“串珠”状；连续调图像的网点不很明显，以墨层薄厚不同来表现色调层次，图像的深调部位油墨连片，中间调部位可以看出反映网目形状的方块，浅调部位有时表现出部分网格边框，可以反映出各种网目的形状；彩色连续调图像也是采用四色套印方法印刷的，各色网目方向一致（一般为 45°）；使用凹版印刷机的除墨方式，一般在印刷品上没有油墨疵点，印刷纸张表面较粗糙时，图文印迹显得发花。

照相加网凹版的制版过程基本与照相凸版相同，其特点是墨层厚度一致，靠网点的大小表现色调层次。但因最大网点不能搭联，最小网点又印不出来，所以能表现的阶调比较短，只用于包装印刷。

三、电子雕刻凹版

电子雕刻凹印版的版面结构与影写版相似，其印刷品图文特征也与影写版印品相近。在压痕、印刷体文字墨迹形态、油墨疵点等特征上，两者完全相同。只是在连续调图像的色调表现上，电子雕刻凹版印品既有墨层薄厚的不同，又有网点大小的不同，是由两者结合来表现色调层次。与影写版印品相比，在电子雕刻凹版印品上可以看出较明显的网点。

四、激光雕刻凹版

激光直接雕刻凹版制版工艺与电子机械雕刻凹版工艺的图文信息的采集与处理工序基本相同，只是输出雕刻凹版网穴的方式不同。

除了手工或机械雕刻凹版之外，根据凹版版面上雕刻的网穴形状，又可以将凹版印版分为三种类型。

（1）凹版版面上的网穴开口不变，网穴的深度变化，图像阶调层次亮的部位，雕刻的网穴浅；反之，图像阶调层次暗的部位，雕刻的网穴深，如照相凹版、激光雕刻凹版。这类网穴结构如图 14-13（a）所示。

（2）凹版版面上的网穴深度不变，网穴的开口变化。图像阶调层次亮的部位，雕刻的网穴开口小；反之，图像阶调层次暗的部位，雕刻的网穴开口大，如照相加网凹版。这类网穴结构如图 14-13（b）所示。

（3）凹版版面上的网穴在深度变化的同时，网穴的开口也在变化，图像阶调层次亮的部位，雕刻的网穴开口小、深度浅；反之，图像阶调层次暗的部位，雕刻的网穴开口大，深度也深，如电子雕刻凹版、电子束雕刻凹版。这类网穴结构如图 14-13（c）所示。

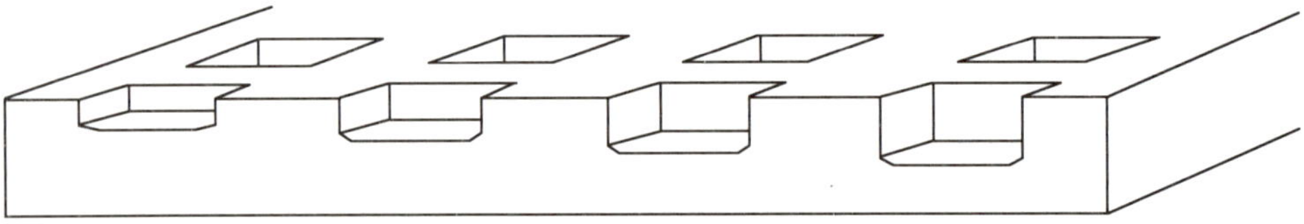

（a）网穴开口不变，只有深度变化

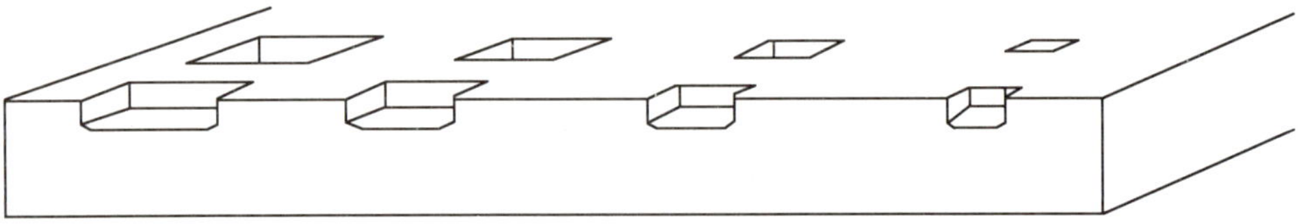

（b）网穴深度不变，只有开口变化

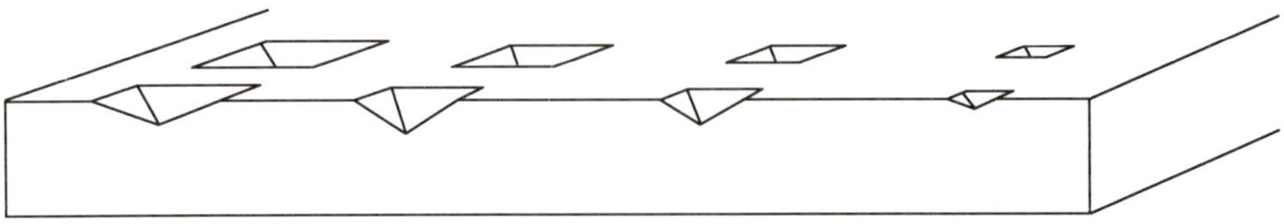

（c）网穴开口和深度都有变化

▲图 14-13　网穴开口与深度

照相凹版、电子雕刻凹版、激光雕刻凹版网穴不同的是：照相凹版网穴由于是腐蚀形成，底部呈扁平的盆形；电子雕刻凹版网穴是由钻石刻刀雕刻形成，底部呈倒锥形；激光雕刻凹版网穴是由镀层熔化和部分汽化所形成，底部呈弧形（见图 14-14）。

▲图 14-14　网穴形状

照相凹版、电子雕刻凹版、激光雕刻凹版特征有相似性，由于网线、网墙的存在，印品墨迹处有白线或印品的边缘有锯齿存在。如图 14-15 所示。同时，其印刷产品中图文线条边缘的锯齿（见图 14-16），导致凹版印刷品中细小的文字容易模糊不清。

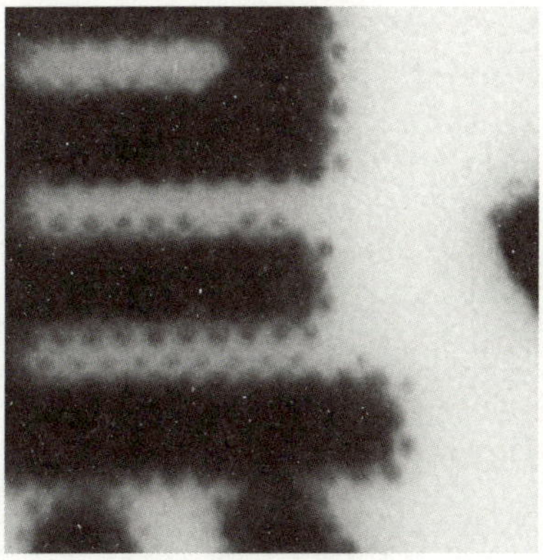

▲图 14-15　印品边缘的锯齿图

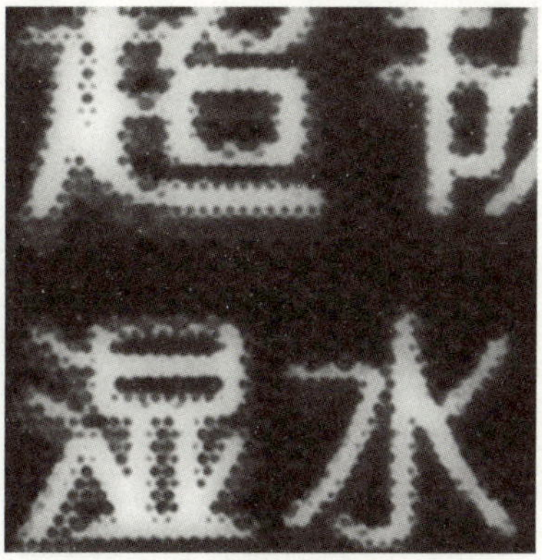

▲图 14-16　文字和线条边缘的锯齿

参考文献

[1] 印刷技术术语　第 5 部分：凹版印刷术语（GB/T 9851.5—2008）[S]. 北京：中国标准出版社 .

[2] 冯瑞乾 . 印刷概论 [M]. 北京：印刷工业出版社，2001.

[3] 丁之行 . 印刷概论 [M]. 北京：印刷工业出版社，1986.

[4] 刘真 . 印刷概论 [M]. 北京：印刷工业出版社，1996.

[5] 邓普君 . 凹印基础知识 [M]. 北京：印刷工业出版社，2008.

[6] 王志华 . 凹版印刷业的绿色变革 [J]. 中国印刷，2016（2）.

[7] 刘显声 . 凹版与特殊印刷 [M]. 台北：徐氏基金会，1977.

[8] 谢美惠 . 凹版印刷学 [M]. 台北：正元图书公司，1992.

[9] 车茂丰 . 凹印的发展历史与趋势 [J]. 印刷杂志，1994（02）.

[10] 马金涛 . 凹版印刷在我国的发展与应用 [J]. 中国印刷，2016（2）.

[11] 胡更生 . 凹版印刷原理与工艺 [M]. 长沙：国防科技大学出版社，2002.

[12] 余辉 . 印刷工艺 [M]. 重庆：重庆大学出版社，2018.

[13] 石慧 . 印刷工艺 [M]. 南京：江苏凤凰美术出版社，2017.

[14] 贾玉文 . 中国刑事科学技术大全・文件检验 [M]. 北京：中国人民公安大学出版社，2002.

[15] 王世全 . 印刷文件检验 [M]. 北京：中国人民公安大学出版社，2001.

[16] 刘全香 . 图像复制原理 [M]. 武汉：武汉大学出版社，2006.

[17] 刘琳琳 . 实用凹印工艺与操作 [M]. 北京：印刷工业出版社，2012.

[18] 黄颖为 . 特种印刷 [M]. 北京：化学工业出版社，2006.

[19] 吕新广 . 现代印刷技术 [M]. 广州：暨南大学出版社，2017.

[20] 冯瑞乾 . 印刷工艺概论 [M]. 北京：印刷工业出版社，1984.

[21] 冯瑞乾 . 印刷原理及工艺 [M]. 北京：印刷工业出版社，1999.

[22] 何晓辉 . 印刷原理及工艺 [M]. 北京：印刷工业出版社，2008.

[23] 冯瑞乾 . 印刷油墨转移原理 [M]. 北京：印刷工业出版社，1992.

[24] 卑江艳 . 凹版印刷 [M]. 北京：化学工业出版社，2002.

[25] 余勇 . 凹版印刷 [M]. 北京：化学工业出版社，2007.

[26] 藏广州 . 最新印刷技术实用手册－凹版印刷技术分册 [M]. 合肥：安徽音像出版社，2003.

[27]（英）迈克尔・费尔利 . 图解标签技术百科全书 [M]. 高晶，等，译 . 北京：印刷工业出版社，2006.

[28] 伍秋涛 . 实用塑料凹版印刷技术 [M]. 北京：印刷工业出版社，2007.

[29] 武秋敏 . 印刷设备 [M]. 北京：中国轻工业出版社，2018.

[30]（芬兰）Pirkke Oittinen，Hannu Saarelma. 印刷媒体 [M]. 狄正军，等，译 . 北京：中国轻工业出版社，2018.

[31] 吕新广 . 网穴形状对凹版印刷特性的影响 [J]. 包装工程，2008（10）.

第十五章

丝网印刷文件检验

第十五章
丝网印刷文件检验

第一节
丝网印刷的特点和应用

一、丝网印刷原理

丝网印版的部分孔能够透过油墨，漏印至承印物上；印版上其余部分的网孔堵死，不能透过油墨，在承印物上形成空白。版面印刷部分由大小不同或大小相同、数量不同的孔洞构成，可透过油墨；版面空白部分无孔（孔洞被封闭），不透墨[1]。丝网印刷原理如图 15-1 所示，印刷特性如图 15-2 所示。

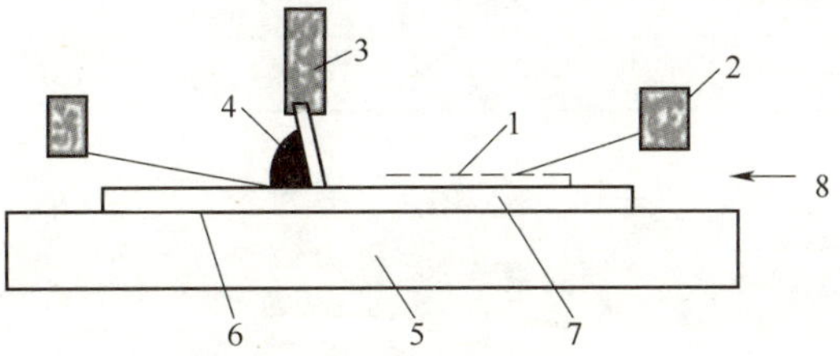

▲图 15-1　丝网印刷原理

1 —丝网印版；2 —网框；3 —刮板；4 —油墨；5 —印刷台；6 —承印物；7 —墨迹；8 —印版与承印物间的间隙

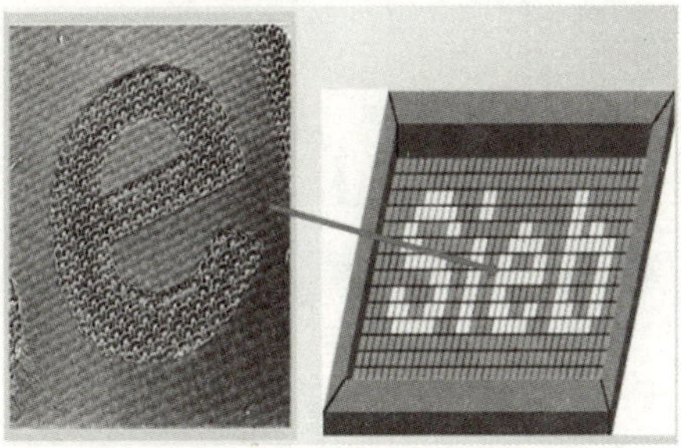

▲图 15-2　印刷特性

二、丝网印刷的特点

（1）不受承印物大小和形状的限制[2]。平面、特殊形状、凹凸曲面或球面，超大型或超小型印刷面积；印刷各种超大型广告画、垂帘、幕布。

（2）版面柔软印压小。能在加压容易损坏的玻璃、陶瓷器皿上进行印刷。

（3）墨层厚，覆盖力强。可在全黑的纸上作纯白印刷；诸如电路板及油画的印刷，用发泡油墨印刷的盲文点字。

（4）适用各种类型的油墨。油性、水性、合成树脂型、粉体等各种油墨，有的是浆料、塑料、油漆、胶黏型或固体粉末。

（5）耐光性能强。可在室外作广告、标牌。

（6）印刷方式灵活多样。可以进行工业化的大规模生产，制版方便、价格便宜，印刷方式多样、灵活，技术易于掌握。

丝网印刷与其他印刷方法的墨层厚度比较，如表 15-1 所示。

表 15-1　丝网印刷与其他印刷方法的墨层厚度比较

印刷方法	油墨膜厚 /μm
平版印刷	0.7 ～ 1.2
凸版印刷	1.0
凹版印刷	2.8 ～ 6
柔性版印刷	3.0 ～ 5.0
丝网印刷	6.0 ～ 300

第二节 绷网工艺

一、丝网

丝网是用作丝网印版支持体的编织物，俗称绢网、绢屏、纱网、筛网等[3]。各种网材制版性能比较，如表 15-2 所示。

可以按如下方式分类。

（1）以材料分类：蚕丝、锦纶（尼龙）、涤纶（聚酯）、不锈钢镀镍涤纶丝网、镍箔穿孔网（见图 15-3）。

表 15-2　各种网材制版性能比较

网材	优　点	缺　点	应用范围
蚕丝	具有一定的吸湿性，与感光膜的结合力好	耐磨性差、耐化学腐蚀性差、耐气候性差、时间长了易发脆、价格高	目前较少应用
涤纶	伸缩性小、强度大、价廉、耐高温	耐磨性、与感光液结合性、印墨通过性均不如尼龙	目前用量大，因为耐高温，故可用于印刷线路板产品
尼龙	油墨通过性好、回弹性好	伸缩性较大	用于印制大字体路标、广告等产品
不锈钢	拉伸度小、强度高、油墨通过性好、丝径细	价格高、伸长后不能复原	印制精细元件、电路板、集成电路

▲图 15-3　镍箔穿孔网

镶边钢丝网是针对不锈钢丝缺乏弹性的缺点而设计的一种丝网，即在钢网四周用特殊的弹性材料镶接一条弹性边，图像区分布在钢网范围内。镶边钢丝网及防静电丝网如 15-4 所示。

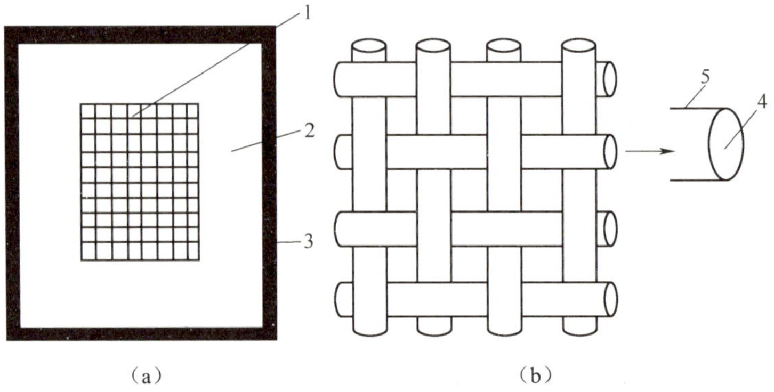

▲图 15-4 镶边钢丝网及防静电丝网

1 —钢丝网；2 —弹性边；3 —网框；4 —碳精丝；5 —网丝

（2）以丝的形状分类：分为单丝和线两种。

单丝：单纤维，如不锈钢丝网，表面无毛刺，印墨通过性优良，但价格较高。

线：多股细纤维纺成，如绢网，较柔软，强度不高，印墨通过性差。

（3）带色丝网：丝网的乱反射现象如图 15-5 所示，带色丝网表面光线被吸收的现象如图 15-6 所示。

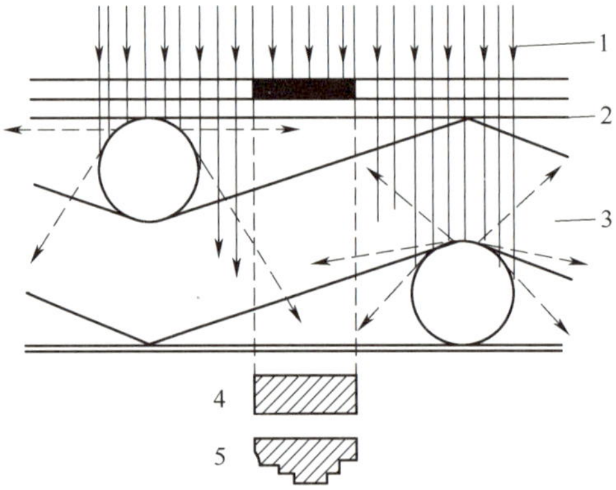

▲图 15-5 丝网的乱反射现象

1 —曝光光线；2 —阳图底版；3 —白色丝网；4 —阳图；5 —版膜孔形断面

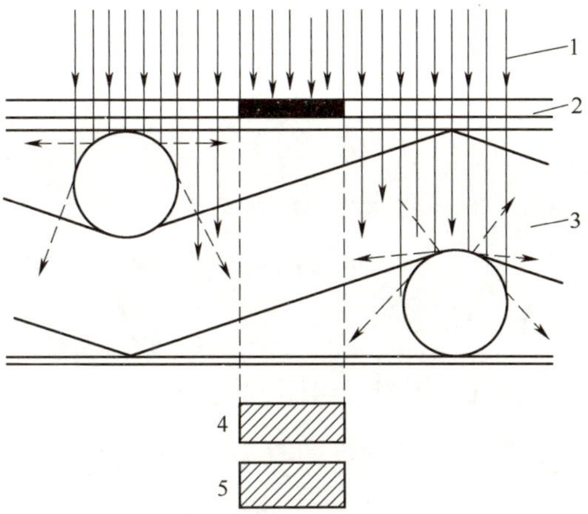

▲图 15-6 带色丝网表面光线被吸收的现象

1 —曝光光线；2 —阳图底版；3 —带色丝网；4 —阳图；5 —版膜孔形断面

（4）丝网的编织形式：包括平纹织、斜纹织、半绞织、全绞织。在条件相同时，平纹织的丝网最薄，绞织的最厚。尼龙、聚酯、不锈钢丝网，达 350 目以上的要用斜纹织。当图样要求墨量厚时，可用尼龙丝进行全绞织。金属丝网的平纹织如图 15-7 所示，斜纹织如图 15-8 所示。

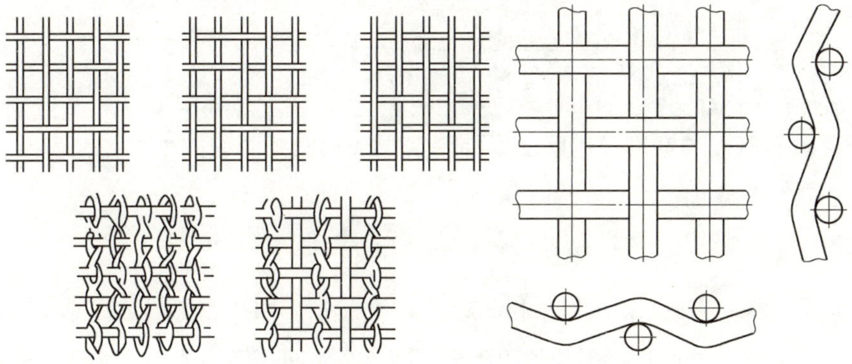

▲图 15-7 金属丝网的平纹织

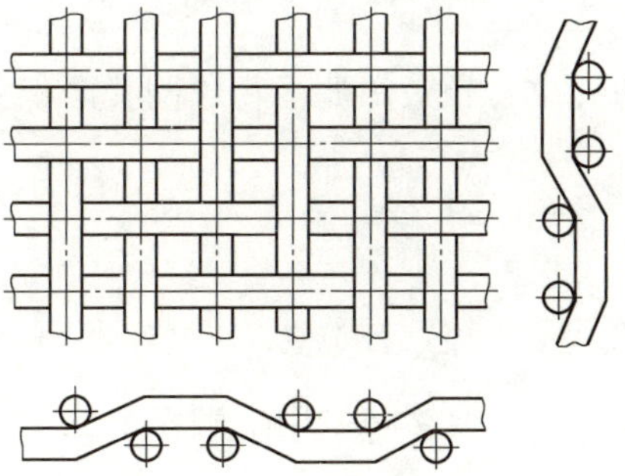

▲图 15-8 金属丝网的斜纹织

二、丝网参数

（一）丝网目数

丝网目数指每平方厘米（或每平方英寸）丝网所具有的网孔数目，单位为目 / 平方厘米或目 / 平方英寸，目数与丝网疏密程度、网孔大小、油墨通过性有关。目数选定标准：印墨量多，70 ～ 200 目；一般印品，200 ～ 300 目；精细图文，300 目 [4]。丝网网孔的结构如图 15-9 所示，精细线条制版网参考表如表 15-3 所示。

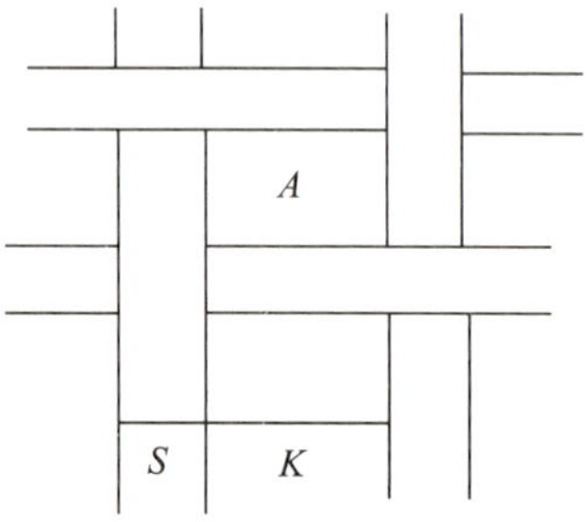

▲图 15-9　丝网网孔的结构

表 15-3　精细线条制版网参考

丝网目数 /in²	S/μm	K/μm	$2S+K$/μm	印刷线条最细宽度 /μm
200	50	62	162	180
250	40	60	140	150
300	35	50	120	120
350	35	37	107	110
400（不锈钢丝网）	20	50	90	100

（二）丝网厚度

丝网厚度指丝网表面与底面之间的距离，单位为毫米或微米，厚度由构成丝网的直径决定，丝网过墨量与厚度有关。

（三）丝网的开度

开度表示网孔的宽度，用网的经纬两线围成的网孔面积的平方根来表示（通常以微米为单位），即

$$O=A^{\frac{1}{2}}=(ab)^{\frac{1}{2}}$$

式中：O 为开度（↗m）；A 为网孔面积；a、b 分别为网孔相邻两边的宽度。

丝网的目数与开度直接影响丝印质量。网点与丝网孔格的关系，丝印中最小网点的直径 $D=2S+K$，其中 S 表示丝径，K 表示开度。丝印中再现线条的最细宽度 $k=2S+K$。

（四）丝网开口率

丝网开口率指丝网通孔率、有效筛滤面积、网孔面积百分率，单位面积的丝网内网孔面积所占的百分率。

三、丝网的规格型号

瑞士丝网的型号有 S 型、T 型、HD 型。S 型丝网适用于精细丝网印刷品的制版和网目调丝网印版的制作。T 型丝网适用于制作由色块、线条组成图像的丝网印版。HD 型丝网适用于制作由粗线条组成图案的丝网印版。瑞士产不同型号丝网如

图 15-10 所示。不同规格丝网特点对照如表 15-4 所示。

（a）S 型网孔较大　（b）T 型网孔中等　（c）HD 型网孔较小

▲图 15-10　瑞士产不同型号丝网示意

表 15-4　不同规格丝网特点对照

规格		特点				
代号	名称	线径	网孔宽度	开孔面积	丝网厚度	强度
SS	超轻型	最细	最大	最大	最薄	最低
S	轻型	较细	较大	较大	较薄	较低
M	中型	中等	中等	中等	中等	中等
T	重型	较粗	较小	较小	较厚	较高
HD	超重型	最粗	最小	最小	最厚	最高

四、网框

网框材料的要求：满足绷网张力的需要；坚固、耐用、轻便、价廉；在温、湿度变化较大的情况下，其性能应保持稳定；具有一定的耐水、耐溶剂、耐化学药品、耐酸、耐碱等性能。框材的选择如表 15-5 所示。异形网框如图 15-11 所示。

表 15-5　框材的选择

框材	优点	缺点	绷网方法	应用范围及黏合剂
木	投资少	易变形	手工、机械	较大尼龙网版、聚乙烯醇缩醛胶等
铝	稳定、耐用、轻便	成本高	机械	应用最多，多用于丁氢胶黏合剂
钢铁	坚固耐用，定型性好	需防锈，搬运费力	机械	不锈钢网用黏合剂

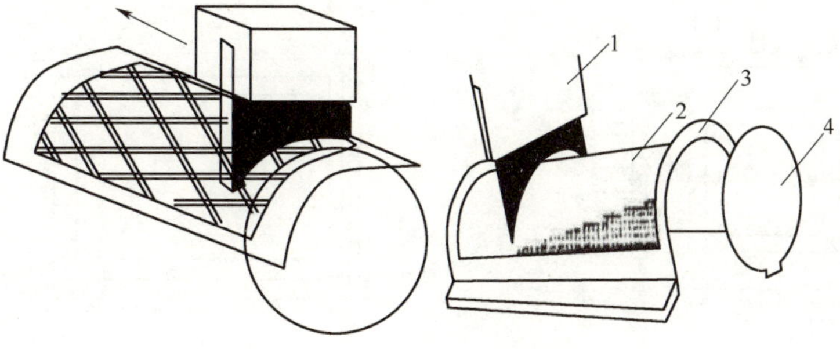

▲图 15-11　异形网框

1 —刮墨板；2 —丝网印版；3 —网框；4 —承印物

第十五章

印刷面积与网框截面面积有关，印刷面积大，网框截面面积应增大，合理的网框截面形状能减小网框的变形。钢材、铝材网框规格如表 15-6 所示，网框尺寸与图外空网尺寸的关系如表 15-7 所示。

表 15-6 钢材、铝材网框规格

型号	印刷面积 长 × 宽 / cm × cm	框内尺寸 长 × 宽 /cm × cm	钢材截面 高 × 宽 × 壁厚 / mm × mm × mm	铝材截面 高 × 宽 × 壁厚 / mm × mm × mm
A4	30×21	60×43	30×30×1.5	30×30×2.5
A3	42×30	72×56	30×30×1.5	30×30×2.5
A2	59×42	70×59	40×40×1.75	40×40×2.5
A1	84×59	124×95	40×40×1.75	40×50×3
A0	118×84	126×164	40×50×2	40×60×3

表 15-7 网框尺寸与图外空网尺寸的关系

标号	图外空网尺寸 /cm			
	左	右	上	下
A4	12	12	15	15
A3	13	13	15	15
A2	14	14	18	18
A1	18	18	20	20
A0	21	21	23	23

网框尺寸主要根据印刷面积来确定，同时考虑刮板起止部位的需要、积存油墨的需要、保证图文部位张力均匀的需要、印刷时网版刮板印刷行程中回弹的需要以及网框截面形状与丝网固着方法、强度的关系。

五、绷网

（一）绷网的工艺过程

丝网网孔的结构如图 15-12 所示，黏合方法如图 15-13 所示。

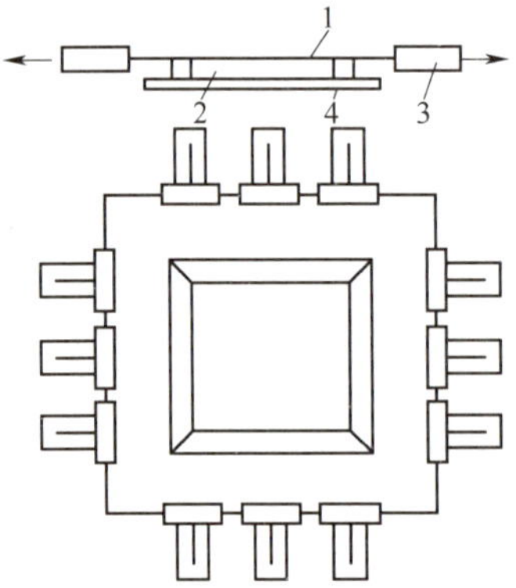

▲图 15-12 丝网网孔的结构

1 —丝网；2 —网框；3 —绷网夹头；4 —工作台

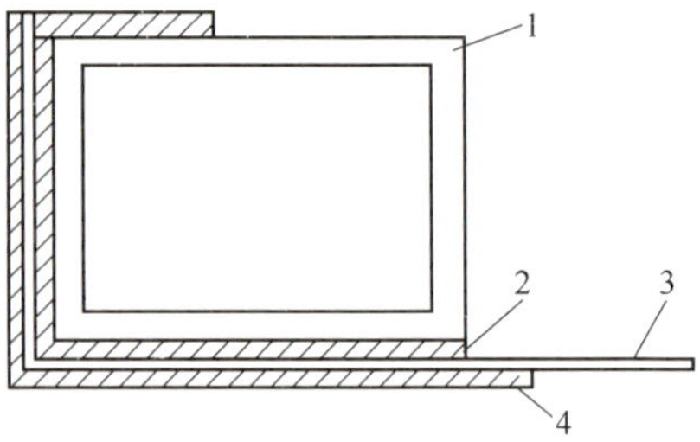

▲图 15-13 黏合方法

1 —网框；2 —黏合剂；3 —丝网；4 —水溶性胶带

（二）绷网方式

直接绷网法如图 15-14 所示，间接绷网法如图 15-15 所示，间接绷网法张力减弱程度及速度大于直接绷网法，但精度较高。

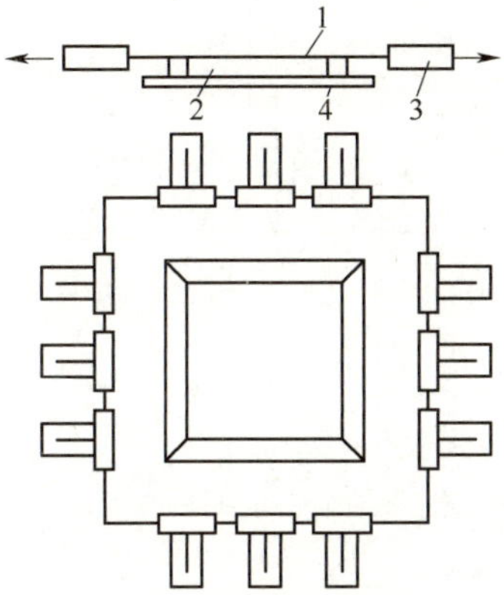

▲图 15-14　直接绷网法

1 —丝网；2 —网框；3 —绷网夹头；4 —工作台

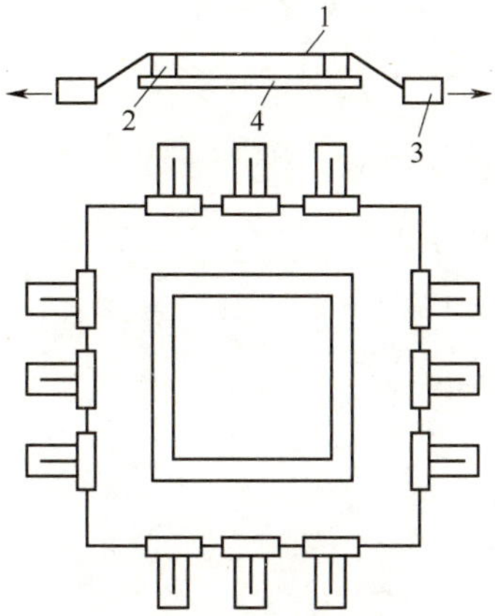

▲图 15-15　间接绷网法

1 —丝网；2 —网框；3 —绷网夹头；4 —工作台

（三）绷网角度的选择

绷网角度是指丝网的经、纬线（丝）与网框边的夹角[5]。正绷网能够减少丝网浪费，但在套色印刷时易出现龟纹。斜绷网利于提高印刷质量，对增加透墨量也有一定效果，不足是丝网浪费较大。常用的绷网角度是 20° ～ 35° 。正绷网及斜绷网如图 15-16 所示。

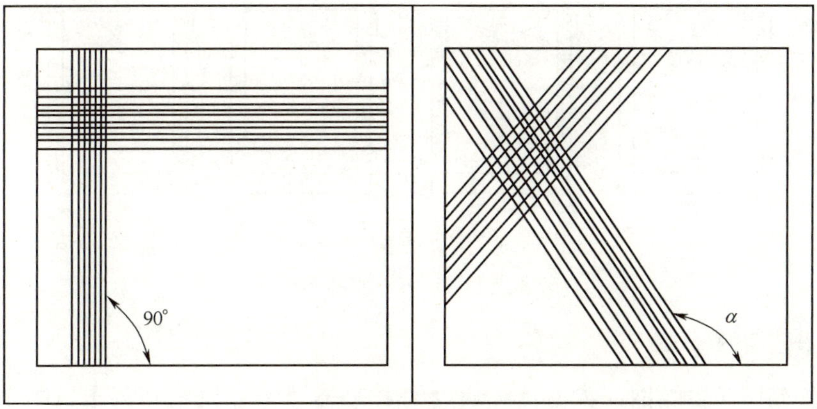

▲图 15-16　正绷网及斜绷网

（四）绷网机

1. 手工绷网

手工绷网通常适用于木质网框，张力一般能够达到要求，但张力不均匀，操作比较麻烦、费时，绷网质量不易保证，多用于少量印刷和印刷精度要求不高的场合。楔木条固定丝网。打入顺序如图 15-17 所示。

手提重力订书机钉网示意图如图 15-18 所示。钉子绷网的顺序如图 15-19 所示。

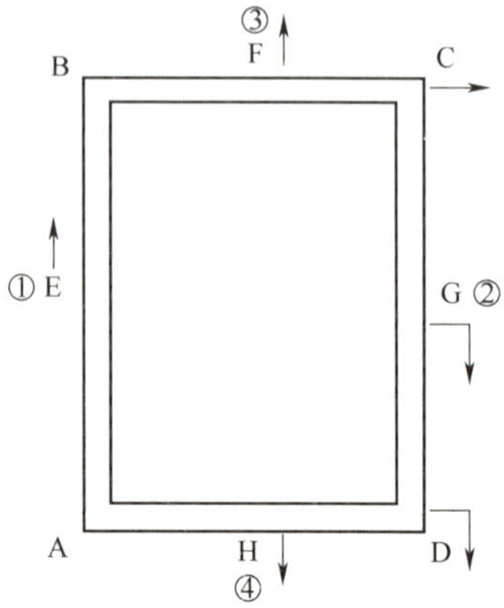

▲图 15-17　打入顺序

注　箭头代表丝网拉紧的方向

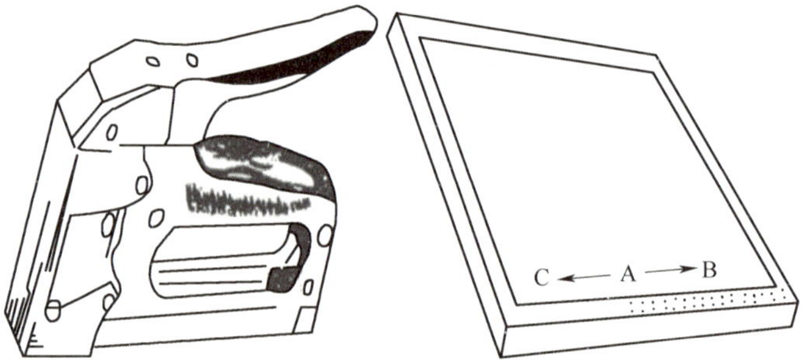

▲图 15-18　手提重力订书机钉网示意

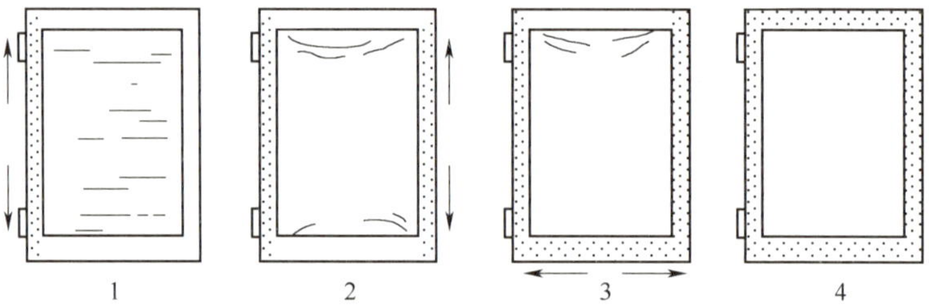

▲图 15-19　钉子绷网的顺序

2. 器械绷网

器械绷网（自绷网）类型及优缺点如表 15-8 所示。网框多为金属制作，其构造的特点是能拉伸丝网并使之固定。器械绷框的突出特点为可随时进行绷网。

表 15-8　器械绷网

类型	浮动式	顶角式	卷式
拉网方式	内框	改变框端与框角的距离	框管卷动
主要优缺点	框槽宽 好料多	角结构复杂，稳定性稍差，框臂尺寸可变	稳定性好 操作方便

3. 气动绷网

气动绷网机夹头结构如图 15-20 所示。

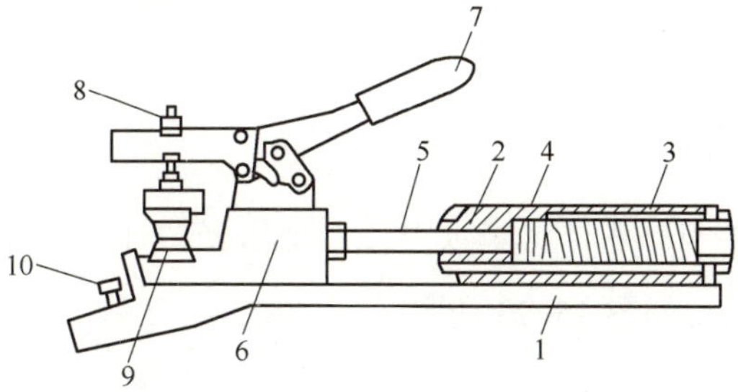

▲图 15-20　气动绷网机夹头结构示意

1 —底托；2 —气缸；3 —复位弹簧；4 —活塞；5 —拉杆；6 —夹头；7 —手柄；

8 —钳口固定螺钉；9 —橡胶钳口；10 —网框支承螺钉

六、刮板

刮板角度如图 15-21 所示。胶刮硬度：软性胶刮的胶利硬度为 55 ～ 155 肖氏度；中硬性胶刮，75 ～ 155 肖氏度；硬性胶刮，75 ～ 95 肖氏度。硬度越高，刮板的抗挠曲性越强，印刷时对网版的摩擦力就越大，对印刷精度的影响也就越大。硬度小，有利于刮板与网版的接触，但不利于抗弯曲。通常硬橡胶印刷软质（如纸及软塑料等）材料，软橡胶印刷硬质（如玻璃、硬塑料及金属等）材料。

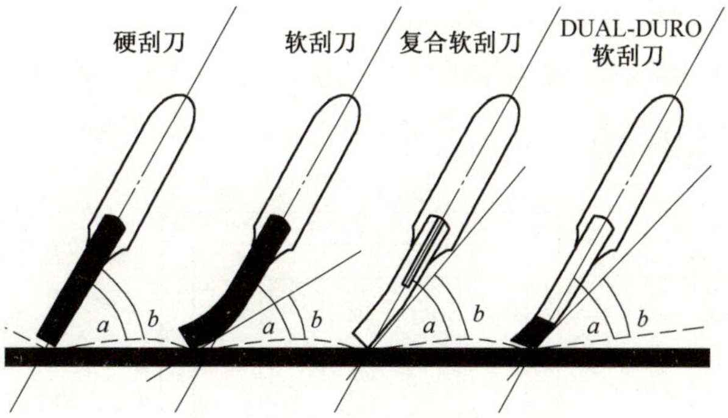

▲图 15-21　刮板角度

a- 胶刮角；b- 攻角

七、张力的测定

（一）绷网张力的选择

适度的张力能保证晒版、印刷的尺寸精度，套印准确，丝网在刮印过程中回弹性良好，网点精晰而耐印。张力不足引起的卷网如图 15-22 所示。

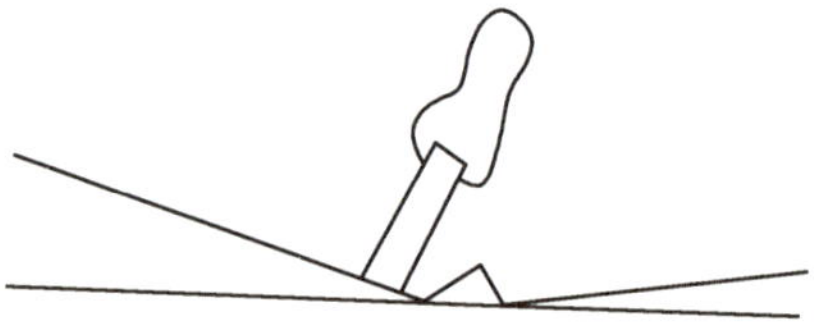

▲图 15-22　张力不足引起的卷网

（二）绷网张力计

绷网张力计主要有牛顿 / 厘米张力计、毫米张力计、千克力 / 厘米张力计。牛顿 / 厘米张力计示意图如图 15-23 所示。

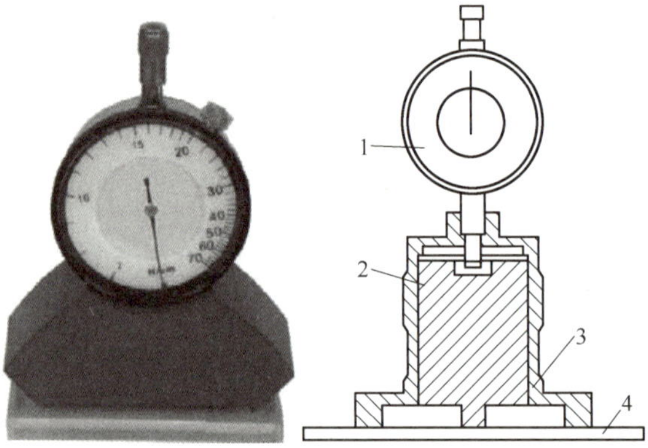

▲图 15-23　牛顿／厘米张力计示意

1 —百分表；2 —重锤；3 —外壳；4 —校正用玻璃板

（三）张力的测定

用张力计测张力时，一般采用五点测试法，大型网框可采用六点或九点测试法。九点测试法如图 15-24 所示。

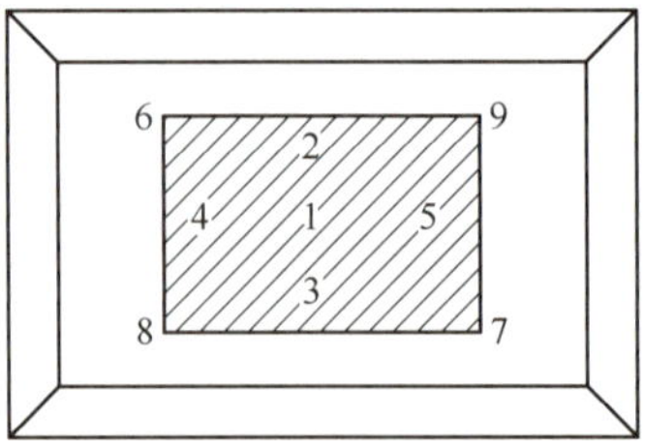

▲图 15-24　九点测试法

第三节
制版工艺

一、手工制版法

手工制版法通常使用剪切法。具体操作如下：

（1）往底版上涂蜡。

（2）把漆膜纸贴在底版的面上。

（3）用破布在漆膜纸上擦拭，使漆膜纸和底版贴合。

（4）用小刀挖剪图文部分（只挖剪漆膜纸，不要切到底版）。

（5）只剥掉有文字及图案（透墨部分）的漆膜纸。

（6）在漆膜纸上罩上网框，在网上用电熨斗熨。

（7）用电熨斗熨后取下底版。

二、感光制版法

感光制版法的原理：利用感光胶（膜）的光化学变化，即感光胶（膜）受光部分形成版膜，未感光部分经冲洗显影形成通孔。

三、直接制版法

直接制版法的原理：直接把感光胶涂布在网面上，经晒版显影制得印版。三种涂布法的比较如表 15-9 所示。

表 15-9　三种涂布法的比较

比较项目	涂布方法		
	直接法	间接法	直间法
工序	先涂后晒	先晒后贴	先贴后晒
显影	常温清水	固化处理后温水显影	常温清水

续表

比较项目	涂布方法		
	直接法	间接法	直间法
感光材料	感光胶	感光膜	感光膜
操作	反复涂胶，较费时间	操作复杂	以贴代涂，操作简便
膜层厚度	可以调节	厚度固定	一般固定，也可增厚
印版质量	胶网结合牢固，耐印，易出现锯齿现象，涂层后则细线条不易清晰	线条光洁，但膜层不够牢固，耐印力低	介于直接、间接两种方法之间
适用范围	费用较低，用途最广	费用较高，适用于要求较高的少量印品印刷	费用较高，转贴膜版有一定技术难度

表 15-10　感光制版方法性能比较

性能	制版方法		
	直接法	间接法	直间法
耐机械力	很好	差	好
耐印力	5 万～ 10 万次	3 万～ 5 万次	感光剂贴膜 1 万次、水贴膜 3 万次、感光胶贴膜 5 万次
图像清晰性	差或好	很好	好
分辨力	稍差	好	好
制版工时	长	中	短
价格	廉	贵	中
适用性	能印不平整面	只能印平整面	能印平面和曲面

第四节 丝网印刷的应用

丝网印刷应用范围如表 15-11 所示。

表 15-11　丝网印刷应用范围

丝印应用范围	承印物	塑料	包装制品、容器、玩具、书包、塑料袋、标牌
		金属	标牌、面板、表盘、元器件
		纸张	广告、商标、壁纸
		木制品	标志牌、体育用品、漆器木制工艺品、玩具
		玻璃	各种成形制品、瓶子、杯子
	应用行业	印染	针织品、纺织品、服装、旗帜、背包、箱子
		电子	印刷线路板、厚膜印刷
		工艺美术	丝印版画、名人字画、油画
		商业装潢	家用电器、日用五金
		陶瓷装饰	贴花纸、直接装饰
		出版印刷	盲文书籍、书刊封面
		建筑行业	各种壁纸、壁画

一、立体印刷

模拟人两眼间距，从不同角度拍摄，将左、右像素记录在感光材料上，观看时，左眼看到左像素，右眼看到右像素。

二、磁性印刷

利用掺入氧化铁粉的磁性油墨进行印刷，其印刷品可用来记录或存储信息。

第五节 丝网印刷文件特征

一、丝网印刷文件特征检验

基于丝网印刷的工艺特点，丝网印刷素有“万能印刷”之称，因其印刷压力小、印版柔软，决定了丝网印刷适用的承印物范围十分广泛，从柔性的纸张、塑料、皮革到刚性的金属、陶瓷、木材、玻璃等都可以印刷，尤其适合印刷广告牌、电路板、仪表盘等。丝网印刷文件具有以下一般特征：墨层厚，立体感强。丝网印刷文件的过墨厚度较其他几种印刷方式具有明显优势，一般丝网印刷文件的墨层厚度在30～100mm，最厚可达1000mm，因此，其墨层遮盖力很强，立体感强，颜色鲜艳。

受到丝网结构的影响，丝网印刷文件的图文边缘会因丝网版的结构而呈锯齿形，尤其是在使用直接法照相制版的情况下，更为明显。当使用直接法照相制版时，印件的图文边缘结构放大后剖面常呈“塌肩”形态，图文分辨率低于平版印刷文件。当使用间接法照相制版时，印刷文件的图文边缘较为整齐，分辨力低于平版印刷。

二、墨迹细节特征检验

墨迹细节特征检验采用显微检验和侧光检验方法。丝网印刷文件的图文印迹均由网点构成，图文边缘呈现出锯齿状形态特征，图文无压痕。丝网印刷是由绷在木框上的细丝网和紧贴在丝网上具有挖空图文的纸张或聚酯膜组成。油墨通过挖空的图文，透过丝网孔，到达承印物上。因此，丝网印刷文件图文边缘部位会呈现出丝网编织形成的具体的网孔形态。在正常印刷时，刮板刮墨后，当丝网印刷离开承印物时，印迹表面通过油墨的流动将丝网网格痕迹予以填充，从而呈现出均匀平整的油墨层。但是，当油墨的流动性较差时，丝网抬起后，网格痕迹无油墨覆盖，就会在图文墨迹中出现丝网网格形态。当墨量较少时，图文内部有时呈现出网格痕迹特征。在丝网印刷过程中，在刮板刮墨的同时，对刮板施以一定的压力，使油墨透过印版孔洞漏印到承印物纸张上，形成印迹。由于压力作用于油墨，而非纸张上，所以丝网印刷文件表面光滑平整，无凹凸的印压痕迹。与平版印刷文件相比，由于丝网印刷的油墨层较厚，对中间色调无法进行较细致的区分，导致丝网印刷文件中的连续调图像中间过渡阶调少、反差较强。

三、油墨疵点特征检验

油墨疵点特征检验采用直观检验法和显微检验法。丝网印刷文件上油墨疵点较少。

丝网版在印刷过程中，丝网和承印纸张之间的间距很小，杂质不易附着，油墨也不易飞溅，从而使丝网印刷文件上油墨疵点较少出现。

丝网印刷工艺过程中，丝网的结构、规格、制版的方法及工艺等都对丝网印版有着很大的影响，印版的质量直接决定着印刷文件的质量。

参考文献

[1] 张荫余 . 包装印刷概论 [M]. 长沙：湖南大学出版社，1989.

[2] 陈永常 . 现代印刷技术 [M]. 北京：化学工业出版社，2003.

[3] 刘武辉 . 纸包装印刷技术 [M]. 北京：化学工业出版社，2003.

[4] 武军 . 丝网印刷原理与工艺 [M]. 北京：中国轻工业出版社， 2003.

[5] 许文才，赵志强，何晓辉，等 . 包装印刷技术 [M]. 北京：中国轻工业出版社，2011.

[6] 王世全 . 印刷文件检验 [M]. 北京：中国人民公安大学出版社，2001.

[7] 崔岚 . 印刷文件检验技术规范 [M]. 北京：中国人民公安大学出版社，2012.

第十六章

喷墨打印文件检验

第十六章
喷墨打印文件检验

随着办公自动化程度的提高，打印逐步取代手写成为各种公文、合同、合约等重要文件的输出方式，在实际鉴定中，打印类文件检验的需求明显增大[1]。作为现代打印的重要组成部分，喷墨打印在各行各业中应用非常普遍，是一种非击打式、无接触、无压力、无印版的印刷复制技术[2]，是计算机将输入的或直接绘制的图像或文字以特征数字信号传输给打印机，打印机再以电信号控制打印头系统，使墨滴逐滴逐行在打印基材上重现图像或文字的打印方式。与其他打印方式相比，喷墨打印具有很多优势[3]：工作原理简单，制作成本低廉；操作灵活方便，可应用场合多；打印方式多样，适用于不同规格要求；可用墨水多样，能够满足不同的图片要求及环境要求；打印精度高，打印速度快；桌面式打印机体积小巧，价格便宜；打印介质广泛，用途多等。因此，喷墨打印是目前家用和办公领域的重要打印方式，也是打印文件检验中涉及最多的打印方式。除办公和家用外，喷墨打印机在宽幅面打印、条码印刷等方面喷也有绝对优势，同时还逐步向纺织品数码印花、陶瓷印刷等行业渗透，并对当前高分子功能材料、生物材料等科技领域产生回馈，成为基础研究和产品研发的有力工具。

第一节 工作原理

喷墨打印是利用机械和电路驱动原理，通过打印头上的墨水通道将墨滴喷射到打印介质上而形成文字或图像的一种打印方式。其总体原理是将电子计算机存储的图文信息输入喷墨打印机，再通过特殊的装置，在电子计算机的控制下，对液体墨水进行加热或者加压，使墨水从孔径为微米级的喷嘴中喷出，飞翔的墨水粒子按照给定信号有选择性地附着在打印纸的表面上形成图像或文字[3]。喷墨打印是一个系统工程，它由喷墨打印机、喷墨打印墨水、软件和打印介质（打印纸等）等组成[4]，其核心是喷墨打印技术。喷墨打印技术主要有两大类，即连续喷墨法和间歇喷墨法（见图16-1）。利用连续喷墨法打印时，墨滴被连续喷出，只以其点位来控制必要的墨滴飞出的方向；利用间歇喷墨法打印，则是在需要时才喷出墨滴。早期的喷墨打印机和现在的大幅面喷绘机都是连续式，而现在一般的家庭和办公用小幅面喷墨打印机都是间歇式。

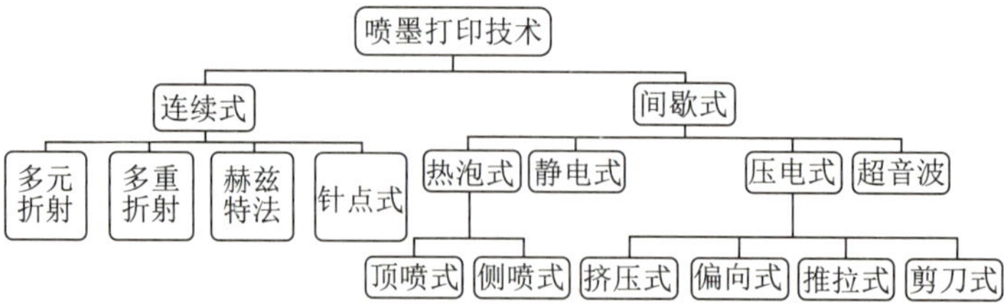

▲图16-1　喷墨打印技术分类

一、连续式喷墨打印的工作原理及特点

连续式喷墨打印又称电荷调制式喷墨打印[5]，打印时用墨水泵对墨水加以适当压力，使墨水从喷孔中喷出一束细小的液流，这种喷射过程在打印时连续地进行，

连续喷墨技术也因此而得名。

（一）连续式喷墨打印的工作原理

利用电压驱动装置对喷头中的墨水施以固定的压力，使墨水连续喷射，形成一种稳定、细小而均匀的墨滴流。这些墨滴流通过充电电极时，在电场力导向作用下，喷射到介质的特定区域形成图像或者通过回收槽回流到墨盒[6]。因此，连续式喷墨打印中，墨水是在一个闭合回路中连续流动的。

当施与充电电极的信号电压和墨水的电势不相同时，形成带电墨滴。带电墨滴经过高压折射板形成的磁场时，会产生偏转而被回收槽截留回流到墨盒中，不带电墨滴经过高压折射板形成的电场时，则不会发生偏转而直接喷射到打印介质上。墨水束被充电后，其带电量的多少即电位高低与充电电压的高低成正比，墨滴带电量不同，其在恒定高压电场中的偏转角度就不同，喷射到打印纸上的位置也就不同，从而形成所需的字符和图形。连续式喷墨打印机工作原理如图 16-2 所示。

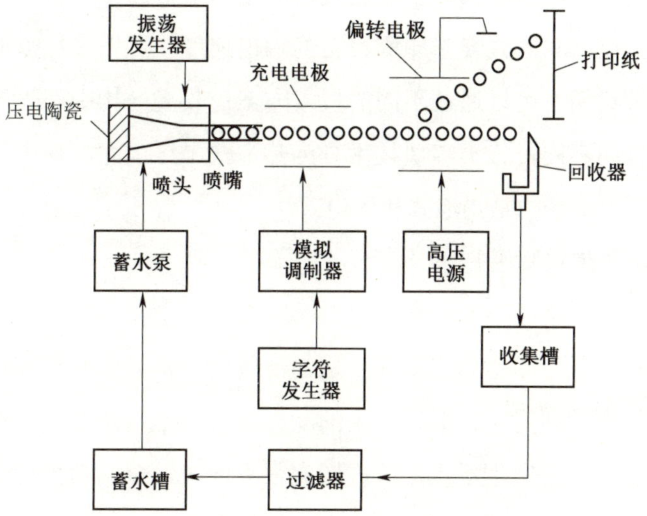

▲图 16-2　连续式喷墨打印机工作原理示意

按照墨滴折射方式，连续式喷墨打印被设计为二元或多重折射系统。在二元折射系统中，一部分墨滴携带电荷，另一部分墨滴不携带电荷。不带电荷的墨滴直接飞向打印介质，带电荷的墨滴折射进入回收槽。在多重折射系统中，带电荷的墨滴折射飞向介质上的不同位置，不带电墨滴则直接飞入回收槽。连续式喷墨打印技术可以使用单一喷口打印长而宽的图像，广泛应用于工业打码、标记和标签市场。这种打印技术应用较早，1976 年诞生的世界上第一台喷墨打印机 IBM-4640 就是采用连续式喷墨技术。这种技术主要用于早期的喷墨打印机以及当前大幅面的喷墨打印机。

（二）连续式喷墨打印的特点

1. 优点

（1）连续式喷墨打印技术具有很高的喷绘速度，且足够清晰，在很高的喷绘速度下也能保证图像具有足够的清晰度。

（2）通过精确控制可做到不同喷绘拷贝的颜色高度一致，使用稳定性和可靠性好。

（3）喷绘介质适应性广，除常用纸张外，还可用于塑料、纺织品等。

2. 缺点

需要加压和墨水回收装置，浪费墨水，成本高。

二、间歇式喷墨打印的工作原理及特点

间歇式喷墨打印技术又称按需式喷墨技术，它根据记录信号的需要断续地喷射墨滴，不需要墨水过滤回收系统和加压手段，与连续式喷墨印刷设备相比，间歇式喷墨印刷设备结构简单、紧凑，不仅成本低，且工作可靠性高，可实现设备小型化，缺点是记录速度较慢。间歇式喷墨印刷技术的墨滴喷射速度通常要低于连续式喷墨印刷技术，为了提高间歇式喷墨印刷设备的输出速度，可以增加喷嘴数量；为实现按要求进行随机喷墨，可以通过不同的技术方案使喷墨结构中产生墨滴。根据墨水喷射时驱动方式的不同，该类喷墨技术分为热泡式、压电式、静电式、超音波等几种类型，其中应用较多的是热泡式和压电式。

（一）间歇热泡式喷墨打印

1. 间歇热泡式喷墨打印工作原理

间歇热泡式喷墨打印是利用喷嘴末端的薄膜电阻瞬间加热至高温的方式，促使墨水沸腾形成气泡，利用压力上升产生的动力推动气泡挤压墨水，使墨水经由喷嘴喷至纸上预定的位置而产生墨点，形成图案或者字符，墨滴喷出后温度随即降低，再利用毛细管原理将突出的墨水拉回墨盒内，接着表面张力会产生吸力，拉引新的墨水补充到墨腔，准备下一次的循环喷印。热泡式喷墨打印技术属于高温高压打印技术，这种喷墨打印机有时也被称为气泡打印机。间歇热泡式喷墨打印技术工作原理如图 16-3 所示。

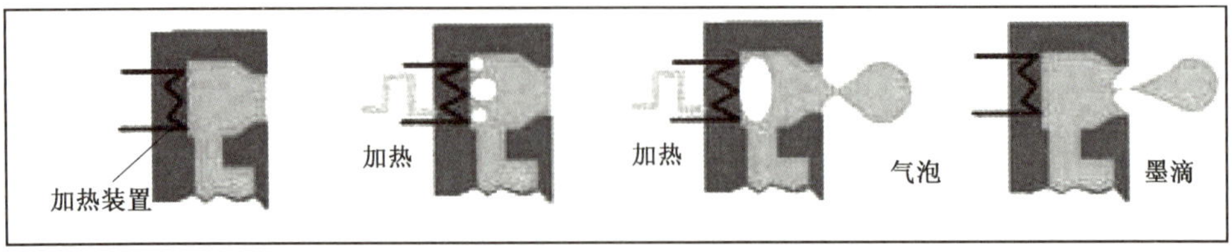

▲图 16-3　间歇热泡式喷墨打印技术工作原理示意

热喷头的基本构造包括墨腔、喷嘴和附近的加热器（热敏电阻）[3]。按照构造，热泡式喷墨打印机可分为喷口在加热器顶部的顶喷型和喷口在加热器附近侧面的侧喷型。打印机喷头上有许多附带了加热器的喷孔，当电脉冲加载到热敏电阻上时，热敏电阻以 1000°C/ms 的速度加热墨水，约 0.1mm 厚的墨水被迅速加热到 340°C 左右，形成无数微小气泡，微小气泡以极快的速度聚为大气泡并扩展，迫使墨滴从喷嘴喷出，整个过程只有几毫秒。

整个热泡式喷墨过程中，墨滴的形成和喷射可分为四个过程：加热—生成微小气泡—扩展成大气泡—气泡破裂喷射墨滴。这种技术中，墨水的表面张力与喷嘴的尺寸大小均影响着打印分辨率、打印速率。从喷嘴中喷射的每个墨滴尺寸越小，打印效果越好。通过增加喷孔数量，既可以提高打印质量，又可以提高打印速度。

1979 年，惠普公司研制出“热发泡式”（Thermal Bubble）喷墨技术，顶喷式气泡喷墨技术是惠普公司的专利，同年，日本佳能公司研制出“气泡式”（Bubble）喷墨技术，并于 1980 年推出了世界上第一台采用“气泡式”喷墨技术的喷墨打印机 Y-80，侧板式气泡喷墨技术是佳能公司的专利。目前，市场上惠普、佳能、利盟公司均采用热泡式喷墨技术。

这种技术打印头因墨盒与墨水在热气泡作用下要产生压力，墨盒与喷嘴必须组成一体化结构，更换墨盒的同时需要更换打印头。

2. 间歇热泡式喷墨打印特点

（1）优点。

1）工作过程中，只有墨水本身在移动，没有其他的机械运动，使提高墨滴的喷射频率成为可能。

2）同一个打印头上可以按照需要排列更密、更细、数量更多的喷孔，打印质量和速度都有很大的提升空间。

3）喷头工艺成熟，成本低廉，更换方便，更换墨盒的同时更换打印头，不用担心喷头堵塞。

（2）缺点。

1）工作温度高，对热敏电阻和喷嘴腐蚀严重，同时容易引起墨滴飞溅和喷嘴堵塞，喷头寿命短，频繁更换使成本增高。

2）墨水通过气泡喷射而出，墨滴的方向性和体积大小不好控制，打印线条边缘容易参差不齐，影响打印质量，同时耗墨量大。

3）墨水在加热过程中容易发生化学变化，稳定性会受到一定影响，打印色彩真实性可能也会受到一定影响。

4）受技术原理限制，不能大幅提高喷射频率，只能通过增加喷孔数量来提高喷绘速度。

5）热发泡技术只能使用高张力、低黏度的水基型墨水，不能使用有机溶剂，在使用溶剂型墨水的户外大幅面广告喷绘等业务中使用受限。

（二）间歇压电式喷墨打印

1. 间歇压电式喷墨打印工作原理

压电式喷墨打印技术是将许多微小压电陶瓷放置到打印头喷嘴附近，压电陶瓷在两端电压变化的作用下具有伸展或收缩变形的特征，当图像信息电压加到压电陶瓷上时，压电陶瓷的伸缩振动将随着图像信息电压的变化而变化，并使墨头中的墨水在常温常压的稳定状态下，有效地控制墨滴的大小，均匀准确地喷出墨水，从而获得较高精度和分辨率的打印输出，同时降低了墨水的消耗量。间歇压电式喷墨打印工作原理如图 16-4 所示。

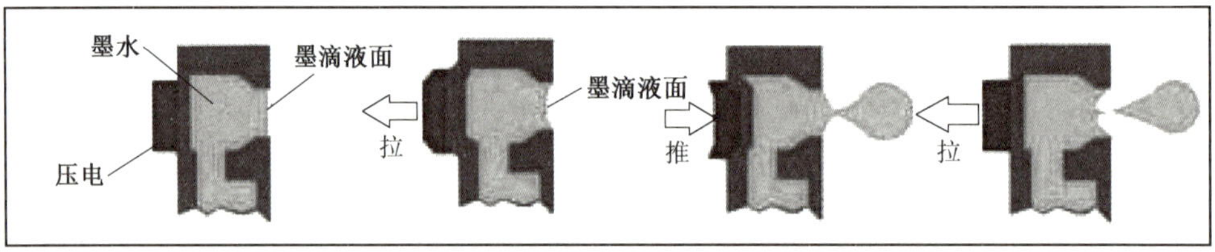

▲图 16-4　间歇压电式喷墨打印机工作原理

按照压电陶瓷的变形模式，压电喷墨技术分为四种主要类型：挤压式、偏向式、推拉式和剪刀式。

间歇压电式喷墨打印技术中，喷墨打印头成本较高，喷嘴与墨盒是分立式结构，一个喷嘴可以支持多个墨盒，更换墨水时只需要更换墨盒。

压电式喷墨技术最早由西门子公司推出，但爱普生公司研制的压电式喷墨技术得到了实际应用。目前，市场上除了爱普生公司，部分富士施乐打印机使用的也是压电式喷墨技术。

2. 间歇压电式喷墨打印特点

（1）优点。

1）间歇压电式喷墨过程中，墨水以机械动作挤出或推出，是一个比较温和的物理过程，墨滴形成比较规则，没有喷射现象，定位更准确，容易实现高精度打印。

2）墨滴大小和形状可控，墨滴体积小，分辨率高。

3）工作环境是常温，墨水对喷头的腐蚀较小，喷头的使用寿命大大延长，同时，墨水的打印色彩真实性、稳定性更高。

4）几乎可以使用任何种类的墨水，有更广阔的应用空间。

（2）缺点。

1）将多数喷嘴集中在一个打印头上比较困难，速度会有所减慢。

2）打印头成本高，因更换墨水时不需要更换打印头，堵塞后需要大量墨水清洗墨头。

间歇热发泡和间歇压电式喷墨打印技术各有优缺点，市场上的喷墨设备大多基于这两项技术。如何把这两项技术的优势完美结合，得到打印效果稳定、品质精良、输出速度快、成本低的喷墨打印技术，是目前研发的方向。

第二节
喷墨打印技术的发展

喷墨打印技术是由不同时期的不同科学家在不同的地点采用不同的方式发明的[7]。该技术的历史可追溯到19世纪后半期，最远可以追溯到伟大的爱尔兰工程师凯尔文发明的记录装置Siphon。1873年，世界上第一台用于打印图形花样的采用墨水喷射原理的输出设备正式付诸使用。1879年，L.Rayleigh对非黏性液体的均匀颗粒化过程进行了详细的数据分析，并提出了液滴形成的理论，这为开发连续喷射喷墨记录技术奠定了理论基础，同时也促进了其他喷墨记录方式理论的研究。20世纪70年代末到80年代初，喷墨打印技术在世界范围内迅速发展起来，经过20多年的发展，成为当前主流数字印刷技术之一。

一、喷墨打印技术起源

喷墨打印可以直接在规定的位置喷绘想要的图像，较传统印刷可以省掉制版设备及胶片等耗材，大大降低经济成本和时间成本，是印刷行业划时代的变革。爱尔兰伟大的数学家、工程师威廉•汤姆森（William Thomson）是喷墨印刷技术的先驱者，为其发展做出了很大贡献。他于1858年发明了世界上首台工作原理类似于喷墨印刷的装置[7]，这台名为"Siphon"的设备很快获得了英国专利授权，而它的发明者威廉•汤姆森则得到了英国授予他的凯尔文世袭爵位。在"Siphon"问世大约15年后，根据威廉•汤姆森的研究成果，1873年，首台工作原理与现在商业输出打印机很相似的可以打印图形花样的打印机出现了。

二、喷墨打印技术孕育及高速发展

整个20世纪初期属于喷墨印刷技术的孕育阶段，美国无线公司的一批研究工作者在1930年前后已经在研究如何利用细窄墨水流不间断的喷射机器记录各种信号或者彩色的图片。其中，德国学者Schroter在1932年出版的专著中完整总结了喷墨印刷的早期研究成果，是史无前例的喷墨印刷文献。20世纪30年代，还有许多喷墨记录装置获得了专利授权，它们大多集中在利用喷墨原理记录机床上的传真输出部分，最有名的是1931年获得美国专利授权的Ranger和Smith的“彩色传真系统”，以及由Shore发明的在1933年获得美国专利授权的“传真系统”等。这些连续喷墨的设备通过利用连续墨水偏转喷射的方法在承印材料上形成记录。同一时期，西门子公司推出一台名为Oscillimink的示波器，喷墨打印机是这台示波器的主要部件，虽然它的结构很简单，控制源也非常原始，但它标志着喷墨打印技术历史性的出现。

基于瑞典医生和工程师Elmqvist的专利技术，西门子公司于1951年制造出世界上第一台商用喷墨记录仪Mingograph，用墨水喷射代替记录笔，将记录频率上限提高到1000Hz，达到同期喷墨设备工作速度的10倍，这种设备在医疗领域使用了很长时间。1963年，斯坦福大学的Richard Sweet在Mingograph喷墨设备的基础上开展了对连续喷墨的研究，提出了不同的连续喷墨印刷原理，采用静电偏转法控制墨滴喷射到纸张上，并在1969年为A.B.Dick公司设计了一种喷墨影像系统，研制成以行扫描方式工作的连续喷墨工艺，推出Dick VideoJet 9500打印机，每秒能打印由5×7点阵组成的750个字符。此后，美国Recognition Equipment公司根据Sweet喷墨原理推出条形字码和字符喷墨打印机。1966年，Teletype公司开发了Intronic偏转喷射式连续喷墨打印机。1968年，瑞典科学家Hertz等开发了一项高分辨率的连续喷墨技术，采用该技术，IBM公司于1976年推出第一部商业化喷墨打印机IBM4640，用作文字处理结果的硬拷贝输出设备。同年，西门子公司的三位科研人员Zoltan、Kyser和SearS[6]研发成功了压电式墨点控制技术（Epson技术的前身），并将其成功运用在Siemens PT-80上，此款计算机在1978年试生产。差不多同一时间，日本佳能公司的研究人员也取得了重大进展。1977年，受加热烙铁接触到装满油墨的注射器针管而导致油墨从针头孔中向外喷射现象的启发，佳能公司研究团队迅速建立起一个热泡油墨印刷的简单工作模型，于1979年成功研究出气泡式喷墨技术，并于1980年8月研制出世界上第一台热泡式喷墨打印机Y-80，后经大量持续测试改进，最终于1985年推出BJ-80热泡式打印机。与此同时，惠普公司也发明了本质上与佳能相同的技术，它们不约而同地宣称是自己的研究人员率先发明了这一喷墨打印技术，以此建立自己在喷墨打印领域的地位，不过“气泡”的概念已被佳能抢去，惠普只好将此技术命名为“Thermal Ink-Jet”，采用了一体式整体墨盒打印头，并花费四年时间推出了商业产品。爱普生公司则在此期间开发了压电式喷墨技术，并于 1984 年推出第一台 Stylus 800 系列压电式喷墨打印机，与热泡式打印机在低端家庭用户和小型办公场所市场上展开激烈的竞争。

20 世纪 70 年代末到 80 年代初，喷墨打印技术在世界范围内得到了飞速发展，喷墨打印技术迈入实用化阶段，喷墨记录技术逐渐在世界几个著名的喷墨专业公司开始了产业化。1991 年，全球第一台彩色喷墨打印机 HP DeskJet 500C 问世，结束了纯黑白打印机的历史，同年出现了第一台单色大幅面喷墨打印机 HP DesignJet，成为喷墨打印机史上的里程碑。从 1984 年开始，惠普公司的喷墨打印机商业化，其打印机产品在稳定性、打印速度和耐用度上颇负盛名。爱普生公司在 1994 年推出了 Stylus Color 系列，在 1995 年推出了 Stylus Color2 系列，使喷嘴分辨率达到 180dpi；1997 年爱普生公司推出了新的弯曲式压电喷墨打印技术，使增加喷嘴数量和扩展油墨配方的多样性成为未来发展的趋势，爱普生产品在高分辨率、高清晰度打印领域具有明显优势。佳能公司成立于 1937 年，从 1985 年开始推出成熟商业化产品，其产品以技术新颖、色彩出众、价格适中闻名。三家公司的喷墨打印产品各有特色，其不断发展和完善，使喷墨打印机一日千里，不断向高精尖水平迈进。

三、技术现状

喷墨打印技术的水平主要体现在打印品质、打印速度和打印成本三个方面。

打印品质方面的进展主要体现在墨水配方、打印头及墨盒数量等。

在墨水方面，近年来，爱普生公司的智能墨滴变换技术、自然色彩还原技术、超精微墨滴技术等，佳能公司的专业照片优化技术、四重色控技术等，惠普公司的富丽图分层技术、智能色彩增强技术等，层出不穷[6]，很好地提升了喷墨打印机的技术含量。

提高打印质量的基本方法之一就是提高分辨率。目前，热泡式打印头能够喷出 1PL（$1PL=10^{-12}L$）的墨滴。佳能公司的技术能在打印头上规则排列高密度微小喷嘴，最高可达 9600dpi×2400dpi 超高分辨率，确保打印画质清晰；惠普公司的技术可达到 1200 个喷嘴 /in^2，每个打印头上可装设 3900 个喷嘴甚至更多，每个喷嘴每秒可喷射 36000 个墨滴，更多的喷嘴和更精准的墨滴位置保证了更高速度的高质量打印。压电式打印头也可以喷射 1.5PL 的墨滴，爱普生公司的新型号打印机每种颜色的喷嘴数量达到 180 个，打印更精细。

提高彩色墨水数量是提高画质最直接的途径，目前高端打印机已经实现了 8 ～ 9 色墨盒，能够表现上亿种色彩，从能够表现的色彩数量上来说，8 色墨盒已经能够满足绝大多数苛刻的要求。

打印速度主要取决于打印机缓存大小、数据传输接口方式、墨盒喷头大小和喷嘴多少。目前，热泡式打印机的喷嘴已经开始采用光刻法制造，该方法能够精确制造大量很小的喷嘴，喷嘴与墨盒的一体化设计也能保证打印精度，同时由于热泡式喷嘴结构比较简单，提高喷嘴数目不致成本过高；对于压电式打印机来说，喷嘴成本较高，单纯靠提高喷嘴数量来提高打印速度会大幅提高成本。

降低成本涉及墨水配方、墨盒设计、芯片、打印机本身设计等，无论是高端机型还是中低端打印机，随着销量的增加，成本近年来都已大幅降低。

喷墨打印技术向高精尖发展的同时，不同档次、适应不同需求的打印机被研制出来。除了最基础的热泡式和压电式分类外，目前的打印机类型可以按照不同的方法进行分类。例如，按照使用条件不同，可分为台式和立式打印机，台式喷墨打印机打印幅面小，一般为 A5 ～ A3 的单页打印介质，主要用于办公和家庭等场合；立式喷墨打印机又称绘图仪或者喷绘机，打印幅面大，最小为 A3，最大可达 5m，主要在广告制作、打印输出中心等行业输出图形图像。按应用场所不同，可分为户内型和户外型，户内型多为台式，户外型多为立式，随着市场需求和技术进步，现在很多打印机可以实现户内和户外两用。按幅面大小不同，可分为小幅面、大幅面、超大幅面，小幅面只能打印 A3 以下幅面的介质，打印精度高，一般用于办公和家庭打印；大幅面可打印 A2 以上幅面的介质，打印速度快，也称绘图仪或喷绘机，主要用于商业和办公的各种图像输出；超大幅面喷墨打印机也称大喷绘，可打印 2.5 ～ 5m 幅宽的介质，随着打印技术的发展，采用连续压电式喷墨原理后，打印精度和速度都有了很大提升，分辨率可达 300dpi 以上，喷绘速度可达 $60m^2/h$，该类打印机主要用于广告业。按照墨盒结构不同，可分为分体式墨盒打印机和一体式墨盒打印机，分体式墨盒打印机中各色墨盒又分为整体式和独立式两种。近年来，市场上出现的连续供墨系统的广泛应用，大大降低了打印成本。按墨盒数量不同，可分为最基本的黄、品、青、黑 4 色墨盒，还包括增加一些淡色墨盒的 5 色、6 色、7 色、8 色和 9 色墨盒，以提高对色彩的还原性。按照应用范围，分为家用、商用两种。家用打印机以小幅面为主，追求环保、经济，分普通级和照片级两种。商用喷墨打印机除用于办公和商业领域的图像输出外，近年来，在纺织品印花、陶瓷图案打印、生物材料打印等方面的应用有了大幅增长。

第三节
喷墨打印墨水

墨水是喷墨打印机的血液，是打印耗材中最重要的组成部分，打印头和墨水决定了打印图片的色彩还原程度和精细程度，它的质量和性能与打印质量密切相关，也极大程度影响着打印系统的可靠性和使用效果，同时，新墨水配方的研制也决定了喷墨打印应用领域的扩展方向。

一、喷墨打印墨水分类

无论是热泡式喷墨打印机还是压电式喷墨打印机，从喷墨技术原理可知，对墨水的要求一般包括[6]：

（1）可喷性：墨水的黏度和表面张力要符合要求，对于连续式喷墨打印，还需墨水具有导电性。

（2）可靠性：需要不堵塞喷头，墨水组分之间及墨水与喷头组件之间要兼容，墨水储存稳定。

（3）图像质量：色彩还原度高，打印品质好，在不同介质上能快速固着，能耐水、耐光、耐磨。

（4）安全性：无毒、低气味、不易燃。

为保证墨水质量和要求，通常喷墨打印墨水由溶剂、着色剂、表面活性剂、防腐剂、螯合剂、pH 调节剂及其他添加剂组成[8, 9]，主要组成及各部分成分、作用如表 16-1 所示，其中某些成分不一定适用于所有墨水。

表 16-1 喷墨打印墨水的组成及各部分成分作用

组成	成分	作用
溶剂	水、有机溶剂、蜡等	主要载体，决定墨水性能
着色剂	染料、颜料	成色物质
表面活性剂	阴离子、阳离子、非离子表面活性剂等	降低表面张力、润湿、分散等
防腐剂	山梨酸钾等	防腐蚀变质
螯合剂	金属离子螯合剂	降低导电率
pH 调节剂	三乙醇胺等	稳定墨水 pH 值
催干剂	乙二醇甲醚、二甘醇乙醚等	增加在介质中的渗透，促快干
其他添加剂	高纯氯化钾、氯化锂、硫酸钠等	连续喷墨打印系统中保持一定电导率

喷墨打印墨水有很多种分类方法，按物理形态，分为液态墨水和固态墨水，液态墨水是使用最普遍的墨水；按照溶剂类型，通常又分为水基型墨水、溶剂型墨水、紫外光固化墨水；按照着色剂类型，常分为染料型墨水和颜料型墨水。此外，还有其他的一些分类方式，例如，按照应用场所，可分为户内墨水和户外墨水；按照应用领域，可分为家用墨水、办公墨水、喷绘墨水、织物喷墨墨水、陶瓷墨水等。同一种墨水可能在不同的分类中分属不同的类别。下面介绍一下固态墨水和三种不同溶剂类型液态墨水的特点。

固态喷墨是美国泰克公司的专利技术，墨水在常温下是固态，以蜡为载体，打印时利用压电晶体的作用，将固态墨加热液化后喷到纸上，瞬间固化，附着性非常好，色彩亮丽，防水性强，更换耗材不会造成污染，可用于各种纸张打印，解决了其他喷墨打印机的洇色问题，但不能打印透明胶片，打印速度也较慢，同时打印成本居高不下，抗光性不佳。

溶剂型喷墨打印墨水是指以有机溶剂或溶剂型高分子成膜剂为载体，将颜料或染料分散在载体中形成的油墨体系[10]。由于溶剂型喷墨打印墨水的印刷图像质量持久度高并且原料成本较低，主要应用于中速打印的经典型宽幅打印和工业型宽幅打印，它在户外广告印刷领域比较受欢迎，其具有色彩鲜明、色彩还原性好、在承印物上横向扩散少、干燥速度快等特点，可以在诸如纸张、塑料薄膜、不干胶贴膜、网织物等无涂层的材料上直接印刷。其缺点是在干燥过程中，通过溶剂的挥发向空气中排放有害物质，因此只能在通风条件比较好的环境中使用，属于非环保墨水。虽然各国对环境污染治理力度不断加大，尤其是在欧美国家其发展受到了限制，但因其固有优点，在较长一段时间内其市场份额不会下降，目前各厂商也在改进墨水配方，推出不含有害物质的、环保的溶剂型喷墨打印墨水。

紫外光固化墨水是一种新型环保墨水，在紫外光的作用下，墨水体系中的光引发剂能够发生光化学反应并产生活性基团，从而引发墨水体系中单体和预聚物的交联、聚合，使墨水体系在极短时间内由液态涂层变成固态涂层。紫外光固化墨水有着有机挥发物零排放、低能耗、适用于各种承印物、即时干燥、生产效率高、对喷头无堵塞的特点[11]，被称作“面向21世纪的绿色工业新技术”之一。调查统计表明，在所有喷绘方式中，紫外光固化墨水的增长率是最高的。目前，高速喷墨印刷市场已被紫外光固化墨水牢牢占据，因其各方面的优势，紫外光固化墨水必将成为未来工业喷墨印刷的主要墨水。其除了在喷墨印刷上应用外，已扩展到胶印、凸印、凹印、丝印的计算机直接制版，印制电路板的数字化制作等，应用前途非常广阔。

水基型喷墨打印墨水主要以水为介质，在墨水打印到承载物上以后，水性溶剂挥发就完成了着色剂的吸附和固着，对环境影响小，安全性好，同时，水基型喷墨打印墨水色泽鲜艳，稳定性好，不易堵塞打印头[12]，所用染料色谱齐全，选择范围广，成本相对低廉。在办公室和家庭的喷墨打印中，水基型喷墨打印墨水是唯一可选的液态墨水。除了用于办公和家用，也用于写真喷绘机制作户内广告和室内标牌等。与溶剂型喷墨打印墨水和紫外光固化墨水相比，水基型喷墨打印墨水的防水性、耐光性、抗氧化性较差，其打印速度也较慢。近年来，随着打印质量要求的提高，水基型喷墨打印墨水的性能也有了很大改进。

依据墨水各自的特点，溶剂型喷墨打印墨水和紫外光固化墨水主要应用于工业领域，而水基型喷墨打印墨水主要应用于办公和家用，也因此成为我们绝大多数人最熟悉的打印墨水。

二、水基型喷墨打印墨水的组成

上述几种墨水中，只有水基型喷墨打印墨水主要用于办公和家用，是大多数人最熟悉的打印墨水，其打印文件也是法庭科学中最常遇到的打印文件鉴定，是本章的重点，下面详细介绍一下水基型喷墨打印墨水的组成。

水基型喷墨打印墨水按照着色剂能否在适当的溶剂中溶解来划分，可分为染料型墨水和颜料型墨水。以染料为着色剂的墨水为染料型墨水，它是由不同色度、不同化学结构的染料溶解在水性混合溶剂体系中制成的；颜料型墨水是把固体颜料研磨成十分细小的颗粒，溶解于特殊的水溶剂中形成的一种悬浊液。染料型墨水和颜料型墨水的特点如表16-2所示。

表 16-2 染料型墨水和颜料型墨水的特点

项目	染料型墨水	颜料型墨水
物理特性	着色剂为溶于水或者有机溶剂的染料，染料可分散为单分子游离态，墨水为透明液体	着色剂为不溶于水的颜料，在水中以 50 ～ 1000nm 的尺寸借助于分散剂悬浮，墨水为不透明液体
优点	颜色鲜艳，色彩再现能力强，打印质量稳定，储存性好，染料成本较低	化学稳定性和光学稳定性好，耐水性好，安全性高，打印颜色锐度和密度高
缺点	化学稳定性和光学稳定性差，耐水性差	储存稳定性和颜色鲜艳度受颜料细度影响，一般比染料型墨水差；制备超细颜料和储存稳定性好的颜料墨水需要特殊技术，成本往往较高

喷墨打印墨水的可喷性、可靠性、图像质量、安全可靠等要求由上面提到的组成墨水的溶剂、着色剂、表面活性剂、防腐剂、螯合剂、pH 调节剂、催干剂及其他添加剂来共同完成。其各个组成部分的作用和成分如下。

（一）溶剂

溶剂在墨水中占的比重最大，作为主要载体，决定着喷墨墨水的性能，水性喷墨墨水的溶剂是去离子水和水溶性有机溶剂的混合物，加入有机溶剂的主要作用是调节其表面张力和黏度，并提高它们的热稳定性。水溶性有机溶剂有两类，即水溶性高分子和亲水性小分子。

水溶性高分子可分为三类，即天然水溶性高分子、半合成水溶性高分子、合成水溶性高分子[6]。水溶性高分子的相对分子质量范围比较广，小到几千，大到数千万。不同分子质量的水溶性高分子所起作用不同，每种水溶性高分子都可以形成一系列相对分子质量不同的牌号，有不同的应用范围。水溶性高分子广泛应用于颜料型喷墨打印墨水的制备：在颜料分散中作为稳定剂，通过对颜料的吸附来防止絮凝；作为黏度调节剂，调节墨水的黏度和流变性，从而改变墨水的喷墨打印流畅性；对改善墨水在基质上的吸附性能起重要作用，其在一定温度下的成膜能力加强了墨水牢度，有利于提高打印质量。

亲水性小分子有机溶剂如醇、多元醇、多元醇醚和多糖等，可提高墨水的稳定性，调节墨水的表面张力、黏度、干燥速度，起到保湿作用。喷墨墨水中有机溶剂的成分及所占比例对墨水的性能影响非常大。一般情况下，溶剂的用量是墨水质量的 10% ～ 50%。通常，用丙二醇、甘油、二甘醇、三甘醇、聚乙二醇（相对分子质量 200 ～ 4000）作为墨水的保湿剂和黏度调节剂；用乙二醇甲醚、二甘醇乙醚、三甘醇甲醚等多元醇烷基醚作为墨水催干剂；水基型喷墨打印墨水中还经常用 N-甲基吡咯烷酮、二甲亚砜、二甲基乙酰胺等作为着色剂的助溶剂；用三乙醇胺、二乙醇胺等有机碱作为墨水的 pH 调节剂 [13]。

小分子有机溶剂可以单独使用，也可混合使用 [14-16]，加入至少一种低挥发性溶剂（沸点高于 150℃）和至少一种高挥发性溶剂（沸点低于 100℃）往往是有益的。

（二）着色剂

着色剂使墨水呈现一定的颜色，是墨水中最重要的部分，它的好坏直接影响打印的质量。按照溶解性，着色剂分为染料和颜料。水基型墨水的着色剂一般是水溶性的染料或者遇水可分散的颜料。无论是染料还是颜料，着色剂要满足以下几个方面的要求：

（1）色调为黑、黄、品红、青色，现在的 6 色墨盒加的是淡品红和淡青，7 色墨盒再加淡黑，染料的选择一般不变，变的是染料的浓度 [10]。

（2）着色剂的色强度要高，以保证打印图像的色彩鲜艳。

（3）所用着色剂要有良好的水溶性或水分散稳定性，以保证打印图像良好的色彩饱和度和喷打流畅性。

（4）所用着色剂要有良好的化学稳定性、热稳定性、光稳定性、耐水性，以保证打印图像的储存稳定性。

（5）所用着色剂应符合环保要求，无毒副作用，不含致癌成分。

1. 染料

水基型喷墨打印墨水中的染料都是有机物，首先要有适宜的溶解度，还需要有发色基团（如—CH ═ N—、—N ═ O—、—N ═ N—等不饱和基团），发色体（含有发色基团的分子结构），使整个分子颜色加深、加浓的助色团（如—NHR、—OR、—OH、—Cl、—Br 等），以及对颜色无显著影响但对溶解性等有影响的特殊助色团（如—$S0_3Na$、—COONa 等）。

可用于配制喷墨打印墨水的水溶性染料包括直接染料、酸性染料、活性染料、碱性染料等。按照颜色，一般分为黑色染料、黄色染料、品红色染料、青色染料。黑色染料都是多偶氮染料，打印机的工作原理不同，所用黑色染料也有所不同，热泡式打印机所用染料要求稳定性好。传统上，直接染料如 C.I. 直接黑 154、直接黑 171 及四偶氮基染料 C.I. 直接黑 19[17, 18] 等用于非热泡式喷墨打印机；所有用于水基型喷墨打印墨水的黄色染料均属于单、双偶氮染料，为酸性染料或直接染料，与黑色染料相比，水溶性更好，配制的墨水稳定性好。用于喷墨打印墨水的品红色染料主要是氧杂蒽型和偶氮型，分别属于酸性染料和直接染料。目前，所有品红色染料或者耐光度差，或者耐水性差，或者亮度差，或者难纯化。迄今为止，还没有找到一种既有理想色彩又有良好的耐光牢度、耐水牢度的品红色染料。喷墨打印墨水中常用到的青色染料主要是三芳甲烷类和铜酞菁类，分别属于酸性染料和直接染料，如 C.I. 酸性蓝 9、C.I. 酸性蓝 90、C.I. 直接蓝 86、C.I. 直接蓝 199 等。三芳甲烷类的染料色彩艳丽，但耐光牢度差。铜酞菁类磺化衍生物亮度高、耐水、耐光牢度好，是比较稳定的染料之一，在热泡式和压电式喷墨打印系统中都是用得最多的水溶性青色染料。

2. 颜料

在水基型墨水中使用的颜料，除了炭黑外，基本上都是有机颜料。

黑色有机颜料（如 C.I. 颜料黑 1）结构中大多含有致癌成分，且成本较高，现在用于水基型颜料喷墨打印墨水的黑色颜料基本上全是炭黑。炭黑着色力强，现在推广的配制方法是将高色素炭黑研磨到一定细度（95% 炭黑粒径小于 0.5μm），加入适量的稳定剂、悬浮剂、乳化剂、分散剂等，使炭黑长期稳定分散悬浮，从而制得高稳定性、流变性好的颜料墨水。可用于水基型颜料喷墨打印墨水的黄色颜料多为一些单或双偶氮结构颜料，其中使用较多的是 C.I. 颜料黄 14、17、83，C.I. 颜料黄 17 比颜料黄 14 颜色偏绿，C.I. 颜料黄 83 呈红光黄色，均具有优异的牢度性能，颜色鲜艳，遮盖力强，较少发生颜色的迁移，但均属于对人体有害的联苯胺结构。在颜料型喷墨打印墨水中用到的品红颜料，主要为一些单偶氮结构、喹吖啶酮、苝系结构的颜料。用于水基型颜料喷墨打印墨水中的青色颜料以铜酞菁类为主，铜酞菁不仅性能稳定，具有优异的耐光、耐热、耐候牢度，且颜色鲜艳，用不同的取代基取代可得到许多铜酞菁品种，是最理想的有机色料，也是墨水中一类重要的色料。另外，水基型颜料喷墨打印墨水中还用到绿色和紫色的颜料，绿色颜料主要为 C.I. 颜料绿 7，紫色颜料为 C.I. 颜料紫 23，C.I. 颜料绿 7 为全氯取代的铜酞菁，具有优良的耐光、耐候、耐热牢度。铜酞菁分子中引入氯原子后，色光由蓝转绿，随着相对分子质量增大，颜料的着色力下降。C.I. 颜料紫 23 具有良好的耐光、耐候、耐热牢度，呈蓝光紫色。

无论是染料还是颜料，着色剂的用量一般占墨水总量的 0.5% ～ 10%，较合适的范围为 0.5% ～ 5%。

（三）表面活性剂

表面活性剂是指在溶剂中加入很少量，就能大大降低溶剂表面张力的物质。在墨水化学中，表面活性剂起着十分重要的作用。配制墨水时加入适当浓度、适当种类的表面活性剂，可以降低墨水的表面张力，增加墨水的润湿与渗透性，消除墨水生产过程中产生的泡沫，有助于防止墨水在储存和应用过程中产生分层、浮色、凝聚或沉淀等现象，提高墨水的稳定性。在制造颜料型墨水时，表面活性剂是一种重要的分散剂和研磨助剂，有助于着色剂颜料粒子的润湿、聚集体粉碎，使分散体更趋于稳定。在水基型喷墨打印墨水中使用较多的表面活性剂有以下几类：阴离子表面活性剂，如脂肪酸盐、烷基磺酸盐、烷基苯磺酸盐、烷基萘磺酸盐、蓖麻油硫酸盐；阳离子表面活性剂，如烷基甲基氯化铵、十六烷基三甲基溴化铵等；非离子表面活性剂，如聚氧乙烯基烷基醚、聚氧乙烯基烷基苯基醚、聚氧乙烯基辛基苯基醚、聚氧乙烯基脂肪酸酯和山梨糖醇脂肪酸酯[19]。表面活性剂的用量一般在墨水的 3% 左右。

除了溶剂、着色剂、表面活性剂外，喷墨打印墨水中有时还需要加入 0.1%～0.5% 的金属离子螯合剂，如乙二胺四乙酸（EDTA）、二亚乙基三胺五乙酸（DTPA）等，来降低墨水的电导率；加入山梨酸钾、苯甲酸钠等防腐剂来防止墨水被腐蚀变质，产生分层沉淀；根据实际应用的需要添加杀菌剂、阻蚀剂、防渗剂等。

第四节 喷墨打印文件检验技术

喷墨打印文件检验是检验人员运用物理或化学等专业技术知识，通过对喷墨打印文件的特征进行分析或与样本材料进行比对检验，从而鉴别可疑文件的真伪、查明文件来源的一种技术手段。

不同厂家的喷墨打印机研制原理各异，墨水各异，在打印文件上必然表现出不同的形态特征和成分信息，这是检验打印文件特征异同的依据。目前，针对喷墨打印文件的检验内容主要有打印机种属鉴别、同机打印鉴定、打印字迹墨水的同一性鉴别等，前两种主要是物理检验即形态学检验，第三种主要涉及成分检验，主要是化学检验。

一、形态学检验

使用液态墨水的喷墨打印机，打印的文件图文由墨迹小点构成，墨迹平实，墨色黑，色泽暗淡，墨点自然洇散，周围易有杂散微滴，笔画无冲压痕迹，无墨粉堆积，相比较而言，颜料型墨水较染料型墨水打印的文件图像光泽度高；固态喷墨可避免洇散，色彩亮丽[20]，在显微镜下观察，墨层较厚，凸起于纸面，笔画边缘会有极少量的喷溅。喷墨打印多属于行式打印，除笔画周围易出现小墨点外，其余空白区域则干净整洁。

不同型号、档次的喷墨打印机，打印技术原理不同，墨水不同，最终呈现在介质上的图文的固有基本特征可能存在差异；同时，在使用过程中因为故障或者缺陷，每台打印机会产生个体专有特征；打印机只是一个输出终端，图文也同时反映了文件的版面特征。这些基本特征、个体特征、版面特征就是打印文件形态学检验的主要内容。

（一）喷墨打印文件的基本特征

1. 笔画边缘常见飞溅的墨点

喷墨打印为非接触式打印，墨水在喷射过程中，会在笔画边缘产生墨滴。墨点的飞溅在喷墨打印文件中经常出现，有大有小，有疏有密，形状各异，与喷墨打印机本身的技术参数有关，这些墨点是喷墨打印文件最基本的特点。一般来讲，压电式喷头打印机打印笔画边缘的墨点较热泡式打印机少。不同打印机边缘墨点形态如图 16-5 所示。

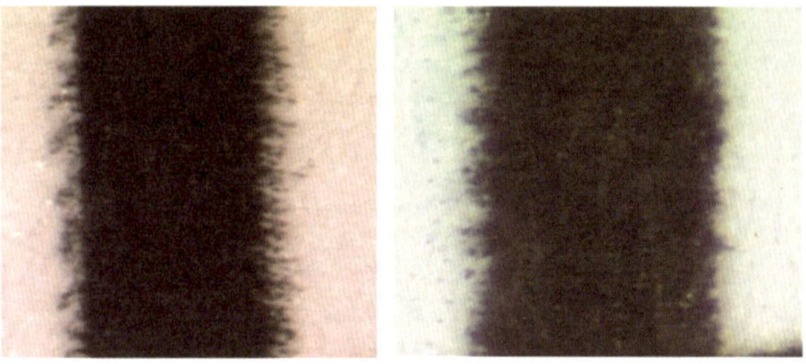

▲图 16-5　不同打印机边缘墨点形态

2. 笔画边缘和内部可能呈现不同形态特点

不同品牌型号的打印机驱动技术不同，打印机控制喷头工作精度不同，喷头运行轨迹也存在差异，墨水存在差异，打印同样字迹笔画边缘会呈现锯齿、波浪等形态，笔画中间有的也会呈现不同的形态。不同品牌型号的打印机打印字迹边缘及内部微观形貌如图 16-6 所示。

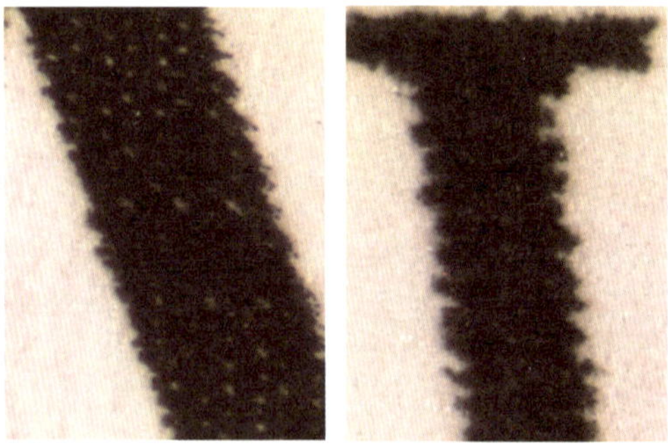

▲图 16-6　不同品牌型号的打印机打印字迹边缘及内部微观形貌

3. 字迹的微观形貌可能跟不同打印方式或不同字号有关

目前，打印机基本都有照片、文档、省墨等几种打印方式，不同方式打印字迹的微观形貌有时存在差异，同一台打印机采用同样打印方式，不同字号有时微观形貌也存在差异，这种情况在惠普打印机中比较常见。惠普打印机不同打印方式及不同字号字迹的微观形貌如图 16-7 所示。

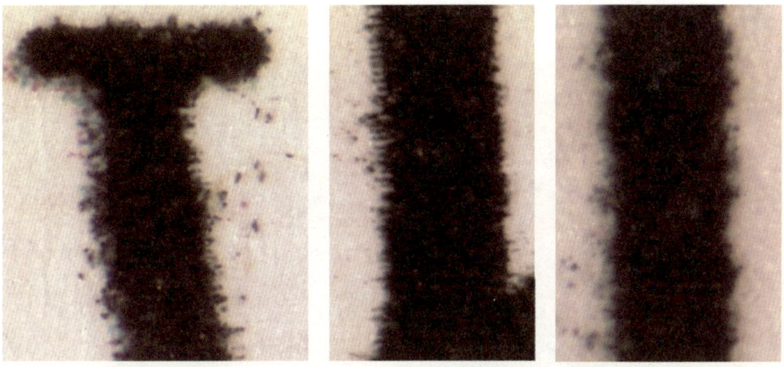

（a）初号文档打印　（b）初号快速打印　（c）二号文档打印

▲图 16-7　惠普某型号打印机不同打印方式及不同字号字迹的微观形貌

4. 同一种颜色可能由不同颜色墨点拼成，具体颜色和数量由打印机配置墨盒决定

一种打印机能打印出多少种颜色的字迹，取决于其墨水和墨盒数量，可以通过打印文件上出现的颜色来判断其墨盒的数量。用于拼色的各种颜色墨点的微观形貌如图 16-8 所示。

▲图 16-8　用于拼色的不同颜色墨点

5. 不同品牌型号的打印机打印彩色图案微观形貌特征各异

喷墨打印技术不同，喷嘴形状及墨水性质存在差异，喷射出的墨滴形态在介质上可能会表现出很大的差异，不同打印机彩色墨滴微观形貌差异如图 16-9 所示。

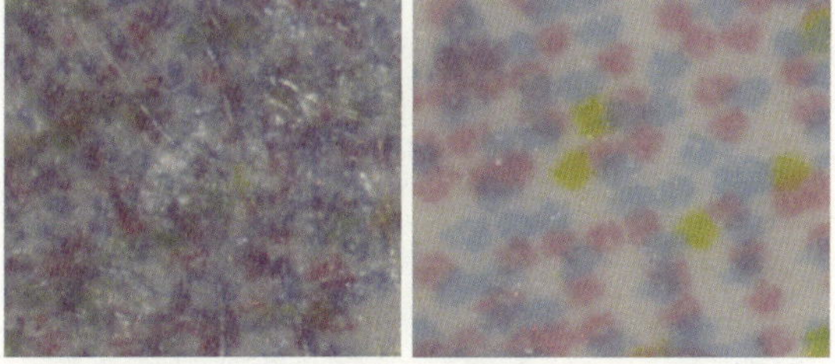

▲图 16-9　不同打印机彩色墨滴微观形貌差异

6. 打印介质不同，字迹特征可能存在差异

喷墨打印机的打印介质从材质类型上可分为普通办公纸、普通喷墨打印纸、高分辨率喷墨纸、照片纸、PVC、胶片等，不同纸张表面状态不同，对墨滴的渗透、吸附能力不同，有的纸张表面经过特殊处理，在与墨滴结合上有独特的优势，这些

都会在打印文件上表现出不同的特点。同一打印机在不同纸张上打印字迹微观形貌差异如图 16-10 和图 16-11 所示。

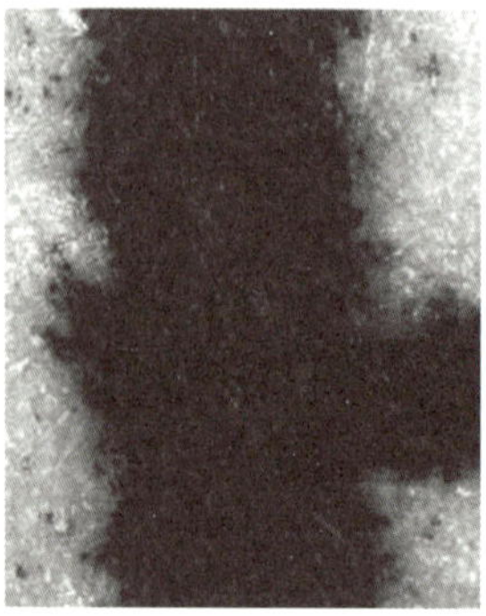

▲图 16-10　80g 复印纸

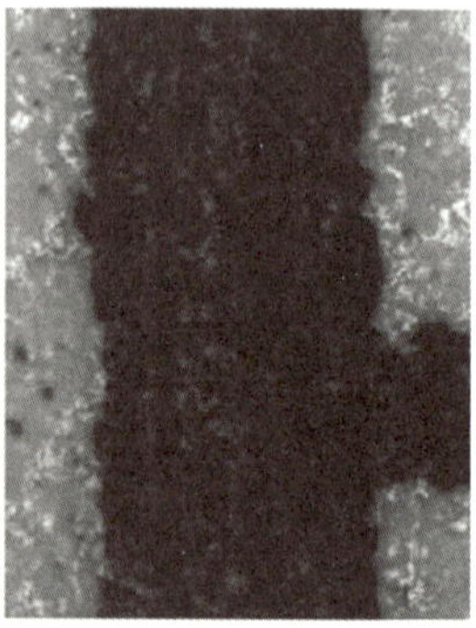

▲图 16-11　80g 铜版纸

不同品牌型号的打印机打印文件的固有基本特征具有稳定性，例如，在显微镜下观察，佳能、惠普喷墨打印件的文字笔画边缘的飞溅墨点较多，且易出现墨点不均匀的现象，而爱普生喷墨打印件的文字笔画墨点均匀，且几乎没有飞溅墨点；虽然惠普和佳能打印机打印的笔画周围有明显飞溅墨点存在，但两者在墨点分布位置、墨点排列形态、墨点大小、形状等方面存在明显差异[21]。这类特征主要是源于不同的打印技术原理，掌握了足够的规律可用于喷墨打印机厂家甚至同一厂家不同型号打印机的识别，但在检验过程中也要注意上面提到的打印字号、打印介质等的影响，避免出错。

（二）个体特征

1. 易出现白色条纹或漏点

当灰尘堵塞喷嘴、长时间不用喷嘴而使墨水干涸堵塞喷嘴、打印头触点上脏或者电缆接触不良等导致某个或者某些喷墨头无法工作等问题出现时，反映在打印件上就是会出现横向贯穿的白色线条（见图 16-12），这种白色线条在一段时间内具有一定的稳定性和可靠性。在进行比对检验时，要注意线条出现的规律、数量及线条的宽度[22]。

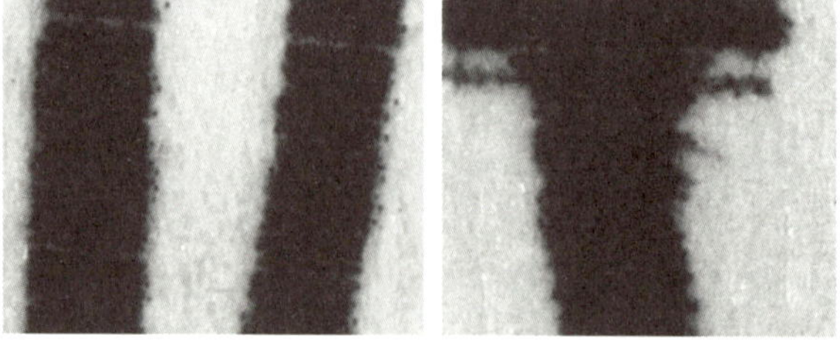

▲图 16-12　文件上出现的白色线条形态

2. 打印字符上下错位

字车是喷墨打印机中运动频繁的部件，在打印时，喷墨头打完上半截字符后，字车在脉冲电流的指令下会掉转方向，继续打印下半截字符，在长期使用过程中，字车及相关零件之间发生摩擦，就会出现机械间隙。这种摩擦带来的机械间隙会导致在脉冲电流控制和机械运转之间存在一个时间间隙，表现在打印文件上就是字符上下错位，机械间隙越大，错位的程度越大。检验时要比对错位方向、错位距离。需要注意的是，目前，大多数喷墨打印机都采用双向打印的方式，但有些机型可以将双向打印切换为单向打印，使字符上下错位现象消失。

3. 打印字符左右不对称

打印时，在电流控制下，字车匀速前进，同时，喷墨头向纸张喷出墨水，形成字符；在经过字符与字符之间的空白部分时，字车是先加速，后减速，然后回归到匀速状态，进行下一个字符的打印。同样，由于长期使用等原因，带动字车左右运动的传动带及其他零件有可能出现故障，致使机械控制与电流控制出现时间间隙。这样，字车在变速运动过程中喷墨头就开始喷墨，造成字符出现左右不对称变形的情况。检验时，要比对两次变形之间的间距及每次变形的长度。

4. 打印字符偏斜

字车一般安装在导轨上做往返运动，由于安装或磨损等原因，字车与导轨之间的间隙会增大，在打印过程中被传动带拖拽，喷墨头会略偏，从而造成打印字符的列阵与字行轴线不垂直。当情况严重时，肉眼可直接看出字符不正；当情况轻微时，也能在竖线条上看出来，检验时，要比较偏斜方向及偏斜程度。

5. 错字特征

有时，打印机会输出一些奇怪字符，主要是因字库中某个字的点阵信息紊乱或打印机与电脑之间信号传输不正常造成的。打印输出错误会在相同字体特定字迹上重复出现。

6. 打印文件纸上的擦划痕特征

有些打印文件上可以发现擦划痕特征，这种特征源自打印机走纸系统出现的故障，当某一送纸齿轮的转速与其他齿轮不同步时，就导致纸张在走动过程中与该齿轮发生摩擦而出现擦划痕[23]。

喷墨打印机是高技术产品，它的硬件和软件都是批量生产的，标准化程度很高。通过打印件识别打印机，即鉴别它的工作缺陷和估计这些缺陷的重要性，以及产生特征的稳定性。这类由于缺陷产生的个体特征可用来做文件同机打印判定，但由于喷墨打印机的不断使用或维修、调试，有些特征有可能会改变或消失，因此在对喷墨打印机进行同一认定时，要注意尽量收集、选择与检材同时期的打印样本进行比对。此外，喷墨打印机的喷墨头分为一体式和分体式两种，分体式喷墨头的特征较为稳定，而一体式喷墨头的特征会随着墨盒的更换而消失，因此，在对喷墨打印机进行同一认定时，要综合考虑各方面因素的影响，不能一概而论。

（三）版面特征

文件的版面特征一般包括字体、字号、字间距、行间距、标点符号形态及位置、页边距、修饰功能等。版面特征属于种类型特征，大部分反映的是软件方面的特点，可根据一些专有特征来判定打印机的种属；此外，很大的一个应用是根据文件版面特征的一致性来判定文件有没有被添加，多页文件是否存在换页等。

二、墨水特征检验

喷墨打印墨水作为喷墨打印系统的重要组成部分，直接影响喷墨打印质量，是决定喷墨打印效果的关键因素。不同品牌型号的喷墨打印机，因不同的打印原理、使用要求等，打印墨水也存在差异，具有各自的特性，对打印形成墨迹的特性进行检验是喷墨打印文件检验的主要方向。

喷墨打印墨迹主要有三个方面的特性，即光学特性、光谱特性和色谱特性。

（一）光学特性

不同结构物质对光谱的吸收、反射、透射等会存在差异，不同品牌型号的喷墨打印墨水配方存在差异，打印墨迹在红外光源、紫外光源、强光源等特种光源下可能会表现出不同的吸收反射或者荧光特性，根据吸收反射特性和有无荧光、荧光强弱的差异可对喷墨打印墨迹进行鉴别区分。喷墨打印墨迹的光学特性检验属于无损检验，检验的是墨迹的混合组分。喷墨打印墨迹的荧光特性差异如图 16-13 所示。

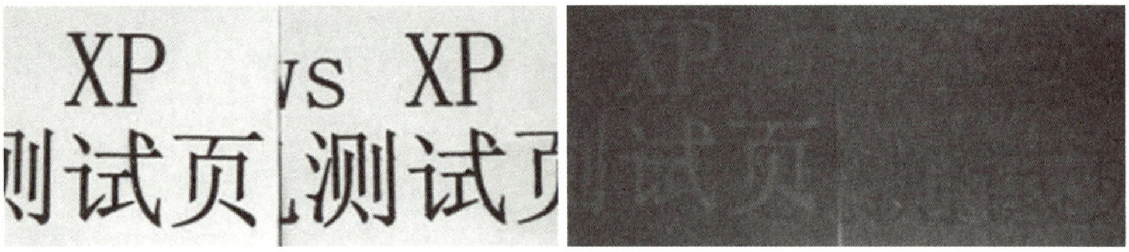

（a）白光　　（b）强光激发荧光

▲图 16-13　墨迹的荧光特性差异

（二）光谱特性

不同品牌型号喷墨打印墨水配方的差异在光谱仪器下也可以得到很好的表达，在喷墨打印墨迹鉴别中用得较多的方法有拉曼光谱法[24-26]、红外光谱法[27]、紫外可见光谱法等。

1. 拉曼光谱法

拉曼散射是光与物质相互作用的一种特殊化形式，是分子对入射光所产生的使其频率发生较大改变的一种散射现象。拉曼散射能量很低，但每种物质（分子）的拉曼位移（即入射频率与散射频率之差）是固定的，与入射光频率无关，即每种物质（分子）都有自己的特征拉曼谱线，它表征了化学物质的分子结构特性。近年来，激光、显微等科学技术的发展使拉曼光谱得到了快速的发展，将显微分析技术与拉曼光谱分析相结合的显微激光拉曼光谱仪，将入射激光通过显微镜聚焦到样品上，在不受周围物质干扰的情况下，精确获得所照射样品微区晶体结构、化学成分、分子相互作用以及分子取向等各种拉曼光谱信息。部分不同品牌型号喷墨打印字迹的拉曼光谱图如图 16-14 ～图 16-16 所示。

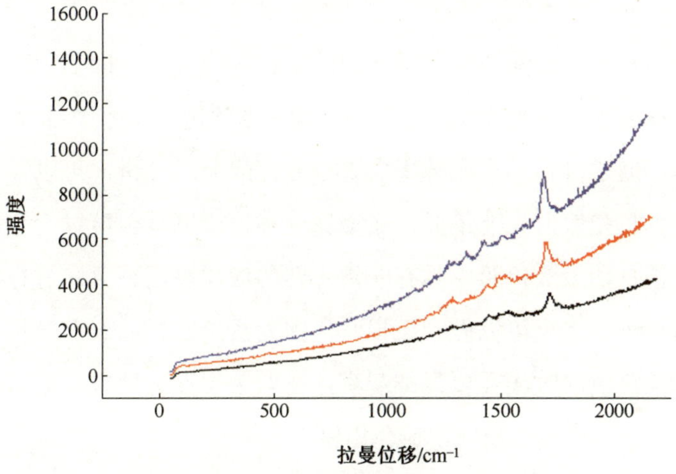

▲图 16-14　3 种不同型号惠普打印字迹的拉曼光谱图

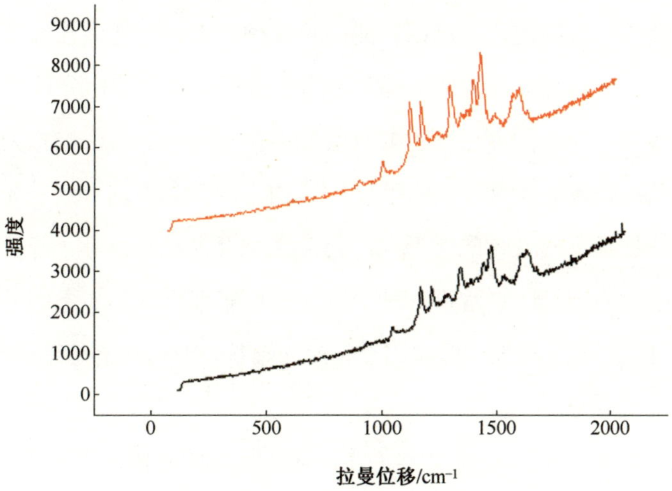

▲图 16-15　2 种不同型号爱普生打印字迹的拉曼光谱图

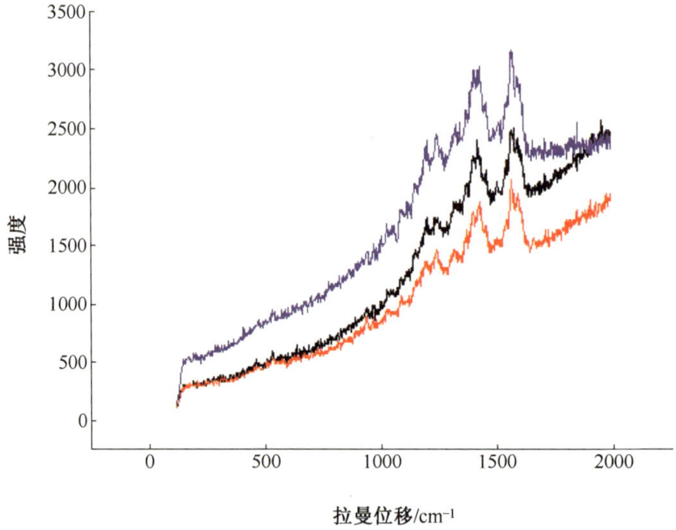

▲图 16-16　3 种不同型号佳能打印字迹的拉曼光谱图

拉曼光谱仪检验的是喷墨打印墨水中的着色剂成分，不同品牌的染料型喷墨打印机打印字迹在合适的拉曼光谱分析条件下都能得到区分，同种品牌喷墨打印字迹区分率也很高，通过对各厂家原装墨盒墨水专有成分的分析，可以对墨迹进行厂家认定，而且因为拉曼散射光能量低，穿透深度小，检测甚至可以完全不受打印介质的影响，在喷墨打印墨迹检验中具有非常重要的应用。用该方法进行检验时，在配备显微镜的情况下，完全可以做到无损，但因为直接在样品表面分析，受表面状况影响，在选取检测点的时候需要仔细观察，选取墨层厚的地方，通常需要多取几个点以确保是样品性能的真实反映，避免出错。

2. 红外光谱法

红外光谱也是一种分子光谱，用红外光照射物质分子时，分子中的化学键或官能团可发生振动吸收，不同的化学键或官能团吸收频率不同，从而在红外光谱上处于不同的位置。红外光谱具有很高的特征性，可用它进行物质的结构分析和定量测定。

办公用喷墨打印墨水的着色剂主要有酸性染料和直接染料，结构为偶氮类和酞菁类，这些染料在红外光谱区有较强的吸收[28]，由于取代基不同，红外光谱表现出特征性的差异。染料种类不同或者配比不同，会使红外吸收峰的数量、峰位及相对强度产生差别，由此来对喷墨打印墨水进行种类区分。近年来出现的显微红外光谱仪也可以对喷墨打印字迹进行无损检验，但相比于拉曼光谱仪，纸张对检验结果的影响比较大。

3. 紫外可见光谱法

打印墨水中的色料大部分带有发色团，这些特定的基团在紫外及可见区有吸收，可以根据吸收峰位置、数量及各吸收峰相对强度的差异，对不同配方的喷墨打印墨水进行鉴别区分。不同打印机打印墨迹提取液的紫外可见吸收光谱如图 16-17 所示。

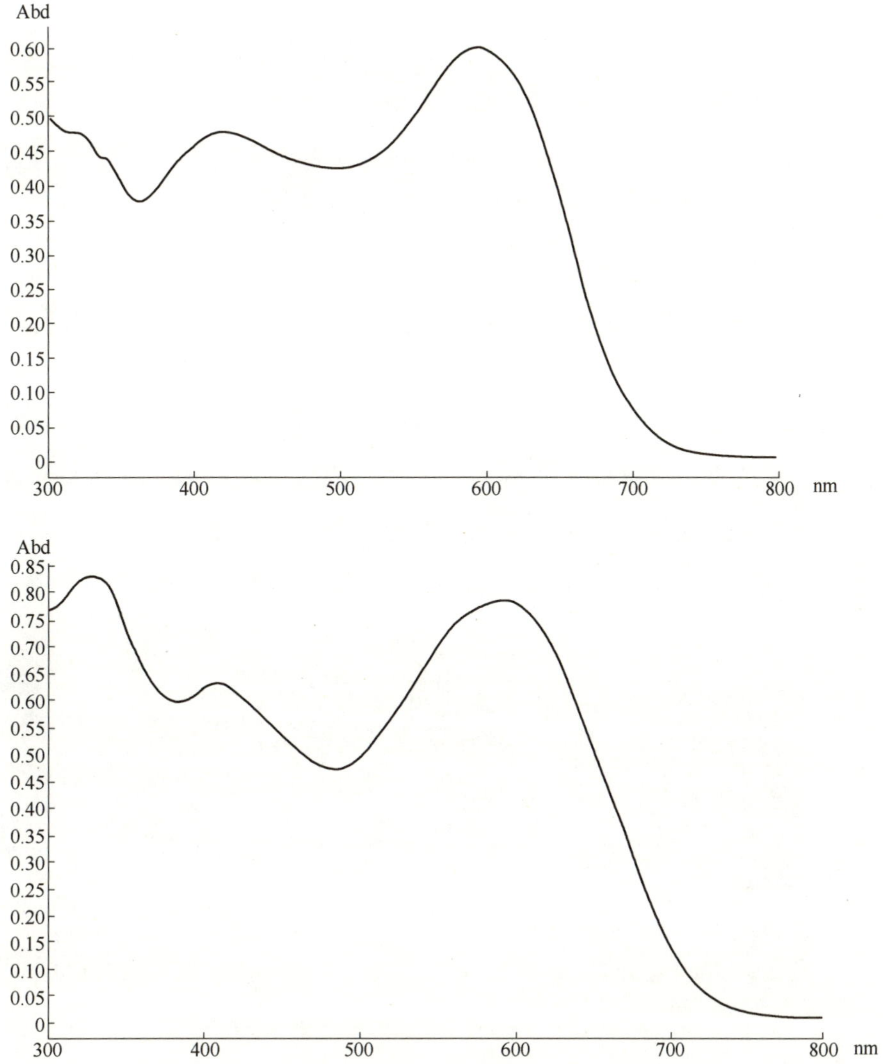

▲图 16-17　两种不同打印墨迹的紫外可见吸收光谱

紫外可见分光光度计是利用物质分子对紫外可见光谱区的辐射吸收来进行分析的一种分析仪器，不同分子结构的物质，其吸收峰位置可能会存在差异。紫外可见分光光度计对喷墨打印墨迹的检验也是针对着色剂，是有损检验，需要先提取再检测，检测结果是所有着色剂的综合反映，可以对不同种类的喷墨打印墨迹进行鉴别区分。由于色料大分子在紫外及可见区吸收的电子带状光谱的波长、强度和形状易受溶液 pH 值、溶剂极性等环境条件影响，在实验中应尽量选择极性弱、本底吸收小、有良好的溶解性、化学和光学稳定性的溶剂[13]。随着液相色谱检验技术的发展，紫外可见光谱法在墨迹检验中的应用逐渐减少。

（三）色谱特性

色谱特性检测是喷墨打印文件检验的主要方向之一。

色谱法以其高效快速的分离特性在现代仪器分析中占有重要地位[29]，这类方法特别适用于复杂混合物的快速分离分析，其中的薄层色谱、液相色谱、气相色谱等分析在喷墨打印墨迹检验中有广泛的应用。色谱法中，只有气相色谱法的检验对象是喷墨打印墨水的溶剂组分，其余色谱方法都是检测着色剂。

1. 薄层色谱法[30]

薄层色谱法（Thin Layer Chromatography）是分离分析技术中快速且常用的一种方法，具有成本低、灵敏度高、速度快、取样量小、高通量、结果直观等优点。薄层色谱法是通过被测试样品的各组分在吸附剂上吸附和溶解剂吸附的反复过程，使各组分在薄层板上分离[31]，不同喷墨打印墨迹的异同就是通过薄层板上各组分斑点的数量、位置、颜色及各组分相对含量来判定的。薄层色谱法的检验过程是提取—展开—扫描检测。其对喷墨打印墨迹的分离效果如图 16-18 所示。

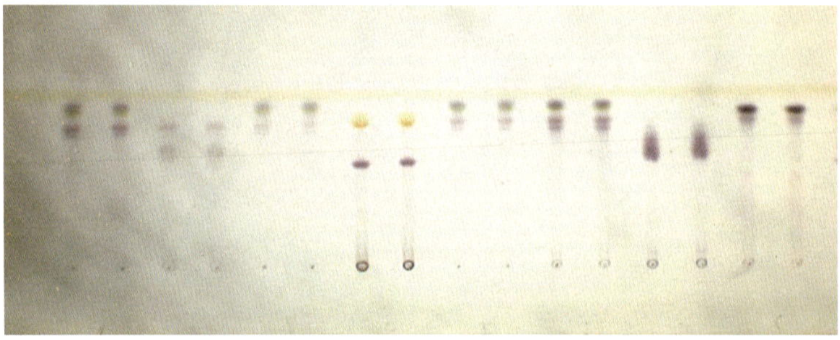

▲图 16-18　部分喷墨打印墨迹的薄层色谱分离效果

2. 液相色谱法[32，33]

据统计，在已知化合物中，能用液相色谱法分析的占 70% ～ 80%，定量准确。根据打印墨迹提取液在液相色谱中的出峰个数、出峰位置及各峰相对强度的差异可对不同喷墨打印墨水进行鉴别区分。高效液相色谱法（HPLC）利用混合物中各组分在不同两相中溶解、分配、吸附等物理化学性质的差异，将混合物分离成单一组分，再对单一组分进行检测，是以高压液体为流动相的液相色谱分析法，具备高速、高效、高灵敏度、适用范围广等特点。液相色谱法的检验过程是提取—分离—检测。不同品牌型号喷墨打印墨迹的液相色谱检验结果如图 16-19 所示。

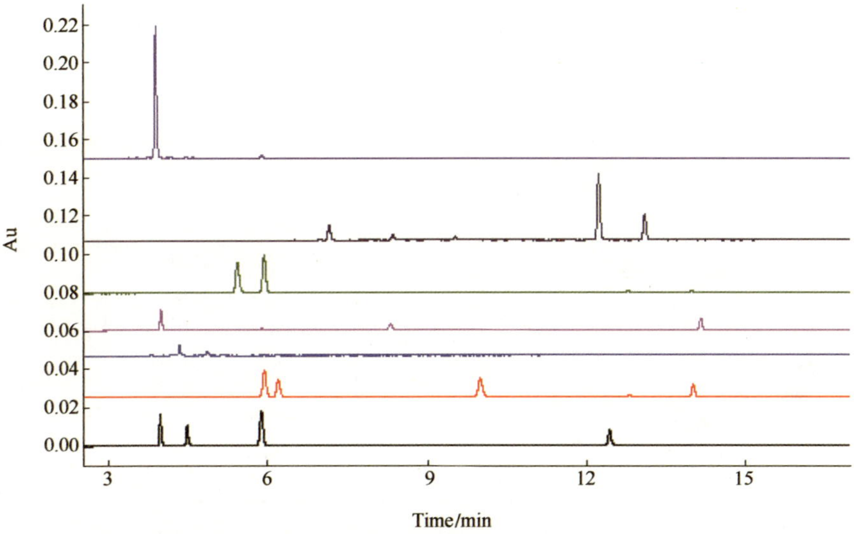

▲图 16-19　不同品牌型号喷墨打印墨迹的液相色谱检验结果

液相色谱法将混合物先分离再定性，既可区分不同厂家的喷墨打印墨水，又可区分同一品牌不同型号的喷墨打印墨水，根据分析中发现的不同品牌型号喷墨打印墨水中的品牌专有组分，还可对打印机进行种属判定。

喷墨打印墨水着色剂通常以一种染料为主，配以几种不同颜色染料，且纯度极高，如果分析发现某些染料在文件上可随时间流逝发生规律性变化，则采用合适的检测和统计分析方法，可能对解决打印文件的形成时间难题有重要意义。

3. 气相色谱法 [34]

气相色谱法是以气体为流动相，对易于挥发而不发生分解的化合物进行分离分析的色谱技术。该技术具有高分离效能、高选择性、高灵敏度、分析速度快、应用范围广等优点。喷墨打印墨水中的溶剂由沸点高低不同的挥发性组分组成，通过气相色谱法分析，根据出峰数量、出峰位置及各峰的相对强度高低可对配方不同的喷墨打印墨水进行鉴别区分，该方法对染料型和颜料型墨水均适用 [35]。气相色谱法的检验过程也是提取—分离—检测，两种不同品牌型号喷墨打印墨迹的气相色谱结果如图 16-20 所示。

介质上喷墨打印墨迹中的溶剂组分随着时间的流逝会逐渐消失，可采用气相色谱法深入研究挥发性组分剩余含量与字迹形成时间的关系，通过分析打印墨迹中含有的特定挥发性组分可对部分形成时间较短的喷墨打印文件做出判定。气相色谱法的检验对象是挥发性组分，先分离后检测，不受着色剂类型限制，虽然受挥发性组分自身特性限制，只能对短时间内形成墨迹的打印文件做判定；同时，因文件形成后的保存环境和人为老化手段会影响检验结果，外加有的墨水本身不含特定挥发性组分，其结论只能判定不能排除，但因嫌疑文件多为案后伪造，很多时间较短，该方法在实际案件鉴定中非常有意义。

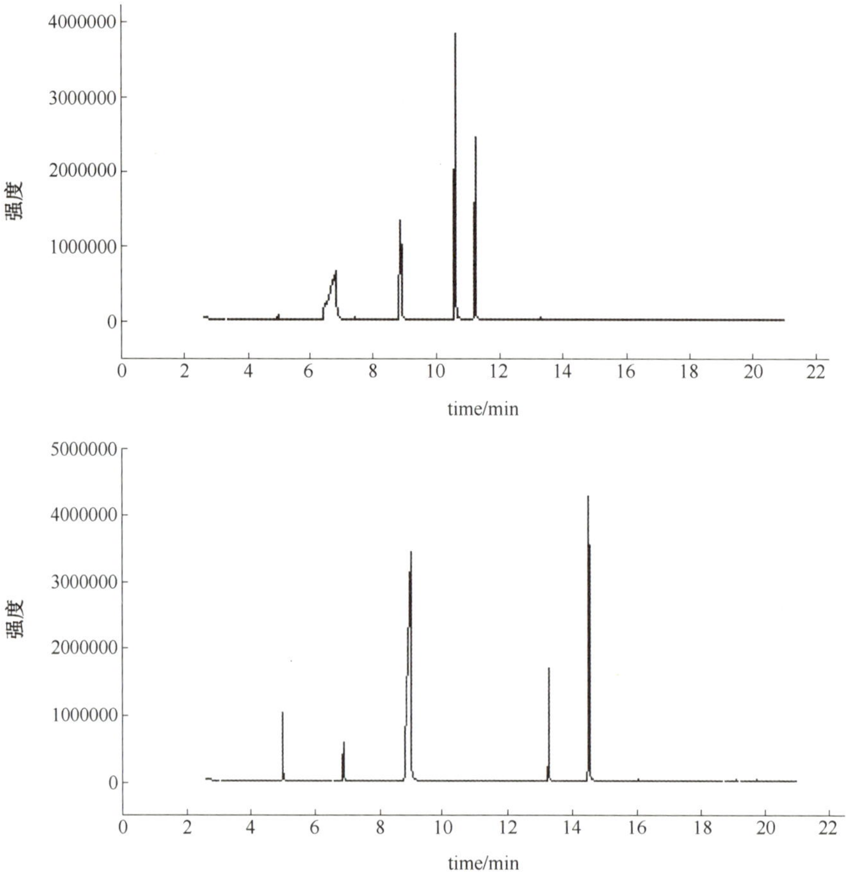

▲图 16-20　两种不同品牌型号喷墨打印墨迹的气相色谱图

综合上述三类特性，光学特性、光谱特性是喷墨打印墨迹的综合组分特性，优点是所用检验方法操作简单快速、结果信息丰富、可实现无损，除紫外可见分光光度计外，检验对象都可以包含颜料型墨水；缺点是结果可能会受到各组分相互作用的影响，同时可能会受到检验波长、介质相关性能的影响，结果有时不够明确。色谱特性检测都是对墨迹组分先分离再做定性、定量检测，鉴别分析结果明确，几种色谱方法中，液相色谱法较薄层色谱法分离彻底、灵敏度高，但不如薄层色谱法直观；气相色谱法测定的是溶剂组分，是唯一针对溶剂进行检测的方法，对于鉴别颜料型墨迹及判定文件形成日具有重要意义。与光学、光谱法相比，色谱法灵敏度更高，结果更准确，但色谱法都属于有损检验，对样品破坏性大，操作也更烦琐。

墨水的特性检验可以得出不同品牌型号墨水的专有成分信息、墨迹的成分差异性信息，可与形态学检验中的种属判定、同机打印相互佐证。在实际案件鉴定中，一般采用先无损、后有损的方法，各种方法结合，相互佐证，以确保结果客观准确。

参考文献

[1] 尹宝华 . 喷墨打印字迹的综合检验技术研究 [D]. 北京：中国人民公安大学，2012.

[2] 赵鸿雁，张二虎．深入了解喷墨印刷技术 [J]．印刷世界，2005（10）：37-38.

[3] 李萌．水性染料型喷印墨水及其配方参数的研究 [D]．西安：西安理工大学，2007.

[4] 庄永祥，杨军浩．黑色喷墨打印墨水及其相关染料 [J]．染料与染色，2008，45（3）：19-27.

[5] 付冰．喷墨打印技术的进展和发展趋势 [J]．信息记录材料，2002，3（3）：36-42.

[6] 朱谱新．水基型喷墨打印墨水 [M]．北京：中国纺织出版社，2008.

[7] 江春华 . 当前我国常用喷墨打印机机制文件特点研究 [D]. 上海：华东政法大学，2013.

[8] 燕文，周学琴，张邦彦．喷墨打印墨水的技术现状与进展 [J]．影像技术，2005（5-6）：41-45.

[9] 王景翰，刘淑霞，孙里春，等．喷墨打印墨水分析技术的回顾及展望 [J]．辽宁警专学报，2006（1）：3-6.

[10] 李萌，骆光林．浅析喷印墨水染料着色剂的选取 [J]．广东印刷，2007（3）：42-44.

[11] 姚海根．数字印刷技术 [M]．上海：上海科学技术出版社，2001.

[12] 张姝飞，苗蔚荣．喷墨打印用墨水的发展现状 [J]．染料与染色，2003，40（2）：61-64.

[13] 孙礼春，闫宝洁，王景翰，等 . 打印墨水种类鉴别的现状 [J]. 中国司法鉴定，2005（5）：58-61.

[14] 褚夫强，孙翠霞，高文红，等．通用型喷墨打印用墨水的研制 [J]．山东轻工业学院学报，2004，18（2）：64-67.

[15] Paul Wight，Prakash Patel．Dyes inks and their use in ink-jet printing [P]．US，6635747B．2003-10-21.

[16] 彭孝军，崔京南，王立成，等．水基喷墨染料：中国，CN1448449 A [P]．2003-10-15.

[17] Paul Wight．Water soluble disazodyestuffs as well as inks for ink jet recording method containing them：GB 2346151[P]．1999-3-18.

[18] David E Hanke．Water-based ink composition for ball-point pen：USA，USP 5466281[P]．1994-7-11.

[19] 张俊，李忠平．表面活性剂在墨水制造中的应用 [J]．日用化学工业，2004，34（6）：38-383.

[20] 王锦生 . 喷墨打印机打印文件检验 [J]. 刑事技术，1998（4）：21-23.

[21] 杨述新 . 喷墨打印字迹笔画周围飞溅墨点形态特征比较研究 [J]. 云南警官学院学报，2011（1）：125-128.

[22] 王迪，黄敏静 . 喷墨打印文件检验研究 [J]. 广东公安科技，2006（1）：23-25.

[23] 张加敏，徐继航 . 喷墨打印文书的检验方法 [J]. 刑事技术，2003（1）：42-44.

[24] 余静，张云 . 显微激光拉曼光谱技术用于无损检验喷墨打印机打印文件的研究 [J]. 光谱学与光谱分析，2006（7）：211-212.

[25] 连园园，许可，梁鲁宁，等 . 几种常见喷墨打印文件的拉曼光谱检验研究 [J]. 福建警察学院学报，2014（5）：24-29.

[26] 白莘莘，梁鲁宁，林雷祥，等 . 显微共焦拉曼光谱技术区分喷墨打印机打印的彩色图文墨迹 [J]. 刑事技术，2014（5）：41-44.

[27] 孟朝阳 . 衰减全反射红外光谱法无损检验喷墨打印文件的油墨 [J]. 光谱实验室，2009（6）：1584-1586.

[28] 李国平，张金庄，刘淑霞，等，傅立叶红外光谱法检验喷墨打印机墨水 [J]. 光谱实验室，2009（1）：71-73.

[29] 刘志广 . 仪器分析 [M]. 北京：高等教育出版社，2007.

[30] 王元凤，姚丽娟，王景翰，等 . 高效薄层色谱法检验喷墨打印墨水 [J]. 广东公安科技，2004（2）：24-26.

[31] 屈音璇，许可 . 签字笔墨水字迹的色谱法检验综述 [J]. 山东化工，2017（15）：60-61.

[32] 尹宝华，郭瑞华，梁鲁宁，等 . 液相色谱法鉴别染料型黑色喷墨打印字迹 [J]. 中国司法鉴定，2012（1）：20-23.

[33] 许英健，王景翰，史晓凡，等 . 高效液相色谱法分析黑色喷墨打印墨水（盒）的种类 [J]. 中国人民公安大学学报（自然科学版），2009（1）：5-9.

[34] 武智强，赵文英，孙素莉，等 . 喷墨墨水中 11 种有机溶剂的气相色谱质谱分析 [J]. 青岛科技大学学报（自然科学版），2015（1）：27-32.

[35] 温馨 . 法庭物证中对喷墨打印墨水的认定及形成时间判断的现状 [J]. 山东化工，2017（16）：123-125.

第十七章

激光打印文件检验

第十七章
激光打印文件检验

激光打印机作为集电子学、光学、精密仪器和材料学于一体的计算机常用外部输出设备，具有打印速度快、成像质量高、噪声低等优点。从20世纪90年代末开始，与激光打印文件相关的案件呈逐年上升趋势，主要表现为打印匿名信、反动传单标语，伪造货币、证券、证件、合同等。如果检验人员了解激光打印机的工作原理，掌握不同品牌、型号的激光打印机的打印文件特征、墨粉形态和墨粉组分等信息，便能对打印机的机型、机台和墨粉进行检验鉴定，为司法实践服务。

第一节
激光打印机的工作原理

激光打印机主要由激光扫描系统和电子照相转印系统组成。计算机将要打印的内容转换成数据序列形式的点阵位图图像，然后再把这些数据传送给打印机并转印到纸面上，定影后形成打印内容。激光打印机的工作原理如图 17-1 所示。

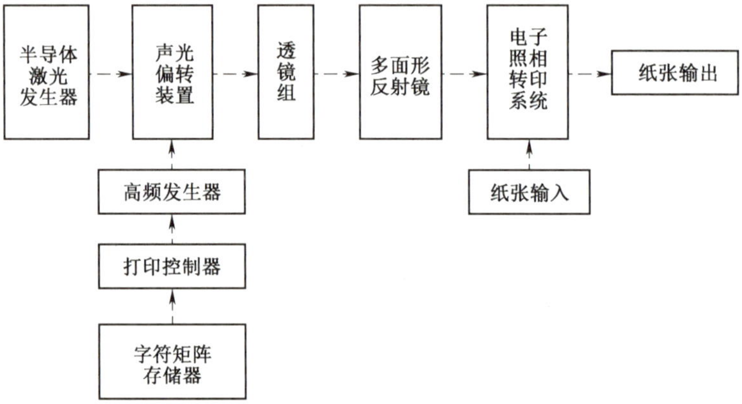

▲图 17-1　激光打印机工作原理框架

激光打印机因品牌和机型不同，其控制装置和部件的组成、设计结构、控制方法和采用的部件会有些差别，但工作原理基本一致。

激光打印机完成数字图文的转印过程主要有七个步骤，其打印过程如图 17-2 所示。

（1）充电：直流高压的电晕放电，带有光敏（光导）材料的感光鼓旋转一周整个表面被充电。

（2）扫描曝光：计算机的图文信息由激光调制成二进制点阵，激光束扫描感光鼓，被光照部分的感光鼓导电层电荷消失，在鼓面上生成静电潜像。

（3）显影：感光鼓表面上的静电潜像吸附硒鼓中的墨粉颗粒，显示出墨粉图像。

（4）转印：感光鼓表面上墨粉图像转移到转印辊或转印带上后又被吸附到纸张上。

（5）定影：吸附在纸上的墨粉图像由带有正电荷的加热辊加热热熔，同时压力胶辊加压，墨粉中的树脂融化后紧紧粘贴在纸张上，形成固定图像。

（6）静电擦除：擦除纸张反面的正电荷，消除纸张的静电效应。

（7）清理感光鼓：清理感光鼓表面残留的墨粉颗粒。

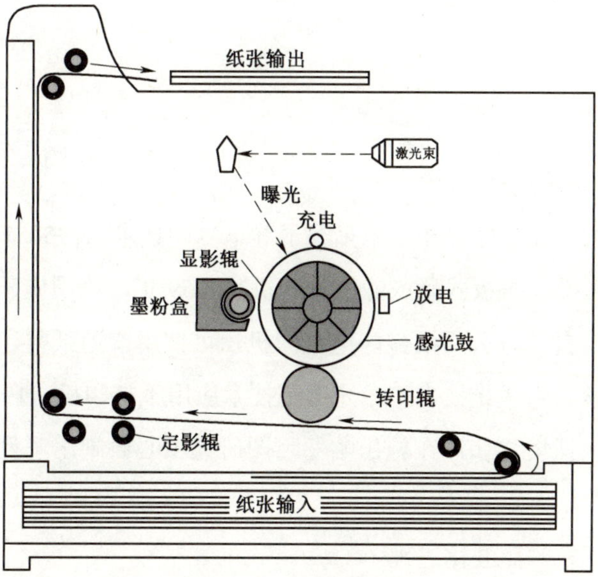

▲图 17-2　激光打印过程原理

第二节
激光打印机的历史发展

一、激光打印机的技术起源

激光打印机的激光打印照相技术来源于静电复印技术。1950 年，美国施乐公司成功研制出第一台手工平板式硒鼓静电复印机；1959 年，美国施乐公司又推出世界上第一台落地式全自动办公用硒鼓静电复印机，可使用普通纸复印文件。随着科学技术的发展，科学家将激光技术和激光调制技术应用于打印机。1971 年，“激光打印机之父”盖瑞·斯塔克伟泽在施乐帕罗阿图研究中心研制出了世界上第一台激光打印机。

二、激光打印机的商业化进程

1977 年，美国施乐公司将激光打印技术商用化，发布世界上首台商业化激光打印机 Xerox 9700，标志着印刷业一个划时代的开始。其体积相当于一台大型设备，在之后的十年中主要应用于银行单据、信用卡账单和公共事业账单的打印。刚开始的激光打印机的体积庞大，预热时间长，打印的质量也不尽人意，但随着半导体激光器的发展、微机控制和激光打印机生产技术的日益成熟，激光打印机更加便捷、实用。

1981 年，美国施乐公司推出了第一款针对办公室应用的激光打印机；1984 年，美国惠普公司发布首款 HP LaserJet Classic 桌面激光打印机，其体积小型化，激光打印机正式进入普通办公领域。西文激光打印机可打印汉字，但其打印速度、通用性、兼容性和打印质量均不理想。1993 年，联想集团与美国施乐公司合作，研制出世界上第一台汉字激光打印机 LJ3A，极大地提高了汉字打印速度和打印质量，可打印宋体、楷体、黑体、仿宋四种字体的汉字。

20 世纪 90 年代，激光打印机的生产和销售突飞猛进。1994 年美国惠普公司发布第一台彩色激光打印机 HP Color LaserJet；1995 年，苹果公司推出桌面彩色激光打印机 Color Laser Printer 12/600PS。到 21 世纪初，黑白激光打印机开始普及，彩色激光打印机迅速发展。

第三节 激光打印特点及文件的检验

一、激光打印文件的图文特征

激光打印机打印文件属于页式印刷，显微镜下高倍放大观察，其图文由黑色或彩色的细小墨粉颗粒堆积形成，文件空白处有弥散的墨粉颗粒，光泽度好，墨迹平实，色泽鲜艳，激光打印机图文放大图，如图 17-3 所示。

▲图 17-3　黑白激光打印机图文放大图

激光打印机以文本模式打印时其字迹边缘较整齐，撇捺笔画较平滑，无明显点阵痕迹，激光打印机的打印分辨率越高，字迹笔画越平滑。如图 17-4 所示，图（a）为激光打印机 HP LaserJet 1020 打印，打印分辨率 600dpi；图（b）为彩色激光打印机 HP Color LaserJet CP5225 打印，打印分辨率 3600dpi。由图可见，高分辨打印机的打印字迹笔画边缘更加整齐、平滑。当激光打印机以图片或照片模式打印时，图文由黑色或彩色点阵叠加形成，激光打印机图文特征如图 17-4 所示。彩色激光打印机打印的图文中包含黄色规律图案（激光跟踪码），不同品牌及型号的激光打印机激光跟踪码图案不同。

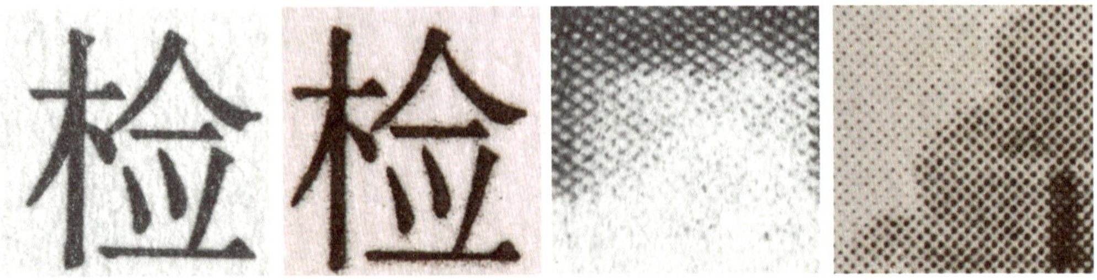

（a）黑白激光打印机文本模式　（b）彩色激光打印机文本模式　（c）黑白激光打印机图片模式　（d）彩色激光打印机图片模式

▲图 17-4　激光打印机图文特征

在伪造货币案件中，常常采用彩色激光打印机和彩色喷墨打印机打印图文，在放大倍率较低时，二者区分难度较大。彩色喷墨打印机打印图文由彩色无规则小墨点重叠聚集而成，图文之间的空白区域可见无规则彩色小墨点（电子图片经软件处理后，大片空白区域可能无彩色墨点）。喷墨打印机属于行式印刷，墨水呈液态，纸张表面会有墨迹喷溅和洇散现象，高倍显微镜下放大观察，可以发现彩色墨迹和行式打印的特征。激光打印机与喷墨打印机图文特征比较如图 17-5 所示。

40 倍放大　　80 倍放大　　40 倍放大　　80 倍放大

（a）彩色喷墨打印机　　（b）彩色激光打印机

▲图 17-5　激光打印机与喷墨打印机图文特征比较

二、激光打印机的机台同一认定

（一）激光打印机机台同一认定的原理

激光打印机的机台同一认定，就是通过比较两份文件的打印特征，确定两份文件是否由同一台打印机打印形成，或某文件是否由特定的激光打印机打印形成。

激光打印机的硒鼓、转印辊（转印带）、定影辊、电路、输纸装置等部件在使用过程中由于磨损、污染而在纸张上留下白色、黑色或彩色的痕迹，检验鉴定人员的工作就是分析这些痕迹产生的原因，对其特定性和稳定性进行评价，最终确定打印文件与激光打印机的关系。

在激光打印机中，70% 以上的成像部件集中在硒鼓中。硒鼓主要由光导鼓（感光鼓）、磁鼓（显影鼓）、充电鼓和墨粉仓组成。由于使用的纸张质量差（纤维或添加剂脱落）、纸张厚度规格不匹配、纸张放置的位置不正确等原因，有可能在光导鼓上留下污痕或磨损，打印过程产生瑕疵，因而了解光导鼓的缺陷，在检验激光打印机的机台同一认定中尤为重要。

激光打印机硒鼓按组合方式可分为一体式硒鼓和分离式硒鼓。市售打印机主要采用一体式硒鼓，在设计上主要是把墨粉暗盒、感光鼓及显影辊等装在同一装置上，当碳粉被用尽或感光鼓被损坏时整个硒鼓就得更换，许多痕迹就会消失。

（二）激光打印机的个体特征

在激光打印机的机台同一认定检验中，只有区别于其他机台的个体缺陷特征和痕迹特征可以作为认定机台同一的依据，激光打印机的个体特征如下：

（1）纵向规律性的黑色或彩色小斑点。这种斑点是感光鼓保护膜被激光束击穿或损伤引起的，斑点直径小于 0.6mm，形态接近，斑点出现的周期与感光鼓直径相关。

（2）纵向规律性的白色斑点。感光层剥落或局部油污、充电鼓局部破损或定影辊表面局部破损引起的。

（3）全幅面纵向黑线。感光层有划伤、定影辊表面有划伤或定影分离铲爪附尘引起的。

（4）横向无规律白条（带）。感光纤维损坏或传输电晕有污垢，妨碍充电，造成感光鼓不吸附墨粉，可能出现无规律白条（带）。

（5）随机黑点。打印控制电路故障或主电晕受损，打印件上可能随机出现 1mm 左右大小的黑点。

（6）重复出现的印迹。重复出现间隔相等、形态相似的印迹，可能是感光鼓、轧辊损坏或污染引起的。

（7）字符、图像扭曲变形。输纸装置受阻会导致字符或图像扭曲变形。

（8）图文大片漏白。墨粉用光或传输电晕污染，电荷分布不均匀，会导致打印文件中出现大片漏白。

（9）字符打印不完整或完全脱印。扫描系统故障可能导致某些字符打印不完整或完全脱印。

（10）错误字符。设置的打印字体与打印机字库或计算机字库不一致，或计算机未安装该字库驱动程序，打印形成的文件会出现某些错误字符或奇怪的符号。

（11）纸张背面的连续污染痕迹。墨粉泄漏污染输纸装置，纸张背面会出现污染痕迹。

上述激光打印机的个体痕迹特征有稳定的、规律性的、随机性的特点。在检验时要了解打印机的维修、保养和硒鼓的更换对打印机个体特征的影响，尽可能收集案发前后的打印样本，综合评断特征的符合点和差异点后做出鉴定结论。

现在市售激光打印机多使用一体式硒鼓，各个部件的标准化程度很高，感光层非常耐用。往往墨粉用光，硒鼓更换时，感光层未有磨损或只有轻微的磨损，打印文件上缺少可供鉴别的特征或特征反应不明显，无法确定是否为同台激光打印机打印，而这种缺陷特征一旦出现，只要有两个位置、大小及形态相符合，就可以认定激光打印机机台同一。

三、彩色激光打印机文件的检验

（一）跟踪码检验

1. 跟踪码起源

跟踪码是指彩色激光打印机和彩色复印机的打印或复印的文件中隐藏的肉眼不可见的黄色墨点按规律排列的阵列图形。20 世纪 90 年代，为了防范打击盗版和伪造犯罪，美国特勤局与打印机制造商合作，将序列号编码在每一台他们制造的彩色激光打印机和彩色复印机中，用来发现可疑文件的机具所有者的客户信息和制作日期、时间。美国电子前线基金会最早发现并破解了施乐公司的跟踪码，这些跟踪码包含着密码讯息，其中隐藏着打印机的品牌、打印机编号和文件打印日期与时间。目前，施乐、惠普、理光、佳能、爱普生、利盟、兄弟等激光打印机制造商均在其生产的彩色激光打印机和彩色复印机中设置了跟踪码。

2. 跟踪码的形成方式

跟踪码是如何在打印过程中添加到页面上的呢？主要的研究观点有两种：一种研究认为打印机制造商设置用户在安装驱动程序时隐蔽安装一种类似 spyware 的跟踪软件，跟踪软件的系统设置差异导致跟踪码不同。另一种观点则认为打印机制造商在打印机或复印机的芯片中设置了跟踪码的功能，每一台打印机的个体信息被设计成为唯一的点阵图形并存储于打印机芯片中，并由它来控制光源在感光鼓上曝光形成吸附黄色墨粉的小点，直径小于 1mm，肉眼无法观测到，打印文件的同时转印到纸张上，形成不同数量和排列规律的数字水印。一般的机器故障不会影响跟踪码系统的正常运行，如果跟踪码系统损坏，打印机则无法正常工作。

3. 跟踪码的特点

跟踪码具有隐蔽性、安全性和鲁棒性的特点。隐蔽性是指跟踪码无法通过肉眼直接观察到，只有借助专门的仪器设备或图像处理软件才能显现或提取。安全性是指跟踪码信息隐藏于打印机的系统软件、芯片或驱动程序中，改变文件格式、文件内容或输出设置不会变更跟踪码的基本信息，更不会使跟踪码消失。鲁棒性是指用户进行信号处理不会改变跟踪码的完整性和唯一性。

4. 跟踪码的显现和检验

（1）跟踪码的显现。黄色与白色的色差接近，自然光下放大观察时，很难发现白色纸张上的黄色跟踪码的全部形态。黄色跟踪码的显现主要由三种方法：

第一种使用红外文检仪：采用带通滤光片蓝色光（400 ～ 450nm）作为光源照射，放大 10 倍以上，黄色跟踪码显示为黑色小点，可得到完整清晰的黑白阵列图像。

第二种使用 Phtotshop 图像处理软件：使用 Phtotshop CS3 对打印件高清扫描图像进行处理并保存，逐级选择工具栏中［图像］［模式］［CMKY 颜色］后，在右侧对话框中选择［通道］中的［黄色］观察图像，图像处理步骤如图 17-6 所示。调整亮度和对比度，显现灰白色背景下的黑色阵列图形。

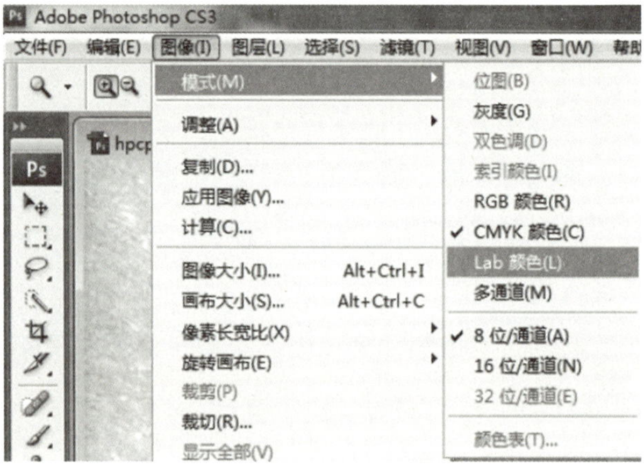

▲图 17-6 Phtotshop 图像处理步骤

第三种使用荧光显微镜：使用荧光显微镜的冷光源观察，可以清晰地观察到黄色跟踪码的形态并可测量大小；使用 UV 光源观察，可以显现蓝色背景下深绿色跟踪码点阵图形。

（2）跟踪码的检验。在对跟踪码的研究过程中，我们发现不同品牌激光打印机的跟踪码点阵图形有的差异较大，有的却很相近。富士施乐和爱普生的点阵图形多为矩形，佳能、惠普和兄弟的点阵图形则为大幅面的不规则点阵，其中富士施乐公司的黄色跟踪码点阵图形最好识别，点阵图形规律明显且之间有大片漏白。部分品牌的跟踪码点阵如图 17-7 所示。采用荧光显微镜高倍放大 50 倍，观察跟踪码形态，跟踪码多为直径约 0.1mm 的小圆点或椭圆形小点，且这些小点的边缘形状不完全规则。不同品牌跟踪码的黄点形态、大小和墨粉密度也有差异，可以根据黄点的形态和大小区分不同打印文件。部分品牌的跟踪码形态如图 17-8 所示。

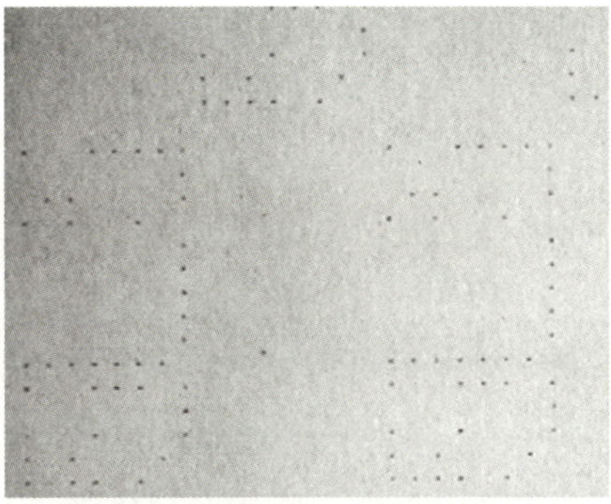

（a）FUJI xerox DocuPrint C3300

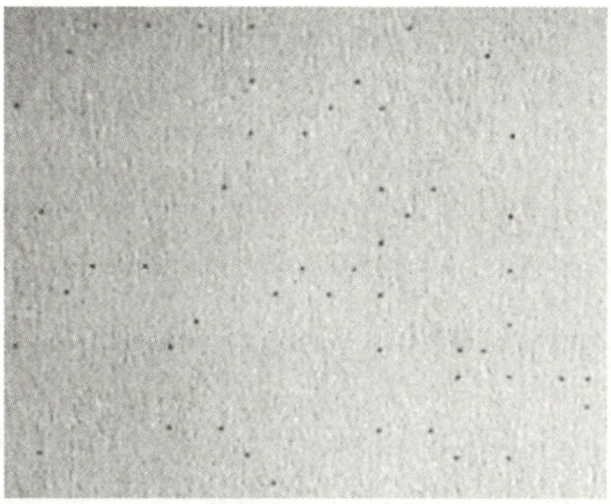

（b）HP Color LaserJet 5550

（c）Cannon C2225

（d）brother MFC-9465

▲图 17-7　激光打印机跟踪码点阵图（文检仪显现）

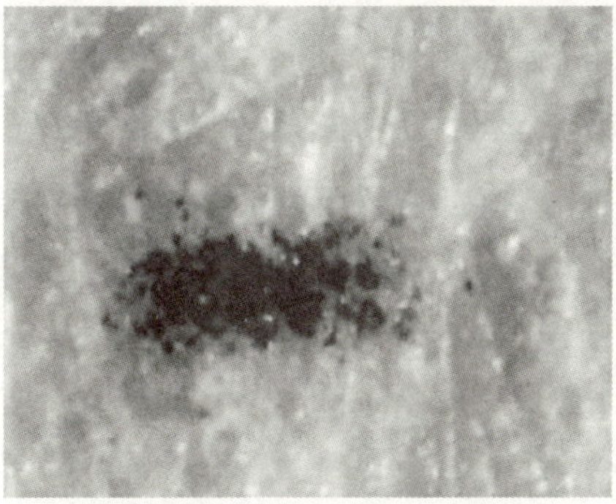

（a）FUJI xerox DocuPrint C3300

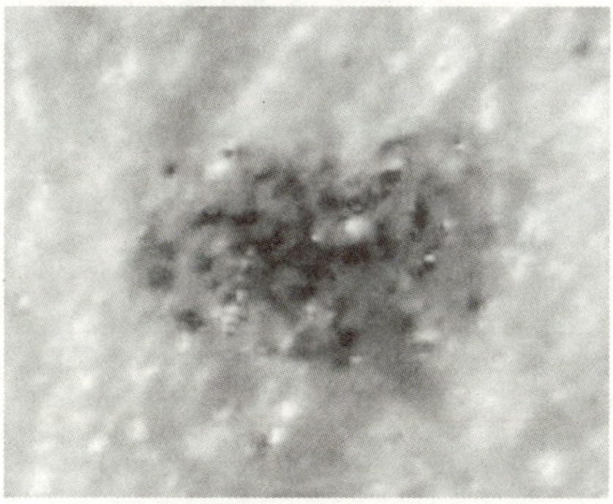

（b）HP Color LaserJet 5550

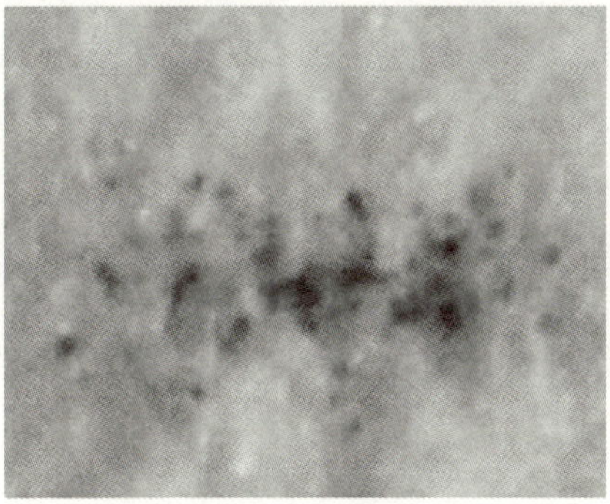

（c）Cannon C2225

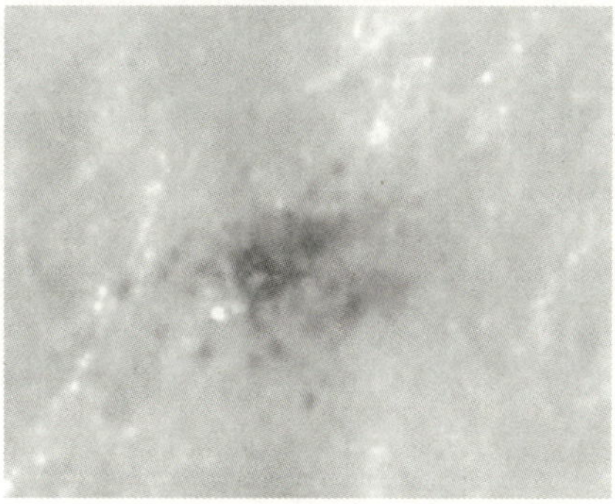

（d）brother MFC-9465

▲图 17-8　激光打印机跟踪码形态（荧光显微镜显现，黑白图像处理）

彩色复印机的跟踪码原理与彩色激光打印机相同，同样可以根据跟踪码大小、形态、点阵图形的规律对其进行品牌、机型、机台的鉴别。

（二）彩色激光打印机的网点形态检验

1. 彩色激光打印机的色彩合成

彩色激光打印机有四种基本原色，由“CMYK”组成，墨粉主要有青蓝（Cyan）、品红（Magenta）、黄色（Yellow）、黑色（Black）四种颜色。在打印图文时，针对图文的颜色进行分色，按照 CMYK 分别形成静电潜像，吸附各色墨粉，转印并固化到打印纸上。图文中不同的浓淡程度以各原色不同大小、密度的网点表现。CMYK 叠印效果如图 17-9 所示。

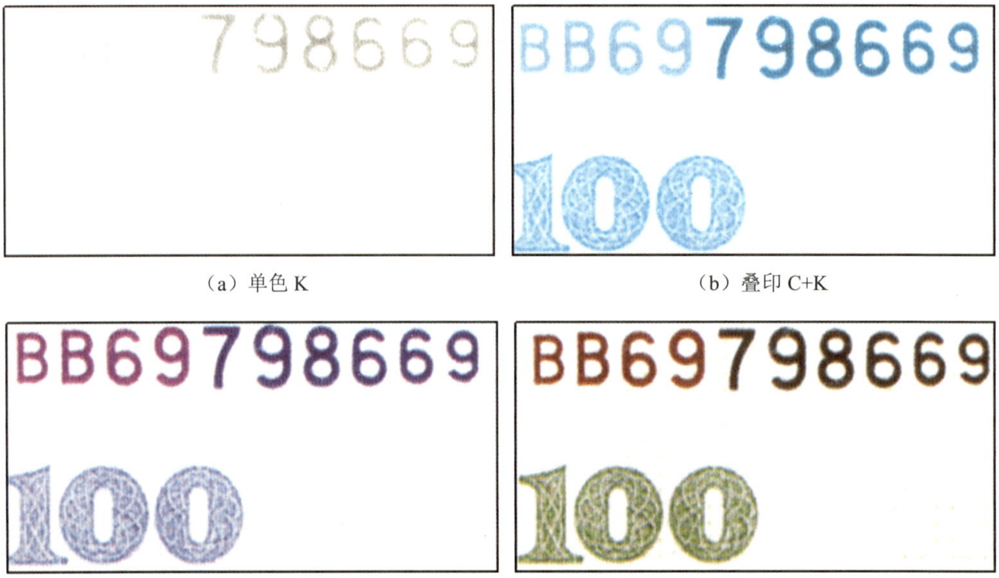

（a）单色 K　　（b）叠印 C+K

（c）叠印 C+K+Y　　（d）叠印 C+M+Y+K

▲图 17-9　彩色叠印效果

2. 彩色激光打印机的网点特征

网点的特征包含网点形状、网线角度和加网线数固定，常用的网点形状有圆形、菱形、椭圆形等。每种颜色的网线角度不同，通常是黑色 45°、青蓝 75°、品红 15°、黄色 0°。

不同品牌的彩色激光打印机或相同品牌不同型号的彩色激光打印机采用的网点形状、加网线数可能不同，在进行激光打印文件检验时要综合分析考虑，部分品牌的网线角度如图 17-10 所示。

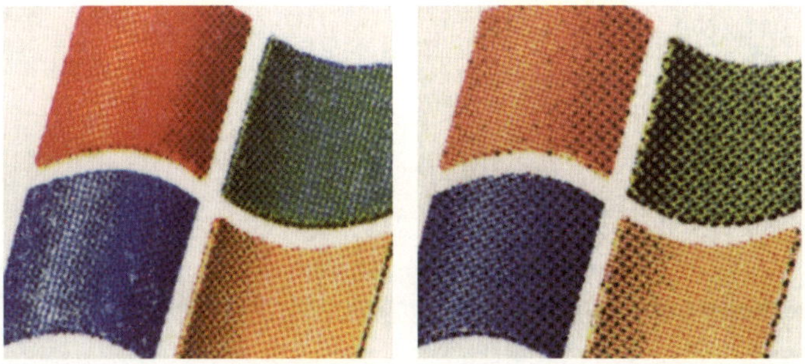

（a）brother MFC-9465CDN　　（b）HP LaserJet 200 Color M251

▲图 17-10　激光打印机的网线角度

第四节
激光打印墨粉检验

一、墨粉及制备方法介绍

墨粉（toner）又称碳粉、色调剂、静电显影剂，是用于静电成像的粉状墨粉，它与载体组成显影剂，参与显影过程，并最终被定影在纸张上形成文字或图像。墨粉生产制备涉及超细粉体加工、复合材料、化工等领域，是世界上公认的高技术产品。墨粉是电子成像、显像专用信息化学品在互联网技术和自动化领域的主要耗材，包括静电复印粉、激光打印粉、彩色激光打印粉等。随着静电复印机、激光打印机、彩色激光打印机等成像设备使用量的增加，墨粉的需求量快速增长。

静电复印技术由美国物理学家 Carlson 在 1938 年发明，而电子成像显像专用信息化学品的产业化则始于 1960 年。20 世纪 70 年代，全球第一台喷墨打印机和第一台商业化激光打印机问世，喷墨墨水、墨粉也相继出现并逐步产业化。20 世纪 90 年代，第一台彩色喷墨打印机和彩色激光打印机相继出现，彩色墨水、彩色激光墨粉相继问世。

墨粉是成分复杂的混合物，主要成分有树脂、染料、电荷调节剂、辅助添加剂、磁粉（单组分墨粉使用）或载体（双组分墨粉使用）。

（1）树脂：墨粉的主体组成部分，起黏结作用，使墨粉满足基本的定影性能和带电量要求。树脂在双组分墨粉中约占 80%，在单组分墨粉中占 60% 左右。树脂的性能对墨粉的质量和稳定性至关重要，通常选用黏合性能和热熔性能好、化学稳定性好的合成树脂，如丙烯酸类、苯乙烯类、酚醛树脂等。

（2）染料：主要成像物质，一般在黑色墨粉中常采用炭黑作为着色材料，具有调整颜色深浅的功能，在墨粉中所占比例约为10%。

（3）电荷调节剂：改变墨粉的带电量、电荷分布曲线及带电速度，起控制墨粉带电性能的作用，所占比例约为5%。

（4）辅助添加剂：起调整带电量、防粘辊、改善流动性等作用，一般在墨粉中所占比例为5%。

（5）磁粉：起染色作用，在形成磁穗时作动力，在显影过程中阻止低电量粉显影，一般为黑色磁铁矿粉末或用化学方法生成的磁性粉末，在墨粉中占30%～40%。

（6）载体：以磁铁粉、塑料珠和玻璃珠为原料制成，其中以磁铁粉最为常用。

目前，墨粉制备方法主要是熔融法（物理法）和聚合法（化学法）。熔融法（Melt-Mixing）是将已合成好的树脂与颜料及添加剂进行混合、高温熔融，然后挤出、冷却、破碎、分级，再加入一些改变其流动性的外部添加剂得到成品。聚合法（Polymerization）是指将单体树脂原料、颜料颗粒及添加剂混合在反应器中，采用聚合的方法直接得到颗粒状墨粉的成品。

熔融法的优点有技术成熟可靠，易操作且安全；生产质量稳定，总体生产成本较低；全自动封闭生产线较为环保；原材料的选择范围广。熔融法是国内普通黑色墨粉制备的常用方法，该方法由于其自身缺点，不能达到彩色墨粉的性能要求，但仍为国内低端黑色墨粉的主要制备方法，而在国外基本已经淘汰。

聚合法制备技术的优点主要是制造过程简单，大幅度简化了工艺，降低了成本；容易制造小粒径墨粉，具有良好的均一性，粒径分布均匀，电荷性能及流动性能好。由于用化学反应调节墨粉颗粒的大小及外形，所以形状较容易控制，无须粉碎工序；墨粉颗粒可做成核壳结构，实现高性能化，使定影低温化；反应在常温下进行，无须将树脂热熔化、混炼挤出、冷却固化。

熔融法墨粉和化学法墨粉在很多方面都有差异。第一，它们在组成上不同；第二，与化学法墨粉相比，熔融法墨粉粒径分布更宽；第三，两种墨粉颗粒形状差别显著。熔融法墨粉在制备时需要机械粉碎，产生墨粉颗粒粗糙，均匀性低。相反，通过化学反应可以调节墨粉颗粒的大小及外形，无须粉碎工序，形状较容易控制，颗粒具有良好的均一性，粒径分布均匀，还可以通过改变反应参数合成不同形状的墨粉颗粒，如表面平滑的球形墨粉颗粒、表面粗糙的马铃薯形墨粉颗粒，甚至可以合成表面粗糙的爆米花或覆盆子形状的墨粉颗粒，实现不同的物理指标，如图17-11所示。

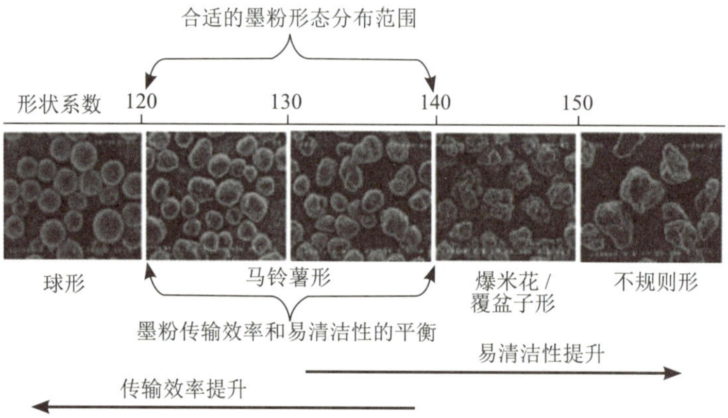

▲图 17-11　不同墨粉形貌

二、利用墨粉形态进行检验及断代

每个厂家墨粉制备工艺不同，墨粉颗粒在化学成分和颗粒大小形状都不尽相同。根据墨粉的化学组分不同的特点，可以用分析化学方法如 TLC、GC-MS、红外光谱等方法检验墨粉的化学性质，来确定一份多页的激光打印文件是否被换页。根据墨粉颗粒的形状和测量墨粉颗粒大小的特点为激光打印文件换页检验做辅助证据，同时参考墨粉生产工艺的发展和历史，在某些情况下，可以鉴定文件打印的相对形成时间。

在 1992 年 10 月前，墨粉都是通过熔融法制备，墨粉颗粒基本上都大于 10μm，打印精度也只有 300dpi。有研究者在 1989 年对当时市场上由常见的四种墨粉形成的复印文件的墨粉颗粒进行了检验，发现墨粉颗粒大小在 14 ～ 16μm。这样的墨粉颗粒能够满足当时的打印需求，但是由于打印精度只有 300dpi，不能打印更为精细的文件。1992 年 10 月，美国惠普公司采用新工艺制备了“超细墨粉颗粒”（Microfine toner powder），该墨粉颗粒平均直径为 8μm，结合惠普公司的分辨增强技术，文件打印精度可以达到 600dpi。

墨粉应用的另一大进步是化学合成墨粉工艺的成熟。尽管对化学合成墨粉的研究很早就已经开展，但是从 20 世纪 90 年代中期至 21 世纪前几年，化学合成墨粉才逐渐商业化。典型的化学合成墨粉直径在 3 ～ 8μm，而不同的合成技术也会改变墨粉颗粒的形状和粒径分布。

根据墨粉的工艺发展历史，在某些案件中可以通过测量墨粉颗粒大小来对打印文件进行断代分析。例如，某份激光打印或复印文件标称在 20 世纪 80 年代打印，但是通过测量其墨粉颗粒，发现其平均直径是 8μm 或小于 8μm，这就说明该文件不可能在 20 世纪 80 年代制成，至少不会早于 1992 年。

墨粉颗粒直径无法用肉眼观察，但是可以利用显微镜来观察和测量。在测量时，需要注意笔画或线条是由许多墨粉颗粒组成的。在文件打印过程中，暗盒（硒鼓）中带负电荷的墨粉被感光鼓面上的曝光部分吸附，变为着墨区域，其他区域不着墨。吸附在感光鼓面上的墨粉颗粒由带正电荷加热装置的定影辊加热，墨粉被纸张吸附，墨粉中的树脂被熔化并牢牢地黏结到纸张上，形成要求打印的字符和图像。所以显微观察到的线条是由许多墨粉颗粒组成的聚集体。在检验时，可以通过对打印图文边缘的墨点多次测量取平均值得到较为准确的结果，如图 17-12 所示。

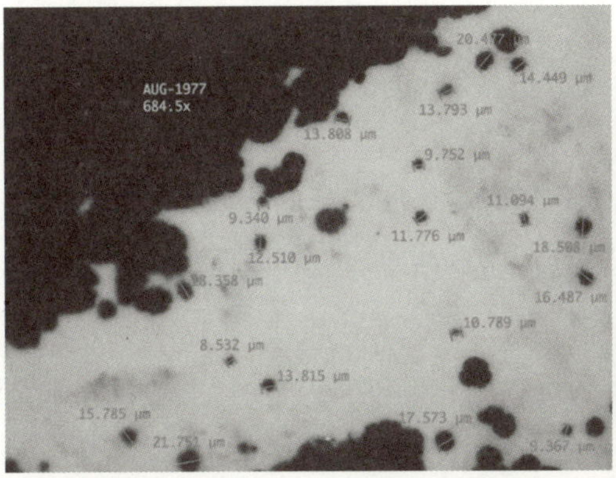

（a）1977 年激光打印文件（放大倍率 684.5），所测量墨粉颗粒大小在 17.532 ~ 21.751μm，平均值、中间值和样本标准差分别为 14.1μm、13.8μm 和 3.9μm

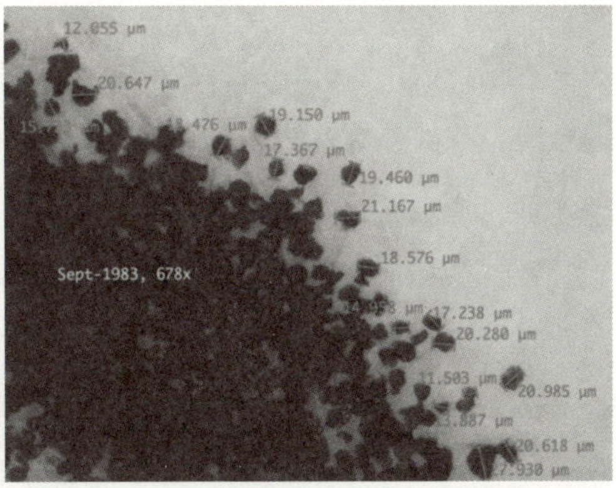

（b）1983 年激光打印文件（放大倍率 678），所测量墨粉颗粒大小在 11.503 ~ 27.930μm，平均值、中间值和样本标准差分别为 18.2μm、18.5μm 和 3.9μm

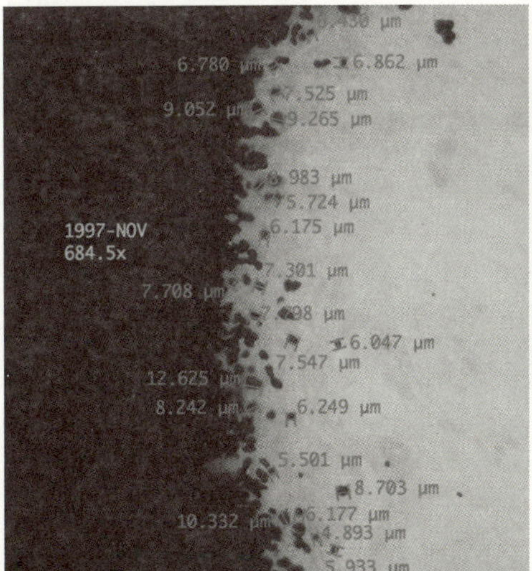

（c）1997 年激光打印文件（放大倍率 684.5），所测量墨粉颗粒大小在 4.893 ~ 12.625μm，平均值、中间值和样本标准差分别为 7.5μm、7.3μm 和 1.8μm

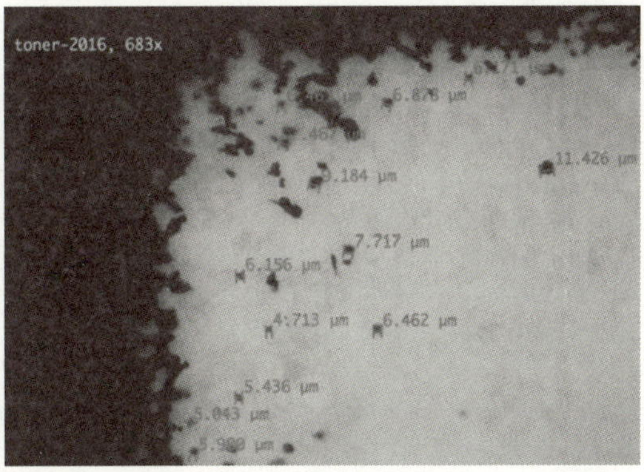

（d）2016 年激光打印文件（放大倍率 683），所测量墨粉颗粒大小在 4.893 ~ 12.625μm，平均值、中间值和样本标准差分别为 7.5μm、7.3μm 和 1.8μm

▲图 17-12　不同年代打印文件墨粉颗粒大小

三、墨粉检验

由于墨粉的主要成分为树脂、着色剂、电荷调节剂、辅助添加剂、磁粉或者载体，是一个包括有机物和无机物的混合体，故可以使用不同的物理或化学方法对其进行检验。

（一）红外光谱检验

墨粉样品，可以直接置入金刚石池中进行红外分析。打印或复印件样品，可以夹在两块石英玻璃片中间，将预热到200℃的电熨斗置于上层玻璃片上，加热1min。待玻璃片冷却后，用手术刀将墨粉轻轻刮下，然后即可进行红外分析。脱碳粉后的墨粉样品，由于墨粉中碳粉的含量较大，为了提高被检验物质有效含量，可将少许墨粉加入5mL左右的丙酮中，搅拌、溶解，离心过滤后取上层清液，滴到点滴板上，在红外灯（约100℃）下将丙酮挥发，得到实验所需样品。

通过红外光谱检验，墨粉中可以检出苯乙烯和丙烯酸酯类的共聚物、铁的氧化物、铁蓝和环氧树脂等组分，而且还可以根据树脂特征峰峰高和峰面积的差异来区分墨粉种类。

在光谱图中565～580cm^{-1}峰是含有铁的氧化物的墨粉的一个特征峰，大而宽。根据这个峰可以准确认定墨粉中是否含有铁的氧化物；2070～2096cm^{-1}峰是比较明显的铁蓝的吸收峰，而在其他位置应该出现的谱峰如501cm^{-1}、1600～1602cm^{-1}均有吸收，但由于墨粉树脂谱峰的影响，吸收峰位置会有一些位移。

一些厂家的墨粉中含有环氧树脂，环氧树脂的特征峰为1607cm^{-1}、1582cm^{-1}、1512cm^{-1}、1382cm^{-1}、830cm^{-1}等谱峰。有的品牌墨粉中的环氧树脂的含量很大，而聚苯乙烯的含量相对较小，所以环氧树脂的谱峰表现得比较充分，甚至会出现一些较小的谱峰。尽管墨粉中环氧树脂含量少，脱碳后的墨粉得到的谱图中环氧树脂的吸收也很强。

用红外光谱检验墨粉，主要集中在对墨粉中的树脂进行区分。大部分墨粉树脂中都含有苯乙烯和丙烯酸酯类的共聚物，其中丙烯酸酯大部分是甲基丙烯酸甲酯。在检验中，可以通过1727cm^{-1}和699cm^{-1}的峰高比来判断聚苯乙烯（PS）和聚甲基丙烯酸甲酯（PMMA）的不同比例，从而达到区分的目的。

（二）裂解气相色谱/质谱法

裂解气相色谱法多用于分子量大、难挥发物质的分析。当样品在严格控制的操作条件下迅速加热时，它遵循一定的规律裂解，得到可挥发的小分子产物，然后进入色谱柱和检测器进行分离、检测和谱图记录。每种物质的裂解色谱图都具有特征性，也可称为指纹裂解谱图。由于裂解产物的组成和相对含量与被测物质的结构、组成有一定的对应关系，因此，指纹裂解谱图可作为定性和定量的依据。

墨粉中的热溶性树脂如苯乙烯类、丙烯酸类及乙烯基类树脂大多是高分子聚合物。这些物质通过裂解气相色谱仪的裂解器时，在高温下热解为较简单的化合物，载气将裂解产物经汽化器送入色谱柱进行分离。不同厂家及牌号的墨粉裂解产物不同，经分离，通过检测器后得到不同的色谱信号，因此，可对不同厂家、不同牌号的产品予以比较区分与归类，从而为案件中的墨粉或复印检材提供可靠的检验方法。

在对 GC/MS 裂解峰进行归属时，匹配率 88% 以上的色谱峰可以给出结果，其中不同的峰可以归属为甲基丙烯酸甲酯、甲苯、乙苯、苯乙烯、苯乙烯的同系物、丙烯酸、二苯乙烷、甲基二苯乙烷、二苯乙烯、二甲基苯丁烯、二苯丁二烯、二苯己二烯等。在检验时，要保持裂解温度的稳定和样品的均匀受热，保持载气的流量和检测器氢气流量的稳定，每次加入的样品量尽可能相近。该方法可以通过多个裂解峰同最高峰之间相对含量的差异来区分不同的墨粉，对不同厂家墨粉的区分率很高，但区分同一厂家的不同型号的墨粉效果不太明显。

（三）拉曼光谱法

在散射光中除了有与入射光频率相同的谱线外，还有与入射光频率发生位移（频率增加或减少）且强度极弱的谱线。前者是瑞利散射光，而后者是拉曼散射光。每个分子产生的拉曼光谱谱带的数目多少、位移大小、谱带强度和形状等都直接与分子的振动和转动相关联，所以拉曼光谱属于分子的振动和转动光谱，由于分子光谱与分子结构有关，所以研究分子的拉曼光谱可以得到有关分子结构的信息。也就是说，对拉曼光谱分析，可以探知物质的组分、结构和相对含量等。

显微拉曼光谱技术是将拉曼光谱分析技术与显微分析技术结合起来的一种应用技术。与其他传统技术相比，更易于直接获得大量有价值信息。现代拉曼光谱仪采用高能量激光和高分辨滤光装置，大大改善了工作性能，具有不损坏样品，非接触性测量的特点，省去了样品制备的过程，可保留证据的原状，是一种无损的分析方法。

不同品牌型号的墨粉配方辅料的添加存在差异，比如热熔性的树脂、染料、磁性颗粒等，这些辅料中的某些非极性物质都可能产生拉曼效应，会产生相应的拉曼特征峰，根据特征峰的区别，就可以实现将不同品牌的墨粉区分开。

实验表明，采用输出功率为 0.5%×75mW 的固体（半导体）激光器，在 50 倍物镜下，在 100 ～ 2000cm^{-1} 范围内对激光打印机打印文件墨迹进行线聚焦采集光谱，用 CCD 作为检测器进行检测，可以得到不同墨迹的拉曼光谱图，每类打印机打印文件的墨迹都具有特征谱峰，且特征峰出现位置的重复性好，可以作为识别依据。因此，线聚焦拉曼光谱线技术可用于区分不同种类激光打印墨粉。

（四）扫描电镜 / 能谱仪法

各种元素具有自己的 X 射线特征波长，特征波长的大小则取决于能级跃迁过程中释放出的特征能量，能谱仪就是利用不同元素 X 射线光子特征能量不同这一特点来进行成分分析。用来对材料微区成分元素种类与含量分析，还需配合扫描电子显微镜与透射电子显微镜的使用。

通过扫描电镜 / 能谱仪（SEM/EDX）对元素的定性检验可以初步分析不同厂家和牌号的墨粉。有些牌号的墨粉中只含有碳元素；有的牌号的墨粉中只含有碳元素和氧元素；而佳能墨粉中普遍含有较多的铁元素；有相当一部分牌号的墨粉中含有硅元素；极少数牌号的墨粉中含有铝元素。不同厂家和不同牌号的墨粉之间还是有较明显差异的。

SEM/EDX 的定量结果是相对百分含量，为归一化结果。由于激光打印墨粉所含元素的种类基本一致，因此可以通过计算主要元素百分含量的比值对半定量结果进行分析。在相同纸张作为承印材料的情况下，其元素相对百分含量比值存在差异的主要原因是打印墨粉中无机元素的含量不同。通过对激光打印文件所含元素进行半定量分析，可实现对不同机台的打印文件结果的区分。这是因为打印文件样品中所含主要元素种类虽然相同，但是其相对百分含量存在差异。通过比较元素相对百分含量比值结果，可以发现不同打印文件的差异。

应用 SEM/EDX 法检验激光打印文件时，在纸张同一时，其定性结果可靠，定量结果可根据元素相对含量的比值进行分析。而当纸张不同时，其定性结果可以作为区分的依据，但是半定量结果会受到较大的影响，不能作为区分的依据。

参考文献

[1] 张光凯 . 激光打印机工作原理及典型故障分析 [J]. 职业，2012（10）：122.

[2] 谢文彭 . 激光打印机工作原理与汉字输出 [J]. 计算机工程与应用，1985（1）：10-14.

[3] 高月月 . 激光打印文件的识别与同机认定 [J]. 司法实践法制博览，2019（6 下）：141-142.

[4] 梁立峥，黄建同. 彩色激光打印文件跟踪暗码小点特征初探 [J]. 中国人民公安大学学报（自然科学版），2011（4）：9-13.

[5] 王楠，杨旭，杜志淳 . 常用彩色激光打印机打印文件暗记特征的初步研究 [J]. 中国司法鉴定，2014（2）：19-24.

[6] 朱毅，万英 . 彩色激光打印文件暗记检验的现状与发展 [J]. 科教导刊，2017（21）：172-173.

[7] 刘宁，裴雷 . 彩色激光打印机、复印机同一认定新方法 [J]. 江苏警官学院学报，2005.20（3）：165-170.

[8] 陈春涛，裴雷 . 施乐 DocuColor 彩色激光打印机隐含信息的获取 [J]. 江苏警官学院学报，2006（6）：145-1417.

[9] 李江春 . 利用暗记特征对 HP 系列彩色激光打印文件鉴别的研究 [J]. 湖北警官学院学报，2008（6）：111-113.

[10] 胡萍，成磊，郝红光 . 惠普彩色激光打印文件跟踪暗码的实验研究 [J]. 广东公安科技，2016（2）：38-41 .

[11] 邹炜，尹广林 . 利用暗记特征对 HP Color Laser Jet Pro M252n 彩色激光打印机打印文件的检验研究 [J]. 法制博览，2016（10）：99-100.

[12] 王琳，黄文林，黄建同 . 彩色激光打印整幅 A4 纸跟踪暗码显现与分析 [J]. 中国人民公安大学学报（自然科学版），2015（1）：10-14.

[13] 刘永利 . 激光打印机的基本结构和工作原理（上）[J]. 家电维修技术，2012（2）：23-24.

[14] 李林芯 . 富士施乐庆祝激光打印机诞生 30 周年 [J]. 微电脑世界，2007（11）：172.

[15] 王威，王宝群，刘京玲，等 . 墨粉的制备及发展概况 [J]. 中国材料进展，2012（31）：1-7.

[16] 商晓宇，梁兵 . 激光彩色墨粉制备方法研究进展 [J]. 化工进展，2012（31）：1811-1815.

[17] 王英强，冯计民，汪聪慧，等 . 傅立叶变换红外光谱法检验静电复印墨粉 [J]. 刑事技术，2004（4）：3-7.

[18] 杨瑞琴，姜华，王英强，汪聪慧，等 . 裂解气相色谱 / 质谱法检验复印墨粉 [J]. 色谱，2003，21（3）：277-280.

[19] 梁鲁宁，杨爱东，林雷祥 . 激光拉曼光谱识别不同厂家激光打印机打印文件 [J]. 光散射色学报，2003，15（2）：92-94.

[20] 林建成，梁鲁宁，黄建同，等 . 显微激光拉曼光谱技术检验彩色激光打印机打印文件墨迹的实验研究 [J]. 光散射学报，2015，27（4）：374-378.

[21] 王晓宾，黄建同 . 扫描电镜 / 能谱法检验激光打印文件 [J]. 刑事技术，2015，40（3）：222-226.

第十八章

其他数字印刷文件检验

第十八章 其他数字印刷文件检验

数字印刷技术除了静电照相成像数字印刷和喷墨印刷外，还包括热成像数字印刷、磁成像数字印刷、离子成像数字印刷、电子成像数字印刷等。因为针式打印文件与热成像打印文件在可疑文件检验中比较常见，我们将在本章中着重对二者进行介绍。

第一节
针式打印文件检验

一、针式打印机原理与工作流程

针式打印机之所以得名，关键在于其打印头的结构。打印头的结构比较复杂，大致可分为打印针、驱动线圈、定位器、激励盘等。当打印头从驱动电路获得一个电流脉冲时，电磁铁的驱动线圈就产生磁场吸引打印针衔铁，带动打印针击打色带，在打印纸上打出一个点的图形。因直接执行打印功能的是打印针，所以这类打印机被称为针式打印机。

针式打印机的工作原理是这样的：主机送来的代码，经过打印机输入接口电路的处理后被送至打印机的主控电路，在程序的控制下，产生字符或图形的编码，驱动打印头打印一列点阵图形，同时字车横向运动，产生列间距或字间距，逐列进行打印；一行打印完毕后，启动走纸机构进纸，产生行距，同时打印头回车换行，打印下一行；上述过程反复进行，直到打印完毕，如图 18-1 所示。

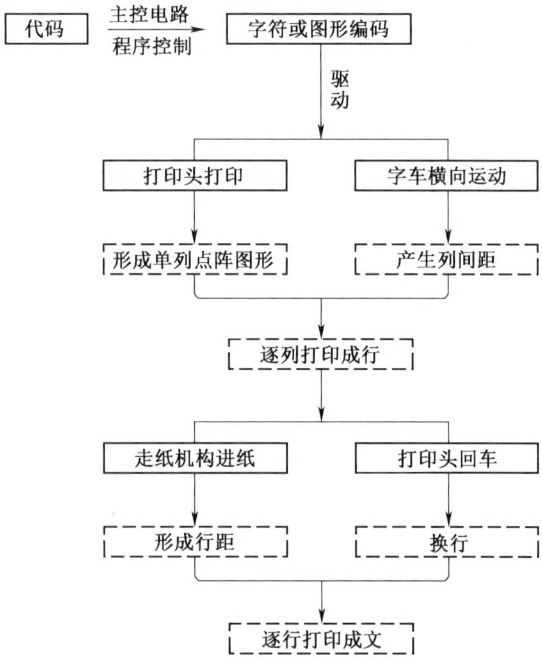

▲图 18-1　针式打印机工作流程

二、针式打印机历史演变

世界上第一台针式打印机是由

Centronics 公司推出的，但由于当时技术上的不完善，其没有进入市场，所以几乎没有人记住它。直到 1968 年 9 月，日本精工株式会社推出了 EP-101 针式打印机，它被人们誉为第一款商品化的针式打印机。我国第一台针击式中西文电子打印机是 1986 年由北京四通公司和日本三井公司制作的 MS-2400 型号电子打字机。针式打印机分为矩阵式和行式两种。传统针式打印机针的排列一般为一个矩形，一次打印一个字体或者一个字体的一部分。行式打印机的针排列为一行，宽度和最大打印的宽度相同，逐行打印，一次打印一整行，打印速度较传统针式打印机更快，在短时间内可以完成较大的打印任务。

三、针式打印机特点与实际应用

针式打印机对打印纸张没有特殊要求（可以打印无碳复写纸），打印的东西可以长久保存而不褪色，具有高速跳行和多份复制的功能，使用耗材成本低。其缺点是打印质量较差、噪声大、打印速度较慢，而且只能打印单色。

针式打印机主要用于票据等压感复写纸的打印，具有很好的精确定位能力和复制能力，可以在很厚的打印介质上进行打印。同时，针式打印机具有多种送纸方式，适用于各类报表、存折、票据及卡片的打印，最常见的是用于发票、快递单、三联单等的打印。

四、针式打印文件检验

针式打印文件检验主要采用形态学检验及荧光检验方法，形态学检验又包括直观检验、显微检验、侧光检验等。

（一）针式打印文件特点及其形成方式的确认

从概貌上看，针式打印机使用的染色物为织物类色带，色带上浸染的色料主要由染料组成，因此针式打印文件的图文墨迹黑度较低，不似喷墨打印文件和激光打印文件那样黑，有时墨迹颜色略偏青色，且无光泽，露白较多。

从墨迹细节特征来看，针式打印文件的字符印迹由小圆点组成，有的能看出分离的点，如图 18-2 所示。若各点相互交叠，也能看出字符印迹边缘不整齐，笔画边缘呈现波浪状形态，如图 18-3 所示。这是因为针式打印机的打印头上纵向排着一列、两列（呈交错状）或多列钢针，打印头置于字车上，并由横移机构牵引沿水平导轨横向往复运动。色带装在打印针与打印纸中间，当打印针撞击色带时，就在纸上印出一个点；当一列针同时撞击时，就印出了一列点。

▲图 18-2　针式打印机字符印迹示例
（组成字符的各点相互分离）

▲图 18-3　针式打印机字符印迹示例
（组成字符的各点相互交错，笔画边缘呈波浪状）

由于钢针是带着冲击力量打到色带上而将印迹形成于纸张表面，所以点击式打印文件的印迹小点有冲击压痕，从打印文件背面侧光观察，可见由钢针冲击造成的凸起痕，如图 18-4 所示。在某些打印条件下墨迹中还会有“中淡边浓”的挤墨现象。如果色带较新、油墨量较多，出击的钢针与色带接触部位附近的织物油墨也会转印到纸张上，在文字笔画附近形成与色带编织纹路相对应的墨点痕迹，即色带印迹，如图 18-5 所示。

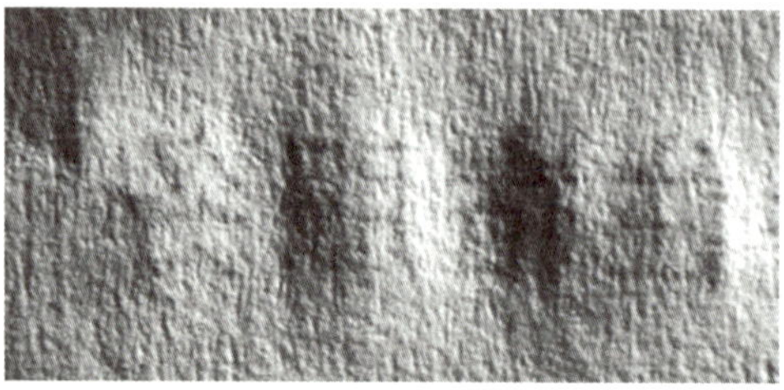

▲图 18-4　针式打印文件背面钢针冲击造成的凸起痕示例

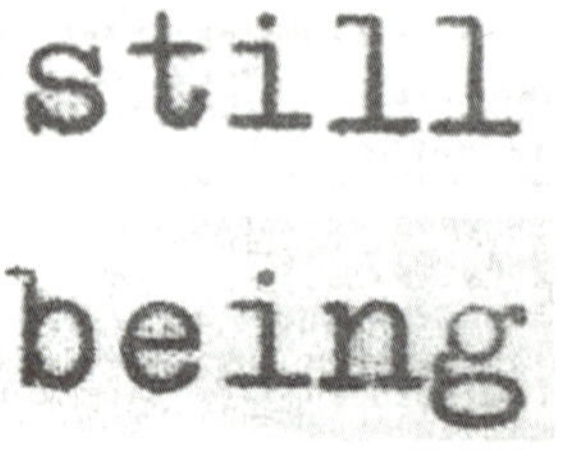

▲图 18-5　针式打印文件上色带印迹示例

（二）针式打印机的个体识别特征

针式打印机在使用过程中，会产生机械及电子方面的缺陷及故障，从而在打印文件上形成影响打印质量的有关特征，这些特征可以为针式打印机的个体识别提供依据。

1. 字库缺陷

字库缺陷是指打印机内部字库制作时存在的固有缺陷或点阵信息紊乱，它会反映在打印文件上，如比例变形、笔画重叠、偏旁部首缺失等。对于针式打印机来说，9 针针式打印机一般不自带汉字库，目前使用的 24 针针式打印机绝大多数都在打印机处理器内固化了汉字库，打印机打印出的汉字即对应于字库中某个码位，如果打印机内部字库制作时存在固有缺陷或点阵信息紊乱，就会反映在打印文件上。

2. 打印头缺陷

打印头缺陷包括打印头堵塞、打印针磨损、打印头断针等。针式打印机头上的打印元件若出现故障，就会使相应印字单元丧失功能，造成打印文件中部分笔画打印模糊或打印出字符的列阵出现空缺，在一行或多行字符上形成横向贯穿的露白或浅淡的条痕，如图 18-6 所示。打印多次扫描形成的大字时，会出现多条横向贯通的白线。

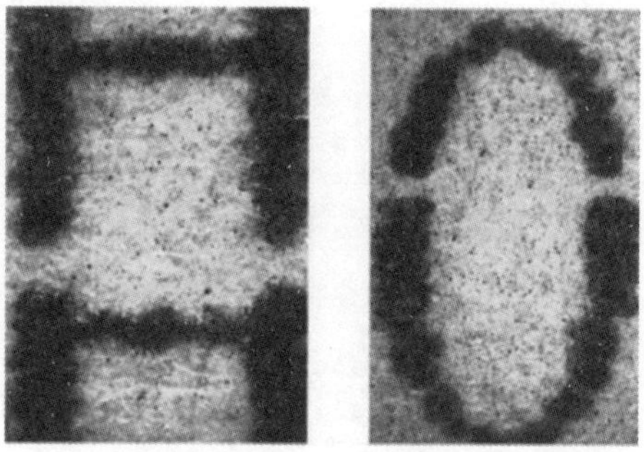

▲ 图 18-6　针式打印文件中字符列阵空缺现象

3. 串行、接字、错位特征

针式打印文件上较大字符易出现反向间隙特征。针式打印机是串行式打印机，串行式打印机打印超过打印头印字元件排列高度的大字符时都是以行为单位分段拼接打印。由于带动字车运动的传动机构不可避免地存在一定的机械间隙，而且随着使用过程中磨损程度的加深，间隙逐渐加大。当执行双向打印的打印机打印完一截字符再执行反向打印时，虽然打印控制信号开始反转，但字车要待传动机构转过机械空程之后才能回动，使第二次扫描的打印位置滞后，可能出现上下对位不准的衔接现象，如图 18-7 所示。

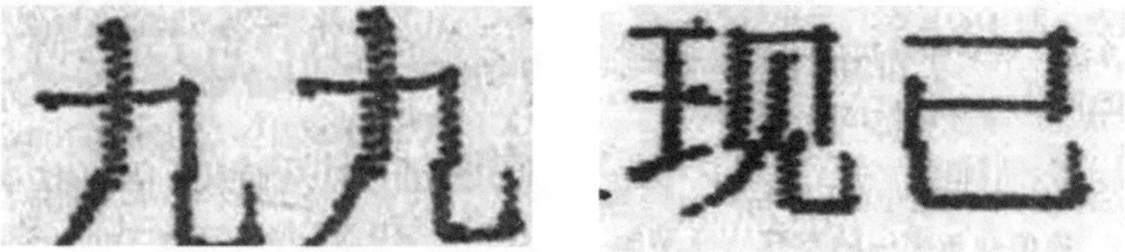

（a）左偏错位　　（b）右偏错位

▲ 图 18-7　针式打印文件中的上下错位衔接现象

针式打印机打印时，打印头在导轨上做往返运动，由于安装或磨损等原因，字车与导轨之间的间隙会增大，在打印过程中被传动带拖拽，打印头会略微偏斜，从而造成打印字符的列阵与字行轴线不垂直。若情况严重，肉眼可直接看出字符不正；若情况轻微，也会在竖向线条上表现出来。

如果打印机输纸步进电机出现运行故障，输纸速度不均匀，就会与字车步进电机在运行上出现时间间隙。这就会导致当打印头往返多次打印一行字符时，两次打

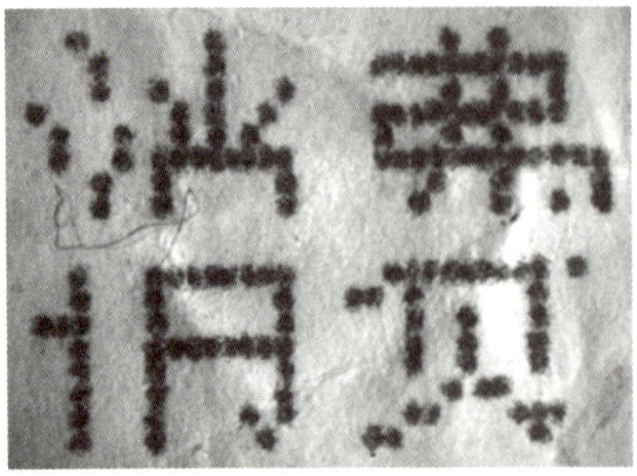

▲图 18-8　针式打印文件中的笔画竖向连接处的脱节现象

印的笔画在竖向连接处发生重叠，形成深色线条；或是两次打印的笔画在竖向连接处产生脱节，形成一条较宽的横向空白带，如图 18-8 所示。

由于打印机的不断使用、维修和保养，有些特征可能会改变或消失，因此在对针式打印机进行同一认定时，要尽量收集、选择与检材同时期的打印样本进行比对。

（三）针式打印无碳复写纸文件的荧光反应特征

无碳复写纸是一种隐色复写纸，具有直接复写、显色的功能，其发色是一种化学发色原理。无碳复写纸具有多联，在不同联的原纸表面涂布有不同种类的材料。一般在上纸、中纸的背面涂有发色剂，中纸和下纸的正面涂有显色剂。发色剂涂料中的主要材料是微胶囊。当涂有不同材料的纸面相互接触并受到打印外力作用时，微胶囊囊壁发生破裂，两种不同涂层里的无色染料与酸性显色材料之间发生化学反应，直接接触显色。

打印多联发票时，机头内的点阵撞针撞击打印色带和第一联纸张，色带上的油墨在第一联上打印出字符，第二联则因为撞针机械撞击形成染色字迹，该染色具有很强的荧光反应。当二者同时被撞针撞击打印时，第二联的色料会黏附在第一联的背面，从而形成字符笔画周围的荧光现象。如果衬垫物是普通的纸张，则观察不到荧光现象。如图 18-9 所示，可疑字迹“XX 医疗器械”“及康复设备”在检验条件下基本没有荧光反应，而其他字迹字符边缘则有很明显的荧光效应，这就是由于打印时二者衬垫物不同所导致的。因此，在针式打印机打印无碳复写纸形成的文件的检验中，荧光检验是一种常用的检验手段。

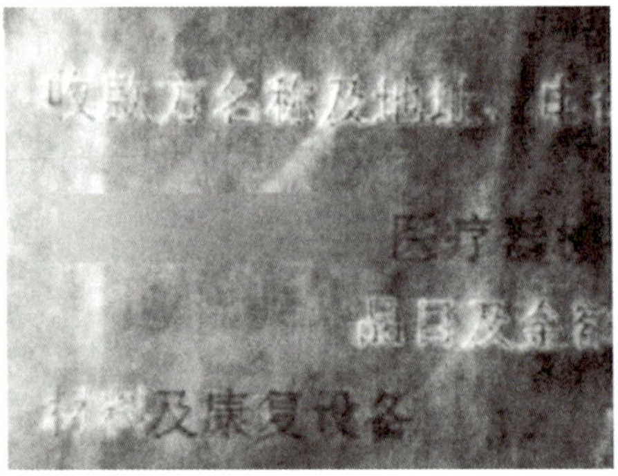

▲图 18-9　检材红外荧光示例图（蓝光激发，截止波长 650nm）

第二节 热成像打印文件检验

一、热成像打印机原理与工作流程

热成像打印是用加热方式（如加热针或加热印字头）印制印刷品的各种方法的总称，主要包括热敏打印技术、热蜡转印技术和热升华转印技术。热敏打印头、热敏纸、热敏印刷流程（终端信息输入、热敏打印机输出与热敏纸承载三个步骤）是热成像打印技术包含的三个必备要素。

（一）热敏打印

热敏纸是一种经过特殊处理的记录纸张，它是在普通纸的白色纸基上涂布一层热敏发色层。发色层是由胶黏剂、显色剂、无色染料（或称隐色染料）组成的，通过微胶囊隔开，常温下化学反应处于“潜伏”状态。当热敏打印机有选择地在热敏纸确定位置上加热时，打印头所打印之处的显色剂与无色染料即发生化学反应而变色，从而产生字符点阵，形成特定图文，如图 18-10 所示。热量是由与热敏材料相接触的打印头上的一个小电子加热器提供的。加热器排成方点或条的形式由打印机进行逻辑控制，当它被驱动时，就在热敏纸上产生一个与加热元素相应的图形。控制加热元素的同一逻辑电路，同时也控制着进纸，因而能在整个标签或纸张上印出图形。显色反应是涂层内部的化学变化，若文件保存时间过长，发色物质会产生逆反应，使图文褪色、印迹变浅淡或消失。

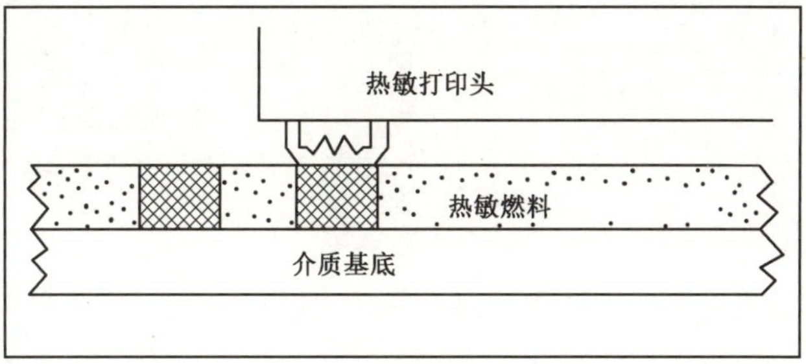

▲图 18-10　热敏打印机工作原理示意

（二）热蜡转印

热蜡转印是指在热能作用下，将涂有热熔性蜡状或树脂类油墨的热敏纸或膜（色带）上的文字与图案转印到承印载体上的印刷技术，如图 18-11 所示。其具体工作原理是通过电脑控制将脉冲电流加在热印头的发热电阻上，发热电阻瞬时温度可达 150 ～ 300℃，打印头压在色带上，发热电阻热量通过涤纶膜传递到色带背面的热熔融型油墨层，油墨层融化而转移到承印物上形成图像。现代热蜡转印色带热敏涂层包括纸基、释放层、油墨层三层，释放层熔点略低于油墨层软化温度。印刷时，油墨被成块转印到载体上，用以填充纸张表面不平，使成文质量大大提高，可以实现全色（彩色）印刷。

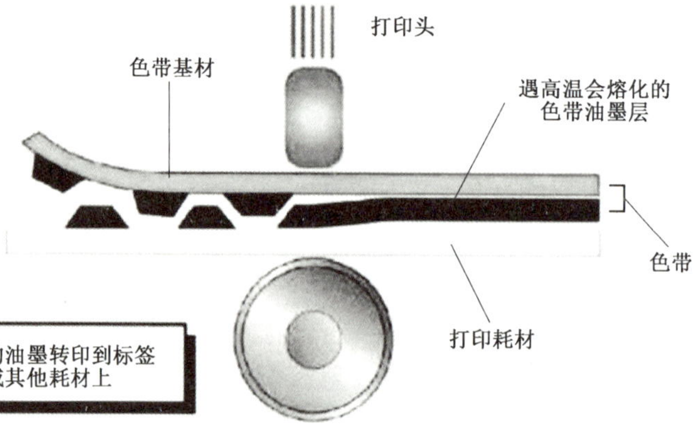

▲图 18-11　热蜡转印工作原理示意

（三）热升华转印

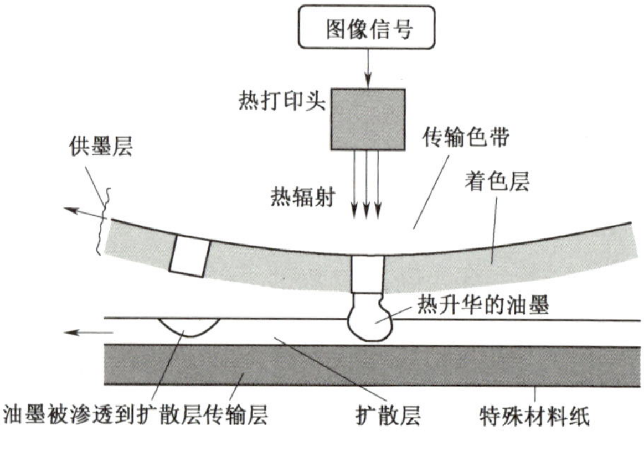

▲图 18-12　热升华打印工作原理示意

热升华转印是指利用升华现象，在热能作用下，将涂有固体颜料的热敏纸或膜（色带）上的文字图案升华为气态转印到承印载体上的技术，如图 18-12 所示。热升华打印机将几种基色的固体颜料（称为色卷）设置在一个转鼓上，这个转鼓上面安装有数以万计的半导体加热元件，当这些加热元件的温度升高到一定程度时可以将固体颜料直接转化为气态，然后将气体喷射到打印介质上。半导体加热元件通过温度调节色彩比例和浓淡程度，每个加热元件都可以调节出256种温度，每一个打印色彩点都可呈现出256个色阶浓度的变化。

二、热成像打印机特点与应用

热成像打印技术分为物理热敏打印以及化学热敏打印。热蜡转印、热升华转印在打印过程中主要应用了色带上颜料的熔化、升华属性或现象，是通过物理方法进行热敏打印的方式。而热敏打印通过显色剂与无色染料发生化学反应而变色，是通过化学方法进行热敏打印的方式。热敏打印采用直接印刷方式，打印机头直接作用于成文载体，文字图案显现嵌在涂层中；热蜡转印、热升华转印采用间接印刷方式，非直接在色带上成像，而是以色带为介质在承印物上成像。因此，热敏打印与热蜡转印、热升华转印有明显不同的特点。热敏打印一般为单色或双色打印，而彩色打印成本很高。热蜡转印技术的产生很好地吸收了热敏打印的优点，如成本低、速度快、便捷易操作等，也克服了热敏打印本身无法弥补的缺点，热蜡转印色带上热敏涂层丰富的颜料可以实现全（彩）色印刷，一些发达国家在证件制作上采用热蜡转印技术。热转移成像材料则是受热部位所有组分都转移，而升华型成像材料是受热部位的升华性染料以单分子形态转移，作为分散相的成膜性树脂和其他组分并不随染料分子转移。热升华转印技术可以将色带上的颜料直接升华为气态，且对温度控制更加精巧，三种基色相互融合形成连续的色阶，规避了墨滴扩散问题，大大提高了图像的色彩逼真度和还原性。而热升华打印机在打印文本时，是将包括黑色的四种颜色的固体颜料混合在一起进行打印的，因此其黑色纯度很低，不适用于文本打印。在这几类热转换打印机中，热升华打印机的输出效果最好，但是它的缺点是打印速度相当慢，对打印介质要求高，打印成本较高。彩色热升华打印机是数码相机的最佳拍档，这种打印机又常被称作彩色数码照片打印机。

三、热成像打印机历史演变

20世纪中叶产生了热敏记录与印刷技术。1951年，美国3M公司（明尼苏达矿业与制造公司）成功研制了热敏纸。热敏纸的重要属性是受热变色，它通过热能作用可以直接在载体上显现文字与图案，不需要显影与定影操作。热敏纸的研发意味着热敏印刷时代的到来。热敏印刷主要包括热敏复印和热敏打印两种方式。20世纪60年代出现了热敏打印技术，80年代出现了热蜡色带，紧随其后热升华技术开始应用，热敏打印机头技术的不断突破使打印速度与图像质量都得到了大幅提升。20世纪末，热敏打印技术开始广泛应用在商业票据印制、文件传真、医疗等领域。

热敏打印机根据其热敏元件的排列方式又可分为行式热敏（Thermal Line Dot System）和列式热敏（Thermal Serial Dot System）。列式热敏属于早期产品，目前主要应用在一些对打印速度要求不高的领域。行式热敏是 20 世纪 90 年代的技术，其打印速度比列式热敏快得多。

四、热成像打印文件检验

热成像文件检验方法主要包括电子显微镜法、特殊光源检验法及光谱分析法（原子光谱、紫外可见光谱法、红外光谱法、拉曼光谱法等）。

（一）热成像打印文件特点及其形成方式的确认

热成像打印文件一般页面平整，侧光观察没有明显凹凸压痕。热成像打印文件字符均由矩形点阵组成，斜笔画边缘有明显阶梯形态，字迹一般为横笔画较细、竖笔画较粗。

1. 热敏打印文件

从概貌上看，热敏打印文件一般为单色、双色印刷，纸张光滑平整，印迹无色料加层的立体感，墨迹通常黑度较低，墨色暗淡，如图 18-13 所示。经强荧光检验，可见文字笔画有强烈荧光反应，如图 18-14 所示。

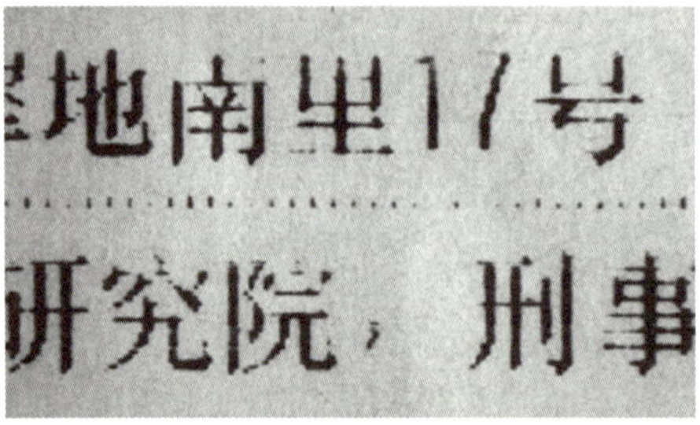

▲图 18-13 热敏打印文件墨迹概貌特征示意

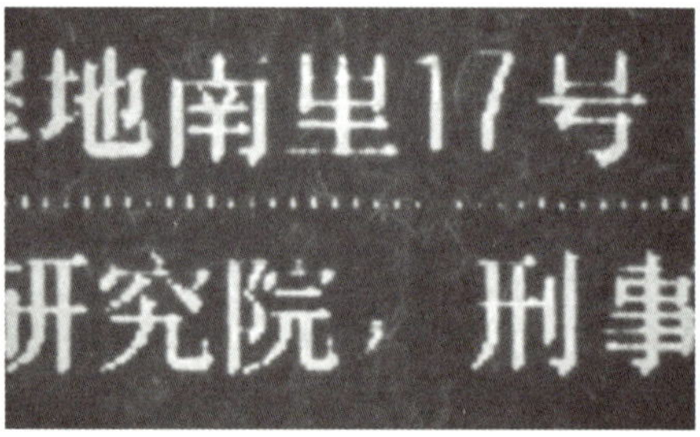

▲图 18-14 热敏打印文件墨迹荧光特征示意

从墨迹细节特征来看，热敏打印文件字符矩形点阵排列一般较均匀，各矩形点距离相同。横、竖等笔画无大小、宽窄、角度变化，可由相同矩形依次堆砌而成，此类笔画一般四周平滑。如无特别故障，这些笔画或笔画构成的偏旁部首，一般颜色充实，色泽均匀，不会有镂空现象，如图 18-15 所示。

对于撇、捺、勾、折等斜笔画，其大小、方向与角度发生变化，在文字记录方式上，一般通过不同大小的矩形叠加形成类似图案，故该类笔画边缘呈较明显锯齿状，笔画末端会形成断裂痕迹，如图 18-16 所示。

▲图 18-15　热敏打印文件字符横、竖笔画特征示意

▲图 18-16　热敏打印文件字符撇、捺笔画特征示意

热敏打印一般采用逐行走纸、整行打印的方式，这导致打印文件在图文上行、列之间呈现平行、规整的特点。在单个字上，横、竖平行整齐，鲜少歪斜，如图 18-17 所示。

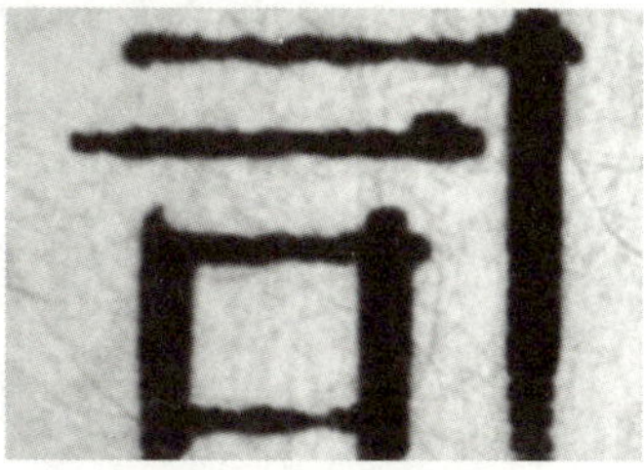

▲图 18-17　热敏打印文件字符横、竖笔画平行特征示意

在笔画交叉方面，热敏打印文字一般会出现向外扩散的现象，如图 18-18 所示。这是因为热敏打印机头的热能会不可避免地传导至周边，交叉部位多次受热能作用而发生显色。

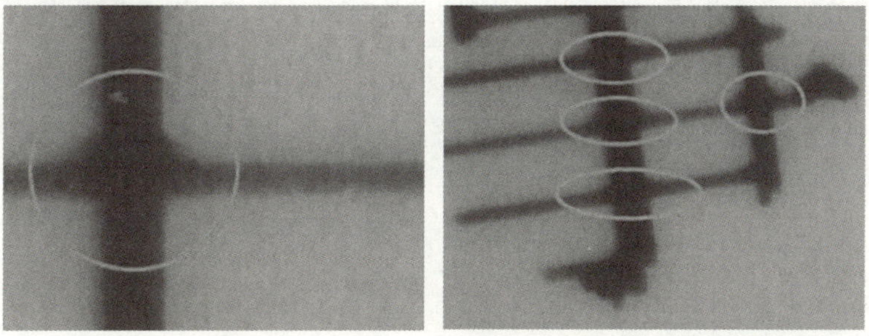

▲图 18-18　热敏打印文件字符笔画交叉产生扩散

热敏打印文件通过近红外光源照射，在不同波长红外光下会依次出现图文逐渐模糊、消退甚至完全消失的现象，如图 18-19 所示。不同图文隐去的波段不同，相关特征可以作为材料性质分析的依据。

▲图 18-19　红外光下热敏图文逐渐消失

2. 热蜡转印打印文件

热蜡转印文件，可单色、双色印刷，亦可全色印刷；有文字内容，也有图像内容。从概貌上看，热蜡转印文件墨迹附着于纸张表面，墨迹比热敏打印文件黑，侧光观察可见明显立体感，如图 18-20 所示。

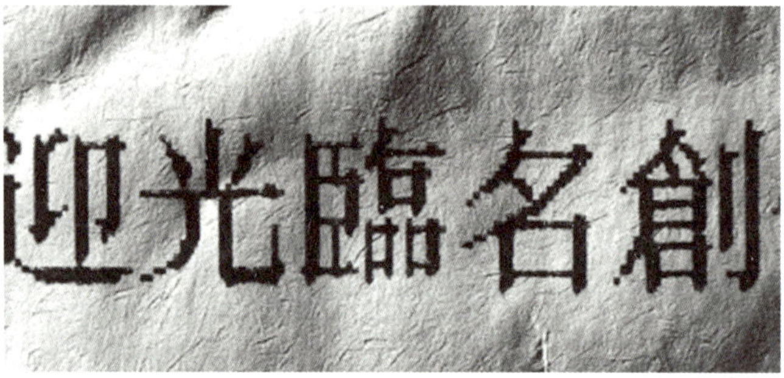

▲图 18-20　热蜡转印文件墨迹概貌特征示意（侧光观察）

从墨迹细节特征来看，热蜡转印文件字符也由矩形点组成，斜笔画阶梯状特征明显，但矩形点阵排列不均匀，矩形点存在距离不同的特征，如图 18-21 所示。其图文墨迹边缘平滑程度受纸张平整程度的影响较大。经多波段光源检验，热蜡转印文件在不同波长红外光源下也会出现不同程度的图文模糊甚至消失，如图 18-22 所示。

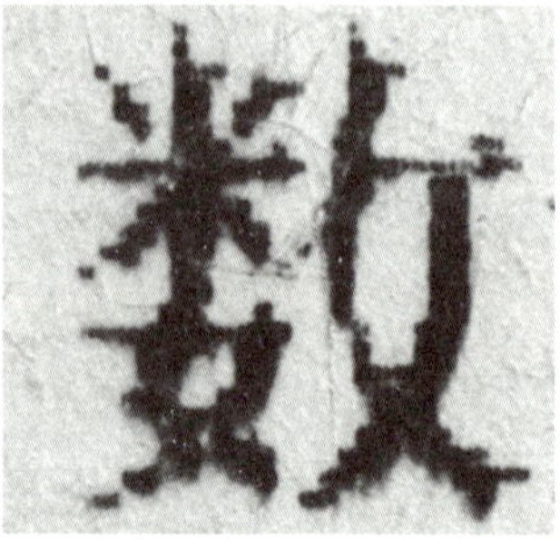

▲图 18-21　热蜡转印文件墨迹细节特征示意

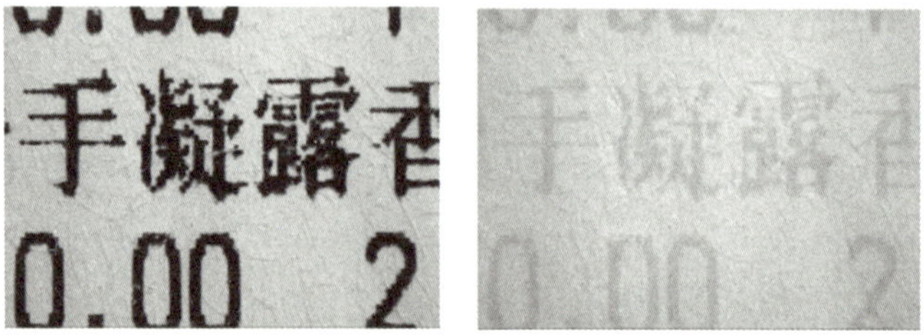

▲图 18-22　红外光下热蜡转印图文逐渐消失

3. 热升华打印文件

热升华打印主要用在证卡、卡片、相纸等特殊纸张上，其色带上都有一覆膜层，起到防水、防氧化的作用。热升华打印文件在显微镜下呈现“雾状”及未聚焦的模糊状，由于存在覆膜，能看到颜色和膜的立体层次感。观察其细节特征，热升华转印文件像素高，在显微镜下无矩阵特征，图像和线条边缘有“光晕”状，其线条边缘常出现锯齿状，并由呈现一定规律角度排列的短线条组成。热升华型打印文件一般是全色印刷，在色彩表现上比较细腻。与热蜡转印打印文件墨迹不同，热升华型打印文件墨迹一般不溶于乙醇。热升华打印文件图文在红外光下隐去的特征比热敏和热蜡转印打印文件弱。

（二）热成像打印机的个体识别特征

1. 热敏色带和压纸滚筒上的字符印迹特征

用热敏色带的打印机，打印头的发热元件将色带染料熔化转印到纸面上，打印后色带上会留下透明的字符印迹。一次性热敏色带，打印后形成的印迹非常清楚，不仅内容与打印文件相同，字符印迹的细节也反映一致，若是打印竖向放大字形，则需分几次才能出现完整的字符印迹。若使用热敏打字机，应及时检查色带和用过的旧色带。

2. 字符笔画形态特征检验

字库中的文字信息是根据印刷体字稿数字化处理后的信息编辑而成的。不同的中文电子打印系统中安装的字库可能源于不同的生产厂家和版本，其打印出的同体同号汉字和符号的点阵结构与具体形态有可能不完全一样。这是因为制作字库的不同厂家所采用的文字原稿不同及对汉字数字化处理的过程不同，造成不同来源字库打印出的字符细节形态与相对空间位置不尽相同。字符笔画形态特征检验就是采用显微检验方法，观察和分析打印文件上标点符号和文字笔画的细节特征，通过对同体同号字的比对与测量即可发现相关差异。

3. 打印头功能缺陷特征

打印机的打印头是运动最频繁的部件，易在使用中发生磨损、断折、堵塞等故障。热成像打印机打印头如果发热电阻损坏，即所谓的“断针”，则该位置会形成一列或一行无图文的底色空白。打印不同字体和内容的字符，均会在固定列阵位置出现此缺陷，如图 18-23 所示。打印头功能缺陷特征检验就是采用显微检验方法，观察和寻找打印文件图文墨迹中是否存在打印头功能缺陷痕迹，并比较缺陷个数和缺陷的列阵位置。

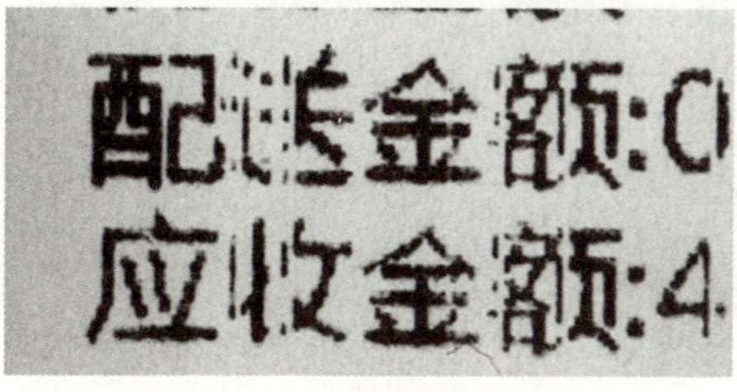

（a）检材 1

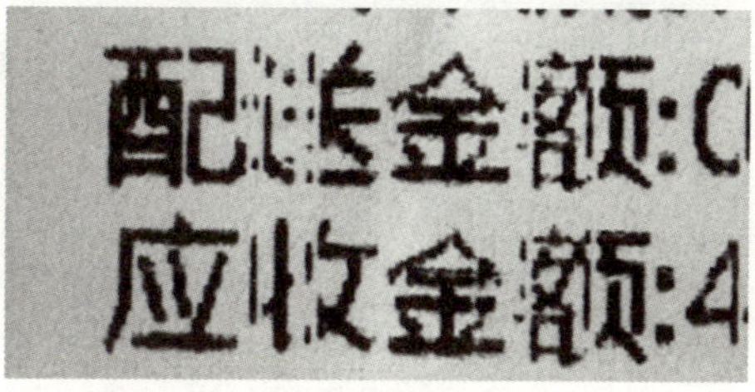

(b) 检材 2

▲图 18-23 热成像打印文件字符列阵缺陷比对示意

4. 串行、接字、错位特征

错位是指字迹竖笔画左右对接不正。当字迹高度超过热成像打印头高度时，打印头需要往返多次才能打印出一行完整字符，因此该特征只出现在大于 24×24 点阵的字迹中，且在打印表格竖线时最为明显。应注意的是，有的打印机中有调节装置，当错位距离过大时，在按设定方法予以调整后其特征也会发生变化。

5. 打印疵点特征检验

如果热成像打印机传动设备上黏附有异物，且其边缘锐利，则可能会划破文件表面；若其体积过大，则可能会形成连续性压迫痕迹；而若其具有颜色，则可能使文件沾有异色。检验这些特殊痕迹，也对热成像打印机的同一认定有特定意义。

（三）热成像打印文件消退内容显现

由于热敏属性，热敏类文件受光、热作用内容容易模糊、消散。同时，通过外部设备对文件局部进行加热又可实现人为地对内容消色，从而达到篡改与变造文件的目的。在热敏文件检验中，用于显现消退内容的方法较多，包括电吹风加热法、红外激发光显现法、紫外光显现法等。图文消退实质上是涂层内两组分分别重新结晶，与背景成分一致，但原化学反应形成的结晶依然存在残留。因残留的结晶量极其微小，在自然光下难以观察。由于这些残留物质与涂层组分物质依然存在反差，通过紫外光激发，残留物质的图像得以显现。消退内容一般可以在紫外光照射下显现与辨读，如图 18-24 所示。

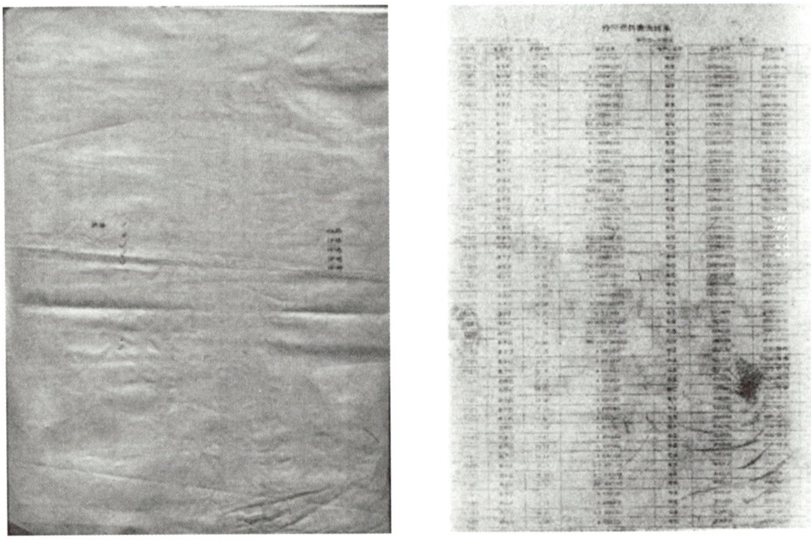

（a）自然光下消退的图文　　（b）短波紫外光源显现经图像处理后的消退图文

▲图 18-24　紫外光下热成像打印文件消退内容显现情况示意

参考文献

[1] 王迪，张晓霞 . 针式打印文件检验的探讨 [J]. 中国司法鉴定，2010（4）：69-71.

[2] 秦达 . 针式打印机多联无碳复写纸检验 [J]. 中国防伪报道，2015（07）：88-90.

[3] 胡维友 . 数字印刷技术讲座 第四讲 热成像数字印刷技术 [J]. 印刷世界，2008（06）：55-57.

[4] 崔岚 . 印刷文件检验技术规范 [M]. 北京：中国人民公安大学出版社，2012.

[5] 金珂 . 热敏重印文件检验初探 [D]. 上海：华东政法大学，2016.

[6] 杜龙 . 使用电吹风显现传真文件 [J]. 刑事技术，2012（02）：5.

[7] 崔连义 . 文检仪在消退文件检验中的应用 [J]. 贵州警官职业学院学报，2014，26（05）：53-57.

[8] 张靖 . 荧光显现法在褪色热敏纸传真文件检验中的应用 [J]. 刑事技术，2006（01）：48.

第十九章

印刷文件来源鉴别

第十九章
印刷文件来源鉴别

第一节
印刷文件来源鉴别依据与方法

印刷文件来源鉴别是在案件侦查过程中缩小侦查范围的一种重要技术手段。通常是利用印刷文件的特征，以及与其他印刷文件的比较进行鉴别，分析印刷文件的相关问题，如印刷版型、是否同版同批次等，可为案件的认定提供线索和证据。

一、鉴别印刷品来源的依据 [1]

印刷品的印刷过程与发放过程都存在着一定的规律，这些规律可以通过印刷特征得到具体的反映，相关印刷特征可供文件检验人员对其来源性进行判定。

模拟印刷和数字印刷技术都有着较为复杂的工艺过程，都需要使用设计、排版、印刷、印后装订等步骤。每一个工艺过程都会形成相应的特点，并最终反映在印刷文件上。印刷特征具体表现在以下三个方面：

（1）印刷特征的必然性。由于受不同工艺及其过程的影响，印刷文件必然会产生相应的印刷特征。如利用油水不相容原理的平版印刷必然导致图文有露白、空白有脏点的特征，使用刮墨刀的凹版印刷的边缘有规则锯齿特征，使用色带的热升华转印有色带“潜影”特征、彩色图像的加网特征等。印刷特征的存在是必然的。

（2）印刷特征的特异性。不同的工艺过程及不同的阶段都会出现印刷文件特有的特征，有些特征的出现是随机性的且是不可避免的，如平版印刷的空白部分的脏点特征、静电印刷（激光打印或复印）的感光鼓被击穿的周期性痕迹、热发泡喷墨技术的图文边缘的墨点分布特征等，这些特征对于版型、是否同版同批次等来源性的鉴别非常有价值。

（3）印刷特征的有序性。在印刷过程中，如纸张的裁切特征、喷墨或针式打印的串行错位特征、装订特征等在相邻页可能会发生微小变化，但不会发生跳跃式的变化，印刷特征随着印刷时序的进行，以某种幅度呈现出有规律的变化，通过搜集连续性的印刷文件，可以按照印刷时序进行排列。这些特征对于同批次及印刷文件的复原归位很有价值。

二、判定印刷文件来源的检验方法

（1）直观检验。对印刷文件的图文内容、版面布局特点、图文相对位置、色彩、防伪等特征进行检验。

（2）显微检验。利用显微镜等设备，对印刷细节特征进行检验。

（3）光学检验。利用光学设备对印刷图文的吸收、反射、荧光特性等进行检验。

（4）测量检验。利用相关测量工具、软硬件设备等，对图文的物理量、位置关系、色度、墨层厚度、印刷密度等参数进行测量和分析。

（5）仪器分析检验。利用理化分析仪器等设备，对图文墨迹成分、纸张等进行分析检验。

三、常见印刷特征

通常，印刷特征多指广义的印刷特征，包括印版特征、印刷特征、印后加工特征。

（一）印版特征

常见的印版特征包括版面内容特征、版面规格特征以及图文的结构形态及版面缺陷特征。

1. 版面内容特征

版面内容特征指印刷文件上的文字、图像等具体内容的特征。同一版、同一批印刷文件的版面内容特征应当一致。不同批次、不同版印刷文件的版面内容特征可能存在差异，比如同是一本书，第 3 次印刷和第 5 次印刷的版面主要内容一致，但在一些局部内容上会存在差异。

2. 版面规格特征

版面规格特征指印刷文件上的图文大小以及各部分内容之间的相对位置关系。同一版、同一批印刷文件的版面规格特征应当一致，不同批次、不同版印刷文件的版面规格特征可能存在差异。

3. 图文结构的形态特征

图文结构的形态特征是能反映印版特点的一些固有形态特征。如铅活字印刷在文字与线条的排版布局、字间距、行间距、字与字的平行性、不同位置处相同字存有差异等特征上具有明显的区别于其他印版的特有特征。

4. 版面缺陷特征

版面缺陷特征是指在制版过程中或使用磨损造成的一些版面存在瑕疵的特征，如平版的拼版、修版特征；铅活字个别字倾斜、浓淡程度与其他字不一致特征等。

（二）印刷特征

印刷特征主要是在印刷过程中反映在纸张等承印物上的特征。此处指狭义的印刷特征。印刷过程中形成的常见特征如下。

1. 图文的色泽与浓淡特征

印刷离不开色彩，色彩是印刷的基础。印刷油墨的色彩都是调和出来的，尤其是制版印刷，选用品牌和型号不一致的油墨，虽然都是品红，其由于成分的配比和含量有差异，印刷出来的文件色泽也会存在差异。

对于有印版的印刷方式而言，在印刷过程中，一般情况下，同版、同批次的印刷文件，其色泽应是一致的，但若存在停机进行增补油墨的调整过程，后印的文件色泽可能会出现一定程度的变化。随着印量的增加，油墨量的减少，或者印刷压力的变化，色泽的浓淡也会发生一定程度的变化。

对于无印版的现代办公印刷机具而言，一般情况下，打印或印刷出的文件，其色泽是稳定的，因为墨水的组成配比一直未发生变化，但随着打印的进行，墨水或者墨粉量会逐渐减少，浓淡会发生变化。

2. 印刷疵点特征

印刷疵点是检验过程中经常使用的痕迹特征，对于同版、同台等检验具有非常重要的价值。常见的印刷疵点特征有印版划痕、污染、印版异物等。但检验过程中要注意有些疵点特征可能是全阶段的，有些可能是周期性的。无版印刷也存在疵点特征，如激光打印机，刚开始打印没有特征，后来如果感光鼓被击穿，就会形成周期性的痕迹特征。

3. 套印颜色特征

一般情况下，我们常见的是四色印刷，但也有六色、八色等多色印刷。印刷颜色越多，细节层次反映得越充分，印刷文件的质量越高。比较检验时，我们要通过放大观察，注意比较套印颜色的数量，确定是几色套印。

4. 网点特征

对于彩色套印印刷品，一定要注意对网点特征进行比较。第一章中已经介绍了加网的方式和种类特点，要根据需要比较加网方式的异同以及网点特点的异同。

5. 防伪印刷特征

印刷中经常会使用防伪印刷。对于不同的防伪方式要了解其特点，如缩微文字、接线印刷、彩虹印刷、磁性印刷等，它们都有不同的特点，要注意分别对防伪处的防伪特征进行显微、光学等检验。

（三）印后加工特征

印后加工工艺主要包括折页、装订、覆膜、裁切以及印后防伪工艺等，不同的工艺都会产生不同的加工特征。例如，折页机不同，其折页的形态会存在差异，不同的胶装机装订的效果和细节形态也会存在差异，亮光膜和亚光膜存在明显的不同。防伪印后工艺常见有材质防伪，装订线的颜色、方向、股数、缠绕方式，覆膜的全息膜、动态衍射膜等。

第二节 印刷文件来源鉴别内容与程序

一、来源性鉴别内容

（1）同版检验。可依据版面内容、规格，图文的相对位置、细节形态、网点形态，印刷疵点，以及印版磨损、修版等特征进行综合判断。同版的概念一直有争议，什么是同版？通常情况下，印刷小面积的印品是通过拼版来完成的，即一张物理的印刷版是包含多张小版的，如一张物理印版包含 8 张 A4 幅面的小印版，一块印版能印刷出来 8 张印品，这 8 张印品的细节特征可能会存在差异。我们通常说的同版检验应当是对同一块物理印版相同位置处印刷出来的印品的比较。

（2）同批次检验。在同版检验依据特征的基础上，可结合印刷阶段性疵点、颜色 Lab 值、密度值、油墨成分等特征进行综合判断。

（3）同刀纸的鉴别。对纸幅尺寸和方正程度进行测量，结合纸边的刀痕形态、刀花位移规律等进行检验。

（4）同本纸的鉴别。在同刀纸鉴别依据特征的基础上，可结合装订痕迹、折痕、纸张分离痕迹和页次关系等特征进行综合判断。

（5）印刷品页次关系的推算。根据刀花、刀痕位移、墨点位移、折痕特征等进行测算。

二、同源性鉴别

对于复制件与复制件的同源性、复制件与原件的同源性、印刷品与印刷品的同源性检验，可从图文内容的相对位置关系、印刷特征及其相对位置关系、装订痕迹等特征进行综合分析。

复制件包括纸质版本的图文复制件和电子格式的图文复制件；做电子格式图文复制件同源性检验时，可结合图像检验、电子物证检验的方法对电子数据信息进行分析。

三、来源性鉴别程序

（一）检验前的准备

来源性鉴别检验前，需要注意了解以下几个方面的内容和问题：

（1）了解案件简要情况及检材的证据价值，关注对检材形成过程的叙述。

（2）审核检材的名称、数量、性状、来源等。

（3）审核样本的名称、数量、性状、来源等，关注样本的提取过程。

（4）了解原鉴定情况。

（5）审核鉴定要求。

（二）分别检验

（1）分析检材的检验条件。检材特征反映不充分、不具备检验条件的，终止鉴定或按照程序出具鉴定意见；检材特征反映充分的，可以继续检验。

（2）分析样本的比对条件。样本不具备比对条件的，要求补充材料或直接出具鉴定意见；样本具备比对条件的，可以继续检验。

（三）特征选取

选用检验方法，借助相应仪器设备，选取固定不同鉴别要求需关注的特征。

（四）制作特征比对表

制作特征比对表应注意：比对表中应有检材、样本概貌图片、印刷特征细节放大图片（宜注明图文处位置），若有理化检验结果等可根据需要附在比对表中。对比对表中有价值的特征逐一进行标识；一般用同色标注符合特征，异色标注差异特征。

（五）比较检验

将检材、样本特征进行比较，确定异同，并分析其成因。

（六）综合评断

对检材和样本的符合特征、差异特征的数量、性质及价值进行综合评断，并根据评断结果提出相应的鉴定意见。

第三节 印刷文件来源鉴别鉴定意见

一、鉴定意见的分类

（1）认定。

（2）倾向认定。

（3）无法确定。

（4）倾向否定。

（5）否定。

二、来源性鉴别鉴定意见的表述形式

（一）同版检验鉴定意见[2]

（1）认定意见表述形式：检材上的字迹（或图文）与样本上的字迹（或图文）是同版印刷。若条件允许，可做进一步说明。

（2）倾向认定意见表述形式：检材上的字迹（或图文）与样本上的字迹（或图文）倾向是同版印刷，或者表述为检材上的字迹（或图文）与样本上的字迹（或图文）具有同版印刷特征。

（3）无明确意见（无法确定）表述形式：因检材（或样本）原因，无法确定检材上的字迹（或图文）与样本上的字迹（或图文）是否为同版印刷。

（4）倾向否定意见：检材上的字迹（或图文）与样本上的字迹（或图文）倾向不是同版印刷，或者表述为检材上的字迹（或图文）与样本上的字迹（或图文）不具有同版印刷特征。

（5）否定意见表述形式：检材上的字迹（或图文）与样本上的字迹（或图文）

不是同版印刷。若条件允许，可做进一步说明。

（二）同批次检验的鉴定意见

（1）认定：检材可疑图文与样本图文是同批次印刷的。

（2）倾向认定：检材可疑图文与样本图文倾向是同批次印刷的。

（3）无法确定：无法确定检材可疑图文与样本图文是否同批次印刷的。

（4）倾向否定：检材可疑图文与样本图文倾向不是同批次印刷的。

（5）否定：检材可疑图文与样本图文不是同批次印刷的。

（三）同刀纸鉴别的鉴定意见

（1）认定：检材纸张与样本纸张是同刀纸。

（2）倾向认定：检材纸张与样本纸张倾向是同刀纸。

（3）无法确定：无法确定检材纸张与样本纸张是否同刀纸。

（4）倾向否定：检材纸张与样本纸张倾向不是同刀纸。

（5）否定：检材纸张与样本纸张不是同刀纸。

（四）同本纸鉴别的鉴定意见

（1）认定：检材纸张与样本纸张是同本纸。

（2）倾向认定：检材纸张与样本纸张倾向是同本纸。

（3）无法确定：无法确定检材纸张与样本纸张是否同本纸。

（4）倾向否定：检材纸张与样本纸张倾向不是同本纸。

（5）否定：检材纸张与样本纸张不是同本纸。

（五）印刷品页次关系的推算

根据刀花、刀痕位移、墨点位移、折痕特征等测算的结果客观表述。

三、同源性鉴别鉴定意见的表述形式

（一）复制件（检材）与复制件（样本）的同源性鉴定意见

（1）认定：检材图文与样本图文具有同源性。

（2）无法确定：无法确定检材图文与样本图文是否具有同源性。

（3）否定：检材图文与样本图文不具有同源性。

（二）复制件（检材）与原件（样本）的同源性鉴定意见

（1）认定：检材图文源自样本图文，或检材图文是由样本图文复制形成的。

（2）无法确定：无法确定检材图文与样本图文是否具有同源性。

（3）否定：检材图文与样本图文不具有同源性。

（三）印刷品（检材）与印刷品（样本）的同源性鉴定意见

（1）认定：检材图文与样本图文具有同源性。

（2）无法确定：无法确定检材图文与样本图文是否具有同源性。

（3）否定：检材图文与样本图文不具有同源性。

（四）鉴定意见特殊情况表述

当有其他特殊情况（如多个检材、仅对检材的局部图文进行检验）时，可根据实际情况做适当调整。

参考文献

[1] 邹明理，贾玉文 . 文件检验中国刑事技术大全 [M]. 北京：中国人民公安大学出版社，2002.

[2] 法庭科学同版印刷鉴定意见规范（GB/T 1441-2017）[S]. 北京：中国质检出版社，2018.